解码
码 乔姆斯基

[英]克里斯·奈特 著

成军 马军军 钟婉娟 译

清华大学出版社
北京

北京市版权局著作权合同登记号　图字：01-2020-5818

《解码乔姆斯基》克里斯·奈特 著
Decoding Chomsky: Science and Revolutionary Politics
© 2016 by Chris Knight
Originally published by Yale University Press

图书在版编目（CIP）数据

解码乔姆斯基 / (英) 克里斯·奈特 (Chris Knight) 著; 成军, 马军军, 钟婉娟译.— 北京: 清华大学出版社, 2023.6
书名原文: Decoding Chomsky: Science and Revolutionary Politics
ISBN 978-7-302-63223-8

Ⅰ. ①解⋯　Ⅱ. ①克⋯　②成⋯　③马⋯　④钟⋯　Ⅲ. ①乔姆斯基(Chomsky, Noam 1928-) – 语言哲学 – 研究　Ⅳ. ①H0-05

中国国家版本馆CIP数据核字 (2023) 第059012号

责任编辑：张维嘉
封面设计：刘艳芝
责任校对：欧　洋
责任印制：朱雨萌

出版发行：清华大学出版社
　　　　网　　　址：http://www.tup.com.cn，http://www.wqbook.com
　　　　地　　　址：北京清华大学学研大厦 A 座　　邮　　编：100084
　　　　社 总 机：010-83470000　　　　　　　　邮　　购：010-62786544
　　　　投稿与读者服务：010-62776969，c-service@tup.tsinghua.edu.cn
　　　　质量反馈：010-62772015，zhiliang@tup.tsinghua.edu.cn
印 装 者：大厂回族自治县彩虹印刷有限公司
经　　销：全国新华书店
开　　本：165mm × 235mm　　　印　张：21.75　　　字　　数：343 千字
版　　次：2023 年 6 月第 1 版　　　　　　　　印　次：2023 年 6 月第 1 次印刷
定　　价：88.00 元

产品编号：090431-01

赠予我的孙辈

难怪在革命的旗帜上，"博爱"与"自由""平等"历来都是镌刻在一起的。没有团结，没有同情心，没有对他人的关爱，社会主义社会是不可想象的。我们希望，人性亦如此，而一旦压抑人性的社会条件被消除，我们的生活就会变得丰富多彩。社会主义者坚信，我们并非注定要生活在一个充满贪婪、嫉妒和仇恨的社会里。我知道，到目前为止还没有办法证明这是对的，但是，也没有理由让人相信这一定就不对。

诺姆·乔姆斯基《阶级斗争》（1996）

- -

　　人是……只有在社会中才体现出个体的动物。孤立的个体要在社会之外进行生产活动……这样的观点滑稽可笑。同样滑稽可笑的是，一个人既不与他人一起生活，相互之间也不交流，就把语言学会了。

卡尔·马克思《政治经济学批判》（1857）

- -

　　曾经有一段时间，语言把人们团结起来……"我们！我们一起！"这样的呐喊随着他们共同的语言，每一个字都穿透了黑暗的统治。语言就像熟悉的声音一样把他们紧紧地团结在一起。

维利米尔·赫列布尼科夫《我们的基础》（1919）

中文版序言

听闻拙著中译本即将出版，欣喜万分。如果乔姆斯基20世纪50年代关于机器翻译的想法今天证明成功的话，这次艰难的翻译之旅就会简单容易很多。我那些亲爱的中国合作者只需拿到英文原稿，按下按钮，一份完美的汉译本就噼里啪啦出来了。

我知道，翻译这本书确实耗时费神，不是几周几个月完成的，而是数年之功。唯有如此，才能确保每个细微之处被忠实地捕捉到。任何机器翻译都不可能做到这一点，我很感激，因为我的文字不是被机械地按字面意思来解读的。译者显然完全理解了我用自己母语表达的复杂思想，充分认识到了上下文和写作意图。对于他们的投入，我非常感激。

可以说，乔姆斯基仍然是当今这个世界上在世的最伟大的知识分子。无论是作为政治分析家，还是理论语言学家，他的声望都无人可及。然而，几乎没有人解释这位思想家的政治见解与其语言学思想有何联系。乔姆斯基仍然是个谜。

谜题最突出的一点是，自20世纪60年代以来，乔姆斯基一直强烈批评谴责美国国防部，然而，正是美国国防部开启了他的学术生涯，并随后源源不断地资助其学术研究，最初是希望其语言学理论能在武器制导控制方面发挥作用。

根据乔姆斯基的说法，二者并不矛盾。他声称，五角大楼对他的理论没啥兴趣。他说，他们对麻省理工学院的资助不是为了支持战争研究，而只是为了资助美国经济社会发展所依赖的基础科学。[①] 在 2023 年的采访中，他如此解释道：

> 要得到国会的资助，简单的做法就是说"为国防"而研究，这样，申请就很容易获批。五角大楼历来都很慷慨，他们只管给钱，并不关心你做什么，甚至都不知道你在干啥。"干你的活儿，别多嘴！""算一下要多少钱，其他的少啰嗦！"

> 所以你不必提交拨款提案。根本不需要。左翼分子觉得这不可思议，他们觉得你研究哲学问题，而且是为国防部干活儿，那你一定是在为战争机器工作！

乔姆斯基还称，与企业资助不同，"五角大楼的资助……是为了社会，不是为了自己"。[②]

但是，乔姆斯基的同事在 20 世纪 60 年代的发言，却是另外一套说辞。其中一位同事是空军中尉杰伊·凯泽（Jay Keyser），乔姆斯基曾聘请他在麻省理工学院合作研究语言。在这次合作之后，凯泽又穿上军装，只是后来才脱下军装，摇身一变成了麻省理工学院语言学系的主任。[③] 从凯泽的陈述中，似乎可以看出他认为乔姆斯基的语言学对发展武器指挥控制系统具有潜在的意义。

在 1963 年和 1965 年的两篇文章中，凯泽注意到了运用于军事指挥控制系统的人工语言存在的缺陷。他认为，在与五角大楼的制导导弹或 B-58 核武轰炸机通信时，最好只使用英语。于是基于乔姆斯基的理论，他提出了"英语控制语言"的建议，例如：

> B-58 需要燃料补给。
> B-58 在基地待命。[④]

---

① 见 Chomsky, 2016a。
② 见 Chomsky, 2023, 第 51-54 分钟处。
③ 见 Keyser, 2011, 第 16-17 页。
④ 见 Keyser, 1963, 第 5、13、19-21 页；又见 Keyser, 1964, 第 19-21 页。

战斗机攻击的轰炸机已安全着陆。

被雷达追踪的战斗机所攻击的轰炸机已安全着陆。[①]

麻省理工学院下设的 MITRE 公司深度参与了军事应用研究。有位评论员当时是这样写的:

> 建构操作语法的计划雄心勃勃,由 MITRE 公司下属工作小组执行,他们关注英语在指挥控制计算系统中的应用。全美语言学界最棒的理论语言学家诺姆·乔姆斯基就在麻省理工学院,这绝非偶然。[②]

该工作小组由麻省理工学院前研究员唐纳德·沃克(Donald Walker)领导。沃克曾在 1969 年解释说,"无论过去还是现在,我们的语言学灵感都来自乔姆斯基的转换语法"。[③] 这项研究旨在加强"空军指挥控制系统的设计和开发",这确实有点令人不齿,麻省理工学院语言学系有多达十名学生在其中起到了"关键作用"。[④] 你看看 MITRE 当时的招聘广告——"为设计和开发更有效的军事指挥控制系统而努力",乔姆斯基现在却说"没有军事用途",真不厚道。[⑤]

这里我们对 MITRE 公司多说几句。这家公司由麻省理工学院和美国空军于 1958 年联合组建,目的是开发用于全球核战争的指挥控制系统,当然也可用于类似越战这样的局部冲突。MITRE 的官方历史清楚地描述了当时发生的事情。到 1967 年,"MITRE 把近四分之一的资源投入了应对越战所需的指挥控制通信系统"。[⑥] 同时,他们还自豪地概述了 MITRE 在创建所谓的麦克纳马拉线中的作用——在越南南部和北部之间建立一道由传感器、地雷和集束炸弹构成的巨大屏障。乔姆斯基在麻省理工学院的第一任老板杰尔姆·威

---

① 见 Keyser,1965,第 495-505 页。

② 见 Newell,第 271 页。

③ 见 Walker,1969,第 1 页;Zwicky et al.,1965,第 317 页;Walker et al.,1966,第 2 页。

④ 见 Zampolli et al.,1994,第 xxi-xxii 页。

⑤ 见 MITRE 公司,1963。

⑥ 见 Meisel 和 Jacobs,1979,第 xiii、16-19、59、65、114-115 页。

斯纳（Jerome Wiesner）是启动该项目的核心人物。[①]

因此，我们本以为强烈反对军国主义的乔姆斯基会竭力避开 MITRE 项目。可是他在麻省理工学院也面临着工作压力，这就意味着，从 1963 年起乔姆斯基觉得有必要直接担任 MITRE 武器研究项目组的顾问。

当时在 MITRE 公司工作的另外两位语言学家阿诺德·兹维基（Arnold Zwicky）和芭芭拉·帕蒂（Barbara Partee）向我证实，乔姆斯基的确以顾问身份来过这里。MITRE 档案把乔姆斯基列为"顾问"，研究涉及"开发一款将自然语言作为指挥控制的操作程序语言"。[②]芭芭拉·帕蒂谈到自己在公司的工作时向我解释说，唐纳德·沃克说服军方雇用她和其他大学生是出于：

> 一旦爆发核战争，将军们要在地下工事使用计算机管理一切，教计算机理解英语可能比教将军们编程更容易些。[③]

不过帕蒂也不敢肯定当时是否有人真的相信这一套说辞，但下列评论说明她对此多少有些惴惴不安：

> 有一段时间，空军确信支持生成语法的纯理论研究是国家优先事项，我们都试图说服自己，为这种目的拿空军的钱是道德的，我们甚至可能对军工复合体发起一场无害的颠覆。[④]

MITRE 并不是唯一研究核战争指挥控制的公司。罗伯特·西蒙斯（Robert Simmons）领导的系统开发公司（SDC）团队也热衷于研发类似于乔姆斯基的能直接理解英语指令的机器，比如"蓝队战斗机，去波士顿！"或"战斗机在哪里？"[⑤]历史档案清晰地记录着这些研究团体"密切关注乔姆斯基的研究，有时还聘请他当顾问"。[⑥]

乔姆斯基肯定意识到了他需要避免的道德风险。看看他在得知妻子卡罗尔

---

① "秘密会议"，1971，第 12 页。
② 见 Zwicky，1963，前言、第 18 页；Zwicky 和 Isard，1963，前言、第 14 页。
③ 见 Knight，2018b。
④ 见 Partee，2005，第 8 页注释。
⑤ 见 Baum，1964，第 7-8、91 页；又见 Baum，1967，第 11-14 页。
⑥ 见 Baum，1981，第 53-57、71-77 页；Bourne 和 Hahn，2003，第 17、20、43 页

（Carol）于 1959 年开始在麻省理工学院参与一项空军项目时的反应就略知一二。该项目旨在使人们能够使用"自然语言"与计算机交流，目的是提升"军事指挥控制系统"以及民用计算机系统的性能。[①] 项目负责人伯特·格林（Bert Green）告诉我们，乔姆斯基对此"异常紧张"，要求保证他的妻子不从事"声控指挥控制系统"研究。[②]

如果当时诺姆很紧张，那么几年后，当他自己也在类似项目中担任顾问，他肯定同样会感到很紧张。毕竟，一旦 MITRE 或 SDC 实现"自然语言作为指挥控制操作语言"，那么很可能会导致这样一种情况：当哪位美国指挥官在平叛暴乱行动中瞄准一个村庄，或者在核战争中瞄准整个城市，他都会因为受乔姆斯基本人语言研究的启发而释放出致命的毁灭性能量。乔姆斯基的良心肯定不安。

我们来看看乔姆斯基最近的回应。当被问及为什么当今世界对全球变暖和核战争带来的生存威胁如此泰然自若时，他说：

> 我不明白，也从来没有想明白过。自从 1945 年 8 月那个残酷的日子，这个问题几乎一直在我脑海里，那一天，我们听到原子弹摧毁广岛的消息，伤亡惨重。除了这场可怕的悲剧本身之外，显然人类的智慧已经设计出了可以毁灭自己的手段……
>
> 我当时在一个夏令营当初级辅导员。新闻是在早上播出的，每个人都听见了，听完后，人们各干各的，打球的打球，游泳的游泳。我简直不敢相信，非常震惊，自己一个人跑到树林里，一坐就是几个小时。我至今仍然无法相信，也无法理解，即使我们今天对死亡威胁有了更多的了解和认识，但是人们还是依然如故。[③]

乔姆斯基一直对那种企图煽动毁灭人类的不负责任的"人类智慧"感到震惊。他也很清楚，麻省理工学院在推动这种智慧"进步"中所起的重要作用。20 世纪五六十年代，校方在核武器研究方面的经营投入可谓不遗余力。

---

① 见 Green et al.，1963；Green，1963，第 viii、238-248、258 页。
② 见 Green 2004，第 263 页。
③ 见 Chomsky，2019。

例如，学院副院长詹姆斯·麦科马克（James McCormack）将军亲自负责监督大学通信科学中心，其中自然包括学校的语言学家。[①] 在此之前，麦科马克曾是原子能委员会的高级官员，负责监督五角大楼核武器储备库的创建。[②]

当时，另一位学校管理高层杰尔姆·威斯纳在组织五角大楼的核指挥控制系统方面发挥了重要的咨询作用。[③] 1955 年，正是这位威斯纳先生将乔姆斯基招入麻省理工学院，并在 1960 年共同创建了该校的语言学研究项目，这不可能完全是巧合。[④] 麻省理工学院的同事罗尔德·扎卡里亚斯（Jerrold Zacharias）对威斯纳的工作重点再清楚不过了。他形容这位老友"全身心投入"军事工作，如"潜艇战、防空、原子弹、游击战、民防和心理战等"。[⑤]为了赢得"冷战"他还热衷发动"政治战"，为了对抗马克思主义，1958 年他甚至建议把美国包装成一个"无阶级社会"，这是一个已经实现了"共产主义者声称的目标"的社会。[⑥]

随着事业的发展，乔姆斯基一定感到了越来越大的道德压力。尽管他现在否认受到良心的谴责，但可以肯定的是，事实并非如此，否则他不会考虑辞职。1967 年，他写道："我思虑好久……想辞职，这所大学比任何一所大学都与国防部关系密切。"[⑦] 但是，大学管理层对他的语言研究印象深刻，给了他教授职位。乔姆斯基回忆说，教授职位"让我摆脱了来自校友和政府的压力"。[⑧] 正是校方的长期支持，乔姆斯基才觉得自己能够留在五角大楼资助的大学，即使自己经常公开批评五角大楼的做法。

乔姆斯基对五角大楼承包商在中印冲突中的所作所为感到内疚，这在一定程度上促使他更加坚定地反战。在越战紧要关头，乔姆斯基公开承认自己

---

① 见 Wigert，1958，第 2 页；McNutt，1965，第 15 页；Kay，2000，第 300-302 页。

② 见 Hewlett 和 Duncan，1972，第 65、172、408-409、548 页。

③ 见 Slayton，2013，第 47、55-56、156 页；Security Resources Panel，1957，第 v、6-10、27-30 页；Wiesner，1959；Murphy，1972，第 180-181、199 页以及第 7 章。

④ 见 O'Neill，2011。

⑤ 见 Lang，1963，第 40、45-46 页。

⑥ 见 Spark，1990，第 18 页；Rydell，1993，第 198 页。

⑦ 见 Chomsky，1967。

⑧ 见 Kolb，1966；Chomsky，1995a，第 2 小时 2-5 分钟处。

"大部分时间感到内疚"[1]，"没有人像我这样 1965 年才反战，不会有丝毫的骄傲或满足"，"我等了这么久才反战，相当内疚"[2]。他投身反战，同时发现自己正在从事提升军事指挥控制系统的项目。这也肯定不会是巧合吧。

乔姆斯基此后多次弥补了这次不太光彩的与军方擦肩而过的瓜葛，将他生命的大部分时间都用来谴责五角大楼及其种种罪行。然而，直到我在 2019 年的一本书《知识分子的责任——乔姆斯基等 50 年后的思考》中提出这个问题之前，他从未公开谈论他在 MITRE 的工作。[3]

他在给我的回复中承认和学生在 MITRE 公司工作，但是学生们认为"任何设想的军事用途都发生在遥远的未来"。我在回信中说，学生可能会因为这些研究将来才有用而心有所安，但乔姆斯基肯定不会轻易这么想。

值得注意的是，学生们十分乐意接受 MITRE 公司提供的安保服务，但乔姆斯基本人总是拒绝，显然是想与任何军方组织划清界限。不过，也闹出了一些荒唐事儿——学生被专门安排来负责安保，他们不得不一路护送乔姆斯基去公司上班，甚至陪他去厕所方便。[4]

2019 年，乔姆斯基声称，他的语言研究可能确实有一些"军事用途设想"。这份声明十分罕见。但是对于其他参与军事研究的同事们，他就没那么客气了。他说，这些人"很早以前就知道，作为一名教授，不会干不知就里的工作，但是公司职员是可以这么做的"。[5]

当然，MITRE 就是这样一家公司，一家要员工干"不知就里的工作"的公司——这些工作一直依赖于麻省理工学院本身的理论研究。因此，乔姆斯基只要在那里就永远不会安心。这种负疚感一定是乔姆斯基持久且强烈反对军国主义的原因之一。我相信，这也是为什么他的理论语言学总有一些令人困惑的问题。

乔姆斯基在任何时候都要说服自己，他的语言研究不可能助力军方研发武器制导控制系统。我怀疑，这有助于解释他为什么强烈反对把他的抽象理

---

① 见 Shenker，1968。

② 见 Chomsky，2002c，第 7-8、323-324 页；Levey，1968，第 15 页。

③ 见 Allott、Knight 和 Smith，2019。

④ 见 Allott、Knight 和 Smith，2019，第 93 页；Knight，2019。

⑤ 见 Chomsky，2003，第 175 页。

论模型与日常语言复杂功能形式紧密联系起来，是他的那些同样富有同情心的同事们让他的理论模型变得完善实用。

在早期研究语言时，乔姆斯基似乎很乐意分析特定语言的音系模式，《现代希伯来语的形态音系学》和《英语的音系》（与莫里斯·哈雷合著）就是典型代表。[①] 但是随着时间的推移，乔姆斯基远离这些相对具体的研究，把局部不同的音系模式仅仅视作内在的、隐性的、普遍的、恒定的形式的"外化"。[②] 我似乎觉得，他早年偏爱纯数学形式在一定程度上是一种道德偏好。他偏爱语言模型，是因为这些模型完全是超俗的、抽象的，根本不会有人实际去运用它们，更不会用它们去涂炭生灵了。

对乔姆斯基来说，幸运的是，MITRE 公司那些支持他工作的科学家们从来都没能成功地利用其研究。他们确实为"军事规划文档"定制了所谓的"转换语法"，但似乎也就止步于此。[③] 1971 年，前空军上校安东尼·德本斯（Anthony Debons）明确地总结了整个情况：

> 乔姆斯基和同事们在麻省理工学院进行的大部分研究有直接的军事用途，可供军事科学家用来开发指挥控制系统计算机操作语言。但总的说来，这些理论研究并没有取得任何显著成就，尚不能适用于计算机自然语言处理实践。[④]

不出所料，乔姆斯基语言学没有发挥什么作用，五角大楼现在取消了对他的直接资助。尽管如此，校方有人说他仍然与五角大楼"关系深厚"。[⑤]

其实，与军方的这种关系，麻省理工学院没有人比约翰·多伊奇（John Deutch）更胜一筹。作为校方领导，多伊奇对生化战兴趣盎然，他一直是个有争议的人物。[⑥] 1980 年，作为五角大楼国防科学委员会主席，他推动大幅

---

① 见 Chomsky，1951；Chomsky 和 Halle，1968。

② 见 Chomsky，2004，第 405 页。

③ 见 Walker，1966，第 111-112 页。

④ 见 Debons，1971，第 354 页。

⑤ 见 UPI，1989。

⑥ 见 Alternative News Collective，1995；Vedantham，1989，第 2 页；Huang，1988，第 2、11 页。

增加生化战研究预算。[①] 1994 年，由于全校师生员工的反对，多伊奇未能当选校长，却成功当选美国国防部副部长。这使他能够深度参与五角大楼核态势评估以及无人机战等军事创新项目。[②] 1995 年，克林顿总统任命他为中情局局长。

大约就是在这个时候，有人问乔姆斯基他与多伊奇的关系如何。他回答说：

> 我们是朋友，相处得很好，不过在很多事情上我们俩有分歧，正常人之间都会有的。我喜欢他……据说，我是学校支持他竞选校长的为数不多的人之一。[③]

在另一次采访中，乔姆斯基给予了多伊奇更积极的评价。他说，这位朋友"比我在学术生涯或任何其他生活中见到的人都诚实、正直……如果需要有人主管中情局，我很高兴推荐他"。[④]

我不是想对乔姆斯基交友或对同事的忠诚指指点点，只是想说这并不容易。积极深度揭露军方的累累罪行，同时又为军方做事，时不时地还与之亲密交往——他怎么应付得过来？

在我看来，一旦乔姆斯基决定留在麻省理工学院，唯一的出路就是把自己一分为二，在五角大楼资助的实验室工作，同时远离激烈谴责五角大楼的那个活动家。否则我们该如何解释他为什么继续坚持认为在政治和科学之间存在着这样巨大的鸿沟呢？

最后一点可能会引起争议，但是没有什么更好的办法可以解释乔姆斯基语言学的独特之处。在乔姆斯基的理论中，个人主义和基因决定论都体现得淋漓尽致。他一再强调，语言是基因决定的生物体，而不是文化产物。一旦持这样的立场，乔姆斯基就一定会继续提出像语言不是社会的，语言在交流思想方面不起任何重要作用这类不能证实的各种稀奇古怪的主张。用他的话

---

① 见 Dickson，1982，第 545 页。

② 见 Deutch，1982，第 24-25 页；Scowcroft，1983，卷首页，第 20-21 页；Bailey，1995，第 31 页；Whipple，2020，第 4、159-160 页。

③ 见 Chomsky，1996，第 101 页。

④ 见 Weiner，1995。

来说，就是"……并不应该把语言作为交流系统，语言当然可以用来交流……就像人们做的任何事情都可以用来交流思想一样，例如，走路的方式、衣服的款式，以及头发的风格"。①

根据乔姆斯基的说法，语言像人的两条腿、衣服或头发一样，其进化并没有促进交流！乔姆斯基的理想是使语言学在纯数学或哲学逻辑的轨道上严格地形式化。语言在形式上是完美的，只存在于心智中——它不可能在历史中改变，也不可能随着时间推移而进化得更好。这种语言观缺点重重，但优点只有一个，那就是你不能用纯哲学逻辑去涂炭生灵。

大部分中国读者可能承认，语言一定是为了满足人类先祖某种需要进化而来的。也同意我这样的观点，那就是，与其说语言是人类个体的思维系统，不如说是一种表达情感、分享思想的手段。大多数人也可能认为语言一定与历史、政治、文化有关，儿童通过向身边的人学习才获得母语。因此，对于众多崇拜者来说，乔姆斯基完全拒绝这一切常识，真是令人震惊。

例如，他声称，第一个拥有语言的人只是在无声的思考中使用语言。即使今天，99.9% 的语言使用仍然是为了个人思维。② 他又说，语言的生物能力并不是自然选择进化的结果，而是通过早期人类大脑"重新连接，或者通过细微突变"出现的。③ 接着他又提出了更荒诞的说法，例如，我们遣词造句的概念——如"书"或"化油器"——是真实的书或化油器发明之前就已经在大脑中存在了数千年的自然之物。④

这些观点毫无意义，但为什么会得到像乔姆斯基这般聪明的众多拥趸那么热切的吹捧呢？我的解释是，这些观点明确地把语言学与现实世界完全隔离开了。这就使得乔姆斯基的理论完全可能免遭其实际应用所引起的道德批判，当然这也意味着，当用语言现实来检验理论、预测未来时，没有哪一项能够证明是正确的。

尽管乔姆斯基在语言学界仍是实力大咖，但现在很多人都认为其理论没

---

① 见 Chomsky，2002，第 76 页。
② 见 Chomsky，2012，第 11-13 页。
③ 见 Chomsky，2005，第 11-12 页。
④ 见 Chomsky，2010，第 64 页。

有真正的价值，这不只是军方得出的结论。著名的"深层结构"概念和几乎所有其他更早提出的概念一样很早就被学界抛弃。许多其他语言学派现在都认同，乔姆斯基关于语言本质的具体论述几乎无一经得住时间的检验。

乔姆斯基本人也承认这一点，读者如果需要进一步的证据就参考克里斯蒂娜·贝梅（Christina Behme）、玛格丽特·博登（Margaret Boden）、塞德里克·博克斯（Cedric Boeckx）、鲁道夫·博塔（Rudolf Botha）、丹尼尔·埃弗雷特（Daniel Everett）、维维安·埃文斯（Vyvyan Evans）或迈克尔·托马塞洛（Michael Tomasello）等的研究。[1] 如今，阿黛尔·戈德堡（Adele Goldberg）及其合作者提出的"构式语法"理论方法在语言学界比乔姆斯基的"生成"方法更具影响力，也更受推崇。[2] 著名心理学家迈克尔·托马塞洛说，乔姆斯基的"普遍语法似乎陷入了僵局"。[3]

由此也引出了一个问题：对 21 世纪反对资本主义、反对帝国主义霸权的斗争而言，为什么解码乔姆斯基这么重要？我的回答是，在人类面临民族主义、帝国主义军事霸权，以及各种环境灾难等致命威胁之际，我们迫切需要找到破局之道。要做到这一点，就必须正确理解我们来自哪里，理解人类作为一个物种的潜力到底是什么。

近年来，大量科学研究致力于探究地球生命进化以及智人进化，这些成果让我极度震惊。人类作为一个物种在其存在的大约 90% 的时间里都是狩猎采集者，他们生活在没有财产、没有国家的环境中。[4] 我们现在的身体、思想并不是由有阶级的社会塑造的，而是由平等主义甚至共产主义社会秩序塑造的；正是在这些社会条件下，我们发展出了集体的、互动的社会文化基因，同时也发展出了分享思想与梦想的创造性使用语言的能力。[5]

语言的成功使用，取决于先前的相互理解、对交际意图的信任，以及从对方的角度而不仅仅是我们自己的角度来考虑问题的持久意愿。猿猴都是非

---

① 见 Chomsky，2002，第 151 页；Behme，2014；Boden，2006；Boeckx，2017；Botha，1989；Everett，2012；Evans，2014；Tomasello 和 Ibbotson，2016。又见本书第 17-18 章。

② 见 Goldberg，2006。

③ 见 Tomasello 和 Ibbotson，2016。

④ 见 Lee，1999。

⑤ 见 Knight 和 Lewis，2017。

常聪明的动物，但是在自然界它们的社会行为太专制，充满了竞争，因此不能进化出类似语言的交流。只有人类先祖才逐步进化出了产生语言的必备基础——合作与互信。

正是这样的洞察力导致了科学界对最能促进语言交流的政治类型研究兴趣急剧上升。可以预见的是，乔姆斯基对这些没有任何兴趣。他那些左翼崇拜者似乎满足于效仿他的做法，在学术文献中对这些研究不予理会，仿佛这些研究与我们对人类未来的希望无关紧要。对于太多当代社会活动家来说，任何关于我们应该如何从科学中寻找改变世界的办法的想法，似乎都只是一个世纪前马克思主义的过时教条。可悲的是，正如我在本书中所展示的，乔姆斯基确实对塑造当今学术生态发挥了巨大作用，在这一氛围中，科学家与社会活动家仿佛住在不同的世界一样。

从我的立场看，对于乔姆斯基政治活动支持者来说，说些容易被误解的话都要冒极大的风险。乔姆斯基称军方对他的理论不感兴趣，但这完全违背了事实。他的语言学模型没有一个真正有用，这也是一个事实。然而，纵观全局，他在各方面取得的成就，无论是政治上的还是科学上的，都是对现实困境的理性回应。

我在叙述中没有任何一句话会贬低乔姆斯基作为一名社会活动家无与伦比的成功，也没有任何一句话可以贬损他在麻省理工学院必须忍受各种体制压力所具有的毅力和勇气。如果在 20 世纪 60 年代中期他就辞职——当时他考虑过——他可能永远不会有这么好的机会和平台去激励这么多人来反对美西方军事霸权。有时我们必须做出妥协，总有些人付出的代价比其他人的要大。我的论点是，乔姆斯基的例子说明，是他的科学为他的政治付出了代价，而非相反。最后，请允许我用这样一句话来结尾，尽管我们可能对乔姆斯基这个语言学家有什么看法，但乔姆斯基这个社会活动家对我们所有人来说仍然是一种激励。

参考文献

Allott, Nicholas, Chris Knight and Neil Smith. 2019, *The Responsibility of Intellectuals – Reflections by Noam Chomsky and others after 50 years*. London: UCL Press.

Alternative News Collective. 1995, 'An Open Letter to President Vest' / 'Who Is John Deutch?',

The Thistle, 9, no. 7. http://web.mit.edu/activities/thistle/v9/9.07/tv9.07.html (accessed May 2018).

Bailey, Kathleen. 1995, 'Why we have to keep the bomb', *Bulletin of the Atomic Scientists*, January.

Baum, Claude, ed. 1964, 'Natural-Language Processing', *Research Directorate Report*. Santa Monica, CA: SDC.

Baum, Claude, ed. 1967, *Research and Technology Division Report for 1966*. Santa Monica, CA: SDC.

Baum, Claude. 1981, *The System Builders: The story of SDC*. Santa Monica, CA: SDC.

Behme, Christina. 2014, 'A "Galilean" science of language', *Journal of Linguistics*, 50, November.

Boeckx, Cedric. 2017, 'Not only us', *Inference*, 3, no. 1.

Bourne Charles and Bellardo Hahn. 2003, *A History of Online Information Systems, 1963-1976*. Cambridge, MA: MIT Press.

Campbell, Duncan. 2005, 'Chomsky is voted world's top public intellectual', *Guardian,* 18 October.

Chomsky, Noam. 1995a, 'Noam Chomsky – The War on Unions and Workers Rights'. https://www.youtube.com/watch?v=lhgaARgTdAk (accessed February 2018).

Chomsky, Noam. 2003, 'The Politicization of the University' [February 1969]. In: Carlos Otero, *Radical Priorities*. Oakland: AK Press.

Chomsky, Noam. 2004, 'Language and mind: current thoughts on ancient problems', In Lyle Jenkins, ed., *Variation and Universals in Biolinguistics*. Amsterdam: Elsevier.

Chomsky, Noam. 2010, *New Horizons in the Study of Language and Mind*. Cambridge: Cambridge University Press.

Chomsky, Noam. 2016a, 'Chomsky's Carburetor', Cited Podcast, 23, https://libcom.org/article/chomsky-responds-chris-knights-book-decoding-chomsky (accessed April 2023).

Chomsky, Noam. 2019, '"Worship of Markets" Is Threatening Human Civilization', *Truthout*, 22 July, https://truthout.org/articles/noam-chomsky-worship-of-markets-is-threatening-human-civilization/ (accessed April 2023).

Chomsky, Noam. 2023, 'A Dialogue with Noam Chomsky on the occasion of his Rienhard Hesse "Freedom of Science' Prize" / Interview with Laurence Krauss', https://www.youtube.com/watch?v=TYCt8lv7f9o (accessed April 2023).

Chomsky, Noam and Halle, Morris. 1968, *The Sound Pattern of English*. New York: Harper and Row.

Debons, Anthony. 1971, 'Command and Control: Technology and Social Impact', *Advances in Computers*, 11. New York: Academic Press.

Deutch, John. 1982, 'Myth and Reality in Chemical Warfare', *Chemical and Engineering News*, 60, no. 1, February, pp. 24-25.

Dickson, David. 1982, 'Chemical Warfare Protest Plans', *Nature*, 295, 18 February, p. 545.

Evans, Vyvyan. 2014, *The Language Myth: Why language is not an instinct*. Cambridge: Cambridge University Press.

Everett, Daniel. 2012, *Language, the Cultural Tool*. London: Profile Books.

Goldberg, Adele. 2006, *Constructions at Work: The Nature of Generalization in Language*. Oxford: Oxford University Press.

Green, Bert. 1963, *Digital Computers in Research*. New York: McGraw-Hill.

Green, Bert and Alice Wolf, Carol Chomsky and Kenneth Laughery. 1963, *The Baseball Program: An Automatic Question-Answerer*. Bedford, MA: MIT Lincoln Laboratory.

Green, Bert. 2004, 'Interview with Bert F Green', *Journal of Educational and Behavioral Studies*, 29, no. 2.

Hewlett, Richard and Francis Duncan. 1972, *Atomic Shield: A History of the United States Atomic Energy Commission, Vol.2, 1947/1952*. Washington: AEC.

Huang, Thomas. 1988, 'Examining John Deutch's Pentagon Connections', *The Tech*, 27 May.

Kay, Lily. 2000, *Who Wrote the Book of Life?: A History of the Genetic Code*. Stanford, CA: Stanford University Press.

Keyser, Samuel. J. 1963, 'The Case for Ordinary English', *System Engineering: an intensive course for engineers and scientists*, University of Michigan.

Keyser, Samuel. J. 1964, 'Our Manner of Speaking', *Technology Review*, February.

Keyser, Samuel. J. 1965, 'Linguistic Theory and System Design', In: Joseph Spiegel and Donald Walker, eds. *Information System Sciences*. Washington, DC: MITRE Corporation.

Keyser, Samuel. J. 2011, *Mens et Mania: The MIT Nobody Knows*. Cambridge, MA: MIT Press.

Knight, Chris. 2018b, 'Chomsky's students recall their time at the MITRE Corporation', February. http://scienceandrevolution.org/blog/2018/2/17/chomskys-students-recall-their-time-at-the-mitre-corporation (accessed June 2018).

Knight, Chris. 2019, 'My Response to Chomsky's Extraordinary Accusations', April. http://scienceandrevolution.org/blog/2019/3/30/my-response-to-chomskys-extraordinary-accusations-by-chris-knight (accessed April 2019).

Knight, Chris and Jerome Lewis, 2017. 'Wild voices: Mimicry, Reversal, Metaphor, and the Emergence of Language', *Current Anthropology*, 58, no. 4, pp. 435-453.

Kolb, Charles. 1966, 'Chomsky Accepts Post, Ward Professor Named', *The Tech*, 22 April, p.1.

Lang, Daniel. 1963, 'Profiles, a Scientist's Advice - 1', *New Yorker*, 19 January.

Lee, Richard, ed. 1999, *The Cambridge Encyclopaedia of Hunters and Gatherers*. Cambridge: Cambridge University Press.

Levey, Robert. 1968, 'The Revolt of Noam Chomsky', *Boston Globe*, 27 February.

McNutt, Mike. 1965, 'Vice-President Resigns, McCormack to Head Comsat', *The Tech*, 20 October.

Meisel, Robert and John Jacobs. 1979, *MITRE: The First Twenty Years, A History of the MITRE Corporation 1958-1978*, Bedford MA: MITRE Corporation.

'MIT and Social Responsibility'. 1970, *Technology Review*, June.

MITRE Corporation. 1963, 'Space Command and Control Systems', *Boston Globe*, 4 August, p. A-9.

Murphy, Howard. 1972, *The Early History of the MITRE Corporation: Its Background, Inception, and First Five Years, Vol.1*. Bedford, MA: MITRE Corporation.

New York Times. 1971, 'A Secret Seminar', 2 July.

Newell, Allen. 1968, 'The Trip Towards Flexibility: An ongoing case of interaction between the behavioral and computer sciences', In: George Bugliarello, ed. *Bioengineering: An Engineering View*, San Francisco: San Francisco Press.

O'Neill, Kathryn. 2011, 'Scientific Reunion Commemorates 50 years of Linguistics at MIT', https://shass.mit.edu/news/news-2011-scientific-reunion-commemorates-50-years-linguistics-mit (accessed August 2018).

Partee, Barbara. 2005, 'Reflections of a Formal Semanticist as of February 2005', https://people.umass.edu/partee/docs/BHP_Essay_Feb05.pdf (accessed March 2018).

Rydell, Robert. 1993, *World of Fairs: The Century-of-Progress Expositions*. Chicago and London: University of Chicago Press.

Security Resources Panel. 1957, *Deterrence and Survival in the Nuclear Age* [Gaither Report]. Washington DC: Government Printing Office.

Shenker, Israel. 1968, 'A Linguistics Expert Believes that Academicians should also be Activists', *New York Times*, 27 October.

Slayton, Rebecca. 2013, *Arguments that Count: Physics, Computing and Missile Defense, 1949-2012*. Boston, MA: MIT Press.

Spark, Clare. 1990, '"Who's Crazy Now?" An Essay Dedicated to Christopher Hill', *UCLA Historical Journal*, 10.

Tomasello, Michael and Paul Ibbotson. 2016, 'Evidence Rebuts Chomsky's Theory of Language Learning', *Scientific American*, November.

Vedantham, Anu. 1989, 'Teach-In Focuses on Research and Activism', *The Tech*, 7 March.

Walker, Donald, et al. 1966, 'Recent Developments in the MITRE Syntactic Analysis Procedure', Bedford, MA: MITRE Corporation.

Walker, Donald. 1966, 'Language Processing Technique', *Current Research and Development in Scientific Documentation*, No. 14.

Walker Donald, 1969, 'Computational Linguistic Techniques in an On-Line System for the Textual Analysis', Bedford, MA: MITRE Corporation.

Weiner, Tim. 1995, 'The C.I.A.'s most Important Mission: Itself', *New York Times*, 10 December.

Whipple, Chris. 2020, *The Spymasters: How the CIA Directors Shape History and the Future*, p. 4.

Wiesner, Jerome. 1959, *Warning and Defense in the Missile Age*. Washington DC: NSA Archive. https://nsarchive2.gwu.edu/NSAEBB/NSAEBB43/doc2.pdf (accessed May 2018).

Wigert, Jerome. 1958, 'Profile: General Mac', *The Tech*, 21 October.

Zampolli, Antonio, et al., eds. 1994, *Current Issues in Computational Linguistics: In Honor of Don Walker.* 30 June.

Zwicky, Arnold. 1963, *Grammars of Number Theory: Some Examples*. Working Paper W-6671. Bedford, MA: MITRE Corporation.

Zwicky, Arnold and Stephen Isard. 1963, *Some Aspects of Tree Theory*. Working Paper W-6674. Bedford, MA: MITRE Corporation.

Zwicky, Arnold and Joyce Friedman, Barbara Hall [Partee] and Donald Walker. 1965, 'The MITRE Syntactic Analysis Procedure for Transformational Grammars', *AFIPS Conference Proceedings*, 27. Washington: Spartan Books.

平装版前言

正如我想象的那样，这本书引起了很大的争议，有人批评，有人兴奋，有人宽慰。一名左派批评家终于阐释了所谓的"乔姆斯基问题"。和其他作者一样，面对读者的热情支持，我备受鼓舞；听到他们的批评声，我如坐针毡。尽管诺姆·乔姆斯基公开抨击我的书"完全是一派胡言"，书中所有解释"很糟"[1]，我却得到我向来尊敬的诸多科学家和社会活动家的鼓舞。他们的鼓励让我继续前行。

准确地讲，什么是"乔姆斯基问题"？事实上，这个问题就是，很难看出作为科学家的乔姆斯基和作为政治活动家的乔姆斯基之间有何联系。坦白地讲，就是很难理解乔姆斯基如何成功地协调对军方的强烈敌意和毕生供职于军方实验室这件事。我提出，是乔姆斯基对政治原则的承诺激励他在两种生活中挑起巨大的不和。

当我追寻模糊不清的细节时，你可能会问："为什么要在乎这些？"我的回答是，乔姆斯基过去是，现在仍是哲学运动的杰出人物。这场哲学运动就是今天熟知的"认知革命"，其影响已经统领西方的思想。这场战后的思想运动弥散在美国学术界，并在全球产生广泛影响。乔姆斯基的科学和政治之间的裂痕逐步扩大，今天我们都能感受到这一点。现在，在来自社会的强大压力下，持完全中立、远离政治立场的科学常常被认为是在维护传统精英。当我们努力理解生活的意义时，科学把传统精英与我们隔离开来。同时，大部分政治活动家与感知科学、参与科学的方式越来越疏远。结果就是科学与政治活动之间的裂痕不断地加大，在气候可能发生灾难性变化的当下，其破坏性变得显而易见。

当下我们对知识的认知就像是一面破镜，每块碎片讲述着自己的故事。我们需要拼张大图，不计政治后果为概念的统一而努力。我们不会远离政治，不会远离权力差异和利益冲突。然而，理论上讲，科学研究涉及超过这些层面的解释和合作。无论政治干预如何精明地伪装自己，科学团体都需要抵制。如果科学第一，我们就不会在政治上选择积极。如果你在政治上不积极，就会陷入其他人的政治中。

要想理解乔姆斯基在其中发挥的重要作用，就要回到他1955年第一次面试时的场景。这个职位来自波士顿的一家军方实验室，当时正是"冷战"时期。应聘成功者会加入麻省理工学院机器翻译小组。该项目服务于军方，并得到五角大楼的大力资助。[2]诺姆·乔姆斯基参加了这次面试但另有想法。由于讨厌"军方研究"这样的说辞，他解释说自己对机器翻译不感兴趣，对此无能为力。主管听了这番解释，就给了他这个职位。依据乔姆斯基的说法，他从此以后根本就没触碰过机器翻译。

乔姆斯基对自己矛盾处境的描述完全概括了我的观点。他身处其中又置身其外，身在曹营心在汉，一方面为军方工作，另一方面又决定不产出任何东西为军方所用。如果我的观点正确，那么他努力与自己所面对的道德困境做斗争，他的语言学与世界是分离的，这就很好地满足了他。只有把语言重新定义为完全抽象的、理想化的东西——完全与社会使用或任何可能的实践无关，他才能杜绝协助军方杀人的可能。他可以与实验室的同事们忠实合作，但把自己关在纯科学的大门内。

乔姆斯基及其追随者们否认我的讲述，我只能通过回忆各方大致认同的文献和备忘录细节来回应他们。

俄罗斯著名语言学家罗曼·雅各布森（Roman Jakobson）向乔姆斯基推荐，说这场重要面试他一定能成功。那天，面试官是美国最有影响力的军事科学家之一，电子实验室主任杰尔姆·威斯纳（Jerome Wiesner）。威斯纳在解释自己对这位年轻的语言学家十分感兴趣时，回忆道："比尔·洛克（Bill Locke）教授建议我们使用计算机做机器翻译，于是我们聘请了诺姆·乔姆斯基和约书亚·巴尔 - 希列尔（Yehoshua Bar-Hillel）。"[3] 威斯纳有充分的理由相信乔姆斯基是理想的人选，毕竟这位应聘者已经有创建自动改写规则及相关程序的经验。这些规则和程序从原则上讲能实现机器可及的逻辑运算。乔姆斯基用他那枯燥的幽默感回忆了面试时向威斯纳说的话：

> 我告诉他，我不认为这个项目有意义。解决问题的唯一方式就是武力。对语言的理解不会有实质性的帮助，我对此也不感兴趣，我不打算参加这个项目。他觉得我的回答很好，聘请我参加机器翻译项目，但主要做的是我喜欢做的事情。[4]

遗憾的是，乔姆斯基从没为新手写过一本面试指南。"局面总会扭转"可能是他的建议。从那时起，他对权威的态度就没有发生变化。

对威斯纳了解更多有助于我们细品乔姆斯基后来在职业上的矛盾。就美国军方政策而言，乔姆斯基记得威斯纳属于鸽派，"他在肯尼迪政府是极端的鸽派，但他从不真正接受学生和活动分子视他为合作者这一事实"。[5] 我认为这种双面评价意味着乔姆斯基一开始就知道威斯纳深度参与了五角大楼的事务，但是出于对上司的尊重而让别人去指责他。

威斯纳是通信工程方面的专家。1952—1980 年，他在电子实验室主任职位上发迹，后任教务长，又任麻省理工学院校长，实际上他做了乔姆斯基 20 多年的上司。[6] 用乔姆斯基的话说，这就很容易看出为什么"学生和活动分子视他为合作者"。毕竟是威斯纳在 20 世纪 50 年代把核导弹研究引入麻省理工学院的。[7] 他对此特别自豪，称他的电子实验室——主要位于麻省理工学院校园——"为美国持续不断发展的军事科技贡献了巨大的科学和技术支持"。[8]

1971 年，美国军方研发部门公布了一份"电子实验室军事用途贡献"的"案例"清单。上榜的有"波束成形天线""螺旋天线""微波滤波器""电离层通信""导弹制导""原子钟""信号检测""通信论""信息和编码论""人体传感器增强技术""神经电信号"。[9] 鉴于所有这些项目都具有军事意义，乔姆斯基可能把自己的语言理论与任何可能的军事用途都隔离开来。[10]

然而，威斯纳对美国军方的贡献远远超过他在麻省理工学院所做的这一切。他提醒我们注意，其成就之一就是"帮助获得美国弹道导弹项目。该项目是在空军和国防部文官和武官都强烈反对的背景下设立的"。他又补充到，他"也支持极化导弹系统、弹道导弹早期预警系统和卫星侦察系统"。[11] 到1961 年，威斯纳已成为肯尼迪总统的首席科学顾问。只有在这一实权职位上，他才能要求"必须加速"发展并采购弹道导弹技术。[12] 为了维护军方的行为，肯尼迪提出，与苏联相比，美国相对软弱，依据威斯纳自己的说辞，"导弹方面存在差距"这个虚构的说法就是"我帮助提出的"。[13]

肯尼迪遇刺后，威斯纳的地位下降了。尽管如此，他仍然能组织一批杰出的科学家为美国的战争做出贡献。这群科学家参与一个项目，即在越南南部和北部之间设计部署传感器、地雷和集束炸弹组成的巨大屏障。[14] 威斯纳长期参与核决策，最后也意识到整个过程存在的问题和欺诈。因此，他批评核导弹，特别是多弹头导弹无节制的储存。但是这一内心想法的改变并不妨碍他继续带领麻省理工学院实验室致力于这些项目的研究。[15]

1980 年，威斯纳从麻省理工学院校长职位退位，但是校方代表称学校与五角大楼的"深度关联"一直持续到今天。[16] 自 1980 年起，麻省理工学院校内的研究包括导弹、空间防御、军舰、核潜艇、简易爆炸装置、机器人、无人机、作战服等。[17] 20 世纪 80 年代，时任校长约翰·多伊奇（John Deutch）把生物武器研究引入学校。据说，该校长尽力给初级教员施压让他们"在校内"参与该研究。[18]

毫无疑问，麻省理工学院与军方合作。但是我们所探讨的是不同的问题。我在本书中并不是说乔姆斯基与军方勾结，而是说他不得不克服障碍避免参与军方项目，并成功实现了这一目标。但是不论我说什么，乔姆斯基及支持者们就是不承认这一点。

乔姆斯基的回应似乎是在说我指责他。有时，他几乎是在否认麻省理工学院与军事研究有任何瓜葛。2017 年年初，我和追随乔姆斯基的语言学家尼尔·史密斯（Neil Smith）和尼古拉斯·阿洛特（Nicholas Allott）在伦敦合作召集一场会议，纪念乔姆斯基著名的反战檄文《知识分子的责任》（*The Responsibility of Intellectuals*）发表 50 周年。乔姆斯基同意通过视频连线方式参会，并在当日受邀评论一系列议题。有一个问题是，受聘于五角大楼资助的、以军事研究著称的单位，他是否会感到矛盾。乔姆斯基回答到，这个问题是一种误解，因为除了一些部门，"麻省理工学院本身并没有从事战争研究"。[19]

乔姆斯基在回应我的这本著作时，把这样的说辞当成了他的标准回答，并直接说"校内没有军事研究"。[20]当《解码乔姆斯基》一书在书店售卖时，《纽约时报》的记者直接问他："如何评价克里斯·奈特？他把你的语言理论与'冷战'时你在麻省理工学院受五角大楼资助的工作联系起来。"乔姆斯基认同受到军方资助，但问道："这意味着我们在从事军事研究吗？1969年，庞德委员会（我是该委员会成员之一）有一项研究就是调查校内是否有军事研究或机密研究。答案呢？是没有。"[21]

这种不断重复的论调十分奇怪，明显违背了事实，需要给出一个解释。我认为，这就证实，当乔姆斯基这样说时，我们听到的是他的道德良心在大声、清楚地向我们讲述。

我强调一下，我相信乔姆斯基的道德宣言，他自己的研究不可能以任何方式帮助美国军方，这点我认可。但这并不适用于他所在的单位。显然，乔姆斯基感到，为了否认自己个人参与了战争研究，除了否定麻省理工学院参与外，他别无选择。他只能依据1969年公布的一项特别研究做出泛泛的回答。

正如我在第4章所说明的，庞德委员会——以主席威廉·庞德的名字命名——由乔姆斯基的上司设立，目的是应对学生们反对麻省理工学院从事战争研究而抗议的可能性。为了安抚学生，麻省理工学院坚称尽管学校管理的一些实验室直接参与研究武器，但是这些实验室并不真正属于学校，因为它们"在校外"。然而，作为庞德委员会的一员，乔姆斯基签署了调查最终报告中的一份附录，上面显示，500多名学生和学者在这些"校外"军方实验室工作。[22]随后的采访有记录在案，乔姆斯基说，学校与"这些实验室紧密融合"，有些仅仅"在校外两英寸"远的地方。[23]

在另一次采访中，他表达得仍然十分清晰：

> 麻省理工学院校内有许多（军事）研究。学校的许多实验室参与其中，例如开发用于弹道导弹的技术等。事实上，许多导弹制导技术就是在校内或由学校管理的实验室开发的。

现在，出于显而易见的考量，乔姆斯基想让所有的军事研究都留在校内：

> 首先，这些研究该做吗？……假设不该做，一个现实的重要问题是，我们可以在校外做吗？……现在我的感受是假如这些该做，我宁愿让这些在校内做。就是说，我宁愿让这些能被看见，处于抗议分子和活动分子的中心，而不是移到别处偷偷地、随意地进行。事实上，常常是相同的，只是换了个联系的名字……

正如我在第 4 章所说的那样，乔姆斯基在这一点上开始放弃管理上为了隐藏事实而设的障眼法：

> 事实上，我的提议，我很严肃地说，就是大学应该建立"死亡部门"，该部门应处于校园中，大学内致力于与破坏、谋杀和压迫有关的所有工作都该集中在这里。它们应该有个诚实的称谓，不该是政治科学或电子科学等诸如此类的称谓，而该叫作"死亡科技"或"压迫理论"之类的东西，这有助于维护真相。[24]

最终乔姆斯基的大胆提议没有被庞德委员会或校方管理层采纳。相反，校方决定关闭明显研究核弹的实验室，继续管理硕大的林肯实验室。林肯实验室位于校外的空军基地，远离学生们的抗议。但是这里我想说的是，从麻省理工学院导弹实验室的选址看，乔姆斯基呼吁将其留在校内，公开承认学校与这些实验室有深度牵连。庞德委员会成立前几年，即 1967 年，他就十分担忧，想离开麻省理工学院。我在这本书中也引述了，在给乔治·斯坦纳的信中，乔姆斯基讲到因为学校"令人悲痛地、无可辩驳地"参与了越战，所以他"深思熟虑后想离开这里"。[25]

现在让我们看看乔姆斯基对我的第二项批评。他说，美国军方不在乎其资助的麻省理工学院的研究，即使他们在乎，也对自己的语言研究不感兴趣。用乔姆斯基的话说，我的错误之处在于"严重混淆了我和其他人从事的语言研究"。他称军方不关心这些，"对这些没兴趣。即使有，也与我们的普遍语法研究毫无关系"。[26]

乔姆斯基说五角大楼并没有干涉大学的日常运行，严格说来，他这样讲是对的。但是，这并不令人惊讶。正如我们看到的，乔姆斯基的上司杰尔姆·威斯纳直接为五角大楼工作，完全能代表军方的利益。而且，威斯纳一直知道，如果五角大楼的研究机构是为了培育创新，产生新的思想，他所谓的"科学的无政府状态"就需要得到守护。[27]

本书出版后，我见到了 1946 年任主管的一位将军，其地位与艾森豪威尔将军不相上下。他坚称，为了能让全国的军事科学家"做出新的、未知的贡献"，他们"必须被给予最大限度的研究自由"。[28] 乔姆斯基回忆，自己和同事们并没有感到军方的干预，但这并不意味着军方对他们的研究"不感兴趣"。譬如，1968 年，波士顿海军研究室副主任写到，他手下的科学家"从一开始"就与电子实验室的研究项目"紧密相关"，"为主管和一线科学家提供了大量有价值的建议和忠告"。[29]

在另外一次对我的回应中（这次是发表在《伦敦书评》上），乔姆斯基驳斥到，他的语言研究无论是否得到军方的资助都是一以贯之的。他说，这就足以证明资助因素对自己的研究工作没有影响。[30] 这很容易反驳。乔姆斯基早期在哈佛大学时，没有得到军方的资助，但是他和妻子卡罗已经与麻省理工学院电子实验室的哲学家和计算机科学家有了密切联系。[31] 正如我在本书中指出的，他在获得麻省理工学院教职之前，其语言观的发展已经受到当时思想文化的影响，而这种文化的形成又受到军事行动的严重影响。尽管五角大楼对语言学的资助减少了，但是这种文化仍在流行。当然，没有人希望知识分子承诺终身致力于一项研究却由于资助的变化或终止而放弃这项研究或转向其他方向。

尽管如此，乔姆斯基还是一以贯之，坚持摒弃自己的研究与麻省理工学院流行的、受军方影响的思想文化之间的关系，特别是他否定与沃伦·韦弗（Warren Weaver）思想的联系。韦弗是洛克菲勒基金会的主管，引领了麻省理工学院的机器翻译。是他率先提出，若能找到隐藏在世界语言背后的逻辑结构，机器翻译就可以首先把句子编码成结构，然后解码成当地讲的任何语言。我曾经提到过，乔姆斯基提出了十分类似的概念，如"自动改写规则""核心句""深层结构""普遍语法"等，他实验室的同事们会设想这些概念在某些方面与韦弗有远见的计划有关，进而与他们自己的研究关切有关。

事实上，乔姆斯基对发展一种普遍语言并不感兴趣，因为他怀疑人类已经拥有一种底层语言。他也没有因韦弗对机器翻译的热爱而进行研究。但是

20 世纪 50 年代很多人分享韦弗的梦想，乔姆斯基的研究似乎成为实现韦弗梦想的完美途径。如果乔姆斯基告知麻省理工学院实验室的技术人员和计算机科学家二者之间根本没有关系，他们肯定会感到诧异。

但是乔姆斯基仍然持这种观点。当我们通过电子邮件交流时，他告诉我，普遍语法与韦弗的梦想没有一丝联系。我接受二者的不同。众所周知，麻省理工学院的机器翻译由韦弗负责，乔姆斯基应聘在他那里工作。所有参与者都期待乔姆斯基的理论成就在某种程度上与机器翻译有关。1957 年，麻省理工学院的一位主管概括了这种心情。他说，乔姆斯基的新著《句法结构》（*Syntactic Structures*）"为机器处理言语信息的所有研究提供了全新的理论基础"。[32] 在一份被广泛阅读的书评中，罗伯特·利斯（Robert Lees）写到，"乔姆斯基的语法概念或许被证明在机器翻译领域是最重要的"。[33] 1958 年，约书亚·巴尔-希列尔又声援这种假设，并在麻省理工学院圈内人士间分享。他认为，乔姆斯基对语言基本理论的研究应"及时地变成机器翻译的新方法"。[34] 由此可见，即使乔姆斯基看不见自己和韦弗机器翻译项目之间的联系，别人也显然看见了。

当韦弗率先窥探到机器翻译的可能性时，其灵感的主要来源是艾伦·图灵在计算数学方面的最新突破。乔姆斯基在相同的思想文化中寻根时，强调自己早期的构想非常依赖"20 世纪 30—40 年代艾伦·图灵和其他杰出数学家发展的现代计算理论"。[35] 探寻共同的渊源，指出存在的关联，并不是要把乔姆斯基的方法与图灵或韦弗的方法混为一谈。毫无疑问，乔姆斯基的概念和理论是独特的。然而，对于早年电子实验室的崇拜者来说，乔姆斯基设计的符号串和自动改写规则显然有助于他们发展计算机语言处理程序。

我自己对这些困扰的解释是，当乔姆斯基被具体问到自己的研究与计算机程序发展或自动处理有何关系时，他坚称自己只是研究基础理论。我毫不怀疑乔姆斯基的研究没有运用于军事。尽管如此，有人提醒我注意乔纳森·金（Jonathan King）的描述。他谈到麻省理工学院研究生是如何描述 20 世纪 80 年代武器研究的情形：

> 成百上千的物理和工程专业的研究生从事武器研究。他们从未说过一个字，一个字都没说过……你去讨论一下他们正从事的议题。

你知道他们正在研究细长物体高速通过脱流液时的流体力学。"嗨，这难道不是导弹吗？""不，我正在研究基本原理，没人研究武器。"[36]

这就是事情的本质。不论你为军方做什么，总是用"基本原理"来掩盖实质。

乔姆斯基不仅否认军方对自己的研究感兴趣，而且当他称五角大楼的资助只是一种管理体制，是让国家资助基础研究时，他又向前迈了一大步。乔姆斯基和历史学家霍华德·加德纳（Howard Gardner）交谈时是这样说的：

> **加德纳**："起初你的研究得到资助是因为军方想把你的研究用于翻译和……，是吗？"
>
> **乔姆斯基**："这事实上是一种广泛流传的错觉……很多人相信这一错觉，但事实上军方根本不在乎你的研究……他们不在乎。军方做的是提供一种渠道，据此纳税人的钱可以用于创造未来的高科技经济……这就是美国的工业政策。你发展未来经济的方式由政府决定。这意味着纳税人资助研究，最终转交到私营企业获利……五角大楼恰好是资助电子研究和发展的自然方式。"[37]

这段论述可能包含一些真相。但是，五角大楼自己也称"完全努力"确保只资助"与军事科技需要直接相关的研究项目"。这项申明被斯坦福大学一群反军国主义学者详尽核查，证明是确凿的。[38]

不论我们怎么看待这些相互冲突的论调，我们有信心认为美国军方为大学研究提供资源是出于自身利益的考量。尽管乔姆斯基对我的著作反驳频频，但他经常说漏嘴。当他评论说"我在麻省理工学院工作，经常和为五角大楼研究导弹的科学家们交流"时，他内心深处对这些几乎没有感觉。又如，1969 年，当学生抗议达到高潮时，麻省理工学院一名学生说："我设计的东西可能有一天会杀死几百万人。我不在乎。这不是我的责任。别人给了我一个有趣的技术问题，我解决了，我快乐。"乔姆斯基批评这名学生，说他可以列出 20 名学校的员工"说同样的话"。[39]

就像许多作者一样，我一决定出书就发现了之前期望能找到的大量资源。我仅选出一本未出版的博士学位论文《个人知识，公众紧张：战后美国语言学的理论承诺》(*Private Knowledge, Public Tensions: Theory Commitment in Post-War American Linguistics*)。这本论文由琼妮特·尼尔森（Janet Nielsen）于 2010 年提交给多伦多大学。从我的视角看，这项突破性研究的价值在于其研究方式，论文采用从未有过的学术严谨性描述了具体政策。通过这些政策，五角大楼资助的重要项目影响了麻省理工学院流行的思想文化。尼尔森的发现相当于把拼图的最后一块放进去了。

最有趣的是研究"个人知识"的章节。尼尔森生动细致地描述了乔姆斯基及其同事们早年在麻省理工学院在学术上党同伐异的大量事例。这在一定程度上反映了早年依赖内部报告的传统。技术人员和工程师在实验室内验证军事装备的设计，因此既没有必要也缺乏动力去国际刊物上发表成果。最重要的是，把项目定为最高密级就严格限制了依赖同行评价的发表机会。出于这样或那样的原因，当时流行的是通过私人交流报告、复印手稿、未公开发表的信件、自引用等形式，而不是通过同行评审的期刊论文接受所有人的检查与评价。

公平地讲，需指出的是当时即使研究基本理论的学者也很少有机会在期刊发表论文。即使有一份合适的期刊，乔姆斯基和同事们也觉得发展很快，很难指望他们等待下去，而素不相识的编辑还要将这些振奋人心的新成果积压好几个月。但尼尔森关注的是，这种文化产生了综合效应，鼓励乔姆斯基及其追随者可以合理地逃避正常的学术规范。她描述了他们如何依赖个人知识为自己营造了封闭的圈子，他们的排外感、优越感让局外人觉得他们是故意地崇拜秘密。尼尔森解释道：

> 十多年来，这种隐秘的研究文化是转换语法的特征。这种特征快速崛起于 20 世纪 50 年代后期，一直持续到 60 年代末。这样的文化似乎与 20 世纪中期到末期倡导的学术自由与开放的价值观不相容。在其他领域，如从生物学到物理学，在主流刊物上发表、公开交流知识是常识。除其他优点外，为了维护知识产权，公开发表也被认为是必要的。[40]

诚然，战后美国物理学家常常交流提交给主流刊物或被主流刊物接受的未发表论文。但是，不像转换语法那样，这些预印本并不是个人知识，而是一种立即给全世界物理界带来振奋人心的研究成果的方式。尼尔森写道:"相反,转换语法学家骑在他们所看见的语言学前沿刀刃上,回避主流期刊和出版体系。"任何外部批评家们评价麻省理工学院发展的方式都被拒之门外,他们感到厌恶或绝望就趋于放弃了。他们从工作坊和会议上不友好地撤出只能在追随者中强化一种信念:麻省理工学院的局外人不能理解这些新成果,因此他们没资格接近这些研究。

受尼尔森的启发,我能更好地理解乔姆斯基及其追随者为何排挤掉所有反对者,同时对其他研究范式嗤之以鼻。他们享受大量的军方资助,身处著名的军方实验室,觉得没必要与其他背景的语言学家平等争论。乔姆斯基的理论每次革新后寿命都较短,但这无所谓;最终也没有多大意义,这也无所谓。转换语法是组织机构喜欢的研究范式,没有其他范式希望与之竞争。除此之外,乔姆斯基善于判断政治形势,谴责美国军方(自己的单位却从这里获得资助和支持),我们这个时代拥有影响如此巨大的学者。

对于任何站在我的立场、永生不渝的活动分子,说些容易被人误解的话就会感到风险重重。尽管乔姆斯基的一些主张不符合历史事实,然而从当时的情境看,这些主张是对真实困境的理性回应,是合理的。无论是乔姆斯基在 20 世纪 60 年代组织抗议人士还是近几十年在全世界发表鼓舞人心的演讲,我的评论中没有一点内容诋毁他作为一名孜孜不倦的反军国主义先锋的行动,也没有否认他一直忍受着来自学校的压力——他一定在那里受到了压力。如果 1967 年他因反感而辞职,他当时确实这么想过,那么他可能永远不会得到能到处发表异见的平台。总有一些时刻需要我们妥协,只不过有些人付出的更多。我曾讲过,在乔姆斯基身上,是他的语言研究而非政治活动首当其冲遭受了巨大的压力,付出了沉重的代价。尽管如此,作为社会活动家的乔姆斯基依然激励着所有人。若政治家们多些诚实,政府多披露些真相,我们就可能不需要这样一位人物了。但是在一个不完美的世界,我们需要他。若没有乔姆斯基,我们将不得不创造一个乔姆斯基。

前言与致谢

一次偶然的机会，我有幸在人生中第一次读到乔姆斯基的科学著作，第一反应就像人类学家邂逅一个鲜为人知的原始部落一样，充满好奇，总想知道那些原始人到底在想些什么。面对乔姆斯基这种地位的人，最重要的是搁置自己的文化偏见和假设，以避免把他那些奇怪的想法当作不可理喻的无稽之谈而不予理会。我们遇到的有些教条可能看起来很荒谬，但那些说道为人所顶礼膜拜，总是有一定道理的。而人类学家的任务就是揭示那些奇怪的想法到底是怎样产生的，这需要深入研究当事人所处的地理、历史、文化和政治环境。

语言及其起源问题十分复杂，但它对于理解人类自身的重要性是不言而喻的。乔姆斯基的政治见解大胆而鼓舞人心，读起来不免让人击节叫好，不过，他对语言的各种假设却让我困惑不解。我得承认自己知识的欠缺，我从来没有接受过理论语言学方面的任何专业训练。但我怀疑，我们之间的鸿沟更多的是哲学和文化上的差异。很快我就明白了，我要研究的那个原始部落不是别的什么，而是一个由五角大楼资助的"战争科学共同体"。这个共同体以乔姆斯基为核心，早在其学术生涯之初便显现雏形。我对阴谋论没有任何兴趣。乔姆斯基初期的研究工作得到五角大楼的资金支持，尽管如此，我一点也不怀疑其工作的开创性和重大意义，同样我也不认为这后面有什么更大的阴谋诡计。同样清楚的是，乔姆斯基的著作对美国的军事力量没有任何实际贡献。然而，从一开始我就明白，要真正理解乔姆斯基的"语言学革命"，就得回溯到发生"语言学革命"的彼时彼地，这意味着，必须重构美国"二战"后的学术生态，当时电子计算机还处于萌芽阶段，大家都还认为它不过是科幻中的玩意儿。

当我开始研究这一切时，发现五角大楼的科学家们正处于一种近乎癫狂的状态，仿佛刚打完胜仗，意识到核武器威力无比，生杀予夺的大权就在自己手中。最令他们陶醉的是，破解世界语言的钥匙仿佛就要找到了。

早在 1946 年，沃伦·韦弗就有了把世界上所有语言简化为机器可以处理的"基本元素"的想法。到了 1955 年，韦弗提出，一种设计适当的机器完全可以用这些基本元素准确地将世界上任何一种语言翻译成其他语言。在韦弗看来，探究事物本质最大胆的方法就是深入探究"人类交流的共同基础"，去看操控机器的代码是否真的就是语言的基础，尽管这些语言表面上看起来千差万别。韦弗的计划雄心勃勃，尽管乔姆斯基极力否认其与自己的研究有任何联系，但事后看来，韦弗的这些想法显然已经预见到了"深层结构"与"普遍语法"的巨大魅力。

在项目推广期间，韦弗时常提醒大家，他想做的就是建造一座现代版的"巴别塔"。《旧约全书》中有这样的说法，人类最初原本是用同一个声音说话的，这带来的合作潜力让上帝感到十分害怕，他担心人类有一天会顺着巴别塔直达天庭与自己平起平坐。为了使我们人类安守本分，上帝让我们说不同的语言，从此，人类彼此之间沟通就有了障碍，人道亦混乱不堪。

如今听起来可能难以置信，但在 20 世纪 50 年代末，美国计算机科学家们真的做着这样的梦，他们希望有一天人类重现只用同一个声音说话的神话。为此，他们设计制造一种机器，并为其安装一套世界语言通用的底层代码，这样，语言之间的转换便能轻松自如地完成。五角大楼为重建这座"新塔"投入了大笔资金。

"巴别塔"神话的主题始终贯穿全书。与五角大楼重建新塔的计划相比，俄国革命艺术家和诗人们的计划更加雄心勃勃，但却现实得多——他们同样想要建造一座高耸入云的通天塔，同样也得到国家的鼎力支持。年轻的苏维埃政府投入了大笔资金建造"塔特林塔"，这座玻璃钢铁建筑作为"第三国际纪念碑",象征着革命国际主义和统一语言的冀望。这背后是俄国天才诗人维利米尔·赫列布尼科夫（Velimir Khlebnikov）。赫列布尼科夫的名字通常与乔姆斯基没有什么联系，但在我看来，赫列布尼科夫可以说是著名语言学家罗曼·雅各布森的灵魂导师，而雅各布森关于通用音标的见解直接导致了乔姆斯基关于普遍语法的想法。

讽刺的是，虽然这些俄国人是反战的无政府主义者和布尔什维克同情者，乔姆斯基却发现自己身处一种对"世界共产主义"充满偏执敌意的政治氛围之中，人们狂热地试图抢先掌握核战争理论。在这样的背景下，作为五角大楼资助的认知革命的领军人物，乔姆斯基因其在语言学、心理学和哲学等领域的巨大影响力脱颖而出。同时，他也利用各种场合发表独到的政治见解，代表了这个疯狂的世界少数几个有理智的声音。我对这段历史的研究越多，就越发感到乔姆斯基内心世界的矛盾与冲突：在政治方面，他热情勇敢、激进狂飙，而在科学方面，他严谨治学、一丝不苟。不过，我很快就明白了他为什么如此矛盾。乔姆斯基作为科学家，以一丝不苟的严谨态度排斥任何社会话题，而作为激进的政治活动家，他也同样严格地排斥任何对科学的依赖。这种分裂具有极大的破坏性，确实让人难以理解。

以下谈谈我对这个问题的研究。我主要通过回溯历史来考察到底是什么情况导致乔姆斯基如此矛盾。很快，我便得到了答案，道理其实极其简单。当时，乔姆斯基在军方的一间武器实验室从事研究工作。随着越战愈演愈烈，他的政治良知告诉他，杀人的犯罪活动正在越南战场上一次次上演。要想畅所欲言，他必须拥有完全的自主权处理自己实验室的一切事物。为此，他只能说自己的语言科学研究与政治、社会毫无关系。在这个层面上来说，他的思想完全独立于政治，是纯粹自主的、形式化的、抽象的和中立的。西方学术界逐渐形成把社会问题从科学的范畴中剥离开来的传统，乔姆斯基在其中显然发挥了重要作用。在此，我的目的是解释这种学术分离从何而来，这样才能发现乔姆斯基矛盾心理的端倪和根由，才能最终恢复社会行动与科学、实践与理论、身体与精神之间的基本联系。

虽然大多数人认识乔姆斯基不是因为他的激进主义，就是因为他的语言理论，但其学术涉猎广泛，远远超出了一两个学科，还包括无政府主义和马克思主义政治学、心理学、哲学以及进化论的最新发展等。因此，本书涉猎的范围同样广泛，内容丰富，涉及计算机发展史、俄国革命期间的艺术运动、20 世纪 50 年代美国麦卡锡主义政治运动、20 世纪 60 年代美国学生运动，以及进化论中的性别关系……烦请读者陪我一起来一趟文化过山车之旅。希望最后大家明白，为了理解乔姆斯基思想的非凡影响力，这次旅行是必要的。

写这本书得到很多人的帮助。我曾把一些未加任何修饰的证据寄给诺姆·乔姆斯基请他参考，也一并提到对其语言思想批评的担忧，害怕这会落井下石危及其政治权利。乔姆斯基向我保证，在读完书稿后，他没有发现任何对他语言思想的批评！乔姆斯基一直以来以左翼批评家自居，但面对来自左翼批评家对自己的批评，还不太习惯。按照乔姆斯基一贯的政治直觉，他认为我误会了五角大楼和麻省理工学院的关系，或者从更一般的意义上说，误读了军方与高级研究之间的关系。他指出，这种误解是主流意识形态和右翼经济学中常见的错误。另外，他坚持认为他的普遍语法理论和人们对通用语言的幻想完全是两回事，它们之间没有任何联系，我的那些看法刻板而老套。

我还联系了许多乔姆斯基的坚定支持者，请求他们给我一些建议和意见，当然最后收到的也有不客气的批评与质疑。比如，迈克尔·阿尔伯特（Michael Albert）——我钦佩他的革命激情——就给了我最直率的批评，他说我做的那点事根本不配写一本书。乔治·卡西亚菲卡斯（George Katsiaficas）讲述了越战期间他在麻省理工学院参与学生反战抗议的亲身经历。罗伯特·巴斯基（Robert Barsky）的帮助真是费煞苦心，他不同意我拿麻省理工学院军事经费这类他所谓的"琐碎小事"说事，他认为，强调那个时代语言研究的军方背景，显然具有误导读者的目的。

尼尔·史密斯费神地通读了整个手稿，并做了详细的评论。在他的建议下，我们还碰了面，花了整整一个下午的时间把所有可能引起误会的地方逐一梳理了一遍，另外他还补充了之前我忽略了的一些细节。我非常感谢尼尔的慷慨支持，要知道，他对乔姆斯基的评论一向被视为权威，而我的观点又常常与其相左。另外，我还要感谢玛吉·塔勒曼（Maggie Tallerman）、弗雷德里克·纽迈耶（Frederick Newmeyer）、诺伯特·霍恩斯坦（Norbert Hornstein）以及大卫·爱德格（David Adger），他们都是乔姆斯基的忠实拥趸。我感谢他们指出书中的一些错误，也感谢他们对我提出的警告和批评，他们提醒我不要枉费心机与巨人纠缠。

与乔姆斯基的忠实粉丝不同，还有些人把他的故事放在显微镜下观察，他们大多是苛刻的文化历史学家。感谢兰迪·艾伦·哈里斯（Randy Allen Harris）的帮助，他让我对一度费解不已的好些事突然豁然开朗，比如，乔姆斯基为什么会跟曾给予他慷慨帮助的师长兼同事——尤其是泽利格·哈里斯（Zellig Harris）和罗曼·雅各布森——闹别扭。感谢约翰·约瑟夫（John Joseph），这位伟大的索绪尔传记作家，在一系列愉快的电子邮件中为我答疑解惑。我的写作意图是具有颠覆性的，对此我多少有点惴惴不安，他的邮件回复给人一种他乡遇故知的感觉，他这样写道："为科学家乔姆斯基伸张正义，同时又不伤害其作为美国人的社会良知。"

克里斯蒂娜·贝梅（Christina Behme）也读完了我的全部手稿，她也提出了许多有益的建议。她和我的意见也有诸多不同，不过大多数情况是觉得我对乔姆斯基太过宽容。我还从大卫·格鲁比亚（David Golumbia）那里学到不少，他对美国战后认知革命的政治意义见解独到，与我的立场非常相似。

与我对两个截然不同的乔姆斯基的描述相反，乔治·莱考夫（George Lakoff）回应说，这两个形象体现了共同的理想主义——笛卡尔式哲学。我们似乎在这一点上仍有分歧，但我确实从这次交流中学到了很多。彼得·琼斯（Peter Jones）提醒我，乔姆斯基在驳倒左翼马克思主义批评者方面有着令人印象深刻的记录。同样，鲁道夫·博塔（Rudolf Botha）也提醒我小心乔姆斯基的反驳，他说，这位世界杰出的语言学家——他戏谑地称他为"迷宫之王"，在公开辩论中擅于运用各种复杂的技巧，每次都收效奇特，总能战胜对手。我很感激这些善意的提醒和警告，为了不陷入乔姆斯基的迷宫，我得旁敲侧击、另辟蹊径。

还有一些朋友及同事，对图书编辑提出了宝贵建议。我要感谢泰德·贝恩（Ted Bayne）、伊恩·博尔（Iain Boal）、安吉洛·坎杰洛西（Angelo Cangelosi）、珍-路易斯·德莎莉（Jean-Louis Dessalles）、马丁·爱德华（Martin Edwards）、雷蒙·费雷尔（Ramon Ferreri Cancho）、理查德·菲尔德（Richard Field）、莫娜·芬尼根（Morna Finnegan）、罗宾·哈尔平（Robin Halpin）、基思·哈特（Keith Hart）、彼得·胡迪斯（Peter Hudis）、马克·杰米森（Mark Jamieson）、多米尼克·米歇尔（Dominic Mitchell）、伊恩·派克

（Ian Parker）、格雷戈里·拉迪克（Gregory Radick）、凯特琳·雷德芬（Katrin Redfern）、卢克·斯蒂尔斯（Luc Steels）、斯拉沃米尔·沃科沃兹（Sławomir Wacewicz）、伊恩·瓦特（Ian Watts），以及普利泽密斯拉瓦·泽韦可泽恩斯基（Przemysław Żywiczyński）。德里克·比克顿（Derek Bickerton）在我孤独无望时给了我及时的鼓励。迈克尔·托马塞洛（Michael Tomasello）的理解虽然来得晚了点，却极大地鼓舞了我解码乔姆斯基的士气。

我要感谢罗宾·米尔纳-古尔兰（Robin Milner-Gulland），他是我在苏塞克斯大学的研究生导师，当时受其启发，我对赫列布尼科夫产生了浓厚的兴趣，这远远超出了乔姆斯基语言学。我很感激他认真核对了有关俄国革命的细节。罗纳德·乌昂（Ronald Vroon）帮助我厘清了那些复杂的俄语语法问题，特别是赫列布尼科夫曾使用过的"sdvig"（"错位"或"移位"）这个词的意思和用法。

谈到进化论，我要感谢沃克·萨默尔（Volker Sommer），他让我对现代社会生物学及其起源问题有了更好的理解，及时纠正了我在最后一章一些不恰当的言论。我还要感谢生物人类学家萨拉·赫尔迪（Sarah Hrdy），她非常赞同我关于语言起源与进化的观点，认为这应归因于深刻的社会变革。萨拉关于"情感现代性"以及人类相互理解的进化论思想富有真知灼见，不愧为人类起源研究的一场革命。正是在她的鼓励和支持下，我才把狩猎采集者的性别关系以及合作育儿等问题放在本书结尾重点讨论。

我尽量把语言写得简单明了些，好让更多读者去阅读。能做到这一点，我非常感谢希拉里·奥尔顿（Hilary Alton），我们曾亲密合作，一起写过一本关于人类起源进化的书。如果说在这本书中还能看到她的影响，那是因为每写完一个复杂的句子或段落后，我总会问自己："希拉里会如何表达呢？"这总是有效的。几乎无一例外，每个认真阅读过我手稿的人都这样说，意思表达得清楚，他们很享受。

我得到了耶鲁大学出版社的大力支持，这是大多数作家梦寐以求的。我真的要感谢我的编辑罗伯特·鲍多克（Robert Baldock），他和我讨论政治问题，倾听我对学术圈的不安与焦虑，而这一切他都能泰然处之，欣然回应。耶鲁愿意冒险再次出版我的作品，这是他的决定，给了我极大的鼓励。我还要感谢耶鲁大学出版社的克莱夫·利迪亚德（Clive Liddiard）与蕾切尔·朗斯代尔（Rachael Lonsdale），他们编辑技术娴熟、幽默又耐心。

感谢我那三个聪明的孩子：罗西、奥利维亚和裘德，他们给予了我鼓励和批评，还为那些想要进一步了解本书的人专门建了一个网站。

感谢卡米拉·鲍尔（Camilla Power）。多年来，她一直都默默无闻地支持我，理解我，她的批评总是眼光独到、发人深省。

不用说，如果还有错，那都是我的错。

克里斯·奈特

伦敦，2016 年

目　　录

录　目

第 1 章

革　命

　　诺姆·乔姆斯基的职业生涯始于机器翻译研究。作为科学家，他最初受聘在一家电子实验室从事科学研究，这间看似不起眼的实验室在"二战"期间曾为美国军方设计开发过雷达。[1] 从童年起，乔姆斯基就对政治十分敏感，他自称是一个自由社会主义分子，憎恨军队，尤其讨厌五角大楼。然而，作为一名受雇于军方的年轻科学家，他全部的收入几乎都来自美国国防部。

　　为了让科学研究顺从自己的政治良知，乔姆斯基工作伊始就下定决心不去在意雇主的目标，无论在政治上还是在实践中他都这样。他回忆到，在 20 世纪 60 年代，美国成天对越南狂轰滥炸，当时自己整个人几乎都要崩溃，"我不能再面对镜子里的自己了"。[2] 如果不尽快采取行动，他觉得自己也会卷入到这场杀人的犯罪中去。巨大的心理压力残忍地把乔姆斯基撕裂，一分为二，这促使他决意在为军方服务时不管干什么都不考虑实际用途而只是做纯理论的研究，同时，不让任何激进的言论、行为与自己的科学研究沾一点边儿。这样，心灵与肉体、思想与行动、知识与实践，彼此分离，达到前所未有的程度。这种分离的范式主宰了整个西方文化界，长达半个世纪之久。

　　如果你对诺姆·乔姆斯基稍微有所了解，就不会对我们以这种无以复加的赞叹方式开头而感到惊讶，想想伽利略、笛卡尔或者是爱因斯坦，任何赞誉的言辞对他们而言显然都不过分。乔姆斯基是现代最重要的知识分子，"他对认知科学的贡献就像伽利略对物理科学所做的贡献一样巨大"，这是一位受人尊重的学术权威对他的评论。[3] 乔姆斯基从根本上改变了我们对人类生存状况的看法，颠覆了一度被称作伽利略革命的既定思维。自从 20 世纪 50 年代以来，乔姆斯基在知识界发起了一场针对所谓正统学术的猛烈进攻。几乎是单枪匹马，他成功地革了语言学的命，将其提升到一门真正的自然科学的地位。一位历史学家评论说，如果将诺贝尔奖授予语言学家，乔姆斯基应该是第一个，也是最后一个，没有谁能与之媲美。[4] 在过去的 60 年里，尽管斗转星移、风云变幻，但是乔姆斯基直到今天仍然是当代语言学中最具影响力的、响当当的人物。

不仅如此，曾几何时，乔姆斯基还是绝对的"网红"，他被誉为"互联网上访问量最多的人"以及"当今被引用最多的健在的学者"。[5] 2005 年，在大西洋两岸联合进行的一项针对谁是世界公认的顶级公知的民意调查中，乔姆斯基共计赢得 20000 名受访者中的 4827 人的推荐。[6] 1992 年，他在《艺术与人文引文索引》（*The Arts and Humanities Citation Index*）中是排名第八的高被引作者，是有记录以来"健在的被引最多的学者"，该索引排名前十的都是响当当的人物（或书籍），包括马克思、列宁、莎士比亚、亚里士多德、《圣经》、柏拉图、弗洛伊德、乔姆斯基、黑格尔和西塞罗。在《社会科学引文索引》（SSCI）与《科学引文索引》（SCI）中，情况也差不多。有一位图书情报分析师曾经这样说："这样的统计数据意味着，他在各个学科都有广泛的读者，他的作品在各个学科领域都有人引用……"她甚至夸张地认为："如果不引用诺姆·乔姆斯基，你就写不出论文来。"[7]

20 世纪 90 年代以来，尽管很多事情都发生了变化，但是对于很多人来说，乔姆斯基的成就在当代仍然是无可比拟的。众所周知，乔姆斯基在 20 世纪 50 年代中期开创了认知革命，就像笛卡尔在现代哲学初期所做的贡献一样。[8] 人们普遍认为，"没有什么比乔姆斯基的语言理论对当代哲学产生的影响更大了"。[9]《纽约时报》说他是"健在的知识分子中不可争辩的最重要的一位"。[10] 有一位传记作家甚至这样评价他，"乔姆斯基对于后世的影响将如伽利略、笛卡尔、牛顿、莫扎特，或是毕加索这些人对我们的影响一样巨大"。[11] 用一位睿智的近代历史学家的话来说：

> 是乔姆斯基而不是其他哪个人为整个英语知识界 20 世纪下半叶的学术氛围定了调……他不仅重新定义了语言学整个学科领域，而且他的著作在心理学、哲学、认知科学，甚至是计算机科学方面都近乎权威。[12]

一位现代语言学的资深学者解释道："他已经证明，人类语言其实只有一种，我们周围的各种语言听起来千差万别，其实是同一个声音的变体……"[13]

乔姆斯基本人给人的感觉"有点像牛顿"。[14] 他也被誉为"语言学界的爱因斯坦"。[15] "有如爱因斯坦的相对论，乔姆斯基的语言学思想在其巨大影响力下广泛传播，逐渐渗透到普通人的生活中。"[16] "诺姆·乔姆斯基在英语学术界简直就是一颗文化巨星，"《卫报》记者谢默思·米尔恩（Seumas Milne）这样写道，"他既是一位语言哲学家，又是一位政治活动家，享有极高的学术声誉，他差不多算得上是现代语言学的开创者，多次受到总统的接见，还在联合国大会上发表过演说，拥有众多国际粉丝。"[17]

2014 年，乔姆斯基受邀在罗马梵蒂冈发表演讲。这位著名的无神论者被认为是我们这个时代的伽利略，这颇具讽刺。据报导，根据《泰普雷特报》（The Tablet）的报告，负责这一事件的机构——梵蒂冈科学、神学和本体论探索基金会——仿佛在重温教皇约翰·保罗二世针对伽利略的调查。[18] 不过，这次教皇文化委员会主席、红衣主教詹弗兰科·拉瓦西，在介绍这位演讲者为"语言学王子"时却热情洋溢、满含钦佩。

乔姆斯基因为语言学上的成就而备受尊重，远近闻名。但他不只有这一面，他还有另一面——而且这另一面也同样优秀。多年来，乔姆斯基已经成为西方最著名的政治异见者，他的听众大多和他一样，也是持不同政见的人士。他发表了大量有关政治议题的著作和论文，而且在数量上均大大超过了他在语言学方面发表的作品。然而，如果去看看他的政治著作，就会发现学术界的反响并不那么热烈。尽管这些作品在青年学生中颇受欢迎，但有人指出，"它们很少出现在大学生的阅读推荐书目中，而且总体上也没有成为关于社会和政治组织的主流议题"。[19] 因此，几乎少有赞助机构或学术基金会赤裸裸地为乔姆斯基的政治立场提供资助。无论梵蒂冈在其他方面如何支持他，都不会邀请他谈论社会主义革命或无政府主义。

乔姆斯基反复强调，他的生活受政治和科学两个方面的"诱惑"，而且这两种诱惑从完全相反的方向牵制着自己。他也曾尝试将二者结合起来，但没用——它们"似乎水火难容"。[20]因此，乔姆斯基把自己忙乱的生活看作一种"精神分裂的存在"，[21]犹如大脑出了个小故障，但这恰好使他能像"计算机里不同的缓冲区"一样运转，[22]彼此不受干扰。

乔姆斯基说，科学在政治上是中立的，这与在政治上保持激进是没有多大关系的。他解释说："学术研究有学术研究的路径，这种研究往往导致对世界完全不同的认识，而不在于维护或改变我们平常的说话、思考方式……。与此同时，我们过自己的生活，尽自己最大的努力去面对各种截然不同的问题。"[23]

乔姆斯基并不鼓励其他科学家同事过多地关注他的政治观点。同样，他也不希望那些支持他激进政治思想的人过多地关注自己的科学研究。他建议，如果没有必要的专业知识，"你就不必参与到专业的科学讨论中去"。[24]在这方面，他是成功的。多年来，许多政治支持者都承认乔姆斯基的语言学和他们没有什么关系。

直到20世纪60年代中期，当乔姆斯基第一次走上街头抗议越南战争，他在麻省理工学院的同事和雇主似乎对他的政治倾向才有所了解，当时，他早已因语言学而久负盛名。在此期间，他很快就建立了自己的影响力，他指挥围观群众，组织焚烧征兵证，开展针对战争的各种抗议活动。1967年10月，他组织成千上万的反战游行示威者手拉着手围着五角大楼形成了一个巨大的人环，诺曼·梅勒（Norman Mailer）写了《夜色军部》（*Armies of the Night*）[25]一书来纪念这一事件。乔姆斯基后来回忆道："人们记住最多的就是那个场景，成千上万的年轻人以他们的血肉之躯去包围那个他们认为这个地球上最可怕的机构，当然我也这么认为……"[26]

走在围绕五角大楼的游行队伍中，乔姆斯基通过扩音器激励大家，随着口号，队伍一步步前进。当年的活动让乔姆斯基名声大噪，他成了世界学术界最有名的持不同政见者。从20世纪60年代到现在，美国军事冒险更仆难数，但没有哪一次逃得过诺姆·乔姆斯基慷慨激昂的道德拷问与文化讨伐。

乔姆斯基比任何其他西方学者都更加专注，在美国取代英国成为世界头号超级大国之后，他就开始把枪口对准了对全球大部分地区影响巨大的高科技恐怖主义。他对大多数知识分子同行评价都很低，尤其是对那些主导大学和媒体的学术大咖们不以为然，说他们学奥威尔的样儿故弄玄虚，随意用自以为是的教条来哗众取宠，比如说什么"战争是和平，自由是奴役，无知是力量"。[27] 乔姆斯基批评这种刻意曲解词语的把戏无疑是愚弄大众并达到控制他们的高明做法，它不仅让人们变得弱智低能，还可以防止大家有其他一致的公共话题。[28]

乔姆斯基以 1962 年美国入侵越南为例，向我们展示了美国主流媒体和学术界是如何通过刻意曲解来掩盖侵略罪行的。"在过去的 22 年里，"他后来解释说，"我一直在主流媒体和学术著述中查找关于美国 1962 年入侵越南、攻击越南，或者美国侵略中南半岛的参考文献，但收效甚微。仿佛历史上压根儿就没有发生这样的事一样。"[29] 任何记者，只要一提这件事准会遭白眼：

> 这种人怎么还没被送入精神病院？他怎么还有资格干记者这一行？即使在今天，那些提到美国 1962 年入侵越南的人……也都难免遭到质疑：他们要么糊涂，要么疯癫。[30]

对于乔姆斯基来说，这恰好说明了他所谓的"奥威尔问题"——解释为什么即使证据就在眼前，人们却知之甚少的问题。他写到，原因在于美国媒体源源不断地运用刻意曲解这种双重语言来做宣传，其手法异常老练。为了解决"奥威尔问题"，乔姆斯基观察到，"我们必须弄清楚到底是哪些制度上的关键因素阻碍了我们对生活的洞察和理解，问问它们为什么能起作用"。[31] 乔姆斯基虽然注意到这个问题的重要性，然而，他并不认为这是一个让学术界兴奋起来的问题，因为在他看来，这个问题是难以用科学的方法去解决的。

说完"奥威尔问题"之后，乔姆斯基告诉我们他还有另一个问题，这个问题恰恰相反。他称之为"柏拉图问题"。这一次，让人感到困惑的并不是人们的无知，而是他们非凡的智识和理解力。"柏拉图问题"属于科学范畴，对乔姆斯基来说，这是一个"深刻而令人兴奋的问题"[32]。他举了儿童习得语言的例子，小孩在没有时间学习任何东西的情况下，就学会了自己的母语，很明显，他一出生就已经知道了些什么东西。

问题是小孩在没有接受过任何指导，没有被纠正过任何错误，只听到只言片语的情况下，是如何把复杂的母语语法结构弄清楚的呢？"柏拉图问题"的解决之道在于先天知识，也就是乔姆斯基的"刺激贫乏论"。他指出，由于遗传特性，儿童是不需要专门学什么的，因为那些基本的东西他们天生就晓得。[33]

乔姆斯基注意到"遗传基因""人性"这样的说辞让不少知识分子很难接受，尤其是米歇尔·福柯（Michel Foucault）这类左派学者。但他并没有在这些人身上浪费过多时间：

> 是的，我说的就是人性，道理其实并不复杂。我这样坚持，并不是因为自己弱智，我相信其他人也不愿意在文化层面上"被弱智"。因此，我这样做绝不是为了迎合一种弱智的解释。我的外孙女和一块石头不同吗？和小鸟呢？和大猩猩呢？如果有区别，那自然就有人性这种东西。讨论的结果就是：我们回到什么是人性这个问题吧。[34]

乔姆斯基排斥马克思主义辩证法，认为那是"谈论矛盾这类情形时人们通常说的套话"，概念"异常模糊"。[35]他不想纠结于各种矛盾："'柏拉图问题'……是要解释在我们所能得到的证据如此之少的情况下，我们如何能知道这么多。'奥威尔问题'则是要解释为什么我们知道和理解的如此之少，尽管我们可以得到的证据如此丰富。"[36]

我们怎么知道的这么少？这是"奥威尔问题"。我们怎么知道这么多？这是"柏拉图问题"。乔姆斯基没有试图调和这两个问题，同时对这两个完全对立的假设之间的矛盾也没有尝试去解决。选择哪个问题取决于谁在讲话，激进分子还是科学家。乔姆斯基的"两个问题"看起来不仅不同，而且完全没有联系，好像是为了解释他的大脑隔室之间的鸿沟这个问题而故意设置的。

在科学家的角色上，乔姆斯基倾向于解决"柏拉图问题"，其出发点是灵魂学说。乔姆斯基提醒我们，在回答"在证据有限的情况下，我们知道的怎么这么多？"[37]这一问题时，柏拉图认为：

> 知识是从早期的存在中被"记住"的。这个答案需要一种机制；也许是不朽的灵魂。这可能让很多人感到不太满意，但值得记住的

是，这样说看似偏激但深刻，但比英美经验主义、行为科学时代奉为教条的答案合理得多。[38]

乔姆斯基承认，关于灵魂的讨论听起来确实有点中世纪的味道。为了让现代人听起来更顺耳，他对其进行了重新表述："照这种思路下去，并以更适合今天我们的方式重新表述柏拉图的答案，我们会说，认知系统的基本属性是与生俱来的，它是人类生物天赋的一部分。"[39]乔姆斯基的目的，是想让柏拉图与时俱进。他把这一对古代哲学的现代化版本称为"内在论"——对大脑内部结构模式限制的科学关注。

我们的研究对象那激进的声音是如何与其语言科学家的声音联系起来的？这个问题听起来就有趣，《纽约时报》的一名评论员是这样描述的：

> 一方面，语言学文献汗牛充栋，称得上革命性的也不少，但大多数技术性强、专业性高，除了少数行内专家和哲学家外，对其他任何人来说都很困难；另一方面，政治著述同样也浩如烟海，但只要不是文盲任何人都能轻易上手，即使他头脑简单、胸无点墨。"乔姆斯基问题"就是要解释如何让这两方面有机结合在一起。[40]

撇开"头脑简单"的揶揄不谈，调和"两个乔姆斯基"的确不是一件容易的事。在建制派圈子里，语言学家往往得到赞美颂扬，而社会活动家则常常遭到诋毁谩骂。一个很好的例子是保守派哲学家罗杰·史克鲁顿（Roger Scruton），他对作为科学家的乔姆斯基赞誉有加，说其科学观点"重要而富有创见"，"任何一个头脑正常的人"都不应该忽视，但同时却对作为社会活动家的乔姆斯基颇有微词，说他是一个"被宠坏的孩子"。[41]

如果让乔姆斯基谈谈自己的政治观点，他通常会把自己描述成一个持自由论的社会主义分子，或者是"某种无政府主义者"。[42]对他来说，无政府主义意味着把人们从权威中解放出来，尽管他警告说，没有哪个真正的无政府主义者会无视西方科学的知识权威。他还阐明，那些右翼自由论者所倡导的自由——那种有权有势的人为所欲为的自由——在他的政治哲学中是没有立足之地的。我们永远生活在规则之下："任何创造更人性化生存方式的努力都必然会抑制某些人的自由。如果让我等红灯好让一个小孩在我前面过马路，那就妨碍了我开车从他身上碾过去好快点去上班的自由。"[43] 在许多类似情况下，乔姆斯基都主张对个人或企业行为进行更多的监管，而不是减少监管。

乔姆斯基的政治立场，"从我十二三岁起就没有太大改变"。[44] 他的传记作者罗伯特·巴斯基证实："乔姆斯基的政治著作有惊人的一致性。"他补充道："当然，不能对乔姆斯基的语言著作这样说。"[45] 在外人看来，乔姆斯基抛弃并取代了他以前的科学理论，推陈出新的速度快得惊人，以至于人们很难说得清楚这些理论到底是什么。正如一位评论家所抱怨的：

> 乔姆斯基理论的发展是一个个研究的循环。他每宣布一项令人兴奋的新想法，都有一批深信不疑的追随者，他们四面出击，研究开始取得进展。但这个过程不会一帆风顺，总会有一些弊端相伴，甚至产生矛盾，然后是零零碎碎的修修补补，问题慢慢地得到解决，最后归于平静。直到这位大师宣布新的方法，新的循环又开始了。[46]

其结果之一是，如果你浏览一本现代语言学教科书——或者任何一本流行的乔姆斯基著作导论——你很可能会发现所有内容都已经过时了。例如，大多数作者一开始就会用树形图来描绘名词短语、动词短语等语言单位是如何根据各种规则排列组合的，但这些概念早在很久以前就被乔姆斯基自己抛弃了。再如，现在还有很多人连篇累牍地讨论语法乃遗传天赋，顽固地坚守着乔姆斯基那条普遍语法的核心原则，但事实上，自 20 世纪 90 年代中期转向"最简方案"以来，乔姆斯基本人一直都在强调，可以追溯到人类基因的原则少之又少。[47] 还有一个很好的例子，乔姆斯基一直不愿讨论关于现代智人语言起源与进化的问题，但在 2016 年他却改变了主意，居然与人合写了一本完全以"语言与进化"为主题的书。[48] 所以，你可能发现，这种自我否定在乔姆斯基身上是屡见不鲜的。

在两个极端之间左右摇摆，这是乔姆斯基漫长而艰辛的学术历程的显著特征。然而，在所有这些波动的背后，有一个基本假设支撑着他的工作。乔姆斯基建议，如果你想成为一名科学家，就把努力放在自然科学上吧。社会科学大多是骗人的。事实上，根本就没有社会科学这回事。[49] 甚至就像乔姆斯基质问的那样，"社会科学中有什么东西值得被称为'理论'吗？也就是说，有些解释性的系统在提供对现象的理解时总是涉及一些隐藏的结构以及并非琐碎的原则，如果这算得上理论的话，我之前忽略了"。[50]

那么，乔姆斯基自己是如何能够打破这种模式的呢？是什么特殊的东西使他的洞察力值得被称为"理论"呢？在他看来，"人类语言……功能复杂，是人文社科为数不多的几个可能进行理论研究的领域之一"。[51]道理其实很简单，因为他所定义的语言既不是社会的，也不是文化的，而是纯粹个人的和自然的。如果你承认这一点，就可以像在任何其他自然科学中那样干，提出涉及隐藏结构的各种理论。这些年来，无论其他方面发生了什么变化，这一基本假设都一直没有改变。

乔姆斯基不仅因其想法善变而著称于世，还因其对自己的那些基本思想孜孜不懈的终生坚守。他一些具体的理论——用拉卡托斯（Lakatos）的话来说即所谓的"辅助性假设"[52]——经常出没无常、变幻万端；但与此同时，其理论核心多受护佑，虽经年累月却仍然完好无损。因此，本书的另一个主题就是要去探讨变与不变这类看似矛盾的特征是如何集于乔姆斯基一身的。如果那些"辅助性假设"不断被抛弃和取代，可能是因为理论核心对变化有足够的免疫力。毕竟，正是在什么都不起作用的时候，尤其是出于更深层次的原因，当什么都不可能起作用的时候，外围的改变就必须要不断地做出。

尽管乔姆斯基对那些辅助性的假设乐于做出改变，但他对以下观点却始终都勿忘勿忘、固守本心。

- 要把语言学作为一门真正的科学，就要坚持以研究"内在语言"（I-language）为主，即研究个体内部的知识体系。（"总而言之，我们可以把一个人对一种特定语言的知识看作一种心理状态，这个状态是通过某种物理机制的作用而实现的。我们将内在语言抽象为一个人在这种知识状态下的'所知'。内在语言这个有限的系统，就是语言学家尝试用生成语法去描绘的东西。"）[53]

- 在更深的层面上，科学的语言学研究普遍语法（UG），它被定义为一种能使人类获得这种内在语言的生而有之的认知装置。（"……生成语法把关注的焦点转向对决定语言使用和理解的知识系统的研究上，尤其深入地关注人类的天生禀赋何以赋能人类使其得以获得知识……普遍语法便是这些天赋的、由生理决定的基本原则，这就是语言机能，它是构成人类心智的重要组成部分。") [54]

- 因此，科学语言学是自然科学的一个分支。有别于社会人类学或社会学，它排除对人类社会互动、政治、传播或文化的研究。尤其是那些具有鲜明文化传统的各种具体的"外在语言"（E-languages），如汉语、斯瓦希里语、英语等，均不在科学语言学的研究范围之内。（相反，所有的科学方法都要纯粹抛弃那些在日常用法中被称为"语言"的因素……） [55]

- 语言的变化是表面的。（"火星科学家可能会合理地得出这样的结论：人类只拥有单一的一种语言，不同仅在表面上。"） [56]

- 严格来讲，儿童是不需要从别人那里"学习"怎样说自己的母语的，因为他天生就具备说话的基本能力。（"学习语言就像是在经历青春期。你不是在学说话，也不是因为看见别人说话就照着说，你只是被设计在特定的时间做这件事而已。"） [57]

以上观点还有如下延伸及阐释：

- 一个孩子从出生起就在头脑中预装了一个巨大的语言库，他通过放弃一个又一个其他语言来获得自己的母语。（很明显，一个孩子通过在大脑中拥有所有可能的语言来解决语言习得的问题，但是他并不知道接触的是哪一种语言。语言数据一出现，其他那些可能的语言就自动退位。这时，大脑会说："好的，不是其他语言，就是这种。"） [58]

- 词汇概念——甚至包括"化油器"这类有明显工业时代特色的概念——并不是历史和文化的产物，而是自然而然形成的。（"无论这个结论多么令人惊讶，事实是，大自然为我们提供了一个固有的概念存量，而儿童的任务就是去发现它们的标签，经验事实似乎没有留下其他的可能性。"） [59]

- 尽管语言是一个生物器官，但它并不是通过自然选择进化而来的。语言与自然中的任何事物都不一样，达尔文理论对此无能为力。（"没有理由认为这些'鸿沟'是可以弥合的。在这种情况下，假设从'低'阶段进化到'高'阶段，没有比假设从呼吸到行走的进化发展需要更多的基础；这些阶段……似乎包含了完全不同的过程和原则。")[60]

- 与其他生物适应不同的是，语言在设计上接近完美，简直称得上"天人之作"。（"语言机能与心智/大脑的其他部件密切配合……能有多完美呢？如果要选一样东西看它是否完全满足设计要求，那么人类语言一定算得上一个。最近的研究表明，语言在这个意义上'完美'得令人叹为观止。")[61]

乔姆斯基承认，这些奇怪的想法确实让很多人感到非常困惑。如果让一个生物器官不进化，那怎么可能呢？不从别人那里学习词汇、规则，小孩儿怎么可能学会母语呢？让世界上所有可能有的语言都存储在儿童的大脑中，这要靠什么机制？在石器时代，人们甚至还没有发明轮子的时候，"化油器"是怎么安装在大脑里的呢？为什么会有人认为生物器官是"完美"的呢？

乔姆斯基反驳说，任何科学家都不应该研究具体生活的复杂性，而应该对复杂的具体生活进行理论抽象，而抽象的最大优势就是简单：

> 这可以直接追溯到伽利略，在伽利略看来，自然纯粹从物理的角度而言是简单的。科学家的任务在于，首先发现这意味着什么，然后证明它。从潮汐到飞鸟，科学家的目的就是说明大自然其实是简单的，如果做不到这一点，那就说明他做错了。[62]

虽然科学哲学家可能会同意这一说法，但乔姆斯基自己的理论是否也如他所言，那就是仁者见仁智者见智了。一种普遍的看法是，乔姆斯基的参与非但没让事情变得简单，反而使语言学理论变得复杂、费解，语言学界因此四分五裂，人人藏怒宿怨，这在任何其他科学领域都是很少见的。[63]

如果语言所展现的逻辑形式真的像乔姆斯基最近说的雪花片公式那么简单，[64]那就太好了。但是证明一个想法是简单的并不等于证明它是有意义的。有些假设太过简单而毫无意义。在接下来的大部分内容中，我将探讨是否有理由怀疑，在乔姆斯基的例子中，那些看起来过于简单化的废话真的就是过于简单化的废话。

　　乔姆斯基的核心假设可能是荒谬的，我当然不是第一个这么说的人——在我之前已经有很多人这么说了。[65] 但是，据我所知，很少有人进一步去探究由此产生的社会学难题。在战后的美国，主导认知科学的各大军事部门、企业团体和学术机构，为什么会把乔姆斯基那些令人困惑费解的理论奉为圭臬？这些金石之言，仔细想来，最后可能是毫无意义的。

　　我承认这是一个难以理解的社会学问题。为什么这些赫赫有名的大机构会选择牺牲基于经验的科学而相信那些荒谬的教条呢？人们提出了各种可能的解释，都值得探讨。乔姆斯基是又一个伽利略或爱因斯坦，这样的说法并不被人普遍接受。许多批评家认为，围绕他的光环本质上是一种科学至上主义——坚持把科学视为永恒真理的理想化概念。[66] 哲学家约翰·塞尔（John Searle）评论道："这些家伙认为他们在做一件真正叫做科学的事情，像宗教一样神圣虔诚。"[67]

　　塞尔抱怨说，当科学变成了宗教，任何再有力的反证都不能削弱人们的信仰。神圣的假设不是通过提供证据或逻辑论证来获得忠诚，而是通过激发无尽的惊叹。[68] 越是奇谈怪论，越能引人注目，效果就越好。宗教信仰一直以来被定义为"对违反直觉的世界难以伪造的承诺"。[69] 想想圣餐变体论或童贞圣女分娩的神话，莫不如此。

　　表明可以在早餐前相信"六件不可能的事情"[70] 是证明你有坚定信念的好方法。当皈依者表达对各种牵强附会的教条确信无疑的态度并愿意以身传教时，他们便通过了最关键的忠诚测试。[71] 根据这一观点，越是循环的、无意义的或自相矛盾的想法，用它们来检验忠诚的价值就越大，在人们的头脑中维持它们的成本就越高——因此，它们就越能得到更积极、更热烈的捍卫和宣扬。[72]

　　1983 年，牛津大学有两位哲学家合著出版了一本书，书名是《语言、意义与废话》（*Language, Sense and Nonsense*）。在该书中，他们详细分析了乔姆斯基语言学理论及其相关学术思想，认为它们虽然不完全是宗教，但却算得上是"那个时代的伪科学，它以混淆概念为基础，通过科学的程序以及数学的复杂性来包装自己，让自己看起来不那么可笑"。[73] 无独有偶，语言学家杰弗里·普勒姆（Geoffrey Pullum）也说乔姆斯基最近的理论是"现代语言学历史上最具影响力的骗人把戏"。[74] 还有许多人认为，乔姆斯基的整个理论框架——用拉里·特拉斯克（Larry Trask）的话来说——"更像是一场宗教运动，而不是经验科学"。[75] 保罗·波斯塔尔（Paul Postal），这位乔姆斯基在麻省理工学院曾经的亲密合作者，毫不客气地把乔姆斯基及其追随者的语言学研究比喻为一场世界末日运动，就像邪教一样，每当预言被戳破时，教主总是义无反顾地展现出无所畏惧、毫不气馁的领袖魅力，"于是，人们竭尽全力'拯救'自己的理论，让那些最具破坏性的反驳证据一无是处。我认为，这一事实对我们理解语言学等领域当前所发生的事是大有启发的"。[76]

另一个相关的观点，是鲁道夫·博塔在他极具独创性的书《挑战乔姆斯基》（*Challenging Chomsky*）[77] 中提出的。博塔把乔姆斯基描绘成一位老练的斗士，他站在一个错综复杂的巨大智力迷宫中央，利用各种暗道陷阱来对付各色妄图挑战自己的愚蠢入侵者。没有人可能赢得这场与这位"迷宫之王"的战斗，因为每次比赛的迷宫赛场都是这位大师自己精心设计的。《挑战乔姆斯基》一书最聪明的地方在于，博塔写书看似是在为这位语言学大师和他的战斗技巧辩护。然而，在赞叹这些技巧之余，作者所揭示的这些东西并非一种良心的学问，它们不过是一些专门设计的狡猾的马基雅维利式花招，在迷宫游戏中通过移动门柱或放倒隔板等不正当的手段来赢得比赛，这纯粹就是犯规行为。博塔的话眼光独到、发人深省。我意识到，我自己写这本书要想避免重蹈前人命运的覆辙，就要坚定地拒绝进入他所设计的迷宫。

但仍然还有许多疑问。他为什么要建一座迷宫呢？是谁资助他的呢？为什么要资助呢？究竟这个迷宫中隐藏着什么秘密，而且如此重要，以至于都不让我们去一探究竟？博塔的说法很有说服力，乔姆斯基的语言学就像一座精心打造的迷宫，规模宏大，设计复杂，外人对之迷惑不解，望而却步。然而，为什么还有人支持建造这样一座荒诞不经的——确实如此——迷宫？为什么还有人愿意为之投入巨额研究经费？就这些问题还没有哪个评论家给出一个满意的解释。这就是我在接下来的章节中要讨论的问题。

第 2 章

语 言 机 器

乔姆斯基出道之前，语言学家们研究世界各地各种各样的语言。在美国，他们特别关注美洲土著语言——纳瓦霍语、梅诺米尼语、夸扣特尔语以及其他一些语言。虽然有一小部分语言学家对计算机产生了兴趣，但很少有人想到，这种专业兴趣将引领这门学科的发展方向。

1957 年年初，乔姆斯基出版了他的第一本书，就像扔了一枚炸弹一样。一位当事人回忆说："1957 年诺姆·乔姆斯基出版的《句法结构》所具有的巨大杀伤力，对于没有经历过这一巨变的人来说，是难以理解的。"[1] 据一位知情人透露，诺姆·乔姆斯基的《句法结构》就像滚雪球一样，引发了现代"认知革命"的雪崩。[2] 乔姆斯基的学生把事情说得更夸张，他们仿照《创世纪》的开篇语这样说："起初是《句法结构》……"[3]

在当时的局外人看来，这一切似乎相当令人费解。一本枯燥乏味的句法理论专著怎么会产生如此戏剧性的效果呢？历史学家们一致认为，乔姆斯基的方法"确实是革命性的，与之前的语言学相比有天壤之别"。[4] 维可·弗罗姆金（Victoria Fromkin）回忆道：

> 《句法结构》发表后的最初几年是激动人心的，仿佛"革命"开始了。位于圣塔莫尼卡的兰德公司每周都

要举办一场语言学研讨会。在会上，乔姆斯基及其追随者们年轻气盛，个个热情高涨、情绪激昂，守旧的老一辈们则正襟危坐、步步为营，随时准备回击挑战。这里不是"科学客观性"的对垒，更像是对冬宫的一场场风暴……[5]

一位名叫莫里斯·哈勒（Morris Halle）的年轻音位学家很快成为拥戴乔姆斯基的活动组织者，[6]这位乔姆斯基的密友，精心策划了一场被学术对手视为无耻的夺权行动。[7]1962 年，在马萨诸塞州剑桥镇举办的第九届国际语言学家大会的最后一天，一场革命正式拉开序幕。一切似乎都安排就绪，以倡导机器翻译而著称的威廉·洛克（William Locke）是会议的主要组织者，莫里斯·哈勒在一旁密切配合他的工作。麻省理工学院的一名目击者回忆说，在这次事件的筹备过程中，哈勒策划了即将发生的政变，"他就好像是苏黎世的列宁一样！"[8]虽然幕后操纵只是一种猜测，但结果却出人意料，乔姆斯基意外地取代了以前教他语言学的老师泽利格·哈里斯，成为最后一次全体会议的发言人。罗曼·雅各布森介绍站在讲台上的乔姆斯基，仿佛他代表美国语言学即将作总结发言。[9]如果有加冕仪式的话，那一刻便是。

这种事说起来很奇怪。乔姆斯基自己也承认，世界上语言众多，自己却知之甚少。事实上，他甚至声称自己不需要知道，这激怒了传统的语言学家。乔姆斯基对描写语言的多样性不感兴趣。他也不关心语言与人类思想或生活这些方面有什么关系。在他的对手看来，他对计算机的兴趣似乎更大，对语言学反而没有多大兴趣，尽管他总是否认这一点。[10]

没有人会否认，是美国军方直接提供了巨额基金资助，这才让乔姆斯基能够迅速走红，《句法结构》的序言中是这样写的：

> 这项工作部分得到了美国陆军（通信部）、空军（科学研究办公室、空军研究与发展司令部）和海军（海军研究办公室）的支持，部分由国家科学基金会和伊士曼柯达公司赞助。[11]

两笔巨额国防拨款随后直接拨给了相关高校的语言学系，专门用于研究乔姆斯基的生成语法。其中一笔在 20 世纪 60 年代中期进入了麻省理工学院，几年后另一笔则进入了加州大学洛杉矶分校。乔姆斯基在他的第二本书

《句法理论的若干问题》（*Aspects of the Theory of Syntax*，1965）的致谢部分这样写道：

> 本书所报告的研究之所以成为可能，主要是受麻省理工学院电子研究实验室、联合服务电子项目（美国陆军、海军和空军）提供的支持，合同编号 No. DA36-039-AMC-03200 (E)；另外，美国空军 [电子系统部，合同编号 AF19(628)-2487)]、美国国家科学基金会（基金号 GP-2495）、美国国立卫生研究院（基金号 MH-04737–04）以及美国国家航空航天局（基金号 NsG-496）也提供了支持。[12]

问题随之而来。乔姆斯基，这样一个直言不讳的无政府主义者，这样一个对军事霸权如此反感的人，为什么要拿军方的钱呢？而军方又想从他那里获得什么呢？当时，麻省理工学院几乎还没有语言学研究传统，考虑到这一点，上面的问题就显得十分蹊跷。那么，为什么不把这些军事投资直接投给那些更有语言学研究传统的科研单位呢？

在解释选择到麻省理工学院工作的原因时，乔姆斯基回忆，他觉得自己要在一个老牌的语言学系任职还不够格：

> 首先我得承认，在这个领域我是真的没有专业资格，所以最终去的是一个电子实验室。我甚至不知道如何处理比一台录音机更复杂的东西，即便这样，我在这家电子实验室一干就是 30 多年，主要是因为那里没有多少利益往来。尤其是实验室主任杰尔姆·威斯纳心胸开阔，愿意给那些稀奇古怪的有趣想法更多机会。事实上，很长一段时间我只能跟少数几个朋友聊学术，过了好几年，才出现了一个公众的、专业的团体，让我可以在那里与人聊些自认为属于自己领域的东西。我在 20 世纪 50 年代的演讲通常是在计算机中心、心理学研讨会等场合做的，这些都不是我的领域。[13]

但为什么军方又这么支持呢？1971 年，作为乔姆斯基最坚定的支持者之一，弗雷德里克·纽迈耶不辞辛劳、绞尽脑汁，终于弄清楚了什么东西才是军方真正想要的。他找到当时的一位关键决策人物——埃蒙德·盖恩斯（Edmund P. Gaines）上校，请他参谋。盖恩斯上校直言不讳地说：

　　空军在一项叫做"指挥与控制"的计算机系统研究上投入越来越大。这些系统包括我方军力状况的信息，用于规划和执行各种军事行动。例如，在美国本土防御空中来袭导弹就要使用这类计算机系统。当然，它同样可以用来支持我们在越南的军事行动。这就要求系统数据必须对指挥官的问题和要求做出恰当反应。由于计算机不能"理解"英语，指挥官的要求就必须要翻译成计算机能够处理的语言；这种语言无论是在形式上还是在学习使用的难易程度上都和英语不一样。如果中间没有翻译的环节，指挥和控制系统用起来就更上手，训练人们使用也会更简单。我们赞助语言研究，为的就是想掌握如何开发出那种能够直接理解英语指令的指挥控制系统。[14]

　　乔姆斯基的追随者当时正在加州大学洛杉矶分校从事这样一个项目，上校对此有这样的评价："当然，像加州大学洛杉矶分校这样的研究只是实现这一目标的第一步。然而，似乎很清楚的是，这种系统的成功运行将依赖于从语言学研究中获得的洞见。"他接着表达了空军对加州大学洛杉矶分校工作的满意。

　　研究这一时期的近代历史学家大卫·格鲁比亚用更普遍的社会文化学术语解释了乔姆斯基最初为什么能够成功。格鲁比亚没有把机器翻译这件事单独挑出来说，但他觉察到，乔姆斯基语言学总体上与某种政治学说之间有一定联系，这种政治学说与美国对科技霸权的执着追求紧密相关：

　　　　最清楚的是，在 20 世纪 50 年代，美国军方和企业界都对计算顶礼膜拜，称它是解决一切问题的救世主。出于这样的理解，计算问题就成为社会领域中一切事物的根本问题，自然就可以把它置于国家资本主义的军事控制之下，对它进行集中管理、分级控制。[15]

　　在这种背景下，尽管有乔姆斯基的政治疑虑，但是一种新的认知范式开始受到人们的热烈追捧，很快便蔚然成风，它像"一股文化清流充满活力，一条意识形态之路把我们引向从未见过的未来，在路的尽头我们将看到，计算机和我们人类一样能说话、会写作，还会独立思考。不过，这恰好为政府、企业、军队实施监管和操控提供了很好的渠道"。[16]

　　然而，军方并不是乔姆斯基革命的唯一支持者。在计算机时代来临前夕，

《句法结构》无疑契合了那个时代的精神，激励、启发了新一代的语言学家。面对五花八门的语言，还有千变万化的语言形式，年轻一代的学者对传统的语言学研究越来越不耐烦，他们再也不想干前辈们那种埋头收集语言经验事实的苦活笨活。这时，乔姆斯基许诺说，可以把语言简化为一种"机器"或"设备"，这样，其设计就可以精确地刻画出来。语言学从此与人类学、社会学这类人文社会科学脱离了关系，从而洗去了"不科学"的污名。与之前不同的是，语言学被重新定义，它被乔姆斯基定义为对一种自然物体———一种专门负责计算语言的认知模块——的研究。乔姆斯基对语言学的这种重建，排除了社会因素，也超越了单纯的政治和意识形态，最终希望它成为一门类似于物理学那样的学科，具有以数学为基础的科学属性。

乔姆斯基说，如果一个理论足够强大、简单，它就会从根本上减少理解该领域所需的其他知识。他这样解释道：

> 事实上，你对一个领域了解的多少与该领域是否成功没有多大关系，甚至可能是相反的。因为从某种意义上说，一个领域越成功，留给你要去了解的东西就越少。（在一个成功的领域）你只需要理解；不得不理解的东西越多，也许要你去了解的东西就越少。[17]

《句法结构》激怒了传统的老一辈语言学家，但也取悦了许多反传统的学术界新锐，因为它传达的信息是，该专业领域以前许多工作都是在浪费时间。既然不厌求详获得的知识琐碎、凌乱，如果一个简单的理论模型就可以把事说清楚，为什么不走这个捷径而还要劳神费力地对世界上那么多种语言做实地考察和分类描写呢？《句法结构》一书的论证逻辑严密，清晰冷静地分析、评估了美国军方开发梦寐以求的"语言机器"可能有的几种途径，与此同时，也道出了乔姆斯基自己对现有大多数语言学理论的漠视。

> 假设我们有一台机器，其内部状态各不相同但数量有限，它可以处于任意一种状态之中……机器从初始状态开始，运行一系列状态（每次状态转换便产出一个单词），然后以最终状态结束。那么，我们把所产出的单词序列称为"句子"。每一台这样的机器都定义了一种特定的语言，即用这种方式可以产出来的一组句子。[18]

随着争论的展开，设想中的这种机器也渐露端倪，不过，乔姆斯基还是很快放弃了自己最初略显粗糙的设计——它显然行不通。随着研究的深入，他逐渐排除了其他几种理论上的可能，最后终于确定了一个按道理可能行得通的设计框架，这一切当然是纯理论的。乔姆斯基的想法听起来让人怦然心动，因为实际上他在告诉人们他有了"点金术"——一种能造出语法完全正确的句子的"工具"，无论是用英语，还是用地球上任何其他现有的语言，甚至是用一种现在没有但将来可能有人说的语言。

事实证明，《句法结构》尚不能胜任这项非凡的任务。在他 1965 年出版的另一本书中，乔姆斯基提出了另外一种完全不同的设计思路，他最初称之为"多面模型"，这就是 1971 年以来为人称道的"标准理论"。[19] 在早期阶段的理论中，乔姆斯基是完全排斥"意义"的，但是在随后的"标准理论"中，意义则成了整个理论模型的关键所在。实际上，他放弃了由俄国形式主义理论家罗曼·雅各布森在语音研究中所建立的语言形式研究的方法与原则，转而关注语义问题。

除了众多其他问题之外，乔姆斯基的标准理论并非没有遭到质疑。数理语言学家斯坦利·彼得斯（Stanley Peters）与罗伯特·里奇（Robert Ritchie）曾经批评过乔姆斯基的新模型，认为它所描述的语法几乎无所不包，这样反而空洞无物，一无是处，造出来的机器设备一定会是愚不可及的。事实上，这样的设备根本无法从一个可以想得到的、完全任意选择组合的符号串列表中区分出哪一个符号序列是人们用来表达时实际使用的字符串（如英语）。[20] 一位评论家这样嘲讽到，乔姆斯基的新模型就像"一个不能说清浣熊和灯泡区别的生物学理论"一样好。[21]

为了解决这个问题，乔姆斯基又提出了一个新的理论，后来称之为扩展的标准理论（Extended Standard Theory，EST）。到了 20 世纪 70 年代末，似乎又需要进一步做出调整，这导致了"修正的扩展标准理论"（Revised Extended Standard Theory，REST）的提出。乔姆斯基还是不太满意，直到 1981 年出版《管辖与约束》（*Lectures on Government and Binding*），他差不多抛弃了早期较为简单的关于结构转换的大部分理论工具，转而选择更为复杂的理论设计。[22] 想象中的这台机器化身为"原则与参数"，最终成了一个有很多连接线的开关盒子：

我们可以把语言能力的初始状态想象成一个连接到开关盒子上的固定网络；这个网络是由一些语言原理构成的，而大大小小的开关则是由不同经验所决定的各种选项。当开关这样设置，我们就有斯瓦希里语；当开关设置为另一种方式，我们则有日语。每一种可能的人类语言都是对这些开关进行特定设置后的结果，说得技术一点，就是参数设置。如果这个研究项目获得成功，我们应该就能通过人类可以习得的语言从众多参数设置中选择一个设置推衍出斯瓦希里语来，选择另一种设置推衍出日语，等等。[23]

乔姆斯基虽然没有放弃这个非凡的梦想，但很快又抛弃了大部分的细节，因为如此设计将使机器变得不可思议的复杂。取而代之的是一种彻底的简化设计——被称为"最简方案"。[24]我相信，如果"最简方案"最后也被抛弃，乔姆斯基的那些拥趸也会开始失去耐心，不管当初他们是多么的虔诚。[25]

一点也不意外，乔姆斯基的整个做法让人文、社会科学领域的很多学术同仁感到震惊、恼怒，甚至愤慨。怎么可能用这种方法就衍生出英语来呢？今天英语这么说那可是历史的产物——一种英伦三岛各地方言与多种外来语言相互接触彼此融合的复杂体，这完全是伴随大英帝国一路崛起的诸多历史事件的结果，其中有罗马人治下的民族和解、撒克逊与维京以及其他部族之间相互通婚、诺曼征服、清教革命以及工业革命等。乔姆斯基怎么可能仅仅通过造一台电子设备再拨弄几下简单的"设置"就"衍生"出英语来呢？这不是异想天开吗？

在回答这些批评时，乔姆斯基指责他们误解了科学的本质。他解释说，"科学研究就是从研究对象中做出抽象，排除不相干的东西"。[26]在具体的社会或历史条件下，人类如何表达他们的思想是无关紧要的。我们必须用抽象的模型来取代现实，而不是纠结于各种细节。乔姆斯基主张语言学就应该做到这一点：

> 语言理论主要关注的是理想的说话人与听话人，他们在一个完全同质的言语社区里，对自己的语言有彻底的了解和掌握，同时在实际的语言运用与使用中不受诸如记忆限制、外界干扰、注意力转移、兴

趣改变以及口误（无论是随机的还是特有的）等与语法无关的各种因素的影响。[27]

在这个刻意简化的模型中，时间和历史都不存在。儿童学会一门语言，那是一下子的事儿。[28] 人类这个物种怎么就有了语言，那也是一下子的事儿。[29] 对于乔姆斯基来说，各种词汇概念（例如，书）都不是历史的产物，而是天生的，我们每个人一出生就有这样一个预先设置好了的词库。[30] 人类说话并不是出于社会原因为了交流思想和想法，他们说话仅仅因为这是人类的生物本性。[31] 语言是对"语言器官"自然的、自主的表达，它是一套专门的计算机制，安装在地球上每个人的大脑里。

乔姆斯基把自己想象成一位来自火星的天外来客，[32] 这样他所看到的人就是些"自然物体"，所说的语言则是"自然的一部分"。因此，语言学作为一门学科自然属于"人类生物学"的范畴。[33] 不过，这并不是通常所理解的生物学。在讨论语言的进化问题时，乔姆斯基否认达尔文主义是语言进化的相关机制。[34] 他认为，语言的特性可能只是"在人类进化的特定条件下达到一定复杂程度的大脑所具有的自然属性"。[35] 另一种可能是，"大脑的基因指令发生了突变，然后根据物理、化学定律重新组织，从而赋予了语言能力"。[36] 乔姆斯基似乎愿意尝试任何东西，他后来提出，语言的递归性可能是突然出现的，是伴随其他某些认知能力（如方位导航）所发展出来的一种附属功能。[37]

对乔姆斯基来说，语言学可以达到物理学的精确度。这是因为物理学的研究对象是自然物体，而语言就是这样一种东西。[38] 语言接近于一个"完美的系统"，这个系统是把抽象的概念与"语音形式"或语音相互匹配起来的最优方案。根据乔姆斯基的说法，科学家通常不会期望在生物世界中找到完美——这是物理学的标志。他解释说："在对无机世界的研究中，人们一般都把事物看得非常优雅、美丽，这种假设无论是出于何种原因，都是很有价值、很有启发性的。"他接着说道：

> 最近的工作表明，在这个意义上，语言是令人惊讶的"完美"。就这一点而言，语言似乎不像生物世界中的其他东西，由于受物理条件限制以及各种历史偶然性的影响，生物界有时候为了解决某些棘手的问题而采取相当混乱的、不那么完美的应对策略。[39]

根据乔姆斯基的说法，在语言中我们找不到任何那种通过进化的"修补"所积累起来的混乱。语言的美在于它近乎完美，这是一种生物学意义上的美，尽管它不是一般生物进化的产物。

这一切我们该如何看待？很容易理解为什么计算机工程师会觉得把语言当作一种机械装置的想法很有用。如果是为了开发一个军事用途的电子指挥控制系统，很显然，传统的语言学是无能为力的。因为它所要求的语言并非传统意义上的语言，而是一个被剥离了"意义"内容的形式系统，既不表达人类情感也不负载文化意义，这是一个完全与政治、诗歌、幽默，或者其他任何让机器处理为难的东西撇清关系的概念。

但是像盖恩斯上校这样的军方人物并不是唯一希望从新方法中获益的人。我们需要看看乔姆斯基的其他研究经费来源。同样，我们还需要考虑到这一点——社会主义者和无政府主义者这两个群体虽然截然不同，但他们总是能从乔姆斯基反对美国军事霸权的那些激烈政治言论中获得灵感。我们可能会问，对于激进分子来说，这种反对资本主义的革命思想是否与语言学革命有某种联系？事实上，这个问题涉及诺姆·乔姆斯基自身的那两个对立面能否协调和解。这位年轻的无政府主义者是否为了满足军事赞助者的要求而修改了他的理论？如果是这样，我们要质疑他激进的政治承诺是否真的有诚意。或者他是否这样认为，他拿了钱又拒绝在科学研究中受到影响，是为了更好地促进无政府主义事业发展？

无论答案是什么，有一点是毋庸置疑的。乔姆斯基1957年的《句法结构》标志着一场大规模知识浪潮的开始，这一浪潮很快就席卷了心理学、语言学、认知科学以及哲学，一场现在称为"认知革命"的好戏就此拉开了巨幕。

第 3 章

时 代 巨 人

在乔姆斯基之前，语言和言语就已经是两个不同的概念，前者类似于"文化"的概念，后者指一种"习得行为"。在二十世纪四五十年代，"科学"心理学的标准范式是行为主义——在苏联由伊万·巴甫洛夫（Ivan Pavlov）所主导，在美国则是伯勒斯·斯金纳（Burrhus F. Skinner）的天下。一位心理学家描述了当年行为主义在美国的绝对主导地位：

> 几乎所有重要部门的领导都说自己是行为主义者。实验心理学精英协会的成员仅限于信奉行为主义的人；美国国家科学院的候选人要么是行为心理学家，要么是生理心理学家，他们有彼此相互尊重的基础。权力、荣誉、权威、教科书、金钱……一切的一切都属于行为主义学派。[1]

如果不信行为主义这个教，很可能你连工作都找不到。

"二战"期间，斯金纳在实验中成功地用鸽子来引导导弹命中目标，他因此一战成名。[2] 在其于 1957 年出版的代表作《言语行为》（*Verbal Behavior*）一书中，斯金纳声称人类语言就是一套长期形成的习惯。

斯金纳表示，只要遵循两种基本程序，就可以训练实验鼠去执行非常复杂的任务。首先，必须将任务分解成循序渐进的几个步骤。其次，在每一步都要给予动物奖励或惩罚。这种学习方式被称为"操作性条件反射"。基于他对老鼠的研究，斯金纳认为：

> 赋予言语行为特殊性的基本过程和关系现在已经相当清楚了。这一进展的大部分实验工作虽然是在其他物种身上进行的，但事实证明，实验结果并不受物种的限制。最近的研究表明，这种方法不需要做大的修改就可以应用于人类行为。[3]

因此，斯金纳用刺激—反应术语来处理人类语言，将"意义"与听者对言语刺激的习惯性反应区分开来。语言就像一个环环相扣的链条，通过适当的认可或"强化"，将链条的一环与另一环彼此联系起来，这样就可以学会语言。

当时，社会改造运动狂飙推进，行为主义很受规划决策者以及社会工程师的欢迎，其中就包括苏联的斯大林，因为这种理论似乎做出了某种技术承诺，让大规模进行民众教育与安抚、广泛实现政治操纵与控制成为可能。正如一位历史学家通过对刺激—反应心理学的观察，认为这种理论"鼓励了产业经理们对顺从的迷信——让员工顺从有如找到该按的键按下即可那么简单"。[4] 或者，用乔姆斯基更直白的话来说："惯用暴力的统治者倾向于持'行为主义'观点。人民想什么并不十分重要，重要的是他们干什么。他们必须服从，而这种服从是通过武力来保证的。"[5]

尽管到那时乔姆斯基还在为行为主义辩护，说它排除了心智主义关于"语言学理论晦涩无用"的观点。但很快在 1958 年，他的态度就发生了逆转。[6] 乔姆斯基对斯金纳的《言语行为》进行了尖锐的评判，从而发起了一场声势浩大的反对行为主义运动。他一开始就做得很聪明，尽量（至少暂时）避免跟当时那些如日中天的心理学界大腕发生正面冲突，比如苏联儿童心理学家列夫·维果斯基（Lev Vygotsky）以及德高望重的瑞士发展心理学家让·皮亚杰（Jean Piaget）。[7] 尽管与精神分析有明显区别，但这些心理学家都对弗洛伊德的思想多少有所认同，他们认为，人类和其他动物一样，一定有着与心智相关的根深蒂固的某些本能，这是理所当然的。然而，乔姆斯基却在回避承认这些知识巨人的存在。他把行为主义单独挑出来予以攻击，不跟其他学派争吵，这样，就巧妙地布置了一个能够满足自己需要的战场。

乔姆斯基对《言语行为》的书评曾经轰动一时。这篇题名为《反斯金纳一案》的文章发表在 1959 年的《语言》（Language）期刊上，掀起了一场反对行为主义的革命浪潮。乔姆斯基把行为主义说成是一种奥威尔式的极权学说，最终目的是塑造并操纵整个人类生活。

对乔姆斯基来说，把行为主义语言学与奥威尔式的极权目标联系起来一点都不难。自 20 世纪 20 年代起，美国语言学的领军人物莱纳德·布龙菲尔德（Leonard Bloomfield）就一直在为他那一辈人发声，他在 1929 年美国语言学会上这样说：“我相信在不远的未来，最多几代人后，我们可以这么说，语言学将是引领科学进步的主要学科领域，在这个领域中，通过对人类行为的理解和控制，科学必将大获全胜。”[8]

第二次世界大战之后，美国政府感到自己深受政治行为的威胁，这些行为迫切需要被“控制”。威胁美国利益的颠覆势力，主要包括在欧洲的反法西斯抵抗游击队以及在美国海外殖民地的游击队。所有这些让布龙菲尔德阵营的语言学家相信，他们所处的时代是“一个国家甚至人类的生存取决于语言学的发展及应用的时代”。[9]20 世纪 50 年代席卷美国的麦卡锡主义迫害浪潮，部分是基于这样一个前提，即“美国生活方式”的批评者肯定是被共产主义分子“洗脑”了。在这种严酷的“冷战”背景下，语言学变得格外政治化，它被美国决策者当作在世界范围内争夺控制权的一种关键武器。

乔姆斯基对行为主义的态度很直白：无论啥事，只要有斯金纳在就是骗人的。既然如此，他要揭开行为主义本来的面目，对那些具有欺诈性的理论前提逐一予以批驳：

- 斯金纳说，儿童的全部语言知识都是由所处的环境传授给他的。乔姆斯基反驳说，不，一切理论上有意思或有价值的东西都来自内在——来自孩子天生就有结构的心智。
- 斯金纳说，语言知识必须通过学习才会。乔姆斯基回应说，恰好相反，语法的深层复杂性根本不可能学会。[10]
- 斯金纳说，“心智”是一个模糊的概念——我们只知道有身体以及可观察的身体行为。乔姆斯基反驳说，不，自从牛顿发现万有引力，我们就没有了"身体"或"物质"这样一个一以贯之的概念了；就语言而言，科学所能知道的就只有"心智"。[11]

- 斯金纳说，人类本质上与老鼠并无差别。乔姆斯基反驳说，不，人类和老鼠有天壤之别，连达尔文的自然选择理论都难以解释我们和其他动物之间的这种鸿沟是如何在进化中被跨越的。[12]

对于儿童通过社会压力、训练以及模仿等方式习得语言的观点，乔姆斯基的回应是令人沮丧的。他写道："对事实的关注很快就表明，这些想法不仅是错误的，而且完全无可救药。"[13] 他借用我们当下所谓的"批判理论"——一种最终可以追溯到马克思的理论——来解释为什么这些胡言乱语会被吹捧为科学：

> 人们必须转向意识形态领域，才能找到一系列类似的观点。这些观点被如此广泛地接受，几乎没有问题，而且与现实世界完全脱节。事实上，我们应该转向思考这样的问题，这些谬论是如何站住脚的？它们为什么能赢得人们的尊重？它们为什么能掌握话语权并主宰我们的文化生活？这是一个有趣的话题，值得探讨。[14]

乔姆斯基坚持认为，语言必须靠"学习"这样的谬论之所以在传统精英中盛行，是因为它鼓吹一种人类可以被随意操控的思想，这种思想有很大的实用价值，尤其是对那些希望控制别人生活的行政领导以及企业管理者。

乔姆斯基问到，任何一个神志清醒的人，他怎么能想象语言必须靠学习才会呢？世界各地的人以基本相同的方式完成语言学习任务，并且最后达到的程度也基本相当，这是一种什么样的"学习"呢？他指出，语言不同于其他文化模式。它们并不会因技术或其他发展水平的不同而在复杂程度以及精巧程度上有多少差别。虽然彼此表面上看起来不同，但每种语言都是一个错综复杂的智力系统，因此不能说一种语言比另外的语言更成熟或者更"先进"。

此外，无论在哪种文化中，也不管社会地位的高低、受教育程度的多少，人们都能流利地说话。语言习得有一个与生俱来的生物时刻表，在什么年龄可以掌握一门新语言，什么年龄不可能掌握，这个时间是固定了的。幼儿掌握一门新语言，轻松又快速。而成年人却不一样，尽管同样努力，但总是犯错，而且再怎么样都难改乡音。幼儿不仅学起来轻松，即使是在缺乏语言的环境中也如此，而且他们可以创造性地做出发明改进，甚至可以发展出一种比自己所听到的任何语言都更系统的新语言。这就好像他们知道该如何去构造一种完美的语言一样，他们有一种预见语言规律的本能，知道在什么时候创造性地建立语法规则。[15]

乔姆斯基指出，儿童掌握一门语言的句法技巧是非常迅速和具有创造性的。孩子们不仅仅是在吸收知识或者死记硬背，相反，他们输出的东西似乎比吸收的东西要多得多。很多类型的句子他们其实根本就没有听说过多少，听到的很多还是一些缺头少尾的半吊子句，常常语法错误百出，意思也莫名其妙，而且他们自己说出来的话即使有错也很少被纠正。然而，尽管如此，他们很快就能流利地遣词造句，说出自己从未听到过的话来，仿佛本能地知道哪些符合语法，哪些不符合。用乔姆斯基的话说：

> 所有正常的儿童都能以惊人的速度掌握复杂程度基本相当的语法。这一事实表明，人类在某种程度上是被专门设计出来的，从而具有了面对未知属性和复杂性的一种数据处理能力，甚至还可以进一步"提出假设"。[16]

乔姆斯基的结论是，语言知识是由遗传基因赋予的，因此语言学必须作为一门自然科学重新予以构建。

第4章

世上最可怕的机构

在上一章中，我尽可能试着从正面阐述乔姆斯基的观点。但要了解乔姆斯基是如何如此准确地把握住那个时代的情绪，还得追溯到第二次世界大战。那时，美国军方召集了多方干将，包括计算机科学家、心理学家、语言学家以及武器装备制造商，要求他们在项目设计中更多体现操作的人工智能。这就不难理解在乔姆斯基出现以前的很长一段时间内，为什么人们会拒绝或者至少是质疑行为主义的刺激—反应心理学理论。

乔姆斯基的支持者常将其描述为一手推翻行为主义的天才。这忽视了美国军工企业中那些有影响力的部门所做的努力，正如我要说的，自战争初期，出于自身原因，这些机构一直在抨击狭隘的行为主义教条。早在乔姆斯基之前，五角大楼资助的智囊团和实验室就提出了新的理论，这种理论就是针对思维的认知科学，但大多数研究还都是围绕着行为主义而开展的。

行为主义认为不用研究认知意识，只有行为才能被认知。但是，计算机的发展改变了这一切。人脑是一台数字计算机或"信息处理器"，革命性的新兴"计算机思维理论"正是基于此，即"认知革命"的基石。相应地，心理状态可以看作这种机器的可变离散状态。第二次世界大战期间"心智"迅速恢复，整个世界几乎都蒙在鼓里，没有意识到美军智囊团发展的这一秘密。

五角大楼的科学家们绝不会公开他们的军事议程，而且对大部分重要发现都守口如瓶。乔姆斯基似乎是单枪匹马地同行为主义这一怪物厮杀，实际上，指挥和控制的战时需求长期以来青睐于他。正是全美急需的这种以心智为中心的心理学——而非乔姆斯基后来鼓吹的那样，描绘了行为主义的厄运，也促进了认知革命迅速而惊人的发展。

我们应该客观看待乔姆斯基的实际作用。如果没有他又会是怎样一番情景？ 1946 年 2 月 15 日，就在按下按钮让最新的计算机（ENLAC）研究氢弹方程式的正式议程上，格拉迪恩·巴恩斯（Gladeon Barnes）少将谈到了"人类对科学真理的无限探索"。[1] 如果听到一个身披绶带的将军说着这样的话，人们很可能会以愤世嫉俗的态度回应。十多年来，关于认知科学发展的有趣消息不断被渗透给人民大众，但也仅限于最为模糊的词汇，而且大多是出自巴恩斯少将这样业余的军事人物口中。找到真正理想的代言人来做宣传，有激情和坚定的信念，这肯定要好得多。显然，这样的旗手历来都是平民，跟军事毫无瓜葛。

如此看来，诺姆·乔姆斯基理所当然成为这一理想的人选。与众不同的是，他并不痴迷于核武器的前景，相反，甚至对这种想法嗤之以鼻：

> 我还记得广岛爆炸那天……我只记得自己一语不发。独我一人。我只是独自一人走着。我当时在参加一个夏令营，听闻这一消息，我走进树林，独自待了几个小时。我无法同任何人谈论这件事，也理解不了别人的反应。独我一人而已。[2]

在某种意义上，这真是一个残酷的讽刺。多年后，那个耽于幻想的少年才发现自己工作的实验室的真面目：大张旗鼓地开发用于核和其他军事目的的指挥和控制系统。

在 20 世纪 50 年代初，乔姆斯基对学术生涯仍然没有任何期望，正如他所说，"对学术生涯并不特别感兴趣"。[3] 也许他是为了避免被征召参加朝鲜战争才选择学术道路的。[4] 他确实努力在哈佛大学获取奖学金，但并不指望在那里工作。他后来解释说，"很多大学都不招聘犹太人"，在哈佛大学，"你可以一刀斩断反犹太主义"。[5] 他最终到麻省理工学院任职就是因为犹太人身份，在别的地方都找不到工作。"我没有想过要进入学术界，因为别无选择，"他回忆道，"雅各布森建议我和威斯纳谈谈，我确实也这么做了。"[6]他谦虚地说道："顺便说一下，博士学位完全是糊弄人的，我没有任何工作经验……我根本没有专业资格，这就是为什么我要去麻省理工学院，因为他们不在乎……他们可是从五角大楼那儿拿到了一大笔钱呢。"[7]

在麻省理工学院工作之后，乔姆斯基也并没有把心思放在这里，还想着一有机会就离开美国，他和妻子卡罗尔生活在一个左翼的基布兹①。然而，在以色列的生活仅几周，困苦的生活便说服这对年轻夫妇留在了美国。[8]

决定留在麻省理工学院工作后没多久，乔姆斯基就发现，各种表彰、奖励、资助接踵而来，个中缘由竟然是他对当时美国外交政策的极力抨击与无情批判。这股顺风一刮就是六十年。一个反军国主义的社会活动家竟然长期在世界上最重要的军事研究中心工作，想到这就觉得不可思议，毕竟要让双方同舟共济是有巨大挑战的。但乔姆斯基举重若轻，不拘小节，其军事"小白"的形象无疑为他加分不少。如果只是听他讲课，在电视上看他演讲，很难想象他生活当中不为人知的另一面。他的政治热情无疑是针对美国军方的。正如他在 1969 年谈到麻省理工学院时所说的那样："学校百分之九十的资金来自五角大楼，而我当时就在一个军事实验室里工作。"[9]乔姆斯基或许是一个无政府主义者，但他当时也是身不由己。

作为战时美国高校最大的研究机构，麻省理工学院辐射实验室因曾在第二次世界大战期间成功研制过雷达而名声大噪，战后又陆陆续续新建了几个大型的交叉学科实验室，对美国经济和科学发展一直都有重要的影响。来自美国各地的大批学者通过这些实验室为工业和军事研究团体工作。工业科学家与大学教授密切合作，将军们是这里的常客。通过这种产学研相结合的方式，战争带来了美国科学与工程史上最激进的集中和重组。[10]麻省理工学院辐射实验室作为一项庞大的跨学科努力，重塑了美国的科学研究，巩固了以科学为基础的产业趋势，并在此过程中引入了前所未有的政府资助和军事指导，这一长期的意识形态影响达到登峰造极的地步，无以复加。

---

① 译者按：基布兹，kibbutz，以色列共同生活、工作、决策和分配收入的合作农场和工厂。

乔姆斯基属于时势造英雄那一类人物。第二次世界大战期间，麻省理工学院发展迅速，教职工人数翻番，学校预算足足增长了四倍，研究经费则猛增十倍——其中，85% 来自军事部门和原子能委员会。[11] 众所周知，艾森豪威尔①曾称这是一只"军工复合体"巨兽，然而在历史学家保罗·爱德华（Paul Edwards）看来，这几个机构是学术、产业和军事相结合的铁三角，这样的理解更为贴切。[12] 如果像乔姆斯基那样获得了军事资助，那么，你不仅可以拿到丰厚的资金，还能取得令人艳羡的学术地位，如此一来你能得到更多的资金和机构的支持。

但是，为什么这种军事制度和资金的背景会让乔姆斯基得出他的哲学观点中最具特色的东西——他以一种极端的方式将纯粹和理想的东西与混乱和现实的东西分开？稍后，我们将会清楚地看到，这种分形在心理计算理论中有多么重要，它将信息描绘成可以独立于承载它的材料之外的东西。但我的建议是，在乔姆斯基的例子中，还有更多的东西。他从精神与身体的分裂中找到了一种逃避的方法，让他可以逃脱工作带给他的道德拷问。

乔姆斯基曾在书中写到，他每天早晨都要"厚颜无耻"[13]地省视镜子中的自己。受聘于五角大楼资助的机构——一部"语言机器"——他要保持清醒的理智。他有时会说，自从自己体内植入了"自由价值"就不会出现毛病：

> 的确，麻省理工学院是一个主要的战争研究机构。但它同时也体现了非常重要的自由主义价值观，这是毫无疑问的。此时，两样东西共存于此，事情没那么简单，不是非此即彼，非黑即白。正是这种来自共存的特殊平衡，使得这个研制战争武器的机构能够容忍甚至鼓励自己的研究人员参与非暴力反战抗议活动。[14]

但是，乔姆斯基对这一思路并不十分满意。是的，麻省理工学院的确秉承"自由价值观"——大多数高校亦是如此。然而，"自由"在美国几乎意味着一切，而且与极右派息息相关。除此之外，作为自由主义者，乔姆斯基对麻省理工学院的头号赞助商——五角大楼这个"世界上最可怕的机构"[15]没

---

① 译者按：艾森豪威尔，Dwight David Eisenhower，1890—1969 年，美国第三十四任总统（1953—1961 年）。

有过多的评价。他认为，像他在校园里进行武器研究是有明确计划地"伤害，摧毁、谋杀和控制别人"。"在我看来，"乔姆斯基继续说道，"就不应该干这种工作。"[16]

一切都表明乔姆斯基产生了强烈的自我怀疑，即便是自己热爱的工作。作为开脱的理由，他可以宣称，没有军事资助，美国高校的科学研究几乎进行不下去：

> 第二次世界大战以来，由于国会和整个社会提供不了足够的公共资金，国防部一直都是支持高校科研的主要渠道。令人庆幸的是，国会没有过多干预国防部的预算，国防部这一复杂而庞大的组织同样如此——左膀不知道右臂在做什么。直到1969年，麻省理工学院过半的预算来自国防部，但这笔资金对麻省理工学院来说不过是一个账本的事情。"虽然我是一名全职教师，但麻省理工学院只支付我30%~50%的薪资，其余的都是其他机构支付——大部分来自国防部。但，给我打钱的是麻省理工学院。"[17]

尽管如此，乔姆斯基依旧心有不安。回顾自己早年的职业生涯，他曾抱怨人们误解了自己所工作的电子实验室：

> 他们应该为其正名，而不应该被称为政治科学、电子学之类的。在真理的裹挟下，它应该被称为死亡技术、压迫理论或者类似的。之后，大众才会清楚其真面目，而它也无所遁形。事实上，应该竭尽全力揭露其工作的政治和道德本质。[18]

乔姆斯基继续说，以这种方式更改名称可能会激起民愤，从而破坏甚至终结这项工作：

> 我认为在这种情况下，它会引起过激的反应和难以想象的破坏。如果我们不想完成这项工作，而是希望它分崩离析：也许这就是对同伴的蔑视。[19]

正如我们所见，乔姆斯基都没心思蔑视他那些同僚，无论这些同僚是高校管理者还是激进的学生。

乔姆斯基也说过，自己在麻省理工学院的工作并没有什么特殊意义：军事赞助对西方科学的许多领域都是必不可少的。但是无论是语言学还是其他领域，优先考虑的问题往往是资金来源。斯坦福大学的激光科学家解释说："我们比任何人都青睐军事资助……问题是，一切都由军队资助，可想而知，军队便成为事端的制造者。"[20] 20 世纪 60 年代，麻省理工学院研究实验室因为有雄厚的资金支持，致力于直升机、跟踪炸弹、雷达等各种镇压叛乱的技术的研发——这些都对当时的越南战争起到推波助澜的作用。[21] 与此同时，乔姆斯基在 1977 年的一次采访中解释道："正是在麻省理工学院的校园里研制了大量的（核）导弹制导技术。"[22]

1968 年年底，这一时期的学生骚乱已经蔓延到麻省理工学院，主要是反对越战，但具体来说是反对麻省理工学院沦为美国战争的助推器。用乔姆斯基自己的话来说，自己工作的大学很快成了"全国最好战的学校之一"[23]。政府与激进的学生团体之间爆发了对抗，所有与国防相关的研究都从学校中移除。1969 年年底，在抗议活动进行到最为激烈的时候，"11 月行动委员会"的活动分子解释说：

> 麻省理工学院不是一个为人类服务的科学和社会研究中心，而是美国战争机器的一部分。麻省理工学院每年会投入超过 1 亿美元的研发资金，这使其成为美国国防部第十大研发承包商。麻省理工学院的宗旨是为美国政府和大公司提供研究、咨询服务和训练有素的科研人才，这样他们就能够继续将全世界玩弄于股掌之间。[24]

后来，这些学者解释说，他们最近的目标是"把麻省理工学院打造为一个与其中心宗旨背道而驰的机构"。[25]

显而易见，学生誓死进行全面的对抗。尽管如此，乔姆斯基却有不同的说法。据他所说，"没有人希望双方发生冲突。这种事一目了然。那么又如何摆脱对抗呢？于是，成立了一个委员会来调查此事，而院长和学生们都在恳求我参与其中"。[26]

他明确表示，是院长，或者更准确地说，是麻省理工学院的校长霍华德·约翰逊（Howard Johnson），需要乔姆斯基的加入，来应付那些激进分子的要求。[27] 这似乎至少说服了一个激进分子——乔恩·卡巴特（Jon

Kabat）——放弃以前的抵抗并同意加入。[28] 当然，随后漫长的讨论帮助霍华德·约翰逊消除了实验室的压力。[29] 正如当时一名学生告诉记者的：“（约翰逊）很聪明。事情发生之前他就已经安排妥当了。”[30] 在乔姆斯基和约翰逊之间，精明的政治手腕赢得了胜利。

五个月后，委员会提交了一份最终报告，乔姆斯基在其中附加了一份反对意见。他的立场是，“我们不应该切断与实验室的联系，而应该试图将其运用到‘对社会有用的技术’上”。他接着说：

> 我认为，特殊人员不应该参与任何有助于军事行动的工作，不应该参与任何形式的叛乱镇压，不管是硬科学还是软科学，也不应助长军备竞赛的单方面升级，不应参与武器系统的研发，而应仅限于对防御性和威慑性系统的研究。[31]

几年后，乔姆斯基回忆起这些事件时，略带粉饰地说：

> 我和学生们提交的那份报告与大多数人不同。失败的原因是右翼的教职工想要保留实验室，自由派教师想要打破这种关系（至少是形式上的），激进派学生和我想保留校园里的实验室，原则是无论发生什么都应该是正大光明的，这样人们才能够了解事情的始末并采取相应的行动。[32]

乔姆斯基却暗示他与激进派学生团体并未公正地看待当时复杂的局面，然而，活动分子中的关键人物持有不同看法。

其中一位便是斯蒂芬·沙洛姆（Stephen Shalom），他抱怨乔姆斯基的回忆（由罗伯特·巴斯基记录）“掩盖了一个事实，即大多数激进派学生还有许多自由派学生都希望首先停止战争研究”。[33] 另一位活动家是乔治·卡西亚菲卡斯，他与乔姆斯基在麻省理工学院委员会共事，直接建议“立即削减武器研究”。[34] 第三个持不同意见的激进分子是当时麻省理工学院的校长迈克尔·阿尔伯特，于他而言，乔姆斯基的妥协，无论其初衷是好还是坏，都让整个竞选活动显得没那么必要：“考虑到麻省理工学院的态度，我们可以一举关停研究……我们没法通过细枝末节的修改来支持战争研究。”[35] 这三位著名的活动分子——阿尔伯特、卡西亚菲卡斯和卡巴特都把最终报告描述为“烟幕"。[36] 考虑到这一切，乔姆斯基本人说自己在当时与激进派学生发生了"相当大的冲突"，便没什么大惊小怪的了。[37]

除了乔姆斯基的窘境，麻省理工学院的一些教职员工还记得当时的他并不是特别激进。实际上，我们得知乔姆斯基是签署者之一。1969 年 5 月，麻省理工学院委员会报告的最初版本建议保留两个军事实验室，尽管乔姆斯基后来改变了主意。[38]

回顾他的其他观点，这些事件的复杂性便更加了然。当问及 20 世纪 60 年代末的麻省理工学院时，一位教授回忆道：

> 局势一触即发；学生们的激进情绪久久不能消散，他们陷入军队的围困。所有的上层行政部门都随身携带着对讲机，随后，他们解释了如何以及为什么要打击学生：
>
> 纵观历史，所有激进的革命运动，都会犯同样的错误……他们必须决定是向当权派靠拢，还是变得更激进。历史总是惊人的相似。他们变得更加激进，当权派摧毁了他们。
>
> 当我们站在校长办公室前，努力阻止激进学生的冲击。抬头一看，诺姆·乔姆斯基就站在我身边。

记者对此却有不同的看法，他们认为乔姆斯基"是一个相当激进的人"。教授回答："是的。但如果你要在学校里胡搞，那就不是了。"他继续道："那时候学生们在课堂上捣乱？哦，天哪。全体教师施以铁腕强力镇压了下来。那是一段漫长的时期，但我们挺过来了；我们挺了过来。"[39]

1970 年年初，迈克尔·阿尔伯特被麻省理工学院开除，这激怒学生占领并破坏了校长办公室。随后，斥逐学生的步伐开始加紧，并以所谓的"扰乱课堂"[40] 罪监禁了两名学生，教授们对此欢呼雀跃，还为霍华德·约翰逊组织了一场压惊派对，为他们历尽磨难的校长欢呼鼓舞，还送给他了一个雕花座钟。[41] 据约翰逊回忆，乔姆斯基还专门写了一封信，要求特赦抗议者，但与此同时，他也参加了这个派对。[42]

不管这些零散的回忆是否准确，乔姆斯基曾坦率地说，当时的学生叛军"基本上被误导了，他们的行为，在某些情况下是站不住脚的"。[43] 他并不鼓励学生们在这个时候鲁莽向前，他建议静观其变，因为"寻求对抗是飞蛾扑火"。[44]

尽管乔姆斯基对于高校的自我毁灭犹疑不决,他在更为广阔的政治舞台上却展现出罕见的勇气以及不妥协的、非凡的对抗精神。1970 年春,在越南战争最激烈的时候,他受邀访问河内,在河内大学为热情的听众做了一次长达 7 小时的语言学讲座。访问期间,他还与范文东总理、中共党报编辑、知识分子和农民进行了交谈。作为一个"进步的美国人",他受到了各地的热烈欢迎。[45]

这一时期的自由派学者中,乔姆斯基是典型的个案。然而,麻省理工学院的境况尤为紧张。霍华德·约翰逊校长最后颁布了一项禁令,欢迎防暴警察保护所谓的"自由开放的高校"。事实上,约翰逊保护的是高校里研制核导弹制导系统的工作者的权利。[46] 约翰逊后来的继任者杰尔姆·威斯纳最终竭尽全力让更多反战学生被判入狱。与此同时,他坚称自己和他们一样,也反对越南战争。事实上,威斯纳继续监督着麻省理工学院的一个庞大的军事研究项目,很自然地以"学术自由"为由证明了这一点。[47]

早在 1967 年 3 月乔姆斯基的压力就已显而易见,当时他在一封私人信件〔发表在《纽约书评》(*New York Review of Books*)〕中坦诚地说:"我已反复斟酌过……从麻省理工学院辞职,这所高校与'国防'部密切相关……我认为麻省理工学院参与到战争中真是可悲,是站不住脚的。我觉得应该竭尽可能抵制这种颠覆活动。"[48] 数周之后,他对自己雇主的公然批判有了新的想法。在接下来的一封信中,其此前针对麻省理工学院的声明"换了个说法":"这一声明并不公平,需要特此澄清。据我所知,麻省理工学院并没有参与战争。麻省理工学院的每个人,和其他地方一样,都有直接的参与,这是我的想法。"[49] 在这两封信之间到底发生了什么——是上层的某种压力让他对自己的工作感到了恐惧吗?

乔姆斯基诚挚地感恩 20 世纪 60 年代的学生活动分子们并同情他们的遭遇,他们改变了麻省理工学院的氛围。[50] 但他始终都在维护麻省理工学院,在 1996 年的一次采访中,乔姆斯基将霍华德·约翰逊描述为一个诚实而可敬的人。[51] 乔姆斯基声称:

> 麻省理工学院在保护学术自由方面有很好的记录。我肯定他们一定感受到压力,这种压力也许不是来自政府,而是来自校友。当

时，我在组织抗议活动，十分扎眼。有录像为证，看得很清楚，能说明问题，尽管拍摄镜头有点远。但我们并没有遇到他们说的问题，据我所知，没有人遇到过。[52]

在另一次采访中，他说：

这所大学里的师生关系是我见过的最为和谐的。这可能是因为麻省理工学院是一所以科学为基础的大学。与众不同的是，科学家们乐于共同工作，没什么官僚主义。

他接着说道："麻省理工学院在公民自由方面保有相当好的记录。这在 20 世纪 60 年代尤其明显。"[53]

当我们意识到乔姆斯基在学术自由问题上的立场与麻省理工学院在这些问题上的立场惊人地相似时，这些非凡的言论就更有意义了。你可以研究你自己的喜好——假如你无所事事的话。1969 年 10 月，霍华德·约翰逊在极力阻止学生破坏麻省理工学院军事实验室时言简意赅地表示过："（大学）是一个逃避审查的避难所，在这里任何人都可以自由追求真理。"[54]

只有在这样的背景下，我们才能正确地理解乔姆斯基后来为何会面临反犹太主义的指控。多年来，乔姆斯基的右翼批评者一直在为否认大屠杀的罗伯特·福瑞森（Robert Faurisson）辩护。1979 年，乔姆斯基签署了一份著名的请愿书，声明："我们强烈支持福瑞森教授享有学术自由的正当权利，我们要求大学和政府官员尽一切可能确保他的安全以及自由行使合法权利。"[55] 不管我们怎么看待乔姆斯基的干预，这种干预是否明智，诋毁他的人都应该承认，其立场并未否认对大屠杀的同情之心。这只是西方大学普遍遵循的一个原则的逻辑延伸——他在麻省理工学院的管理层觉得有义务坚持这一原则，因为这是他们自己的研究人员正在做的事情。

举个例子，麻省理工学院的一位研究员，经济学家沃尔特·罗斯托（Walt Rostow），提出了关于如何在第三世界对抗共产主义"疾病"的有力理论。此后，罗斯托离开麻省理工学院，担任美国政府顾问，成为越战的主要策划者之一。事实上，罗斯托是美国政府中支持那场战争的最积极的人，甚至不惜冒着同苏联对峙的风险。然而，随着尼克松在 1968 年的选举中获胜，他失去了政府的工作，进而打算重返麻省理工学院。[56] 在这一事件中，可能是因越战而面临了足够多的校园骚乱，麻省理工学院决定不再聘用罗斯托。[57] 正是在这一点上，乔姆斯基要求麻省理工学院坚持自己的自由主义原则，让罗斯托回归。乔姆斯基解释道：

> 事实上，作为罗莎·卢森堡集团的发言人，我在 1969 年去见了麻省理工学院的校长，告诉他，如果校方真的因政治原因拒绝聘用沃尔特·罗斯托（我们认为他是一名战犯），我们打算公开抗议。[58]

简而言之，在反战动荡不断升级之际，乔姆斯基严肃地提出，他可以领导麻省理工学院最激进的学生发起一场运动，捍卫一个被他视为"战争罪犯"的人重新加入大学社区的权利。

当年罗斯托就只参观了一天的校园，这种情况的可能性变得异常清晰。虽然有些反战学生没有阻止罗斯托讲话，但还是有人愤怒地打断了他。有人抱怨说他手上沾满了鲜血，而迈克尔·阿尔伯特则辩称："没有人一定要听从他。"[59] 乔治·卡西亚菲卡斯确实支持罗斯托的言论自由权，[60] 但时至今日，他仍对麻省理工学院滥用这一理想做法持批评态度：

> 学术自由最初在欧洲发展时，是为了保护与教会、政府持不同政见者在不受制裁的情况下发表言论的权利，且从未打算保护战争制造者研制大规模毁灭性武器或伤害他人的权利。其初衷是希望教授和大学社区成为一个言论自由的所在。我认为，今天的哈佛大学、麻省理工学院和大型高校都用学术自由的面纱掩盖这样一个事实：高校正拜倒在政府和军队的脚下。[61]

迈克尔·阿尔伯特对麻省理工学院的评价更为犀利："战争的鲜血流淌在麻省理工学院的每一寸血管中，渗透到每一间教室，淹没了所有实验器材。"[62] 还是学生的他就曾指责那个地方是纳粹集中营。多年后他解释说，麻省理工学院的受害者是在越南的田地里被活活烧死的。他补充说，"如果我觉得这样做有什么好处的话，我肯定会点上一根火柴"。[63] 当被问及被驱逐出境一事时，阿尔伯特回答说："对我来说，这算不了什么，因为这有点像从粪池里逃出来一样。"[64] 尽管两人对麻省理工学院的看法截然不同，但乔姆斯基从来没有和以前的学生说过什么，尤其是对阿尔伯特，他们至今仍是亲密无间的好朋友。

如何才能做到既与军工复合体勾肩搭背，为其工作，同时又在道义上谴责它呢？我想我已经表明，乔姆斯基并不是唯一经历这种矛盾压力的人。但事实是，尽管麻省理工学院的许多自由派学者都感受到了类似的压力，但乔姆斯基比大多数人更痛苦——因此，他比大多数人更能反映出他的体制处境的矛盾。一方面，他需要让麻省理工学院校长保持对他的信心，保住他的饭碗，同时也让他在电子研究实验室的同事们放心，相信他是团队的忠实成员；另一方面，他还需要打消军方的疑虑，让他们相信其研究或多或少对军方一定是有用的。

要是笨蛋，可能早就投降了，这种截然相反的矛盾需求怎么可能实现呢？乔姆斯基不愧是乔姆斯基，他探索出了一条可行的出路。他巧妙地运用了"认知革命"的核心原则，即将头脑中的知识与其社会功用区分开来，这就是他的聪明之处。就他这个特殊案例而言，这意味着以一种无情的连贯和深远的方式将理论与实践分开。

作为一名语言学家，乔姆斯基最为人所熟知的事实或许是，他将语言知识与语言使用分离开来。安静地躺在头脑里的东西绝对地、明确地不同于社会或政治世界中发生的任何事情。这个著名的乔姆斯基二分法——传统上区分能力和表现——一直被认为是语言学家理性主义哲学的反映。但我的目的不是给这种哲学贴标签，而是为它提供一种解释。我的结论简单明了。对于乔姆斯基而言，对笛卡尔著名的灵肉之分的重新定义将使他获得自由，正如一位采访者所言，"两种方式都有"[65]——既可以让自己心安理得，又可以继续留在五角大楼资助的麻省理工学院实验室里工作。

没有必要把乔姆斯基描绘成一个两面派或政治上虚伪的人。我更倾向于认为，考虑到他的处境，他从语言学中剔除一切社会事物的东西，这完全是一个可以理解的举动。作为一项思想实验，想象一个社会人类学家被招募到乔姆斯基在麻省理工学院的实验室里与他一起工作，[66] 乔姆斯基一定会怀疑此人动机不纯，他干的活令人讨厌，如心理战、情报收集、镇压叛乱等。事实证明也是如此。乔姆斯基对政治家一直持一种怀疑的态度，对社会学家以及社会人类学家也没有多少好感。只有把语言学从先前作为人类学的学科附庸中解放出来，让其不与任何社会性的东西发生联系，乔姆斯基才会感到踏实。按照这一逻辑，乔姆斯基不仅从语言学中排除了真实的人类，而且——为了安全起见——排除了所有的社会生活互动。因为语言交际将说话者和听者联系在一起，所以甚至交际都被排除在他的语言学之外。

如果语言可以被简化为纯粹的数学形式——不包含人类意义——那么语言研究就可以像物理学家研究一片雪花或天文学家研究某个遥远的恒星那样，一心一意地进行下去。正如乔姆斯基所言："世界的各个方面都可以用同样的方式进行研究，无论是行星的运动、力场、复杂分子的结构公式，还是语言能力的计算特性。"[67] 1955 年，乔姆斯基刚开始他在麻省理工学院的工作时就树立了这个目标；在随后几年，他也没有轻易放弃这一目标。他认为，语言学应该像伽利略式天文学、牛顿式物理学或爱因斯坦的相对论那样纯粹，不受政治的影响。

乔姆斯基认为语言学是纯粹的自然科学，这一观点似乎总是鼓舞人心、令人释然，但是对此感到欢欣鼓舞的并非只有他的那些拥趸和学术崇拜者。矛盾的是，正如我将在这里讨论的，这个完全与政治无关的语言学——特别是与受马克思主义启发的社会科学隔绝——不仅适合它的发明者，而且更重要的是，也适合美国的军事工业机构，在战后不久的几年里这些机构负责资助发展各种军事科学技术。来自左翼的批评人士一直在抱怨，隐藏的议程可能比公开和明确的议程更具破坏性。约翰·约瑟夫（John Joseph）和塔尔博特·泰勒（Talbot Taylor）在他们的《语言的意识形态》（*Ideology of Language*）一书中写道："我们的信念是，任何声称非意识形态和价值中立的企业，实际上仍隐藏着意识形态和价值的包袱，而这种微妙的欺骗更加危险。"[68]

显然，乔姆斯基并不同意这样的说法。他认为，他的语言学研究实际上既不是意识形态的，也不是政治的。正如爱因斯坦研究相对论，他并不认为与军国主义思想有什么瓜葛，也不认为自己在鼓励生产原子弹。只要专注于纯科学，良心就不会受到拷问。乔姆斯基显然也是这么想的。如果他能把科学与任何可能的社会或实际应用分开，他就问心无愧了，即使这意味着要把自己的思想分成完全不同的领域。

认 知 革 命

  乔姆斯基对行为主义的颠覆只是一场文化革命的开端。如今，这场革命早已席卷大众文化的方方面面，它悄无声息，深刻地影响着我们对这个世界的看法。令我感到惊奇的是，这场认知变革居然能以如此巧妙的方式影响着我们每一个人，因为从我个人经验来看，很少有社会学家或无政府主义者曾听过"认知革命"这个概念。这个世界上几乎所有人对计算机、虚拟现实技术、数字编码、传输等概念都略知一二。尤其是大部分年轻人，无论来自何方，一定都对计算机硬盘、内存条这些玩意儿不陌生。同时，他们也深知只需一眨眼工夫，任何数据便可完好无损地传输到全世界。从文化和艺术层面上讲，信息要素显然有自身一套独立的法则，并且丝毫不受客观物质和能量世界的影响。这一点人们在科幻片里早就耳熟能详了。1968 年上映的科幻片《星际迷航》里有句台词，"把我送上去，斯科特"，或许这句话勾勒出了这样一个令人憧憬的图景，每个人都是由信息要素而非客观物质构成的，同时，这些构成成分的所有信息要素都能以光速在宇宙中传输。

  乔姆斯基既没有参与计算机研发或软件设计，也没有写科幻小说。但只有他让计算机科学领域相信人和计算机能直接关联起来。最后也是乔姆斯基提出，我们的语言能力——这一人类显著特征——本质上就类似一台数字机器。虽然没有过多证据能证明这一点，但并不影响人们相信它。（乔姆斯基认为该结论显而易见，根本无须去证明。）乔姆斯基此番定论让人们既震惊又激动，而且此前从未有人如此设想过，那就暂且信以为真吧——或至少坚持一段时间才能被人们慢慢接受——原因很简单，若此定论不成立，那么其他所有相关理论也将无足轻重，也不可能成立。如果乔姆斯基没有提出数字化设备相关理论——据说能植入我们每个人体内——这些成天在实验室与实验设备为伴的"电脑白痴"顶多算个因循守旧的技术员。所以这些人尤其喜欢乔姆斯基的论断，他们需要乔姆斯基的启发，从而把研究成果抬升到一个新的高度——与人自身关联起来。这种想法随后引出一连串合乎逻辑的猜想，当然也不是所有都被乔姆斯基认同。

有人设想人其实可以像光那样传送出去，而且他们能够自圆其说。但由此也引发一个更深层面的假设：我们每个人就好比是计算机上安装的软件，这样我们便能独立于肉身之外，同时又能保留思想意识。在此，我有必要和大家聊一聊一位杰出的认知科学家马文·明斯基（Marvin Minsky）。他是1958年麻省理工学院人工智能实验室的联合创始人之一，被誉为人工智能之父。他的主要研究方向是探索建立能够复制人类活动的计算机模型。此外，他还对电影《2001：太空漫游》里的哈尔计算机提出过相关建议，这部电影是导演斯坦利·库布里克在1968年拍摄的。和乔姆斯基一样，明斯基也喜欢挑战那些被奉为权威的教条，他们都喜欢从那些人们习以为常的假设中进行合理倒导。如果人的思想意识真的如同一台数字化计算机，那么我们的身体将不再是最重要的，我们的胳膊、腿和脑细胞就好比是那些易坏且充满瑕疵的硬件，也必然和这些无形且永不磨灭的"软件"没太多关联——因此，信息要素造就了真正的我们。

1996年，明斯基参加在日本奈良举行的第五届人造生命大会。晚上，他发表公开演讲，认为只有在计算机语言出现之后我们才能真正恰当地描述人类。他指出，"人可不单单只有头、胳膊和腿"，"这些都不重要，人就是一个庞大的多重处理器，拥有每秒上百万次的运算速度和成千上万个小部件，就像一千台同时运行着的计算机那样"。不足为奇的是，此后明斯基便开始试着往计算机里"加载"人类意识，以此来避免人类思想消亡：

　　对于我们每个人来说，最为重要的便是大脑中储存的数据及其"运行程序"。将来某天你将能提取出这些数据并存入某个小硬盘里，一千年后，再次打开这些数据，那时你的思想意识将"复活"，再度出现在几千年以后。[1]

　　对于科幻小说背后的寓意，文化批评家凯瑟琳·海尔思（Katherine Hayles）给出了极富洞察力的观点。她认为，从认知革命中得出的最终结论是，"在某种程度上，相比于物质，信息才是更为必需，且更为重要和根本的要素"。[2]直到 1948 年，这个鲜为人知的观点由诺伯特·维纳（Norbert Wiener）——麻省理工学院数学家及控制论提出者——充分整合后，成为所有有关物质的成熟理论都必须遵循的准则："信息仅仅就是信息，它不是物质或者能量。如今，所有的唯物主义者都承认这一点。"[3]

　　在过去，科学家遵循着物质世界的客观规律，运用他们建立的抽象模型来解决复杂的问题。但现在的认知主义者往往把这些抽象模型看作基本的现实问题，并常常因为物质世界里的一些难题，而把已有的一切成果推翻。海尔思在其发表的一篇富有独到见解的文章里指出，科学家的重要成就在于其能够从世界无数种观点里，推设出其中的抽象概念：

　　　　这种情况到目前为止还算客观：这是理论推导应该做的工作。当科学研究工作循环往复地进行着时，新的抽象概念的原始雏形从而产生，并由此引发多种观点看法，那么问题也就出现了。复杂事物往往模糊了现实本质，不是表征世界的整体本质。[4]

　　这一思想可追溯到希腊，最近见证了其螺旋式的发展。要达到完全的高级发达形式，就需要借助计算机的强大功能。这一形式源自简化了的抽象形式，通过仿真技术生成多样形式，这些形式十分复杂足以误导现实世界。[5]当世界不能与之相适应时，那就说明世界出问题了。

　　维纳提出的信息概念，其实是由一位在贝尔实验室工作的名叫克劳德·香农（Claude Shannon）的电话工程师首次提出的。他把信息定义为某种既没有空间维度也没有物质属性而且与内在含义也没有必然联系的东西。所有信息都能存在，即便没有通过任何物质载体或能量形式来传输或者编码信息，而且信息一直客观存在，无论传输与否。[6] 即便是在香农生活的时代，人们依旧对把信息从其含义和语境里剥离出来感到不满，他们抱怨这样会使理论偏向于形式化，从而像普通的交际类理论那样，没有任何意义。香农也告诫人们，这种情况仅仅适用于一定技术条件之下，但是对于刚结束"二战"的美国而言，这一主张犹如雪中送炭。"对于一部分理论而言，时机已经成熟，"正如海尔思所说，"这种理论能够将信息这一抽象概念具体化为某种脱离语境、定量且自由的实体而存在，这种实体便是解锁生死奥秘的关键所在。"[7] 这种对信息的全新定义不仅威胁到了马克思主义理论学说的权威，更挑战了整个唯物主义世界观。"对物质观的颠覆成为 20 世纪重大事件"，这便解释了这份具有影响力的文件后来是如何总结这个范式转变的。[8]

乔姆斯基并未急于发声，而是把战后这种在认知视角上的转变——对科学唯物主义的有力颠覆——比作 17、18 世纪的"第一次认知革命"，因为正是在那个时候，哥白尼、伽利略、笛卡尔以及牛顿所取得的成就开启了现代科学之旅。[9] 20 世纪 50 年代后期，第二波革命浪潮登上历史舞台，并且融合了各种多元化的声音，其中大部分是刚成立不久的激进知识分子联盟，他们从骨子里反对行为主义教条。在乔姆斯基提出范式变革的前几年，便有了新运动的多元声音，心理学家杰尔姆·布鲁纳（Jerome Bruner）回忆道：

> 现在，重新回到 20 世纪 50 年代末，首先让我来解答我和我朋友们是如何看待此次革命的。在我们看来，这就好比竭尽所能去建立一个新的语义，并将其作为心理学里的核心概念——不是激励和反馈，不是浅显易懂的行为，也不是生物性驱动力或进化，就仅仅只是语义……我们的目的不是"改良"行为主义，而是彻底取代它。

布鲁纳继续指出，"按照最初设想，认知革命需要心理学与人类学、语言学、哲学、历史甚至法律规范等领域进行交流合作"。[10] 所以，这不是一项独立而封闭的运动，是由美国军方所支持的，目的在于进一步推动美国对全球的控制：它是处于人文学科和自然科学之间的一种纯粹的解放联盟——其目标可以概括为发明一条"万能理论"。认知革命发出的声援口号内容简单明了，听起来让人感到很奇怪，甚至需要理解成：人的大脑是一种复杂的组织结构，从形成之初就非常活跃。与斯金纳提出的"白板理论"，即把人类比作可以通过奖惩而被控制的小白鼠相反，人们的特殊本性往往难以控制且无法改变。

尽管新的运动有其多元化色彩和固有的魅力，但军方在其中扮演的角色从一开始就至关重要。"二战"期间，艾伦·图灵运用早期的计算机技术成功破译了"恩尼格玛（ENIGMA）密码"，但该消息一直被军方保密。直到战后不久，这个振奋人心的消息才不胫而走，引起了外界广泛的关注。很早以前，美国的心理学和哲学界权威人士便提出过思维机器这个概念。但他们绝不会认为人脑和数字计算机会完全等同，只会相信在将来某一天，人类发明的计算机的智能化程度能无限接近于人脑水平。[11] 1945 年，匈牙利数学家约翰·冯·诺依曼（John von Neumann）似乎更有远见。

在一份关于埃德瓦克（EDVAC）电子离散变量计算机的报告中，冯·诺依曼把它形容为理想状态下的神经元所创建起来的机器，而非真空电子管构成。他相信，控制埃德瓦克信号输入和输出所用的逻辑规则或许能够帮助我们进一步认识人脑中的神经活动。由于神经系统具有双性状特征，即在任何时刻，每个神经元都有可能会释放出一个电荷——他认为人的大脑的确能像数字化原理那样工作。神经元就好比是构成自然状态下的"数字计算机"——人脑的真空电子管。[12]

尽管冯·诺依曼已经如实地阐明了真空电子管和神经元之间的重要区别，但这并不能阻止哲学家们在此领域的狂热。乔姆斯基的高中同学以及本科时的合作者希拉里·普特南（Hilary Putnam）在 1960 年宣布，"人们研究大脑的最恰当方式是把它想象成一台数字计算机"[13]，这在全世界范围内为哲学界开启了一个全新且极具影响力的研究走向——所谓的"大脑计算理论"。[14] 在一篇题为《思想与机器》（Minds and Machines）的极具创造性的论文里，普特南实际上利用乔姆斯基的影响力，一直宣称"所有语言学理论"现在都没有在有意识的人类语言活动中得到应用，而是运用到了某种新型数字机器的输出活动中：

> 我们必须意识到这种机器的性能表现可能完全"类似于"语言活动，因此，所有语言学相关理论都能应用到这些机器中。如果读者想要得到验证，那他应该认真看一看乔姆斯基的《句法结构》一

类的书，并会发现有人猜测语言学家所研究的语料库产生于一个有意识的有机体，然而这种假设根本站不住脚。[15]

换句话说，那些提出"心智等同于数字计算机"观点的哲学家相信，通过乔姆斯基《句法结构》一书所提出的例子可以证明其猜想。

如果普特南和乔姆斯基的观点是正确的，并且新的认知区域开始形成，这便能解释当年困扰着笛卡尔的谜题，即古希腊时期以来的哲学之谜。这个谜团其实就是所谓的"心身"问题。如果思想意识是非物质的，那它是如何产生物质影响的呢？思想意识究竟又如何影响我们的躯体呢？

图灵在理论上的突破得出这样一个答案：思维是无形的抽象存在，但它需要以硬件为载体实现其运转。以人为例，这个硬件载体自然就是我们的大脑。不论大脑这个载体本身是否具有数字化特性，但它能够传输信息的这一事实不容置疑——从技术层面上讲，这些零零散散的信息具有数字化特点。当信息通过数字化形式而非模拟物进行传播时，不管传输的物理媒介是一段绳子、一根铜线、一根光缆抑或其他任何东西，所传输的信息均不受任何影响。这一点通信工程师们早就发现了，其中就包括克劳德·香农。只要你能发现其中的区别，至于何物被"开启"或"关闭"根本无关紧要。"思想"这一概念被理解成"信息"后，它现在显然不再受物质的制约。《心智计算理论》（*Computational Theory of Mind*）一书问世以来，对于其意义史蒂文·平克（Steven Pinker）是这样评价的："这是人类思想文化史上最伟大的思想之一，因为其解决了关于'身心问题'的难题之一：如何将虚无缥缈的思想意识世界，即我们的精神世界与类似于大脑这样的客观物质世界关联起来。"[16]

从"思想独立于物质"这一观点可能很容易得出另一个结论，也就是说，我们不需要过多考虑大脑这个客体，便能研究人的精神状态。的确，从新的理论角度来看，相比物质客体的成分而言，思想意识的具体组成部分显得更加具有关联性，且更易于认识。毕竟，对于一台设计精美的计算机而言，往往是其中精巧的软件决定着那些粗糙生硬的硬件将要做什么。乔姆斯基一直对人的思维以及大脑的很多方面存在偏见，这就像布局整齐且设计新颖的"软件"和"凌乱"且超越数理基础科学范围的"硬件"。[17]每当他将两者进行区分时，其中的差异总是显而易见，他所标榜的机器般的或数字化的结构都会成为"生物语言"研究的重点。建立在这些猜想之上，就不难解释唯心主义——意识决定物质——是如何成为新认知科学的典型特征了。自从思想意识与大脑之间的区别被理解为硬件与软件之间的关系后，几百年来困扰着哲学界的"身心关系问题"也就迎刃而解了。

简言之，这对关系便是对认知革命的确切解释——你将会在教科书上看到它。这种解释服务于自身的目的，但也会掩盖这样一个重要事实，此类发生在整个知识界的剧变其实是由"冷战"背景下各国在工业和军事上面临的问题所引发的。

控制论在"二战"时的发展便是一个好的例子，因为那时，科学家们尝试把人为因素作为武器制导系统里起主要作用的一个重要组成部分，进而提出该理论。[18] 历史学家保罗·爱德华是这样解释的：

> 早期的飞机、坦克以及潜艇，其实都是后来出现的"机器人"的先例：遵循生物力学原理的有机体构成了人和机器，这些设备的内外联动通过电子反馈电路系统得以实现。它们不仅包括人与人交流用的对讲机和无线电话，还包括操纵机械时用的仪表盘、控制器和观察瞄准仪。如果以上任何链接出现问题，那么由计算机控制的武器系统就会完全瘫痪。[19]

总体来说，秘诀就在于 3 个"C"：Communication（交流）、Command（命令）和 Control（控制）。具体指的是：上级下达的指令只需要下属去服从和执行，且不能有任何异议。在过去，心理学家和语言学家在研究工作中都不会采取这种专制独断的方式；然而，在此方式下，语言研究活动往往会取得成果。"二战"之后，军方需要一种彻底摆脱过去研究范式的语言科学研究模式——据说，这完全不同于那些研究美国土著居民的人类学方向（土著居民能用多种传统语言交流）。[20]

"二战"后，与军方有关的计算机运用与研究项目自然而然地将人类同化为廉价而方便实用的思维机器。圣地亚哥海军电子实验室的心理学家约翰·斯特劳德（John Stroud）是这样说的："人其实就是最常用的多功能计算设备。"[21] 由此，我们最容易想到的画面就是那些坐在雷达预警设备与高射炮之间的操作手。斯特劳德指出，操作手两边都是非常精密的机械装置，那么问题来了，"我们在中间部署的又是什么样的装备呢？"[22] 斯特劳德认为，"人类才是一套最了不起的装置，但同所有便携式装置一样，人类在工作时也是嘈杂且不稳定的。但如果这些就是你所拥有的全部设备，那在更好的设备出现前你都得和它们一起工作"。[23] 凡事都有两面性，目前人工操作员扮演的就是一台信息输入与输出设备：信息通过雷达收集，再经过人脑处理，最后成为发射出去的炮弹。[24] 全自动的航空器、潜艇和其他武器至今未能出现，同时，在一些重要环节和领域，人类的作用依旧不可替代。

但有人由此担心，人类这样做无疑是自找麻烦。就好比是把美国"密苏里号"战列舰上的全体船员逐个交由一群科学家培训，一位"二战"时期的美国海军司令直言其担忧："这 2500 名军官和士兵，就好比是 2500 条误差的来源。"[25] 随着海军装备武器系统日益复杂精尖，只有操纵方式变得更加简单，这些武器才能真正发挥作用——这点不同于复杂的生物体，更像某种配备先进电子设备的速射武器。人类在很大程度上需要泛化为数字计算机，即没有复杂思想感情的机器。乔姆斯基的支持者很快就会致力于此，他们认为"将人类看成机器"的观点是合理的。[26]

所有的领航员、瞄准手、飞行员、投弹手以及其他军事人员都必须学会熟练操作和使用各自的仪表盘、控制装置和计算设备。20 世纪 50 年代，人们梦想从噪声中分离出有用信息，这一设想最终变成对指挥控制的幻想——幻想发明一种人和机器都可读的通用数字代码。这样的设想在科幻小说家中十分流行，一直盛行到今天。人们认为这种潜在的底层代码是合乎逻辑且精确的。如果英语和其他所有自然语言能够以这种通用代码的形式写出来，那么大部分问题都能解决。同时，计算机也能通过编程按照这种代码运行。到那个时候，操作手无须接受特殊训练便可以用方言和这些电子装置进行简单交流。准确地说，这是麻省理工学院的研究项目之一——同样也得到五角大楼的支持——1955 年，诺姆·乔姆斯基刚来到五角大楼时就从事与该项目相关的研究工作。[27]

美方研究人员面临的一个重要任务，就是为战场通信干扰问题找到解决办法，以此来确保装备引擎声、战场爆炸声以及其他噪声不会对军方人员的交流造成干扰。哈佛大学的电声研究实验室从物理和电子因素角度对这种问题进行专门研究。心理声学实验室集中研究"由人是整体电路的一部分这一事实衍生出的相关问题"。[28] 该实验项目从国家防务研究委员会那里获得将近两百万美元的研究经费——在当时来看是很大一笔数目——哈佛大学的心理声学研究实验室也由此成为美国最大的以大学牵头的心理研究实验项目。[29] 该项目之所以获得如此重视和优先，主要在于信息传输是决定战场胜负的首要因素。在此背景之下，心理学家开始把注意力转移到人体组织构造参数上来，以便将这些有机体参数应用到军事机电系统中，发挥更大作用。[30] 认知心理学由此诞生。

虽然乔姆斯基在此次思想革命中声名大噪，几乎成为当时最著名的公众人物，但这离不开他身后一直与之相伴的两位杰出人物，他们犹如乔姆斯基的左膀右臂，很早就和乔姆斯基有着密切合作。杰尔姆·布鲁纳是其中一个，他有着广博的知识，研究范围也很广泛，从法律到灵长类动物学和人类学，再到儿童语言习得和社会性游戏。[31] 正如那个时代的所有人一样，布鲁纳早期经验主张的形成主要是受"二战"的影响。他在哈佛大学取得博士学位后，很长一段时间服役于驻法美军，负责指导分析意大利发出的轴心国无线广播，制订心理战计划。

另一个早期支持乔姆斯基的著名人物是实验心理学家乔治·阿米蒂奇·米勒（George Armitage Miller），他和布鲁纳联合创立了哈佛大学认知科学研究中心，其专业研究领域是演讲和交流，同时，他被引用次数最多的论文《神奇的数字七，正负二》（ *The Magical Number Seven, Plus or Minus Two* ）通过实验证明了影响人类短期记忆力的七个因素的平均范围水平。哈佛大学心理声学实验室授予了米勒博士学位，"二战"时期他曾在该实验室负责美国陆军通信兵团的语音通信研究工作。1946 年，其博士论文《干扰信号的最佳设计》（ *The Optimal Design of Jamming Signals* ）被定为绝密材料，不得外泄。不管是心理声学还是战时的语音通信研究，米勒一直都致力于研究和解决计算机时代有关人机一体化的各种问题。"二战"期间，他曾使用小白鼠完成学习实验，并用典型的行为主义语言风格发表其实验成果。但"二战"后不久，米勒和其他从事"指挥控制"理论研究的科学家开始探索另一个略微不同的研究范式。1958 年，米勒与乔姆斯基相识，之后不久他们便开始了一段时间的密切合作，并主张：大脑其实就是某种特殊的数字化计算机，至少从短期来看是这样的。数年后，他收回之前的观点，并苛责把人脑比作计算机的观点无疑是对学术界严重的误导。[32]

随着计算机和信息技术的发展，人们的精神世界再也不可能被忽视。那些善于通过奖惩来管控下属的管理者们已经能很好地契合行为主义理论观点，因为他们的管理重心在于人的情感和肉体，而非思想意识，而且从这些人的角度看，他们的下属心里想些什么其实无关紧要。既然人与人之间的交流已成为一个重要问题，那么他们的精神状态也至关重要。比如，已有实验证实：如果把人限制在充满噪声的环境里并且持续好几周，中间没有任何间断，那么对于军方而言，其实验结果仅仅在信息层面上才有重大意义：

> 周围环境里的噪声并不会影响士兵的行动能力；也不会改变他们的身体结构和行为表现，但它一定会干扰信息的传输。噪声所带来的并不是物理性威胁，而是一种抽象化的威胁，是对思维而非身体的威胁——一种对信息本身的威胁。[33]

这样的研究发现给行为主义学说造成了威胁，正如我们以前所了解的，行为主义一直否认思维能独立存在。在此背景下，美国军方别无选择，只能开辟出一种新的心理学研究范式——把思维置于核心地位的研究范式。

摆在军方面前有两个首要任务：一是能够对敌军语音通信信号进行干扰；二是保证我方通信信号能够精准无误地传输信息。为了增强信息传输的安全性，哈佛大学心理声学实验室专门制定了一套战场通信专用的特殊术语表。爱德华指出："这类通信术语沿用至今，我们在战争题材电影里常常能看到这样的场景：无线通信人员拿着麦克风大喊'查理·贝克·斑马，收到请回答！'，这便是最好的体现。"[34]

1951 年，刚刚抵达马萨诸塞州剑桥镇，乔姆斯基便被当地知识界浓厚的军事气息包围，因为即将到来的认知革命便起源于此。

第 6 章

巴 别 塔

1951 年，乔姆斯基 22 岁。这一年，他来到位于马萨诸塞州的剑桥镇，接受了哈佛大学的奖学金。此时此刻，他发现自己身处世界科技创新研究的最前沿，战后西方哲学界、心理学界以及认知科学领域的学术大咖们云集于此，比比皆是。乔姆斯基回忆说，控制论、声谱学、心理语言学、实验心理学以及"通信数学论"等学科欣欣向荣，其语言研究正是在这样一种"科学与数学的氛围"中进行的。[1]乔姆斯基让自己的语言学有那么一点数学的味儿，看起来更像科学，这在当时确实与众不同。

那时，电子计算机才初现端倪、影响甚微，艾伦·图灵的工作也属绝密，鲜为人知（当然即使到今天也还很少为公众所知）。不过，这背后引发的哲学问题虽少人问津却意味深长、耐人寻味。机器真的可以思考吗？如果可以思考，那它需要语言吗？如果需要语言，那是什么样的语言呢？计算机人工代码与普通的自然语言（如英语）有很大的相似之处吗？从表面上看，至少大家都知道，人类语言是相当复杂的，它比计算机工程师发明的人工代码要复杂得多。但是，如果大脑真的是一台电子计算机，那么它就应该像计算机一样按照规则来运算。这样，语言学家们只要弄清楚了语言（如英语）的底层数字代码，就可以把这些代码巧妙地植入机器。最激动人心的是，这种底层代码很有可能是一种通用代码，如此一来，一台单一设计的机器就可以搞定世界上任何语言。

往往一个惊人的想法，只需向前跨一小步：造一台可以读懂任何语言，还能够自动翻译的通用语言机器。当然，熟悉"谷歌翻译"的 21 世纪读者可能不会觉得当时这个雄心勃勃的想法有什么惊人之处。但是，在 20 世纪 50 年代，造翻译机器这样的想法无异于乌托邦，纯属空想，却又令人兴奋不已。如果通用代码真的可以找到，那就没有必要在翻译中老是使用近似的意译，这确实是一个令人兴奋的理由。如果翻译可以建立在反映人类基本思想的普遍语法上，翻译的准确性将达到惊人的程度。一些热衷机器翻译的人甚至宣称，对人类文明而言，发明这样一台通用代码机器将是一项非凡的成就，它让国际合作、相互理解、和平共处的人类梦想不再遥不可及。

起初，这一非凡的计划确实看起来犹如天方夜谭，要不是身居高位的技术官员、信息科学家兼高级工程师沃伦·韦弗的大力支持与鼎力相助，这完全可能会被认为太过乌托邦而被迫流产。1955 年，第一部关于机器翻译的论文集出版，韦弗慷慨赐稿并拨冗作序，他热情赞扬该领域所取得的成就。韦弗的赞誉别出心裁、振奋人心，他让人们联想到巴别塔的故事，说这个野心勃勃的计划可能会再次触怒上帝。

韦弗把他在论文集中的文章命名为《新巴别塔》，很显然他参考了《圣经》故事。[2] 他提示读者注意，洪水过后不久，诺亚的曾孙尼姆罗德王就开始建造通天塔了：

> 耶和华说："看哪，人类是一个整体，共用一种语言；而这正是他们在做的；现在，他们可以为所欲为，毫无阻碍。走，我们去打乱他们的语言，让他们彼此语言不通。"于是，耶和华将人类分散在大地的各处。后来，他们停工，不造城了。最后，那城命名为巴别。因为耶和华扰乱了众生的言语，使人们分散在全球各地。[3]

这里的一个关键主题就是塔，它是一项雄心勃勃的科技项目，与"冷战"时期的美国战略相匹配，完全是"冷战"思维的产物。对巴别塔内的居民而言，他们的语言与科学技术密不可分，这让他们有了渴望到达天堂实现天地相通的梦想。

　　韦弗评论说，不管是不是因为上帝的原因人类语言才差异到彼此不能沟通的地步，但其后果就像故事里所说的那样——问题成堆而且相当严重，一直到现在都无法解决。"我们这一代人，"他解释道，"比我们的祖先幸运得多，现代交通和通信手段使整个世界变得很小，不过，语言不通还是无法克服人类交流不畅这个棘手的历史老问题。"正是在这样的背景下，韦弗极力为重建新塔进行辩护：

> 　　热衷建造这座崭新巴别塔的是这样一些人，他们有的是研究语言结构的语言学专业学生，有的是专门设计计算机程序的逻辑学家，还有的是负责计算机生产与维护的电子工程师，这些人个个天资聪颖、富有真知灼见，是难得的人才。这座新塔当然不是为了通天，而是希望可以找到一种能够回归到简单的理想状态的有效方法，让人们可以在一起自由地交流，并且交流的效率还高。[4]

　　韦弗对人类团结、相互理解以及兄弟情谊的呼吁，需要在历史语境中加以审视。早些年，韦弗曾极力建议成立一家独立的研发公司，这就是后来著名的兰德公司（RAND），这是一家受多方资金赞助的智库机构，颇受美国朝野重视，尤其对美国军方影响至深。兰德公司创建于 1946 年，起初的任务就是制定针对洲际战争未来武器的各种长远战略规划。其中，"确保相互毁灭"（MAD）的核威慑理论就是最具代表性的一项成果。1960 年，兰德公司首席战略家赫尔曼·卡恩（Herman Kahn）在其出版的《热核战争》（*On Thermonuclear War*）一书中极力贩卖一种"可赢"的核战理念，[5] 导演斯坦利·库布里克正是以他为原型，在《奇爱博士》（*Dr. Strangelove*）这部电影中塑造了一个邪恶的战争狂人形象。

　　世界上所有语言可能有相同的数字密码，这一想法似乎最初出自韦弗。早在 1946 年，他就曾同英国一位名叫布斯（A. D. Booth）的电子工程师探讨过新兴数字计算机的应用问题。布斯回忆说："一开始，韦弗就觉得机械翻译是可行的，他认为所有语言很有可能都包含某些共同的基本元素。这些元素用'二战'期间为破解敌方密码而开发的技术手段是可以检测出来的。"这里指的当然是艾伦·图灵著名的破译恩尼格玛机的密码，[6] 恩尼格玛密码机是德国最高司令部用来加密 U 型潜艇和其他军事机构通信的密码。三年后，韦弗在一份著名的备忘录中又谈到了这个问题，这份备忘录只在他指定的一群科学家中传阅。调查了解决机器翻译挑战的几种可行方案后，韦弗概述了他认为最有前途的想法：

> 打个比方，试想人们生活在一座座封闭的高楼里，这些高楼都建在一个地方上。大家沟通交流的时候，就要在各自封闭的楼里来回走动。即便是最近的楼，交流的进程也会非常困难。然而，当你走下楼来，就会发现自己身处开阔的地面上，而其他高楼也是建在同一片地上的。不同高楼的人只要下得楼来，就可以进行轻松而愉快的沟通交流。

> 因此，就有可能找到机器翻译的秘诀。不论是把汉语翻译成阿拉伯语，还是把俄语翻译成葡萄牙语，你用不着在不同语言的高楼之间大喊大叫，解决之道便是从各自语言的高楼里走出来，下到建高楼的那片共有地面上来，这才是人类交流的共同基础——一种尚未被人类发现的真正的共同语言，找到它，然后通过切实可行的方法让它复活。[7]

虽然韦弗不是第一个用"深层结构""普遍语法"这样术语的人，但他所用的高楼地基的比喻无疑暗示了这样的思想。

第7章

五角大楼的"通天塔"

泽利格·哈里斯就在韦弗备忘录的指定传阅名单中。那时，他在宾夕法尼亚大学语言学系任教，是那里的明星教授，正是他激发了乔姆斯基研究语言的兴趣。乔姆斯基对哈里斯一生的追求有过言简意赅的总结，他说："从认识哈里斯以来，他就一直在研究一种原则上可用于计算机处理语言数据的形式手段。"[1]为了完成这一激动人心的新任务，哈里斯一直以来都希望重新定义语言学，以便让电子机器能够加工处理句子。

1954 年，哈里斯在写给韦弗的信中提及那份备忘录，同时他还表达了对"新巴别塔"计划的浓厚兴趣。次年，麻省理工学院出版了《语言的机器翻译》(*Machine Translation of Languages*)，这部论文集是关于机器翻译的开山之作，韦弗以《新巴别塔》为题为论文集写了序。尽管不同的作者对机器翻译有不同的见解，但韦弗的"新巴别塔"观点——寻找一种通用的基础代码——却得到一致首肯。其中一位作者是这样说的：

> ……如果能够开发出一套普遍句法的代码，一套普遍句法的程序，我们把它称为 X 句法，X 句法具有所有自然语言句法操作的特征，这样，句法程序问题就可以得到极大的简化。

韦弗进一步说到，如果使用这一套程序，无论哪一门自然语言，其句法都可以"被编程为一种普遍句法，即 X 句法。反之，我们也可以借助任何自然语言系统来对普遍句法进行编程。那么，通过这样的编程语言就可以实现任何自然语言之间的互译"。[2]

这正是韦弗当初的想法，还真应了那句古话——"英雄所见略同"，哈里斯当时也是这样想的。哈里斯认为，"如果把语言还原到句法结构上，就可以找到翻译语言结构的方法"。[3] 1955 年，在哈里斯的慷慨提携与热情鼓励下，乔姆斯基被派往麻省理工学院，就职于该校的电子研究实验室，他一方面参与韦弗的研究项目，另一方面也向那里的理工生们阐释自己的最新思想。

不言而喻，乔姆斯基对当时的处境并不满意，内心矛盾重重。他尽力让自己的研究与机器翻译的实际应用保持一定的距离，但军方对应用的看重却左右了整个研究进程，一想到这儿他就不自在。他决心不去迎合军方的要求，但又徒劳无益。从现实的角度出发，机器翻译这一领域必然要依赖反复试错的实验方法，同时还需借助海量数据库的发展。不过，乔姆斯基对这样的研究思路不以为然，尽管在过去 30 年里"连结主义"在美国学术界迅速蔓延，大有取代生成语法之势——毕竟，业界巨头们在乎的是实用而不是空洞的理论。虽然在最开始的几年，乔姆斯基也意识到基于统计的方法可能会受到业界的欢迎，但最终他还是坚持了令他心动无比的"普遍语法"思想（尽管目前还不那么现实），基于统计的概率论在他看来不过是东修西补的小打小闹。乔姆斯基在整个机器翻译项目中的地位十分特殊，这为他随后的职业生涯确定了基调。

毋庸置疑，只要进入圈子就可以赢得优势。麻省理工学院 20 号楼内一间狭窄的办公室，看起来并不起眼，那是乔姆斯基办公的地方，然而，没有其他哪个地方的工作可以给他带来如此显赫的声望。弗雷德里克·纽迈耶评论说："这样的工作背景确保了大量资金（主要来自军方）源源不断地流入学校账户，这里的语言学获得的研究基金之多，是无论其他哪所大学都无法企及的。"[4]

不仅仅是有钱。五角大楼如此大规模的投资，难免让人对乔姆斯基产生"被认可"的印象，即便很多时候他的做法看起来是那么不可理喻，但由于军方大把地花钱，人们也会以为那一定是什么好科学。要知道军方一贯精打细算，他们怎么会把钱浪费在一个左派激进分子的胡言乱语上？他们怎么可能相信《语言理论的逻辑结构》(*The Logical Structure of Linguistic Theory*)这部乔姆斯基在赫赫有名的哈佛大学做研究员时完成的长篇巨著说的不是科学呢？1955 年，宾夕法尼亚大学授予乔姆斯基博士学位，而他所提交的论文只有薄薄的几十页，那是他从在哈佛大学完成的那部神著中摘取的一章。有传言称，原著博学广义，意义非凡，透露出一股神秘气息。首先，他在书中用了大量的数学公式。其次，原版基本上不可复得。即使有翻印本，也被改得面目全非，没有人晓得哪一版才是原版。显然，是魔法起了作用：

> 这么一部皇皇巨著，有机会见到它的人少之又少，即使有幸见过，他们也最多是走马观花地翻阅了一下，很少有人从头到尾完完整整地读过。但是，只要这本书稿确确实实有，这就够了，它就像一个担保人，因为有了它，《句法结构》一书中那些说不清道不明的地方就可以不予澄清不予理会了。[5]

不言而喻，乔姆斯基的反对者中有很多人是有名望的右翼语言学家。令人想不到的是，其中竟然有两个——一个是保罗·波斯塔尔，一个是杰弗里·桑普森（Geoffrey Sampson）——曾经还是"乔姆斯基革命"的狂热支持者，如果把他们对知识的质疑简单说成政治意识形态问题，这显然是说不通的。近年来，波斯塔尔一直都在谴责乔姆斯基，他批评乔姆斯基所作所为"不太美国"，还说其政治发表言论和他的语言学著述一样都是"垃圾"。[6]这样的谩骂对理性辩论于事无补，当然不妥，但他对乔姆斯基及其"生物语言学"追随者的诸多批评也不是全无道理。[7]

1979 年，桑普森在一篇书评中第一次公开了他的失落与愤怒。乔姆斯基1955 年在哈佛大学完成的那部神著刚开始时还"犹抱琵琶半遮面"，现如今终于公之于世，桑普森在评论中这样写道：

> 这是一部长篇大论，随处都是代数符号，对数学外行的新手来说，看起来可能高深莫测。但只要细读，就会发现其实那不过是数学半吊子干的事儿。里面好多话都是毫无意义的废话，好多地方都是"心是口非"、不知所云，有时甚至故弄玄虚，说得拐弯抹角让人摸不

着头脑，这真要让数学行家来写，那绝对是直戳了当、一目了然。[8]

无论对桑普森的评论怎么看，考虑到他本人的政治立场，他这样批评乔姆斯基确实令人意外，要知道，仅仅在四年前，在自己的专著《语言形式》（*The Form of Language*）的前言中他还明确地表示，其研究"将有力地支持乔姆斯基考察语言的新方法"。[9]

乔姆斯基就是在这样充满神秘气氛的环境下工作的。这往往会给人一种印象，那就是无论他提出的方案多么令人困惑，多么出人意料，总是好的，就和雷达技术的突破一样，都是在看似简陋普通的大楼里研发出来的，但对于战争的胜利却至关重要。这一切大大提高了乔姆斯基的声望，从而激发了一大批年轻的学生也离经叛道，去追随他所开创的事业。哲学家约翰·塞尔在 1972 年发表的题为《乔姆斯基对语言学的革命》（*Chomsky's Revolution in Linguistics*）的评论文章中如是说："乔姆斯基虽然未能说服该领域公认的那些学术权威，但他做了一件更有意义的事，那就是他让这些学术权威的研究生们相信了自己。"[10] 在 20 世纪 60 年代初期，只要是乔姆斯基的学生，一毕业就能轻而易举找到工作。[11]

1957 年，乔姆斯基出版了《句法结构》一书，这让他声名鹊起。但很多历史学家都更看重他在稍早之前的一篇文章，那时的他还不出名。1956 年 9 月 11 日，麻省理工学院举办了一场信息论专题学术研讨会，在会上乔姆斯基宣读了一篇题为《语言描写的三种模型》（Three Models for the Description of Language）的论文，激发了语言学的认知革命，引起巨大轰动。在这篇论文中，乔姆斯基把语言完全看成数学一样的东西，纯粹就是一套逻辑清晰推理严密的形式系统。乔治·米勒后来回忆说，这样的想法并不是以前没有人公开说过，但说得这样好的，乔姆斯基是第一个。[12]

"二战"时期，艾伦·图灵通过分析恩尼格玛密码机的输出数据，从而重构了密码机的内部架构，为"二战"的胜利做出了巨大贡献。即便乔姆斯基今天时常说自己对计算机没有多少兴趣，但在早些年，他却恰恰主张用这种方法来重构人类心智的内部结构：

> 把计算机看成人类心智的模型。对于一个并不精通计算机编程
> 与数据输入的科学家而言，建立心智模型的唯一办法就是去分析人

的语言输出。这是一个理想化的模型，在此基础上可以提出一个解释理论，从而推导出输入的语言是什么……事实上，要想知道输入的是什么，这恐怕是唯一的途径。[13]

在那时，著名心理学家乔治·米勒和乔姆斯基众多同僚一样，也持这样的观点。但后来经过反思，他承认："计算机的工作方式似乎与大脑的工作方式并不真正完全一样，就像车轮滚动与人走路，它们完全不是一回事。"[14]

说到这里，我们有必要回顾一下机器翻译的早期发展史。早在 1951 年，乔姆斯基与约书亚·巴尔 - 希列尔之间便有了密切的学术交往。约书亚·巴尔 - 希列尔是以色列著名的逻辑学家，同时也是控制论的坚定支持者。他与哈里斯在巴勒斯坦相识，那时哈里斯还不是乔姆斯基的老师，四年后巴尔 - 希列尔又认识了乔姆斯基，开始对机器翻译产生浓厚的兴趣。乔姆斯基是在哈里斯的指导下开展"生成语法"研究的，他把语言转换看成一种自发的无意识行为过程，就好比机器能够一直重复相同的工作一样，但不久以后他便转向新的研究方向。1951 年，乔姆斯基完成了硕士论文——《现代希伯来语的形态音系学》（*Morphophonemics of Modern Hebrew*），当时几乎没有人能读懂这篇论文。尼尔森·古德曼（Nelson Goodman）——教乔姆斯基哲学课的老师——认为这篇论文的思路"愚蠢透顶"，导师哈里斯也认为它十分"疯狂"。不过，巴尔 - 希列尔却对这篇论文颇感兴趣，他不仅通读了全文，还对初稿提出了不少修改意见，乔姆斯基听取并采纳了这些意见。[15] 而真正的谜题在于，乔姆斯基这篇"愚蠢透顶""疯狂"的论文究竟有什么独到之处，让巴尔 - 希列尔对它如此着迷？

当然，有一部分原因事实是清楚的。那时，巴尔 - 希列尔全权负责麻省理工学院的机器翻译研究项目。后来，一些文化历史学家出于同情，坚持认为乔姆斯基对机器翻译项目没有任何兴趣，他参与这个项目纯属巧合，当然这种说法很难让人信服。巴尔 - 希列尔后来创造了历史，成为世界上第一位受聘研究机器翻译技术的全职科学家，而最初是他一再劝说乔姆斯基要坚定地走自己的路。1952 年春，受沃伦·韦弗的洛克菲勒基金资助，巴尔 - 希列尔在麻省理工学院主办了首届机器翻译国际学术研讨会。在会议间歇，他兴奋地说，"只要人能翻译的，装有相应程序的计算机同样也能翻译"。[16] 次年，

巴尔 - 希列尔发表了一篇关于"句法描写的准算术符号"的论文，指出机器可以运用这种方法来分析句子的句法结构。[17] 巴尔 - 希列尔还发表了一系列相关论文，包括"机器翻译""机器翻译研究现状"以及"翻译机器如何处理熟语"等。虽然巴尔 - 希列尔后来对机器翻译项目逐渐失去了信心，但在早些年间他是该项目的主要负责人这一事实不可否认。巴尔 - 希列尔在麻省理工学院位高权重、声名显赫，这使他很快就成了机器翻译狂潮早期有名的吹鼓手。[18]

仅凭直观印象，我们很难弄清楚为什么巴尔 - 希列尔会对乔姆斯基那篇硕士论文如此感兴趣。在希伯来语中，有些音素有几种不同的发音方式，它们之间可以转换却不影响词语、句子原有的意思。乔姆斯基在《现代希伯来语的形态音系学》一文中为这种语音转换找到了逻辑依据。他认为，这是恒定性与变化性有机结合的产物。形态语音学的真谛也在于此，那就是，一方面，必须保持组合功能的恒定，但另一方面，却可以改变语音的发音方式，这样听起来也不一样。例如在英语过去时态里，紧跟清辅音后的词尾字母"d"（如 hugged）往往发成"t"（如 kissed）。不管发音为"t"还是"d"，对其含义来讲都没有任何影响，显然，这里有一个一以贯之的规则在起作用。假定确实有这样的逻辑依据存在，那么原则上，我们就可能通过内化这些逻辑而设计出一种有计算能力的机器。这样，就可以把发音方式甲机械地转换成发音方式乙，而原来的意思保留不变。

到目前为止，这似乎与机器翻译还相去甚远，但请注意，机器翻译的原理已具雏形了。所有语言其内在逻辑都是一样的，它们之间的区别仅仅在于发音上的不同。只要这样认为，就能完全明白机器翻译的道理。按照这样的逻辑，翻译一个句子就仅仅只需要将它从源语言的发音方式转化为译入语的发音方式即可。如果这个想法可以实现，那么对于任何设计翻译机器的工程师来说，这毫无疑问无异于一件异想天开的事。

碰巧的是，乔姆斯基似乎早就有这样的想法，他认为是可以对语言进行转换重构的，而转换的基础就是有限的几个基本核心句式。[19] 他宣称，不同语言之间最直观的差异在于发音，也就是说，语言的不同是表面上听起来不一样。[20]

在早些年间，乔姆斯基一直把语言看成一个具有层级性的符号结构系统，通过某种无意识的机制，语言系统实现从最初级的音素到音位，再到形态音位，一直到最高级的句法、语义的符号之间的映射或翻译。从逻辑上看，如果语言"最底层"的东西——那些完全排除语音差异的逻辑内核——是受基因控制的，且具普遍性，那么这是最理想不过的。乔姆斯基的理论在当时让人感到振奋，不是因为它有多么正确，而是因为迄今为止乔姆斯基是这一学说最具有感染力的吹鼓手，他自始至终都在推销自己的"普遍语法"。[21] 在那时，巴尔-希列尔完全有理由对此兴奋不已，乔姆斯基为机器翻译提供了理论基础，虽然这一理论与众不同，但更有希望让机器翻译成为现实，尽管当时没有其他人真的相信。

人们对于机器翻译的狂热逐渐退却，最后只剩下尴尬的回忆。在这很久以后的一篇文章中，乔姆斯基说自己从来都没对机器翻译有过任何兴趣，"他对机器翻译的兴趣"，那是其他人的误解。[22] 当然，即便人们对此有所疑惑，也不足为奇。20 世纪整个 50 年代，乔姆斯基的学界同仁及朋友们对机器翻译的前景几乎一致持一种乐观的态度，他们坚信哈里斯的"转换理论"一定是有效的。不过后来，乔姆斯基提出"转换语法"的理论构想，在整个认知学界大受欢迎，它让计算机通过一套语法转换的程序就能够实现自然语言的生成、理解，甚至语言之间的翻译。这样，用罗伯特·利斯的话来说，语法纯粹就是一台"机器"，用乔姆斯基自己的话来说，它不过是一个"装置"。[23]

从事机器翻译研究的那些人，尤其是那些和乔姆斯基在麻省理工学院电子研究实验室里共事的同事，他们对语法的认识当然也是如此。人们普遍认为，乔姆斯基那本改变游戏规则的《句法结构》一书与机器翻译息息相关，这主要是因为该书的大量术语很明显参考了马尔科夫（Markov）系列理论，以及信息论、自动机理论等。乔姆斯基表示，同事对他的误解完全可以理解，自己不过是想把麻省理工学院这些学生引到真正的语言本体研究中去。无论同事们对其所作所为有什么质疑，乔姆斯基当时别无选择，他只能继续与他们合作共事，忍受各种误解与歧见，否则实验室将没有其一席之地。

最后，他不仅成功地忍受了这些误解与歧见，而且，这些年来反而是它们让乔姆斯基变得越来越有独创性。虽然他说科学建议通常应该用精确无误的语言来表达，但当涉及他自己的工作时，就莫名其妙地整个儿含糊不清了。举一个简单的例子，在《句法理论的若干问题》开篇，乔姆斯基竟然说，所谓"语法"这个术语，无论在什么时候他用起来都带有"系统性歧义"：

> 确切地说，伴随着儿童在学会一门语言的同时，一种系统规则的内在表征也会逐步被养成，这种内在表征决定了语言如何被形成、使用和理解。语法术语有一定的系统模糊性（首先得参考本族语者的源语言理论，其次得参考语言学家对该理论的解释），所以从描述角度看，我们可以认为儿童在使用语言的过程中就已经形成和表现出生成语法的内在特征。[24]

我们很难想象其他任何一个有影响力的语言学家，能够仅凭其定义便过早去宣布其语法理论一定是正确的。因为他们会认为使用语法术语来解释相关研究主题及其理论，就一定是正确的。但乔姆斯基发现了别的方法。

回顾乔姆斯基参与机器翻译研究项目的整个过程，他表示，最初在参加麻省理工学院的面试招聘时，他就表示抗议，因为这个研究项目毫无意义，没有任何研究价值可言。他认为他所做的工作只能算得上某种低水平的工程类职务，就好比是建造一台推土机一样，在某种意义上可能有一点实用性。当然，如果你的任务是挖掘洞穴，那建造大的推土机肯定是必要的。[25]

如果这种解释最终获得大家的赞同，那么乔姆斯基便愿意为此进行合作，因为他的研究成果主要局限于纯理论层面，即语言翻译设备的理论型研究，而不是某种人为的效仿抑或复制。如果乔姆斯基能够为电子实验室的研究提供全力协助，那就可以理解为我们重整旗鼓再度开始，以探求一个切实可行的方案，而不仅仅是对已有的计划稍作调整。那时，乔姆斯基受邀加入机器翻译研究项目，他的本能反应是拒绝的，但他同意加入该计划。他在做决定时的不确定性反映出了他所参与研究的语言翻译机器的地位也是模棱两可的。人脑中真的存在类似"语言机"的某种东西吗？或者说这只是实验室里的计算机工程师们的突发奇想呢？在那个时候，这两种说法都有可能被提出。这种不同寻常的模糊性以及乔姆斯基随后的猜想都准确反映了这种矛盾性。这种模糊性和猜想不仅体现了人脑的特征，而且反映出某种人类可建构的机器的特征。

正是在这种环境之下，乔姆斯基出版了《句法结构》一书。他坚信句法的复杂程度远远超出了当下任何一种可预见的翻译机器的能力范围。所以，乔姆斯基推翻了当时在计算机工程师之间盛行的那些过于简化的理论。尽管这本书篇幅不长,而且其中最为突出的观点遭到了大家的否定,但它所产生的矛盾效应能够为机器语言社区带来巨大的信心。我们先抛开乔姆斯基的个人疑惑,他的同事们一致地认为他所做的工作对于解释清楚何谓可能和不可能将起到一定作用。1958 年,巴尔 - 希列尔对乔姆斯基提出的新语法研究方法表示支持,他相信这种方法能从一个新的角度更好地促进翻译工作的机器化。[26]

众所周知,在乔姆斯基看来,当人们在自言自语时语言扮演的角色实际上是某种内部运算形式,而不是社交工具。顺着他的思路继续研究,很容易发现其原因所在。与乔姆斯基合作最为密切的同事(其中巴尔 - 希列尔排第一)所坚持的观点从根本上改变和影响了乔姆斯基的认知方式,不然他就得把语言解释为技术的代名词。

乔姆斯基所指的新型语言绝对不是人们在社交中所使用的语言,因为在这种语言里,看不到一点社会交际和功用的迹象。在考虑到计算机的局限性后,乔姆斯基所构想的翻译机器,即他的语言习得装置,不再通过网络连接到同类其他机器上。就像图灵机或者恩尼格玛密码机一样,这台设备被设计成一台独立运行的设备。此后,哲学界出现了相关的假设,即语言的运算只能在社交完全孤立的前提下才能实现,这个假设早已为在麻省理工学院从事自然语言研究的科学家所认可和运用。该研究团队里没有人曾设想过两台及以上的数字化计算机能靠某种语言相互连接交流。机器翻译有两个步骤:首先是将输入的文本信息解码成另一种表达形式(即某种过渡的语言);其次是用另一种语言将过度语言编码成输出文本。[27]

在这种新的模式下,语言发出和接收将由信息输入和输出代替,并且任何涉及交流沟通的环节将全部被删减掉。

20 世纪 50 年代,科学家们热衷于研发出一台实用的翻译机器,这种热情一点也不亚于某位带着困惑的评论家去寻找圣盘。1958 年,一位小有名气的信徒鼓吹翻译机器已经被发明出来了。据他所说,"尽管还有很多需要完善的地方,但毫无疑问的是,其中的核心问题已经被科学家解决掉了"。从其复杂而精密的设计就可以发现,这台机器足以胜任任何翻译工作,就像某位作家说的那样:"翻译机器可以翻译诗歌吗?回答这个问题的唯一答案就是——

当然可以。"[28]

　　不管乔姆斯基个人如何看待这一切，但事实就是如此：乔姆斯基在这些被彻底误导的专家圈中掀起一场语言学革命，并且获得了广泛认可；同时，由于乔姆斯基的高瞻远瞩，这场语言学革命也为整个机器翻译研究领域增添了几分神秘感。[29] 随着美国中央情报局、五角大楼以及其他国家机构为该项目投入大量资金，一大批高端知识分子满怀斗志，努力想要成为其中一员。疑虑在所难免，不过乔姆斯基提出的主张不久便支撑起了麻省理工学院机器翻译研究计划的理论基础，[30] 但从始至终乔姆斯基及其支持者们都表示从未对机器翻译研究产生过兴趣，更别提参与其中了。这里不得不说的是，人们以往认为乔姆斯基与机器翻译之间的渊源纯属偶然，其实这种说法带有一定的误导性，这在乔姆斯基的助手那里可以得到证实。乔姆斯基参与机器翻译研究计划并不是偶然的，所以，凡是把乔姆斯基参与此计划并且事业上由此发生转折都归因于运气的说法无疑都是怀疑主义的托词。这类怀疑论还会妨碍我们从经济、政治、社会和文化的角度，进一步探求是何种因素促成了乔姆斯基在战后语言学研究领域能有如此巨大的影响力。仅仅参考乔姆斯基所处时代的历史事件，我们便能够弄清为什么乔姆斯基提出的这种奇谈怪论，这种完全没有人性的语言观居然一开始便具有如此大的影响力。

第 8 章

机器翻译　天开谬想

　　乔姆斯基早期的工作经历尤其值得关注，研究得越深入，机器翻译和转换语法之间的联系就能看得越清楚。

　　不过，乔姆斯基一直都希望人们相信，他所谓参加麻省理工学院机器翻译的研究项目，那只不过是一场误会。乔姆斯基的传记作者罗伯特·巴斯基评论说，乔姆斯基被分配到自己一直所不耻的研究项目中去工作，这是多么大的讽刺。[1]无独有偶，卡洛斯·奥特罗（Carlos Otero）在一篇简短的传记文章中对此也有类似的看法，而且更加强调事情的偶然性，他甚至将乔姆斯基整个职业生涯都说成是一个接一个不可能发生的意外：

　　　　1928 年，乔姆斯基降生于世，他禀赋异质、聪明过人。不可否认，这是他传奇人生中最特别的一场意外。要有如此的基因，就像中彩票一样难得，但恰好在1928 年这一年，基因彩票砸中了他，这不是 1988 年，也不是 2198 年（如果可能的话）……

　　　　不过，乔姆斯基的天赋异禀不是唯一的偶然幸运。早年间，他就经历了一连串令人难以置信的幸运事件。[2]

　　奥特罗在文章中先罗列了三五件乔姆斯基早年的偶然意外事件，其中包括他出生的时间、地点，还有早期上学的学校，然后，他笔锋一转，开始大谈特谈乔姆斯基在工作方面的各种偶然，其中一个就是罗曼·雅各布森的学生莫里斯·哈勒如何想方设法帮乔姆斯基在麻省理工学院找到工作并从事机器翻译的事，这多少有点像是在"走后门"。[3] 正因如此，奥特罗继续写到，乔姆斯基年仅 32 岁就成为全职教授，而且还是在麻省理工学院这样声名显赫的大学，37 岁担任系主任，42 岁被任命为可与诺贝尔奖得主比肩的学院讲席教授。

照这样说的话，要不是运气，乔姆斯基恐怕永远都不可能在一个由五角大楼资助的研究机构中工作，也永远不可能获得如此巨额的研究基金，当然也就不可能在事业上平步青云。

话又说回来，这样的幸运也不是没有道理。巴尔 - 希列尔当时是全职负责机器翻译研究的世界级大牛，正是他发现了乔姆斯基，他对那篇写于 1951 年的论文赞誉有加，推崇备至。真可谓"千里马常有，而伯乐不常有"。这些事实之间，难道就真的没有半点联系吗？初识乔姆斯基的时候，巴尔 - 希列尔是麻省理工学院机器翻译项目的创始者，该项目由学院的电子研究实验室承担——那正是他那年轻的朋友四年后工作的地方。仅仅是巧合而已吗？这些极易被忽略掉的细节表明，乔姆斯基与机器翻译的缘分绝非偶然，一切不过是水到渠成罢了。

乔姆斯基竭力避开那些让他良心不安的实际应用研究。他回避所有关于人造计算机或相关机器的工作，重新回归纯语言学理论的构建，以适用于新兴技术。乔姆斯基刚入职不久，新任命的机器翻译主管维克多·昂格夫（Victor Yngve）就对他委以重任，这为证明其理论基础的合理性提供了再好不过的机会。昂格夫说，他的团队对俄语、德语以及其他许多重要语言的语法还缺乏了解——实际上对乔姆斯基后来开发的"机械识别程序"而言，语法这些东西只不过是小菜一碟。"不过，这些问题，"昂格夫说，"当时一直困扰着乔姆斯基。他所从事的语法理论研究，就是为分析语言结构提供深刻独到的见解。"[4]

过去，语法常被看作人类理解、使用语言的产物。翻译机器的任务就是让机器能够理解语法。乔姆斯基重新定义了"语法"，把它作为生成合格语句的一个"装置"。[5] 无论其主观动机是什么，整个认知社会都将他提供的转换语法作为计算机可实现的程序，目的是自动生成、解释、翻译以及解构英语、俄语和其他语言，将自然语言的"无限复杂性"降低到"可控制的范围"。[6]

软件是一回事，硬件又是另外一回事——二者区别于彼此，就像"思维"之于"身体"，"理论"之于"实践"。为了问心无愧，乔姆斯基坚持严格按照理论办事。艾伦·图灵总在理论上探究机器如何能够在某一天变成可运行的电子设备，乔姆斯基却另辟蹊径——这一策略难免招来诟病。有人这样评论：

> 乔姆斯基就像一个发明家，设计了一台新"设备"，"语法"等同于"理论"，并没有真正构建这一设备，只是盲目将其投入市场，或许设备能够节省劳动力……能够"生成"或者"产生"句子……能够输入"数据"或"信号"然后输出"语法"……还会"自动"完成任务……

发明人一直忙着向潜在买家兜售"设备"的"潜力"和"优点"，以至于忽略了建造设备的关键步骤。[7]

这位评论家似乎认为乔姆斯基只是疏忽大意，忘记了关键的步骤。但乔姆斯基绝不是健忘的人。他故意拒绝帮助生产硬件，因为那会模糊抽象的理论语言学和实际操作的计算机工程之间的界限。如果能够解决计算状态和硬件开发之间存在的问题，就意味着有助于生产直接用于军事用途的小工具。乔姆斯基忠实于他的原则，无意以这种方式帮助军队。

乔姆斯基常说自己被误解了。他举了一个例子，说早先几乎所有的评论家都称他是痴迷于计算机的语言学家。"不，"他说，他对计算机并不感兴趣，"从那时起，我常常读到因对计算机的兴趣而开发出生成语法、机器翻译，以及相关问题的谣言，着实令人诧异。至少就我个人而言，这简直是大错特错。"[8]

这种说法似乎很难令人信服——直到回归乔姆斯基所划定的界限。乔姆斯基说他自己对计算机不感兴趣，的确如此，千真万确。只要想想他同麻省理工学院的同事们是如何将人类思维视为数字计算机的，这种区别就显而易见了。注意，这是艾伦·图灵最负盛名的镜像保留概念。图灵试图通过行为主义原则让机器"学习"，这样的聪明把戏类似于那些用来教育儿童的技巧。麻省理工学院的心理学家们在试图用"教"电子计算机的方法来教小孩时，打消了这一念头。[9]

乔姆斯基只对负责语言的自然（用笛卡尔的话来说，就是"上帝"）计算机感兴趣。他对低劣的人造计算机兴味索然，麻省理工学院电子研究实验室的同事们却对此心驰神往。20 世纪 50 年代末，计算机思维这一比喻已经被深深地内化，乔姆斯基确信，一个孩子来到这个世界时，其大脑就已经配备了一台数字计算机。因此，他抗议说（尽管表面上如此）自己从未对计算机感兴趣时，并不觉得有何矛盾之处。实际上，乔姆斯基感兴趣的焦点一直是骨子里的那台神秘的自然数字计算机。

显然，除了其他好处，他对这种区别的坚持或许可以帮助他心安理得地工作。令人钦佩的是，乔姆斯基拒绝制造，甚至拒绝参与制造任何军用设备。毋庸置疑，一个强硬的社会主义者或无政府主义者可能仍会对此嗤之以鼻，直接拒绝五角大楼的赞助不是更好吗？

乔姆斯基从未说过这样的课程意味着背弃科学。他指出，在工业化的西方国家，科学研究都依赖于大型企业——包括军事——的资助。是的，他可能会优先考虑纯粹的原则，抽象得虚无缥缈。持不同政见者会建立自己的智识机构，即便没有任何报酬。但乔姆斯基认为没有必要冒这个险。他很满足于能够在麻省理工学院办公——这个办公室被刻意建造得像一座象牙塔——自己所能做的就只有接受军事赞助，同时拒绝"撸起袖子干活儿"。正如他后来所澄清的那样，实际上，设计和构建语言模型需要一个"神圣的建筑师"。[10]

这次事件充分说明，美国中央情报局和五角大楼对机器翻译的兴趣只是一个过渡，巴尔 - 希列尔正是那个让当局深信不疑的人，这着实令人尴尬。1960 年，他指出，要让机器真正理解哪怕是一个简单的句子——比如"盒子在钢笔里"——就需要熟知人类生活和社会经验。一个大盒子怎么能塞到一个小盒子里，比如一支笔？这台机器必须了解玩具笔和书写笔的区别，才能深刻理解这句话的意思。[11]

1961 年，一本名为《计算机与通用语言》（*Computers and Common Sense*）的畅销书总结说，与其绞尽脑汁制造一种能够理解句子的机器，不如将国家的资金、资源用于"展望第二浪潮"的研究。[12] 次年，巴尔 - 希列尔前往威尼斯参加北约组织的机器翻译夏令营。他证实说，计算机没有完备的常识，也无法认知整个世界，尽管他强调了乔姆斯基有关的实用新方法并补充道：

"写不出计算机编程，其初始状态类似于一个刚出生的婴儿，所以，放弃教计算机构造语法吧。"[13]

换句话说，除了上帝没有人可以阐明文字的正误。巴尔 - 希列尔曾提出一个大胆的猜测，引发了不小的争议，进而导致了幻梦破灭潮，其中包括对腐败甚至欺诈的质疑。人们会问数百万美元到底花在了哪儿？ 1963 年，美国中央情报局从乔治城大学一个备受瞩目的实验项目中撤资。

1964 年，时任麻省理工学院机器翻译项目负责人的维克多·昂格夫，撤除胆小怕事之人和怀疑论者的危言后，决心继续推进翻译项目：

> 显而易见，只有机器能够"理解"内容才足以称得上机械翻译，这确实是一项艰巨的任务……面对巨大的困难，之前许多从事机器翻译的工作者都知难而退，然而，还有一些人毫不畏惧地奋力前行着。[14]

但截至目前，乔姆斯基对"勇往直前"毫无兴趣。他意识到，原则上可以通过反复试验学习英语的某些表面特征，给机器储备足够的记忆。但是，以这种方式去发现自然语言的潜在语法不尽合理。因此，他提出了一个更为现实的折中方案——从一开始就安装普遍语法，只让机器评估其中最为有效的一种。[15]正如乔姆斯基解释的那样："原则上，设计一台储备普遍语法的计算机，且可以自动选择语种，这并非难事。"[16]

假如机器无法"学习"语法，那人类儿童的学习能力又是什么呢？某些没得到五角大楼资助的学者可能会得出这样的结论：儿童的资源肯定远远超过任何机器，所以最好不要纠结机器，而应该将注意力集中在儿童实际成长的过程当中。由于无法逃脱其所选择的制度框架，乔姆斯基选择反其道而行之，将语言学的研究范围限制在机器能够处理的任务上。他得出结论：假设孩子的语言器官是一台机器，面对阿拉伯数字，不能指望发现其语法规律；相反，理论上所有可能的语法都需要提前安装在孩子的大脑里。乔姆斯基普遍语法的核心概念，就是用来解释这种想法是如何运作的。

乔姆斯基设想的机器——语言器官——让人想起同名经典科幻小说中的"多诺万的大脑"。通过外科手术从已故主人温热的身体上切下血淋淋的肉块，用电线和管子连接，用计算机进行操控，存放在特制的恒温玻璃缸中。[17]与世隔绝的象牙塔生活貌似很孤独，也很令人沮丧，但"缸中的大脑"却更令人"细思极恐"。

假设机器是一个被切除的大脑模型，那么乔姆斯基理论语言学的一些奇怪特性就说得通了：

- 自然主义。这个理论框架不承认社会建构的人、社区、传统——只承认一个需要阐明属性的生物对象。
- 内化。这个框架不承认说话发生的外部世界、环境或背景，就像纯粹数学一样，没有参照关系。
- 个人主义。在语言习得过程中，除了极少的输入，说者和听者之间没有任何关系。一切感兴趣的事物都只孤立地考虑个人想法。

如果不是沃伦·韦弗对机器翻译的幻想攫住了乔姆斯基的导师、同事和赞助人，这些奇怪的理论是不可能得以普及的。事实证明，这种奢侈的狂热不过是昙花一现。1966 年，美国国家科学基金会出版了一部名为《全美国正在进行的机器翻译项目》的书，建议国家立即终止对这类项目的所有支持。[18] 几乎所有人都谴责机器翻译是荒谬的、失败的，研究人员也争先恐后与机器翻译划清界限。[19] 当时，这一事件给人留下了深刻的印象，影响至深，以至于确定了认知革命的最初轨迹，逐步将乔姆斯基的身心、理论实践分割开来。这些关键事件决定了战后美国语言学、心理学和哲学的进程。

第9章

通用语音字母表

　　乔姆斯基需要在科学研究和政治立场之间建立一道"防火墙"，如此一来，生活的各个方面才能相对独立、互不干扰。乔姆斯基喜欢直言不讳，所以其语言学研究不会掺杂任何客套话，个人政治立场同科学研究更是泾渭分明。即使在 20 世纪 50 年代，这种巧妙的安排似乎对乔姆斯基也极具吸引力，也很容易理解为何一旦人们广泛意识到政治上的异议，这种安排就变得举足轻重了。

　　乔姆斯基的政见与其科学研究之所以能够判若鸿沟，是因为这实际上源自一个非比寻常的假想：如果语言是一个"自然器官"，那么语言研究就只能在自然科学的框架下进行。要论坚持"科学研究"的语言学家，乔姆斯基肯定不是第一人，早在 20 世纪 50 年代这在美国就已是家常便饭了。然而，为何就只能是"自然"科学呢？就再没有多余的研究空间了吗？哪怕是从社会和文化角度出发？乔姆斯基坚持己见，认为科学的语言学就是要排除社会文化影响，在这一点上他显得离经叛道。

　　从某种角度看，语言是一个系统，由完整的抽象信息单元构成。有趣的是：各类抽象信息单元都可以归因于生物机制吗？在早期的生物科学发展过程中，这样的观点或许是天方夜谭。1953 年，《自然》杂志上发表的一篇文章首次提出"数字组合"，这一概念备受瞩目，几乎颠覆了当时的生物学研究。詹姆斯·沃森（James Watson）和弗朗西斯·克里克（Francis Crick）在《脱氧核糖核酸的结构》（*A Structure for Deoxyribose Nucleic Acid*）[1]一书中首次解释了遗传密码的分子结构。其中还附有一幅双螺旋结构的素描，很快，这幅图便风靡全球。

一时间，遗传学兴起，既切合准数学推理逻辑，符合审美标准，又具有彻底的革命性。三年后，乔姆斯基把自己题为《语言描写的三种模型》的论文推荐给人工智能工程师，这篇论文堪称传奇，沃森、克里克的先例还历历在目。[2]著名历史学家兰迪·艾伦·哈里斯确实认为，乔姆斯基的结语措辞谨慎，不过以他们自己的方式是划时代的，完全可以与那个鼓舞人心的先例产生共鸣和呼应。乔姆斯基宣称：

> 我们把这种语言想象成有一个很小的可能是数量有限的基本句子的核心，以及一组可以应用于这些核心句子的转换规则，从基本成分产生新的更复杂的句子。一些迹象表明，这种方法还可以降低实际语言的复杂性，除此之外，还可以为语言使用和理解提供相当多的见解。[3]

"一些迹象"的说法听起来的确不太靠谱，但哈里斯在沃森和克里克联合发表的关于 DNA 的革命性论文中找到了支撑——"笔者发现，所假设特定配对（DNAs 双螺旋结构）不久便显示出遗传的复制机制"。哈里斯如是说：

> 沃森和克里克在科学史上自鸣得意的道貌岸然，乔姆斯基望尘莫及。论文远不及他们二人惊天地、泣鬼神，总是轻描淡写，但同他俩一样吹糖人出身——口气挺大：上文提及的"具体迹象"，目的是将"错综复杂"降低到"可控边际"，疑难杂症，即"语言的使用和理解"，也就"不攻自破"。[4]

毋庸置疑，沃森和克里克对乔姆斯基后期的思想影响深远。其于 2002 年发表的一篇论文说明了这一点，这篇文章被广泛引用。文章中，乔姆斯基及其同僚称："人类的语言能力就像遗传密码的构建一样，具有层次感、生成性、递归性，就其表达范围而言，甚至具有无限性。"[5]

　　然而，分子与器官并不能一概而论。因此，为何乔姆斯基想研究语言值得深究，正如生物学家研究消化系统或心脏一样。20 世纪 50 年代早期，乔姆斯基就曾解释过自己如何了解到动物行为学这门充满活力的新科学（自然条件下动物行为的科学），该领域最杰出的代表便是右翼自然主义者康拉德·洛伦兹（Konrad Lorenz）。

　　20 世纪 40 年代，洛伦兹被苏军俘虏，负责看守他的狱警心地善良，允许洛伦兹继续研究工作，甚至撰写发表了大量关于人性的文章。一直以来，洛伦兹对行为主义都不以为然，对其观点更是嗤之以鼻，如雏鸟得尝试运用肢体的各部位，才能发现飞行需要振动翅膀，腿只适用于在地上奔跑——仅需要对刚从孵化器中取出的小鸡或小鸭子观察"几分钟"就足以推翻这一假设。[6]

　　洛伦兹认为，基因决定的人类和其他动物的行为模式，如行走、飞行、筑巢等，这些不过是其天性中的一部分。无须研究胳膊腿儿是怎么长出来的，这不过是自然生长。环境因素不过是催化剂，作用微乎其微。特定的行为模式是刻在基因里的，无须反复试错："可以说，行为即中枢神经系统产生的'自由'脉冲序列，且中枢神经不受外部刺激和偶然事件的干扰。"[7]基于此，乔姆斯基思考，儿童习得母语时是否也会发生类似的情况。

　　乔姆斯基和朋友们很想弄清如何在社会和文化层面上将语言学从人类学分离出来。他回忆道："我们开始研究动物行为学、阅读洛伦兹和廷伯根的著作、参考心理学等；这些在美国才刚刚为人所知……我们对此很感兴趣，这似乎才是语言学真正的归宿。"[8]

　　洛伦兹被誉为"行为学之父"，他一直主张将动物的行为模式同器官进行对比研究。[9]他与同事尼科·廷伯根（Niko Tinbergen）[10]共同提出"先天性诱发机制"（IRM），并以此解释动物器官的运作机制。乔姆斯基甚是欣喜："可否将语言也当作一种器官呢？如果行，语言学就可以自立门户，成为一门独立的科学，就像动物学那样——一门纯自然、纯生物的科学。"

　　当然，乔姆斯基不是将人类思维——或者至少负责语言组织那部分——视为数字计算机的第一人。1960 年，希拉里·普特南宣称"认知大脑的正确打开方式是数字计算机"，[11]不难想象，把计算机视为有血有肉的器官简直荒谬不经。

计算机的数字化在于操作系统和软件，完全由抽象信息单元组成。信息单元是抽象的，并非客观存在，不占用存储空间，也用不着化学分析。保罗·波斯塔尔指出，不同于心脏这样的器官，外科医生能够将其从人体切除，然后称重。[12] 生物器官可以进行物理处理或放到显微镜下研究，单个句子则大不一样。因此，从哲学的角度看，把这两种存在混为一谈是不符合逻辑的。基于此，将数字化语言计算机制表述为一个生物器官——身体的某一组成部分——是意料之外的。没有任何一位解剖学家或生理学专家扬言能够分辨隐藏在人脑某处那台真正的数字计算机。

罗曼·雅各布森当时在麻省理工学院从事音韵学和结构语言学教研工作，他因一项非同寻常的发现而广为人知，他认为，大脑这个人体最重要的器官就像数字计算机一样。更妙的是，这正是人类能够用言语交流的奥秘所在。

雅各布森的朋友都称赞他"博古通今"，[13] 是传统语言学的代表人物，[14] 他对音韵学、形态学、印欧语系的格律、斯拉夫史诗、《圣经》中的巴别塔神话、古教会斯拉夫语等深感兴趣，尤其是现代俄语和其他斯拉夫实验派诗歌。雅各布森并不了解计算机的相关技术，视一切"科学"语言学为眼中钉，认为那不过是一门狭隘的专业罢了："如果不研究其他符号系统，如绘画、雕塑、电影、戏剧、音乐、哑剧等，是不可能形成语言学理论的，所以，上知天文，下知地理简直再合理不过了。"[15]

尽管对文化深感兴趣，雅各布森始终认为语言学不亚于任何科学：

> 在校时，我就立志成为一名语言学家。父亲是一名化学家，他曾问我："罗曼，你为什么要当语言学家？"我说："语言学和化学本质上是一样的。我想找到语素结构中的有限基本单位。"[16]

雅各布森在"一战"期间才熟悉计算机，[17] 因此他将发音器官视为数字转换系统是有个人理由的。[18] 他意识到，在纯粹的声学中，辅音介于"浊音"和"清音"之间，此处的"发音"是指"声带振动"。原则上，声带会振动，但只是轻微振动。这种说法理论上没什么毛病，然而，雅各布森指出：信息输出在心理上必须是绝对唯一的，这套复杂的系统才能起作用，就像声带要么"振动"，要么"不振动"。例如，英语中，整套发音系统都基于一点：任何语音输出都出于音位的区别性特征，正如以清辅音开头的"pat"及以浊辅音开头的"bat"。

雅各布森对自己的著名理论进行了严肃认真的阐释，理论基本上都与语音模式相关，但激起乔姆斯基兴趣却有更大的原因。如果人类机体包含着数字化组件——负责声音——难道别的组件就不存在了吗？从整体而言，语言器官难道不是遵照类似的规律构建的吗？其数字化原则还会延伸到"句法成分""语义成分"等要素中吗？ [19]

乔姆斯基回顾了自己 1951 年初次到剑桥镇接受哈佛大学奖学金的场景，雅各布森在麻省理工学院的讲座营造了"极具吸引力的学术环境，很快，同那个时代大多学者一样，我也慕名来到这里"。更重要的是，乔姆斯基对雅各布森的坚韧不拔钦佩有加：对罗曼而言，语言学是一门科学，不断探索世间的本真和永恒，比方说，类似于物理定律。

这让乔姆斯基兴奋不已，他的老师泽利格·哈里斯从完全不同的假设出发。乔姆斯基回忆道：

> 在我自己的研究中，语言学是一个巧妙的分析技术系统，可以用来产生系统的数据组织，原则上可以通过许多不同的方式来实现。对另一些人来说，语言是一种外来的习惯结构，反映了环境等。在罗曼看来，这一切从一开始就大错特错。[20]

乔姆斯基对雅各布森发现的"原子元素的固定目录以及支配元素组合的普遍规律"表示支持，但这一观点在当时常常被视为"绝对主义者"而遭到反对。[21] 他评论道：

> 特鲁别茨柯伊（Troubetzkoy）、雅各布森等是结构主义音系学的杰出代表，其意义不在于音位系统的形式属性，而在于绝对独立于语言之外的术语，正是这些术语为架构音系系统打下了基础。结构主义音系学表明：语言的音位规则应用于某些类别的要素，而这些要素类别可简单表征以上特点。历史演变对这些要素类别的影响别无二致，这些特点在语言习得及使用中发挥着举足轻重的作用。这项伟大的发现为当代语言学发展奠定了基础。[22]

对于雅各布森的学识，乔姆斯基曾承认自愧不如。弗雷德里克·纽迈耶也肯定道："罗曼·雅各布森对转换语法的影响是不可比拟的。"[23]

雅各布森作为语言学家，他也是克劳德·列维 - 施特劳斯（Claude Lévi-Strauss）提出结构人类学的启蒙者。[24] 1942 年，雅各布森第一次见到列维 - 施特劳斯，当时的他还是一个难民，刚抵达纽约埃科尔不久。列维 - 施特劳斯至今对初次见到雅各布森的场景记忆犹新：

> 这是一个历史性时刻。当时的我不过是个天真的结构主义者，实际上对结构主义一知半解。雅各布森的理论学说则启发了我，这套学说成形于语言学，而我对此却一无所知，这简直出乎我的意料。[25]

在列维 - 施特劳斯看来，语言学毫无疑问是一门专业的学科，是社会科学中唯一证实自身科学性的学科（很大程度上归功于雅各布森本人）。笔者现在采用的方法论只是结构语言学中一个领域的衍生，与雅各布森密不可分。[26] 他把大脑设想为数字计算机，然后从印第安人的亲属制度、图腾崇拜及宗教神话中寻求相关证据。

几年后，罗曼·雅各布森、克劳德·列维 - 施特劳斯和诺姆·乔姆斯基齐聚哈佛大学，乔姆斯基旁听了雅各布森和列维 - 施特劳斯的讲座。[27] 与此同时，深受雅各布森这位为世人所敬仰的语言学天才的启发，列维 - 施特劳斯也同样希望发现世界上亲属网络（亲属关系具有遗传性）以及神话传说背后的通用语法规则。

1958 年，即乔姆斯基发表《句法结构》一书的第二年，结构人类学创始人列维 - 施特劳斯声称发明了一个通用公式，每一个神话（被认为是其所有变体的总和）都对应于以下类型的公式：

$$F_X(a): F_y(b) \cong F_X(b): F_{a-1}(y)$$

其中，a 和 b 是"函数"，x 和 y 是"项"，他宣称：

> 在两种情况下，分别由项和关系的反转定义的两种情况之间存在等价关系：（1）一个项被它的对立面取代（在上述公式中，a 和 a−1）；（2）将函数值与两个元素（上面的 y 和 a）的项值反转。[28]

时隔数年，列维 - 施特劳斯在撰写《神话学》（*Science of Mythology*）第二卷（《神话学：从蜂蜜到烟灰》）时同样引用了该公式，而后意识到"这个等式的深远影响"。[29]

在列维 - 施特劳斯看来，自己提出的数学公式显然是站在人类学的角度对爱因斯坦质能公式的致敬。几年后，结构主义人类学逐渐淡出，丹·斯珀伯（Dan Sperber）嘲讽这一切不过是伪科学罢了，列维 - 施特劳斯"不像科学家，反倒像一个超然物外的冥想者，声称受其箴言所指引"。[30] 20 世纪 60 年代，油印版论文《语言理论的逻辑结构》首次用数页推导出极为深奥的准数学定义、公理和公式，这引发了热议。语言学家查尔斯·霍克特（Charles Hockett）首先回应，认为乔姆斯基如此纠结于数学"同占卜一样毫无意义"。[31] 霍克特抱怨，"转换语法学家们"已经"退回到神秘主义，甚至中世纪经院哲学了"。[32] 雅各布森可谓语言学界的赫赫之光，为使自己名声大噪，许多人不惜违背自身原有的观点，援引他的著名理论"区别性特征"。每每思及后果，即便是雅各布森也会惶恐不安，事实证明确是如此。他后来抱怨道："拥护乔姆斯基的人越是深入深层结构，就越会渐行渐远。"[33]

根据之前的线索，雅各布森对纳粹深恶痛绝，即便战争临近结束，他仍乐意为美国取得胜利秘密提供技术支持。对他个人而言，这意味着协助实验室的技术研究人员研发军用语音识别和传输系统。参与实验的志愿者们，其中包括了因宗教信仰而拒服兵役的人，在认真地读元音和辅音时，殊不知，灵敏的录音设备正监控着他们的一举一动呢。很快，研究人员发现，在嘈杂的环境中，辅音的作用至关重要。雅各布森回忆道："值得注意的是，美国负责声学实验室的机构准备在'可见语音实验'中披露元音的语音图像，而辅音的语音图像则一直被隐藏到'二战'结束，以防止机密信息被破译。"[34]

部分原因是绝大部分信息都是属于绝密级的，因此，直到 1951 年，雅各布森同冈纳·范特（Gunnar Fant），还有自己的学生莫里斯·哈勒合著的《言语分析初探》（*Preliminaries to Speech Analysis*）才公之于众。

他们在麻省理工学院声学实验室进行研究，开启了探寻音韵学的圣杯之旅，梦想着发现世界语音系统背后恒定不变的基本构成要素，即通用字母表。终于，三人于 1951 年欣喜地将研究成果公之于世：

我们在世界上的语言中所发现的内在独有的特征，以及它们的整个词汇和形态库存的基础，相当于 12 种二元对立：（1）发声的 / 不发声的；（2）辅音的 / 非辅音的；（3）间断的 / 连续的；（4）抑制的 / 未加抑制的；（5）尖锐的 / 圆润的；（6）浊音的 / 清音的；（7）紧凑的 / 松散的；（8）钝重的 / 锐音的；（9）平舌的 / 翘舌的；（10）尖锐的 / 平滑的；（11）紧张的 / 松弛的；（12）鼻腔的 / 口腔的。[35]

这 12 对区别性特征被描绘成隐藏在语言世界背后的数字代码。截至目前，研究也仅限于语音层面，然而，谁知道这一切又会何去何从？句法和句义在未来的某一刻会不谋而合吗？

尽管雅各布森、乔姆斯基和哈勒一致认为元音和辅音颇为重要，但仅限于表面，实质上并非是语音的基本单位。相反，正如雅各布森在课堂上首次提出的：人类有机体从出生起就配备了某种数字设备，即生物体天生的"开 / 合"转换器。不同的发声器官——唇、舌、软腭等——都可以用一对二进制进行设定。以英语辅音 <d> 为例，"清浊特征"从"开"切换至"合"，那么浊辅音就转换成清辅音 <t>；如果转换器恢复成"开"的状态，则再次得到浊辅音 <d>。

之前的语言学家们都认为，在各类语言中，语音具有地域和文化特色，变幻莫测。若真是如此，那么一切数字代码的研究都无从说起。然而，雅各布森所取得的突破性成果意义重大，他明确了通用代码的存在，为沃伦·韦弗建造"新塔"的梦想添砖加瓦。他是这样说的——乔姆斯基回忆道："这一切简直是'前路春物熙'，挑战了人们的想象力，相比之下，其他语言研究方法显得那么苍白无力。"[36] 他曾说：

> 1951 年，我来到哈佛大学，经过几年的语言学研究，自觉对这一领域得心应手。自然，我头一件要做的就是去拜见罗曼·雅各布森，那个当之无愧的传奇人物。我们的第一次会面有些离奇古怪——我们几乎各执己见，最后却成了挚交。[37]

乔姆斯基澄清了在哈佛大学发生的一切。当时，正如我们所见，乔姆斯基对泽利格·哈里斯的许多假设深信不疑，哈里斯认为，凡是没有以语言学为标准进行的研究，都是为了总结出用于计算机的模式。这便是哈里斯"转换"理论的关键所在——句子"常规化"，极具想象力的语言标准化的诀窍，如此一来，就能形成由机器处理的固定语言范式。正如乔姆斯基后来指出的那样，哈里斯"认为语言学是一套用来组织文本的程序，也否定了其他实质性发现的可能性"。若从这一角度出发，雅各布森则另有看法：语言在输入机器前就"已经"符合数理逻辑了。1951 年，乔姆斯基显然对这一鼓舞人心的观点还一知半解，也不太愿意接受。然而，与雅各布森相遇后不久，这一观点成为乔姆斯基心中的信条，并持续至今。

几年后，也就是 1955 年，雅各布森彼时是麻省理工学院的访问讲师，他与学生莫里斯·哈勒商定，为乔姆斯基争取到了第一份工作。自 1953 年以来，乔姆斯基一直与哈勒保持密切合作，二人都对雅各布森的"区别性特征"理论颇感兴趣。多年来，哈勒一直致力于语音图像研究，而乔姆斯基的目标从一开始就更具野心。如果雅各布森的"区别性特征"是普遍现象，那么——用乔姆斯基的话来说——"或许还存在更多的普遍性。如果语言学以生物学为基础，那肯定是……"[38]

上述描述解释了一切。受到雅各布森研究成果的启发，乔姆斯基发现，可将其研究方法运用到语言学的其他领域，包括句法和语义研究。值得强调的是，雅各布森本人也赞同将"区别性特征"理论拓展至语义学研究。在讨论了如何用不同的颜色表示声音后（一个著名的俄国未来主义论题），他评论道：

> 语言学家关于声音象征的实验结果更具启发意义，即语音对立与基础意思中的语义对立，二者之间有着直接明显的联系，如高/低、亮/暗、尖/钝、喜/悲等。因此，结论就是声学对立具有直接的潜在意义，对组词产生了相当大的影响。[39]

然而，雅各布森思考的是语言神话，尤其是启发了俄国未来主义和其他诗歌意象的神话。面对诗歌，语言机器束手无策，对此，乔姆斯基也不感兴趣。他将雅各布森的"基本语义对立"运用到自己设想的语言机器中，排除语音的干扰，嵌入深层语法的各个结构中。

显然，这一步困难重重。在《句法结构》一书中，乔姆斯基提出"语法自主且独立于语义"。[40] 他坚持语法绝对独立，目的是单独证明"语义"的合理性。若对此进行追问——回归"语义"这一科学焦点——冒着陷乔姆斯基于语言实际"运用"的混沌之中的风险：

> 在语言研究中，句法和语义之间的关系纷繁复杂，更需要清晰和细致的表述。最关键的问题是："在特定语言中，句法如何在语言实际使用中发挥作用？"[41]

乔姆斯基能够循规蹈矩是大有原因的。语言的社交用途可能会引起一些学者的注意，但大脑里面的机械装置可没有社交用途。因此，乔姆斯基意识到无法在自然科学框架下解决这个问题。

不过，乔姆斯基很快就巧妙地找到了突破口。他认定语义并不属于运用类问题，而是计算设备的"内部"属性。如果语言学家探究到足够"深"的层次，就会发现语义其实隐藏在语言的"句法成分"中。1962 年，乔姆斯基曾解释道："总之，随着句法研究的深入，语义问题似乎都没有逃出其研究范围。"[42]

乔姆斯基最著名的观点——"深层结构"——花了好几年才发现，但早时就已经可窥见其端倪。如果这一设想得以证实，乔姆斯基便可宣告"语义"独立于社交，不是自然性和普遍性的产物——语言决定了句法结构。雅各布森一直以来都质疑"语音对立和基础意思的语义对立，二者是否存在直接联系"，因此，从某种意义而言，这一观点并不是什么新大陆。但乔姆斯基必须摒除雅各布森式语音象征，用独立"结构"说服大众，并设法将其"安装"在所谓的"机器"或"设备"中。

有了这些条件，还有两个优秀学生的支持——保罗·波斯塔尔和杰罗尔德·卡茨（Jerrold Katz）——乔姆斯基设想了一种普遍语义，由"固有特征（语义特征）"组成，如生机勃勃—死气沉沉、相对的—绝对的、施动者—工具等。[43] 假设每一个词汇都具有类似的特征，有语音、语义、语法特征。雅各布森已经从通用字母表中总结出语音特征。乔姆斯基由此推断语义特征也应该来自类似的字母表，不过是由语义的基本单位构成。彼时，他对语义字母表还"知之甚少"，但他认为语义字母表肯定是由最基本的数字构成的——人类/非人类、抽象/具体、生/死等——可以任意转换成任何概念。

为了支撑自己的设想，乔姆斯基援引了一位钜儒宿学——切斯特主教、皇家学会创始成员兼第一秘书约翰·威尔金斯（John Wilkins）——的观点。威尔金斯在 1668 年发表的《关于真实符号和哲学语言的论文》（Essay Towards a Real Character and a Philosophical Language）中试图——用乔姆斯基的话来说——"发明一种通用语音字母表和概念目录，分别代表各种语言符号和语义注释"。[44] 威尔金斯详尽论述了目录中有限的元素可以任意组合形成新的概念，这份原始表单包含了最基本的概念和概念成分。乔姆斯基表示赞同："在此类具有开放性的研究中，尽管威尔金斯在实操中不是那么尽善尽美，但总体而言，其做法还是合乎常理的。"[45]

20 世纪 70 年代末，一切都成了落花流水，乔姆斯基的追随者们无不感到恐慌和沮丧。[46] 语义学和语音学之间根本不存在类比昭然若揭——与雅各布森论证的语音学系统对应的通用语义特征系统纯属子虚乌有——乔姆斯基不得不否定深层结构，并将这一困惑归咎于两个学生保罗·波斯塔尔和杰罗尔德·卡茨，毕竟最初是他们俩说服自己参考这一概念的。[47]

这简直是极具颠覆性的转变，乔姆斯基早时夸下的海口开始遭到质疑[48]：从句法结构深入解释语义。他认为，要理解句义，外界因素——对世界的信仰和认知是不容忽视的，[49] 否则后果不堪设想。机器是没有信仰的，有血有肉的人才有。但如果语义取决于心中的信念，那乔姆斯基凭什么继续宣称语言学是自然科学的一个分支呢？如果把人的能动性重新纳入到这幅图景中，那就等于抛弃了整个方法论。既然这一变动行不通，那么深层结构就是合乎常理的。从某些角度出发，一切又归于原点——雅各布森最初的理论彻底打消了乔姆斯基不切实际的想法。将"区别性特征"理论直接扩展到句法和语义研究上的想法（乔姆斯基《句法理论的若干问题》的核心理论支柱）也不幸地落空。

几年后，与乔姆斯基合作最为密切的两位同事——西尔万·布罗姆伯格（Sylvain Bromberger）和莫里斯·哈勒——都最终坦言：将雅各布森在音位学研究上取得的杰出理论成就照搬到句法和语义学研究上是行不通的，简直荒诞不经。同时，矛头也指向乔姆斯基，1989 年，他们对乔姆斯基早年在麻省理工学院所负责的核心研究项目盖棺定论，认为这个项目被他严重误导，所谓"20 年的深入研究"最终不过是竹篮打水一场空。[50]

第 10 章

俄国形式主义之根

早年间，乔姆斯基是如何深受雅各布森启发的，我们对此已有所了解。回顾过去，雅各布森也同样受益于学术界的前辈，这些学界泰斗大多来自俄国。为何他们会被后人忽略，这也是颇令人玩味的。在 20 世纪 50 年代的美国，这种显而易见的遗忘有一定的政治原因——与麦卡锡时代的反共政治迫害运动以及随后的"冷战"压力密切相关。

众所周知，犹太后裔雅各布森来到美国，险些因为俄语腔被纳粹逮捕，因为纳粹怀疑他是布尔什维克派来的特务。作为先锋派诗人，雅各布森对自己在语言学理论方面崭露头角毫不避讳，也毫无保留地将自己对未来主义的热情灌注到俄国十月革命的知识、艺术和政治中。然而，在战后初期的美国，这种共产主义苗头只会让他身陷囹圄。他确实也因此险些丢了饭碗。[1] 这充分说明雅各布森及其追随者，包括年轻的诺姆·乔姆斯基，为何对以往的革命经历绝口不提。

尽管雅各布森并不信奉马克思主义，但早期作为未来主义派诗人，他确实是布尔什维克的支持者。俄国十月革命后，他留在莫斯科并加入了布尔什维克党，在启蒙运动人民委员会艺术部工作过一段时间。1919 年，他以化名阿利亚格鲁夫进行了一场充满激情的演讲——《艺术中宣传的任务》。凭借无所畏惧的未来主义精神，他大力呼吁革"旧美学"的命：

> 当时的艺术革命前所未有的激烈，渗透在生活的方方面面中
> 的旧美学开始土崩瓦解，生机盎然的新美学也在劫难逃，因此，那
> 些文艺启蒙运动组织并不是要化解矛盾，而是揭示与日俱增的冲
> 突——并非朝秦暮楚，而是激化艺术之争，因为这正是艺术赖以生
> 存和发展的动力。[2]

在俄国十月革命两周年纪念日，"苏维埃宣传日"前不久，雅各布森在《艺术》杂志上强硬表态。弗拉基米尔·马雅科夫斯基（Vladimir Mayakovsky）、卡齐米尔·马列维奇（Kazimir Malevich）、亚历山大·罗琴科（Alexander Rodchenko）及其他革命诗人和艺术家在题为"新艺术与苏维埃力量"的会议上纷纷发表讲话。令人遗憾的是，因为众人对他所倡导的"激化艺术潮流之争"鼎力支持，当局封杀了《艺术》杂志社，1919 年 9 月 5 日发行的内容成为其绝唱。[3]

革命浪潮开始逐渐退却，似乎是对此前的种种倍感失望，1920 年春，雅各布森毅然决定离开莫斯科，到国外谋生。这位才华横溢的语言学家 24 岁便作为苏联外交官派驻国外。他先是去往爱沙尼亚，之后来到布拉格。后来，人事告诉他，外驻爱沙尼亚这一岗位没什么竞争，因为一旦越过疆界，就很可能被白军炸个粉碎。雅各布森回忆道："我才不害怕。"[4] 在布拉格安定下来之后，他受雇为布尔什维克翻译，为年轻的苏维埃政府驻布拉格大使馆工作。多年来，他靠黑咖啡和来之不易的面包卷维持生计，在布拉格语言学圈崭露头角。他们定期在雅各布森最喜欢的休闲场所见面——一家"极为温馨舒适"的德比咖啡厅。[5]

20 世纪的思想文化史很大程度上归功于这些语言学家，他们常常聚在拥挤的咖啡馆探讨至深夜。弗雷德里克·纽迈耶解释道："任何对生成音系学稍有了解的人都应该清楚布拉格学派的音韵学者们所做的贡献。其中，罗曼·雅各布森对转换语法的贡献更是功高盖世。"[6]

就此而论，乔姆斯基许多不同凡响的思想观念都启蒙于与众不同的俄国流派（主要是未来派和革命派）。乔姆斯基本人对此却三缄其口，着实令人心生疑窦。

1917 年俄国十月革命的前几年，科学家、音乐家、画家和诗人们一度十分活跃。在世纪之交的日内瓦，费尔迪南·德·索绪尔（Ferdinand de Saussure）用尽生命中的最后几年发现了著名的"结构主义"研究范式，该范式基于一种理念，即同其他符号系统一样，语言系统是一种具有社会认同的形式差异。索绪尔的作品在出版后的十年里对俄国影响深远，形成了盛极一时的"形式主义"。实际上，在索绪尔之前，俄国现代派诗人和理论家们早已涉足结构或形式概念，并将其作为语言和艺术研究的重点。作为革命家，他们对循规蹈矩、墨守成规深恶痛绝。受物理学发展的启发——传言，一个叫爱因斯坦的青年数学家推翻了所有关于时间、质量、能量和空间的概念——他们认为：语言形式和意义肯定以某种方式根植于自然数学中。

尽管这是一场泛欧的文化剧变，俄国却拔得头筹。众所周知，毫不妥协是政治激进主义的一大表现。"一战"爆发后，列宁和俄国社会主义民主党及工党领导人煽动反抗的战火——他们仇视好战的民族主义，这将持不同政见者与其他欧洲国家的社会民主人士区分开来。列宁在战前对俄国艺术、文化、政治和科学的改革以"布尔什维克主义"闻名世界——反军国主义，平定内乱。

与布尔什维克主义齐名的是一群反传统主义的诗人画家组成的无政府团体，他们自称"未来主义者"——这群青年反叛者早已厌倦官场和战争的腥风血雨，于是决定为开启新世界而战。他们坚信，艺术家是超脱世俗的。一开始，并非所有的未来主义者都反对祖国挑起战争，直到 1916 年，时移势迁。1917 年，他们高声呐喊，反对战争，反对制造恐怖事件的政权，反对战争背后的资本主义经济和社会秩序。一切都变得支离破碎。

激进分子们提出了一个直击人心的问题：艺术创作如何从"反映"现实转变为改变现实？他们的答案是：扭转长期以来重视艺术内容、忽视形式的思维，换言之，形式大于内容。允许画作发声；画笔也可崭露头角。重要的不是固执于某些外在"意义"或社会用途，而是必须用艺术作品和技巧奋力一搏。所有循规蹈矩的认知都该被质疑，约定俗成意味着沆瀣一气，意义和理性也就荡然无存。新奇的形式，如动物的叫声、忍俊不禁、五彩斑斓、金属或玻璃碎片，必定有其存在的理由和意义。所谓"逻辑"或"理性"语言不过是官僚集团、地主、刽子手们扭曲的杀人工具罢了。一个具有创造性、符合深层数学和科学逻辑的答案是——世界以痛吻我，我报之以歌。

那些年，艺术家、诗人、音乐家和科学家们都想随心所欲，如天马行空。就让形式优于内容吧！你可以异想天开，可以打桃射柳，可以冥思遐想——还可以为实现这些梦想而努力奋斗。革命将必要性转变为随心而行。当革命来临，这些诗人和艺术家们毅然决然拥抱了二月革命以及随之而来的起义高潮——十月革命，用不同的表现形式呈现了革命的艺术。

至此，俄国"形式主义者"逐渐为人所熟知，而后形成新的科学分支——"精神"的技术研究，用以指代人类的艺术创造力。未来主义者们力图解放艺术家们，令其可以当家作主。换言之，他们希望各种绘画技法能够占据主导地位，像绘画主题一样凸显出来。改变世界意味着为艺术形式的技法赋能，再度成为可以自给自足的变革机制。这个"装置"不仅"举世瞩目"，还被"广泛使用"，能够扭转局面，主导叙述意义和内容。

卡齐米尔·马列维奇 1915 年的画作《黑方块》(*Black Square*)，在如今看来便象征着这一运动的主旨，将艺术理念延伸到自我毁灭的地步。抹去所有关于"内容"的概念——一切指称性"意义"或"有用性"概念——这是俄国最大胆和最原始的"形式主义"(马列维奇创造了"至上主义"一词)。如果革命迫在眉睫，为何不抓住时机呢？为何不违抗法律呢？况且，既然有了这一念头，为何不一并连自然法则也违逆了呢？如果爱因斯坦的理论没错：时间不过是幻觉，为何还要接受衰老和死亡之说？为何不冲破时间的桎梏，安步当车？[7]

维利米尔·赫列布尼科夫是俄国一位高瞻远瞩的诗人，正自由徜徉在这一梦想之中。战争爆发之际，作为俄国先锋派诗人，维利米尔·赫列布尼科夫就已经树立了一个狂热的"苦行僧"形象。他腼腆，不善言辞，被认定为一个神志恍惚的神秘主义者或遗世独立的傻子。[8]朋友们都极力推崇他在俄国文艺运动中天才般的卓越贡献——前无古人，后无来者。1912 年，赫列布尼科夫创造了一个新术语"budetlyane"，即"未来派"或"未来主义者"，用以区分俄国和意大利同名的未来主义运动。好友马雅科夫斯基抨击意大利所谓的"未来派"不过"莽夫之勇"。根据马雅科夫斯基的说法，俄国的未来主义同西方其他同名运动毫无关联。[9]

1914 年 1 月，意大利右翼领导人菲利波·马里内蒂抵达莫斯科并开始巡回演讲。赫列布尼科夫企图打断他的首次演讲，但是没有得逞——这一事件险些引发冲突。赫列布尼科夫义愤填膺，告诉朋友自己要退出未来派。"没有赫列布尼科夫的俄国未来主义就像布尔什维克主义没有列宁"[10]，朋友们都极力说服他留下来。与战争贩子、机械推崇者马里内蒂不同，赫列布尼科夫期望"回到"未来，通过无线电信号回归人类语言本身，还原到文前时代。

实际上，正如油画是由肉眼可见的色彩描绘的，句子是由听得见的声音构成的。赫列布尼科夫提出：由音素构成的通用语，与语义的"单位"密不可分。赫列布尼科夫关于内在意义的见解实际上反驳了索绪尔的观点：语音与意义之间的关系是任意的。科学之大忌在于随意性规矩或习惯——务必将其摒除。如此，语言才能建立在更深层、更科学及更自然的基础上。赫列布尼科夫并非发现和发表语音象征意义的第一人，却是第一个在全球范围推广这一计划合理化的人。他打破陈规，就像爱因斯坦重构时空一样，决心重建周遭的世界。

1915 年，赫列布尼科夫宣称，词根声母表示具体概念。为了说明这一点，他编制了一份俄语词汇表，用以表示各种各样的存在，并且所有的词汇都以字母"x"（kh）开头。他声称，该发音表明词汇的字面意思，同时避免其他词汇的干扰。随后，他写了一首诗，通篇只用辅音字母"l"开头，他解释说，这个辅音字母表示一种垂直运动，然后以此扩散开来。当今语言学家提出的"声音象征"或"语音象征"[11]——雅各布森等探索的真实现象，同时也是诗歌的最初来源[12]——启发了赫列布尼科夫：元音和辅音都有其内在含义。他的任务则是修复其中的原始意义，在此基础上构建一套未来通用的语言，赫列布尼科夫称其为"zaum"——"超越理性"或"超越意识"。

雅各布森回忆，1919 年，他联合赫列布尼科夫整理了一本赫列布尼科夫作品集，遗憾的是该书没能出版。[13] 雅各布森在《论赫列布尼科夫》（Approaches to Khlebnikov）的引言中追溯了诗人的两个突出创新点，涉及转喻和隐喻等手法。赫列布尼科夫满足于：（1）"让设备形同虚设"——不拘泥于机器，如此一来机器不再是为达目的的手段，相反，拥有自主权；（2）"设备意识"，例如，一个跳出相框的隐喻，意外破坏了拍摄场景。赫列布尼科夫不会让隐喻墨守成规，进而消亡，相反，他会设法让僵化的隐喻起死回生。

接着，雅各布森谈及赫列布尼科夫付出的心路历程。赫列布尼科夫曾告诉雅各布森：

我在《卡》（*Ka*）中回忆了阿肯纳（Akhenaton）弥留之际所说
的超越意识的字眼——"Manch，Manch"——实在令人费解，匪夷
所思。尽管我感受到我们之间的共鸣，但如今对我却没有任何触动。
我不懂这是为何。[14]

诗人回忆道："每每看到一行行陈旧的字迹刹那间模糊不清，其内涵世
人皆知，一切就都不言而喻。未来是创造的沃土，那里有上帝吹来的徐徐
和风。"[15]

多年后，雅各布森留意到，诗人们"历来就存忏悔之心"。[16]引用雪莱
（Shelley）的话，即"诗人是……镜子反射的巨大的未来世界在现今社会的投
影……是为战斗而吹响的号角……是世上没有得到承认的立法者"。[17]

同雪莱一样，赫列布尼科夫认为诗人的职责至高无上。更重要的是，当
前，他反对语言掌控整个世界的说法。他坚持，一旦一个字被常规化，便意
味着它失去了生命力。要使其复活，绽放光彩，就要与其对话，这意味着接
开表面的苞衣，"揭示"其内在含义和形式。

第 11 章

诅咒的笑声

除了诗歌和其他作品的内在价值，赫列布尼科夫的贡献在于，他帮助创建了结构语言学的一个重要分支，而这与罗曼·雅各布森领头的布拉格学派息息相关，这一学派在几十年后的另一个大陆上推动了乔姆斯基语言学革命。

一直以来，乔姆斯基都对雅各布森敬重有加。这位 20 世纪伟大的语言学泰斗提出的形式主义语言研究方法为乔姆斯基的语言研究提供了坚实的基础。正如我们所见到的那样，在其他领域里，乔姆斯基对相关历史进行了深入研究，并列举了很多哲学家、神学家的主张。这些人深受完美的通用语言思想的启发，其中就包括著名的威尔金斯主教。[1] 但乔姆斯基对赫列布尼科夫的研究却丝毫不感兴趣。

平心而论，有人认为乔姆斯基形式语言学理论的严谨同俄国未来派诗人的幻梦密切相关，而这种观点过于牵强。从赫列布尼科夫的视角来看，发音和含义之间具有直接、密切的关联，而且不需要任何复杂的计算加工来弥合其中的鸿沟。在语音象征中，语音本身是有意义且可以理解的，这就像在诗歌中一样。然而，在 20 世纪 50 年代，对于泽利格·哈里斯、约书亚·巴尔-希列尔以及乔姆斯基的其他亲密伙伴——直接或间接从事机器翻译的科学家——而言，这种观点简直是异想天开。没有一台机器能够仅从语音上弄清楚"John is easy to please."（约翰很容易被取悦。）与"John is eager to please."（约翰急于取悦别人。）这两个句子间的区别。同样，对"Flying planes can be dangerous."这个歧义句而言（意为"开飞机很危险。"或"飞着的飞机很危险。"），从语音上来区别语义照样是一项无法完成的任务，因为两种意义的解读听起来是完全相同的。如果声音象征能起作用，那么翻译就可有可无了。毕竟，只要仔细留意发音，任何人都能理解某个句子的含义，无论其属于何种语言。在这种情况下，常规的翻译研究——特别是麻省理工学院的研究项目——就显得毫无意义，纯属浪费时间。

当然，赫列布尼科夫的通用语言概念与计算过程无关。他是从发音的角度来思考的，这些声音就像音符一样，可以被立即听到，并且具有内在的含义，不需要复杂的计算。所有这一切都在提醒读者，不管是历史背景还是政治立场方面，乔姆斯基与赫列布尼科夫都是截然不同的。

我们简直是在同两位公认的天才交锋。在这两种情况下——革命前的俄国人赫列布尼科夫和战后的美国人乔姆斯基——整整一代人都在呼吁一个领导者站出来，在这个动荡和充满猜疑的时代鼓舞大家。顺理成章，时势造英雄。

除了以上提到的共同之处，还有一个明显的区别。一方面是艺术沙皇革命，另一方面是五角大楼资助的反革命：两种情况截然不同。然而，一旦乔姆斯基发现了雅各布森的"区别性特征"理论并将其纳入自己的理论体系，二者之间的距离就开始缩小。与美国的结构语言学相比，雅各布森的结构主义理论产生于世界上有史以来最大胆、最乐观的社会政治革命。乔姆斯基的"认知革命"具有激进主义光环，可以这样说，其中的部分原因是长期的文化余波，"认知革命"多少有点"冬宫风暴"的亢奋。[2]

乔姆斯基、雅各布森和赫列布尼科夫三人以下关于语言的基本主张无疑是共通的：

- 其一，与物理学、化学和天文学一样，语言学是一门自然科学。
- 其二，社会习俗是外在的文化积累，语言学的任务是揭示语言的内在规律。
- 其三，语言之间的差异只有在使我们能够瞥见世界上所有语言的自然基础时才有意义。

他们也都承认数学方程式是完美的结构，认为语言也同样遵循数学规律。无论这在科学上是否得到证实，赫列布尼科夫的思想至少带有迷人的科学光环。雅各布森致力于其"独特性"的理论研究时，从中受益匪浅，并最终影响了乔姆斯基。乔姆斯基在麻省理工学院电子研究实验室（美国科学研究的核心机构）任职期间，从这革命性光环中获益匪浅，并转化为其决定性的优势。

雅各布森始终坚信诗人赫列布尼科夫是他"独特性"理论的源头。赫列布尼科夫写诗时万万想不到，自己的诗歌会为雅各布森最著名的理论思想奠定基础。

早期最著名的例证出自赫列布尼科夫 1910 年发表的《诅咒的笑声》（*Incantation by Laughter*）。在这首诗中，诗人巧妙地用俄语中的"smekh"（烟）一词传情达意，尤其特别的是，诗人根据俄语的派生规则，通过添加前缀、后缀以及合成等形态手段把语言运用得出神入化，令人叹为观止。不过，在赫列布尼科夫看来，这样的诗歌是根本无法翻译的，下面是保罗·施密特（Paul Schmidt）对它的翻译尝试：

> Hlahla! Uthlofan, lauflings!
>
> Hlahla! Uthlofan, lauflings!
>
> Who lawghen with lafe, who hlachen lewchly,
>
> Hlahla! Uthlofan, hlouly!
>
> Hlahla! Loufenish lauflings lafe, hlohan utlaufly!
>
> Lawfen, lawfen,
>
> Hloh, hlouh, hlou! luifekin, lufiekin,
>
> Hlofeningum, hlofeningum.
>
> Hlahla! Uthlofan, lauflings!
>
> Hlahla! Uthlofan, lauflings! [3]

俄国人觉得，如果不把赫列布尼科夫的诗当作一连串的笑声，是很难理解的。赫列布尼科夫把自己比作一个顽皮的森林精灵，他成功地挖掘出母语的传统形式，并探寻其最深层的结构。一开始，词语——实际上是一阵无法抑制的笑声——就暗示了说话人放飞自我，摆脱世界所有一切烦恼。

赫列布尼科夫一直在寻找一种语音中可孤立存在的成分，这种成分可能会把整个宇宙转换成另外的状态。赫列布尼科夫认为，记录传统意义上特定语言中的只言片语显然于事无补。科学家需要在更深层次上进行研究，探索语言的基本特征，搞清楚如何将大脑信息从特定的听觉传递到视觉，甚至传递到嗅觉上去。正如他在 1940 年所解释的："存在着这样的特征：通过不断地从一个特征转换到另一个特征，弥合人类没有预感到的鸿沟，如把矢车菊的蓝色转变成杜鹃的叫声，或转变成孩子的哭声。"[4]

这样，很多时候人们就很难相互理解，正如有人把语言比喻成牢笼：

> 你还是没理解我的话
> 它像困在牢笼里的上帝，哇哇大叫。[5]

牢笼是惯例，通常是限制语言无限潜力的残酷力量，甚是无聊。打开笼子的计划有助于解释他为何痴迷于俄语单词 "sdvig"（转换，译者注）。这个词没有对应的英语单词，但大致意思是 "状态的突然变化""错位" 或 "移位"。赫列布尼科夫在电子计算机发明之前就开始相关论述了，令人感到奇怪的是，他对国家翻天覆地变化的痴迷预示着数字时代的到来。对赫列布尼科夫来说，声音的细微变化可能会导致意义的转变，从而改变宇宙的结构。在这个世界上，欢笑和屠杀天差地别。他的英语翻译保罗·施密特解释道：

> 去掉一个辅音，"sword" 就变成了 "word"，这使他感到语言的力量对单词深刻的影响。inventors（发明家）与 investor（投资家）、explorer（探险者）与 exploiter（剥削者）之间的区别，仅仅在于辅音的变化。刹那间，仿佛 N 和 S、R 和 T 在这些词语中斗得你死我活一样。[6]

"转换" 指某种消亡，是对过去一切的摒除。但对赫列布尼科夫而言，这就是革命：

> 也许，弥留之际，眨眼之间，一切都会飞往生命的彼岸。惊慌之际跃过所有的障碍……也许只有在那一刻，我们的才能以惊人的速度克服所有的裂缝和沟壑，粉碎所有的条条框框。然而，每个人

都可能经历过这样类似的场景，如一个 A 感知以可怕的速度转变成 B 感知。[7]

对赫列布尼科夫来说，第一次世界大战的爆发便是一次巨大的"转换"，抗议的声音也是如此——布尔什维克领导的革命旨在终止这场战争。

赫列布尼科夫认为语言——首先是俄语，但最后指一般意义上的语言——是一个由语音和含义组成的领域，与人类这一复杂体相互交织。原则上，任何一个语义单位都可以不间断地进行转换，切换成任何单位，无论间隔多远。只要一次变动，稍微改变一个声音，就可以立马改变语义。赫列布尼科夫以一首俄语诗歌为例：

> Ja videl.
>
> Vydel
>
> Vësen
>
> V osen',
>
> Znaja
>
> Znoi
>
> Sinej
>
> Soni.

（"我看到春天进入秋天的痕迹，那是睡意朦胧的蓝色光芒。"）[8]

用一位评论家的话说，赫列布尼科夫的这首诗"听起来像是为了说明结构音位学的基本原理而特意创作的"。[9] 其中，每一个对偶都代表了一个完美的音位对立，雅各布森的话说明了何谓"显著特征"——即便是略微改变的声音，足以将元音或辅音转换成另外的元音或辅音。赫列布尼科夫发现通过一种特征来区别开一对单词时，很是令人兴奋，就像上面的诗一样，因为这个例子揭示了如何在最深层的结构上处理语音及其组合。

赫列布尼科夫的核心主张是他发现了一个不为人知的语音字母表，这个字母表不仅植根于说话习惯或惯例，而且植根于尚未完全理解的通用语言，而人们对这个通用语的自然法则还知之甚少。这些字母分别暗含了不同的意义，例如：

M [m]：化整为零。

Л [l]：不受控制的自由运动。

K [k]：由动至静。

T [t]：从属于更强大的力量、更高目标的运动。

C [s]：合零为整（重组）。

H [n]：化重要为虚无。

Б [b]：成长为更大的东西，动力的最大值。

П [p]：身轻如燕，以无形胜有招。

P [r]：不羁的运动，不服从于整体。

B [v]：细物穿透巨物。

Ж [zh]：外力造成的增长，燃烧。

Г [g]：由于四肢无力、饥肠辘辘而导致无法行动。

I：团结

A：反对

O：尺寸增加

E：衰败，腐朽

U：顺服 [10]

由此可见，这里最基本的观点是，每个语音都有其内在的意义，并且这些意义在世界上任何一门语言中都是一致的。

这正是雅各布森在青少年时期所痴迷的观点，当时他崇拜赫列布尼科夫，并记录下他的见解，试图将其融入自己关于语言和思维本质的思考中。大家关注赫列布尼科夫的主要原因是他将数学视为神奇力量的源泉，促使他像早熟的孩子一样玩弄方程式和公式，有如巫师一样施展魔法。根据印象派对色彩和光线的著名实验，以及立体主义者对几何形式的强调，赫列布尼科夫希望把各种形式的科学变成有形的、实实在在的东西，作为大众创造力的源泉。对于赫列布尼科夫和未来主义者，以及立体主义者来说，从美学角度看，科学是令人感到鼓舞的。科学概念和方法是一切艺术活动的焦点。1921 年，赫列布尼科夫在自己的笔记本上写下了一句话："人类共产国际是可以通过科学思想的共产国际来实现的。" [11]

赫列布尼科夫认为语言不是行为习惯或社会规约，而是自然的一部分。他的目的是通过考察语言表面上的各种差异从而探索那些隐藏着的类似数学的普遍规律。当然其中也有政治方面的考量：如果人们不说话，他们就无法沟通，这样就很容易互相争斗。假设有一种通用语言，它以永恒的数学形式为基础而不具有文化积淀的差异性。这样的语言，一定可以把人类紧紧地团结在一起。赫列布尼科夫描述了他自己设定的任务：

> 在不打破词根循环的情况下，找到所有斯拉夫语单词的神奇试金石，找到将一个单词转换成另一个单词的魔力，看它们又是如何随心所欲地搭配组合，这是我观察语言的第一视角。语言在此视角下是相当自足的，它不受历史事实和日常功用的支配。同时，我还注意到，词根只是一个幻影，其背后是各种字母的字符组合，因此我研究语言的第二个视角是从字母表的各种组合单位中找到世界语言的统一模式。[12]

雅各布森把赫列布尼科夫的"字母串"概念应用到音韵学研究，这便是"区别性特征"的理论源泉。

从赫列布尼科夫所写的一切可以明显看出，他研制通用字母表，完全是出于对确定性和安全感的执着追求。在动荡的时代，赫列布尼科夫渴望稳定和安全，起初，他尝试在天文学中求得这种安全感。在夜空观察中，他又试图把微弱的星云图案与辅音和元音的内在含义联系起来，这些在夜晚才显露出来的迷人图案在白天因太阳的耀眼光芒而看不见。

> 我们可以把词语想象成天上的星云，它在星光灿烂的夜晚现身，而在阳光灿烂的白天把自己隐藏起来。就一个单词的日常使用而言，其意义往往掩埋于其他众多意义之中而显得模糊不清，正如星云在白天因阳光灿烂而踪迹难觅。[13]

1913年12月，第一部代表未来主义的歌剧《战胜太阳》(Victory over the Sun)在圣彼得堡首演，该剧目的标题并非偶然。在故事中，一群为未来而战的人历经千难万阻刺伤太阳，并最终将其俘获。不出作者所料，这场演出轰动全场，引起观众嘘声阵阵。在现场，有观众跳起来，挥舞着拳头喊道：

"你自己就是个混蛋！"还有人扔苹果。但通常情况下，演出是在"善意的笑声和欢笑的气氛中"进行的。[14] 舞台设计师卡齐米尔·马列维奇在搭建太阳圆盘时用一个矩形黑色物体来遮盖太阳，1915 年他创造的著名画作《黑方块》再现了这一画面。[15] 赫列布尼科夫用听起来十分夸张的俄语俏皮话在序言中这样写道，"它的不可理解凸显了未来和过去之间的鸿沟"。[16] 在这里，一如既往，我们的想法是摆脱成规旧俗。"对我们来说，"赫列布尼科夫在 1914 年写道，"所谓自由，一言以蔽之，就是摆脱僵尸的束缚，即超越我们的前辈。"[17] 赫列布尼科夫在 1917 年之前的所有著作都结合了原始主义的渴望和对数学的未来主义信仰，有力地表达了"革命即将来临的豪迈情绪"。[18]

早在 1904 年，爱因斯坦还默默无闻，赫列布尼科夫就萌生了"时空连接"的猜想。几年后，在他去世前不久，赫列布尼科夫再次谈到这个问题时，宣布他成功地建立了"时间和空间原理之间的定量联系"。[19] 事实上，赫列布尼科夫的最终目标是超越空间的所有维度，使它们服从于更深层的时间原则。他不喜欢"空间"这个词，因为它意味着围栏和边界，是定义邦国的冷酷工具。他宣布，他的通用语言将废除所有这些，使地球恢复到以前的人类共同体，所有居民只尊重时间上的边界——昼与夜、月与圆、冬与夏等概念之间的边界。这些边界将按照连接月球、地球和太阳的某些数学公式和平地维持着。语言将回归初心，而不是依赖于书写——暴君与官僚的发明，重新带给人们欢笑和歌声。在有望恢复声音的未来发明中，收音机无疑将占据最重要的位置。[20]

赫列布尼科夫将书面文字视为一种浸满鲜血的官僚工具，书写的主导地位恰好也反映了长期以来空间概念（主要体现为领土国家）相对于时间概念（主要涉及人类部落过去、电子的以及无国界的未来等方面）在政治语境中的特殊重要性。在他看来，时间概念已经沦落为屈从于分裂和血腥的空间政治话语中的"灰姑娘""农奴"或"厨夫"。[21] 赫列布尼科夫决心纠正这种认知偏见，他提出一种可以支配未来"时间状态"的平行宇宙观——"石头中的时间景象"。[22] 在这个未来主义的宇宙中，颜色可以用耳朵听见，声音富有色彩可用眼睛看见。相隔甚远的历史事件一个挨着一个地排列在一起，一目了然。对于诗人欧西普·曼德尔斯塔姆（Osip Mandelstam）来说，赫列布尼科夫简直就是一个"白痴爱因斯坦"，他无法分辨到底是附近的铁路桥还是《伊戈尔故事集》中所讲述的 12 世纪末的传奇故事离自己更近。[23]

受俄国 1905 年革命的影响，赫列布尼科夫在学生时代就对近现代历史中的社会变迁、战争冲突以及其他灾难事件兴趣甚浓，他甚至异想天开编制人类灾难编年史，希望对这些历史事件做时间定位。他在寻找历史的波长？也许是 317 赫兹？这个想法异乎寻常。1912 年，赫列布尼科夫列出一长串日期，并进行了认真的计算，然后问道："难道我们不应该因此预期 1917 年某个国家会垮台吗？"[24] 5 年后，沙皇就在这一年被革命推翻，他的朋友因此骄傲地称他为"时间之王"。

赫列布尼科夫成功预言了十月革命的确切年份，确实令人惊叹。他对十月革命亦赞叹有加，称这是一场具有宇宙意义的大革命。在他看来，十月革命的成功是世界范围内革命思想重生的开端，注定要恢复久违的人类被压迫的声音。赫列布尼科夫非常乐观地做出一个又一个惊人的预言。1917 年春，他又预言地球政府即将诞生。"经过连续三年的战争，我们终于听到胜利的号角声，现在我们唱啊、跳啊、叫喊，陶醉于一个大胆的真理：地球政府已经诞生，那就是我们！"[25]

赫列布尼科夫预言，革命在世界每个角落都会相继发生。"空间状态"即将被他的电子替代品——"全球不规则状态"取代，它只在时间边界内运行。

在他的《涅瓦河上的十月》（October on the Neva）一书中，赫列布尼科夫回忆起自己参加革命之事，先是在彼得格勒，然后是莫斯科：

> 涅夫斯基广场人头攒动、水泄不通，但那里没有枪声……
>
> 莫斯科的情形则完全不同，那里打得很厉害，我们躲了整整一个星期……
>
> 路面一片漆黑，军车疾驰而过，枪声此起彼伏。
>
> 最后终于停了下来。
>
> 大炮沉默了，犹如雪过天晴，我们冲向外面，像孩子一样，在街道上东瞧瞧西望望。车窗上的弹孔密如繁星，像一片片细细的雪花。特沃斯科伊大道一路玻璃碎片，像冰渣一样晶莹剔透。时不时还可以捡到从墙上反弹到路面上的子弹头，大多都扭曲变形了，像翅膀被烧焦了的蝴蝶。[26]

行走在街上，赫列布尼科夫最后还看到了"死亡证书"。在停尸房的入口处，一群神情哀戚的人前来认领亲人的尸体。赫列布尼科夫写道："自由新时代的第一封信往往是用死亡的墨水写的。"[27]

年轻的苏维埃政府遭到四面八方的围攻，一场几乎不流血的革命（至少在彼得格勒是这样）开始演变成一场可怕的内战。起初，赫列布尼科夫还保持乐观，期待为保卫新苏维埃政权做点力所能及的工作。在彼得格勒，他的公寓成了该市文学和艺术先锋的聚集地。"赫列布尼科夫是那个时代的树干，我们正从中萌生枝桠"，一位评论家提到他和朋友当时经常光顾"5 号公寓"时这样说。[28]

赫列布尼科夫后来去了阿斯特拉罕，在那里为布尔什维克一家名为《红色战士》的报纸工作，这是当地军政部门的机关报。1919 年冬天，他来到哈尔科夫，这座城市一度由红军白军轮流占领控制。由于心理上抗拒服兵役，有好几个月他被关在精神病院，直到 1920 年 2 月才离开这座被围困的城市。获释后，他便前往南方前线投身陆海军的宣传工作。回到哈尔科夫，他为红军士兵授课，其中包括时间周期这样的课程。在巴库，他为伏尔加里海舰队写宣传海报，与此同时，还制定了令自己满意的"时间法则"。不久之后，他获得难得的机会，随红军前往波斯，于 1921 年 4 月乘船抵达恩泽利——现在伊朗的班达尔安扎利港。在给妹妹的信中，他这样写道："无论我走到哪里，地球总统的旗帜都会跟随我，现在在波斯上空飘扬。"[29]

1921 年秋回到苏俄后，赫列布尼科夫留在高加索地区，饱受内战带来的饥荒和饥饿的折磨。他意志英勇又充满乐观，写了一篇关于"未来电台"的文章来表达对现实的不满：

> 让我们试着想象一下电台的总部：空中布满蜘蛛网一样的线路，像雷暴云一样的闪电，有的减弱，有的重新燃起，从大楼的一端到另一端纵横交错。一个明亮的蓝色球状闪电像胆小的小鸟一样悬在半空中，拉线斜伸着。
>
> 从地球的这一点开始，每天都有源源不断的消息传向四方，这些来自精灵的消息，就像春天的鸟儿一样在天空中自由翱翔。
>
> 在电闪雷鸣中鸟儿奋力搏击，精神将战胜武力，良言将战胜

威胁。

> 艺术家们用画笔辛勤工作，他们思想深邃富有创见，有如梅奇
> 尼科夫，有如爱因斯坦，可以把人类带到未知的彼岸。[30]

1921 年 12 月回到莫斯科后，赫列布尼科夫花了一段时间试图发表他前一年的数学发现。由于饥饿和疾病，他最终决定回到阿斯特拉罕的父母身边。出发前，他接受了朋友的邀请，到诺夫哥罗德附近的一个小村庄休养。然而，1922 年春天，当他到达那里时，他的腿生了坏疽，当地医生已经无能为力。罗曼·雅各布森回忆说："赫列布尼科夫知道自己将不久于世。他活着的时候身体就快腐烂了。他请求在房间里放些鲜花，这样臭味就不会被人注意到。不过他坚持写作，一直到生命的最后一刻。"[31] 1922 年 6 月 28 日，他在那个村子里去世了。

俄国形式主义者把艺术视为政治创造力的观点只存在了很短的一段时间。随着革命浪潮逐渐消退，国家暴政和官僚主义再次抬头，列宁逝世，托洛茨基流亡海外，斯大林巩固了自己的统治，开始了在单独一个国家率先建成社会主义的新实践，这与全球同步发展的预期完全不同。赫列布尼科夫的未来主义由于与"社会现实主义"相左而受到批判，被视为"形式主义"和"精英反革命阴谋"。革命年代的伟大诗人和实验艺术家们一个接一个地被流放，被囚禁的、自杀的、被枪决的不计其数。

1930 年，弗拉基米尔·马雅科夫斯基自杀身亡。雅各布森愤然著文悼念，在题为《论挥霍诗人的一代》（*On a Generation that Squandered Its Poets*）的悼文中，雅各布森引用马雅科夫斯基年轻时的话，盛赞他和赫列布尼科夫一样，把习俗视为主要敌人：

> 做资产阶级并不意味着拥有资本或挥霍黄金；做资产阶级意味
> 着用尸体的脚后跟踩在年轻人的喉咙上，意味着自己的嘴巴被脂肪
> 牢牢堵住。做一个无产阶级并不意味着在工厂做工，满脸污秽；做
> 无产阶级意味着热爱未来，去探索地窖的污秽。相信我吧。[32]

但在 20 世纪 20 年代中期，根据马雅科夫斯基的说法，无聊和习惯——俄语中的"机器人"（byt）——已经恢复了对灵魂的支配。因此，需要"精

神革命"——一种新的生命、艺术和科学组织——来拯救灵魂。马雅科夫斯基在革命之初曾写诗这样说：

> 造个机器很简单，
>
> 上紧发条，它就走。
>
> 但如果一首歌都不能填满火车站，
>
> 那我们为什么要用交流电？

这些歌词出自马雅科夫斯基 1918 年的《向革命艺术进军》（ *Order to the Army of Art* ）。雅各布森在 1930 年回忆起他们时，悲伤地指出："我们这一代人被赋予了无歌可唱的郁闷壮举。即使有新歌响起，它们也将属于另一代人，属于不同的历史线。"整整一代人的希望都破灭了，雅各布森继续说——这是一场属于他那个时代的悲剧，这在后来得到证实，仿佛历史本身已经不堪重负。就好像所有这些希望从未实现过一样：

> 我们对未来过于急躁、热切，以至于不愿留下任何过去。因此，历史的联系中断了。我们为未来活得太多，想得太多，太相信未来；今天的消息对我们来说已经不复存在了。我们失去了对现在的感知。

雅各布森这一代非凡的俄国人对现在和过去都没有过多的欣赏，他们"只对既定秩序所产生的永远陈腐、始终陌生的垃圾抱有十足又赤裸裸的仇恨"。雅各布森总结说：

> 至于未来，它也不属于我们。再过几十年，我们将被残酷地贴上千年老朽的标签。我们所拥有的只是引人注目的未来之歌；突然之间，这些歌曲不再是历史动态的一部分，而是被转化为历史文学故事。当歌手被杀害，他们的歌曲被拖进博物馆，钉在过去的墙上时，他们所代表的一代人更加荒凉、孤独和迷失——老实说，他们是贫穷的。[33]

雅各布森还活了很多年，他影响了克劳德·列维 - 施特劳斯、诺姆·乔姆斯基等一大批世界著名学者，并通过他们影响了 20 世纪哲学思想进程。但作为一个未来主义者和革命者，很悲哀，他的歌也成了过去时，只能在博物馆那堵荒凉的墙上看到。

雅各布森直到生命的最后一刻都受到俄国英勇革命年代的希望和梦想的鼓舞。在他逃离纳粹并在战争期间抵达美国后，保护他的朋友们认为没有特别的理由去宣传他早期的政治立场以赢得同情。20世纪50年代，麦卡锡主义的政治迫害仍在美国蔓延，作为一个"共产主义同路人"出来抛头露面似乎并不明智。

当乔姆斯基登上历史舞台时，他可能对维利米尔·赫列布尼科夫知之甚少。尽管乔姆斯基对梦幻派诗人毫无兴趣，但雅各布森提出的"区别性特征"理论却对他影响至深。正如我试图说明的那样，这种语言研究方法实际上是成熟学术思想的有力体现。通用字母表的想法由赫列布尼科夫提出，这在当时确实极具洞见又鼓舞人心。作为一个理论家，赫列布尼科夫不如雅各布森那样有条理，他更理想，更梦幻，更浪漫，好多思想都充满未来主义色彩，没有多少现实意义，因此很难被固定下来呈现给公众、学人。但是，作为一名语言大师，赫列布尼科夫在他那个年代是无与伦比的，即使到今天，他也是俄罗斯最伟大的诗人之一。

在后来的生活中，雅各布森经常回忆起他对语言的热爱是如何最初受到赫列布尼科夫的启发的。[34] 1982年，雅各布森与世长辞。一位朋友回忆说："未来主义是他与生俱来的。这就是为什么赫列布尼科夫与他如此亲近，也是为什么雅各布森终其一生都常说，对他来说，赫列布尼科夫是20世纪最重要、最根本的诗人。"[35]

第12章

塔 特 林 塔

　　赫列布尼科夫的梦想是重构人类已经消失的语言。雅各布森继承了这一思想，提出"区别性特征"理论，并把这一理论传给了乔姆斯基。正如我们所见，乔姆斯基热情地拥抱这一伟大理论，并在各个层面拓展运用，例如从音系层拓展到语义层，最终拓展到整个语言系统。雅各布森提出的普遍区别性特征理论就像一座灯塔，光芒四射，鼓舞着乔姆斯基提出振奋人心的普遍语法理论。

　　乔姆斯基的普遍语法是对沃伦·韦弗"新巴别塔"中心思想的完美阐释，是为了确保战后美国世界霸主地位而精心设计的。尽管早期推动赫列布尼科夫研究的社会政治因素包括反军国主义和国际主义，但是他的研究并未得到任何资助。巴别塔计划给这两股政治势力牵线搭桥。赫列布尼科夫的设想掩盖了韦弗的梦想，并在通天塔这一超级工程中取得了巨大成功。

　　为了理解赫列布尼科夫塔，我们先来看看他的这一核心工程。该工程利用数学和语言科学把未来、现在和过去连接起来，压缩了一切历史。赫列布尼科夫的数学充满了诗情画意，或许更接近数字命理学、数字魔法，但并非真正的科学。多数现代语言学理论可以说同样如此，我们也不会感到困惑。赫列布尼科夫一生钟爱感觉，例如声音的色泽、数字的触感等，这一爱好延展到宇宙的其他方面，甚至提出要消解时空的界限。

如果时间真是伪装后的空间，我们就可能在任一方向上穿越时间。但要实现这一切，例如预测事件、掌控进程，就需要解释时间的数学周期性，确定时间的最终物理波长。设想一段对话就可以解释赫列布尼科夫：

> 还记得 7 个天堂的故事吗？如果我们从 365 中连续减 48，就会得到 29（29 天正是月球绕地球一圈所需的天数），于是发现我们创造了 7 个数字天堂。这 7 个天堂正好与月球公转的天数相吻合，也包含在地球运行的天数中。这些数字是 29、77、125、173、221、269、317、365。为什么事件不能在这些数字世界中穿梭呢？[1]

赫列布尼科夫 1913 年发表了这段荒诞言辞。他深信，所有的历史、生活与经验，无论微观的还是宏观的，都可以用连接月球、地球和太阳的数学方程来描述。1914 年 5 月，他写道：

> 我已经综合比较了普遍法则的原初思想（例如，人的情感与夏至或冬至的联系）。你就必须去寻找什么与月球有关，什么与太阳有联系。春分、秋分、日落、新月、半月，依据这些我们就可以推算出天体的性格，并以波形、环形、螺旋形、旋转形、圆形、线形等方式画出精确的情感曲线。我相信，当这一切都弄清楚后，我们就可以用月球、地球和太阳的运动规律来解释一切。[2]

这些乐观至极的思想并没有受到多少人的追捧，却似乎又以某种方式变成了一项现实计划。

这一计划就是建造一座塔。什么塔呢？在详细描写这座塔之前，我们先看看雅各布森最受欢迎的一篇文章。他在文中提醒人们注意巴别塔的意义。巴别塔就是一个文学母题，充满神秘气息，激发了无数俄罗斯诗人和艺术家。这股潮流上溯至 9 世纪。当拜占庭传教士把基督教传入摩拉维亚时，传教士决定放弃过去尊崇的语言，包括拉丁语、希腊语和希伯来语，在礼拜仪式上把这些语言翻译为当地的斯拉夫语。雅各布森指出，地方方言的神圣化使得当地民众认为上帝选择了自己的斯拉夫语。这（现在称作传统教会斯拉夫语）

被视作圣灵的恩赐，使用这种语言是为了团结所有斯拉夫人。这反过来又被看作上帝决定撤销先前对巴别塔建造者们做出的惩罚。[3]斯拉夫语这一个案就意味着，恢复修建巴别塔之前的语言不仅得到了上帝的支持，也得到了他的祝福。这一认知对俄罗斯萨满诗和神秘诗影响深远。信奉神秘主义的赫列布尼科夫首先从俄语和其他斯拉夫语开始，把重建逝去的前巴别塔声音文字当作自己的使命，以期增进相互了解，发动一场革命，在地球上建立天堂。这就有助于解释赫列布尼科夫的月球—地球—太阳图像（伴有环形、螺旋形、旋转形、圆形、线形等）如何启发布尔什维克国际主义设计出最有名的徽标之一。徽标背后隐藏的含义就是在现实生活中搭建一架通向天堂的七步梯子。

塔特林塔雄伟壮观，令人赞叹不已，而幕后英雄就是赫列布尼科夫。诸多证据证实了这一点。赫列布尼科夫常常想象自己被无数巨大的"塔"团团包围，中间就是"时间之塔"[4]。他提出的月球—地球—太阳图形清晰地刻画在这一雄伟建筑上。除此之外，我们也知道他和塔的设计师、曾经的水手弗拉基米尔·塔特林（Vladimir Tatlin）是好兄弟。曾有学生回忆道："如果说同代人中有人值得塔特林无私无限地去爱，那就只可能是赫列布尼科夫。马雅科夫斯基友善、大度、聪明，而赫列布尼科夫真挚。只有他的诗才值得塔特林铭记在心，只有他才值得塔特林宾礼相待。塔特林觉得遇见他是自己一生的财富。"[5]

据一位知名学者讲，可能在 1916 年 5 月，"赫列布尼科夫提出建造大型螺旋状建筑，这一设想激发了塔特林，即俄国革命后要修建的著名的'塔特林塔'"。[6]

十月革命后极有可能建造这一宏伟巨塔。当时新成立的苏维埃政府期待革命也能在欧洲迅速蔓延。政府认为赫列布尼科夫、马雅科夫斯基、塔特林及其好友们是政府在文艺界的重要同盟。当时的人民启蒙委员会委员阿纳托利·卢那察尔斯基（Anatoli Lunacharsky）回忆道："未来学家们最早就支持革命。在知识分子中，他们与革命最有缘，对革命最具同情心。"[7]

十月革命后，苏俄成立了革命艺术家协会，旨在创造"新式、自由、流行的艺术生活形式"。未来学家们对此信心百倍。作为回应，他们通过了"艺术民主化一号法令"，核心内容是"推广文学与街道绘画"，这样做的目的是"从今天起，废除沙皇，清除衣橱以及宫殿、艺术馆、理发店、图书馆、剧院等建筑上的图画"。[8] 马雅科夫斯基在《向革命艺术进军》一诗中称"街道是我们的画笔，广场是我们的调色板……"。[9]

塔特林受此鼓舞，开始精心描绘巨塔，准备模型。1919 年为了纪念十月革命的胜利，巨塔项目得到官方批准。尽管如此，这一计划受到当时僵化的官僚体系、内战以及恐怖分子的多方干扰。[10]

巨塔渴望超越一切，拟在当时最高建筑法国埃菲尔铁塔基础上再升高100 米。塔特林的助手解释说，两个巨型拱架要横跨彼得格勒市的涅瓦河。[11]用当时一名仰慕者的话来说，巨型结构就像借用了脊椎、腿、胸廓以及其他重要运动器官。这表明，巨塔就是由各部分组成的有机整体，是一条鲜活的生命。巨塔上有 7 个阶梯，这一灵感显然是来自地球指向遥远的未来。前倾的轮廓让人想到 1917 年 10 月 25 日那神秘永恒的一刻。当时，无产阶级队伍像潮水一样从维堡跨越涅瓦河攻占了冬宫。[12] 在一份简图中，一幅标语悬挂在巨塔一侧，上面写着"工人苏维埃""世界农民联合会"。[13] 各国代表云集在这座舞动的螺旋巨塔下，这也意味着原初的那一神秘时刻会不断再现、重现。这座巨塔无所谓始，也无所谓终，就像是用一根巨大的螺丝把隧道贯穿，从地心拔地而起，耸入云端，高达 400 米。"巨塔似乎一端连着天，一端连着地，破土而出，直入云霄。"[14] 从后来的科学发现（DNA 分子结构）看，任何人都会觉得，塔特林塔的巨型双螺旋结构不仅预见了未来，从某种似乎难以解释的角度上看，则更像是先知。

建造巨塔的第一步是建立比例模型。塔特林把这一模型称为"第三国际丰碑"，于 1920 年 11 月在彼得格勒展出木制模型。评论家维克托·什克洛夫斯基（Viktor Schklovsky）在撰写全尺寸巨塔实现计划时评论道："这座丰碑由玻璃和钢铁扭曲建造。"[15] 当然，丰碑并未完成。欧洲革命的失败、内战的恐慌以及饥饿等因素导致财政拨款取消或者说不优先支持这一项目。这一未实现的梦想唯一留存的证据就是规划草图和那座木制模型的照片。

然而，巨塔带给我们的想象似乎是无尽的。巨塔不断旋转直耸入云，塔尖似乎也是无尽的，逐步消散在云端。巨塔轴的倾斜度与地球自转轴的倾斜度相同，都是 23.5 度。就像一架巨型望远镜一样，指向北极星，通向宇宙的极点。连接各部分的是由七层台阶搭建的飞扶壁。三个玻璃大厅悬吊在双螺旋结构内，每个大厅可以独立旋转。位于底层的会议中心是一个巨大的立方体，与太阳同步缓慢旋转，旋转一周就是一年。会议中心上方悬挂着一座金字塔，与月亮同步旋转，旋转一周就是一个月。塔顶安装有无线发射器，把科学或其他重要信息源源不断地发送到全世界无产阶级手中，塔顶的圆柱结构与地球同步旋转，旋转一周就是一天。[16] 除了圆柱、金字塔、立方体结构，似乎还缺了点什么。设计者难道遗忘球形结构了吗？当我们纵览全貌，这一困惑全然消失。塔特林根本不需要球形结构，他已经融入了旋转的地球这一巨星，整座巨塔由此而出。[17]

赫列布尼科夫几乎不可能再向朋友提出更多要求。塔特林这位好友搭建的通天塔在一个交互旋转系统中把月球、地球和太阳动态地关联起来。正因如此，这座丰碑既没有开始，也没有结束。什克洛夫斯基提到，"从塔顶电台发出的电波使这种丰碑得以永生"。[18] 正如前文所述，在去世前不久，赫列布尼科夫还称赞这部"未来电台"是"我们思想之树的核心"，一定会把全人类团结起来。[19]

塔特林塔指向了未来，未来一切终会统一，科学与艺术、诗歌与数学、音乐与工程都密不可分。作为一名经验丰富的水手，塔特林对北极星有着特殊的情怀。在这个动荡不安、饱受饥苦的世界，还有那么一片净土。塔特林将巨塔指向了那里。对于革命者而言，科学就是把一切拼接起来，把过去、现在、将来压缩到一个平面。赫列布尼科夫和朋友们都称赞毕加索、爱因斯坦等革命先知。就像之前的伽利略一样，他们勇于挑战固有秩序，没有这种勇气的革命就不是他们眼中的革命。

乔姆斯基同样把简洁与美放在首位。但是与其说他让人想起未来主义学派，不如说让人想起当时的物理学家保罗·狄拉克（Paul Dirac）。

> 如果一位学者从美的视角研究方程式，其洞察力又极其敏锐，他就一定会取得进步。倘若研究结果和实验之间不完全匹配，也不要垂头丧气。两者间的差距极有可能源自你根本没注意到的细微特征。随着理论的进一步发展，这些问题就会迎刃而解。[20]

尽管赫列布尼科夫把自己塑造成科学家形象，但他并不是科学家，而是诗人，一名在科学革命狂飙突进时代创作不朽诗歌的人。他歌颂科学的美，赋予科学强烈的政治意味。他激发了门捷列夫、爱因斯坦等科学巨人去讨论感知到的现实完全是幻影，另一世界既可能存在也必定存在。赫列布尼科夫觉得自己像儿童一样乐观、自信，坚信自己的观点一定会得到科学印证。这使他变得更加自大，他和朋友们都十分偏执，认为所有革命者都该偏执，都该拒绝模糊界限，绝不回避关键问题，绝不妥协委曲求全。正是这些让我想起乔姆斯基。认知革命受现代物理学的启发，乔姆斯基在这场革命中展现的领导风格就像赫列布尼科夫在革命早期那样超级自信。从科学角度看，赫列布尼科夫的数字命理学和方程式完全是搞笑的废话，可能还比不上四十年后乔姆斯基的理论。在特定的历史背景下，为了移除沉重的大山，励志的废话可能是我们能做的最好的事情。

对于未来主义者，让日月改道、让时间倒流这样的事都是微不足道的。倘若世界不符合理论，别急着修改理论，一定是世界错了。了解乔姆斯基的人一定知道这种逻辑。实验不重要，观察无所谓，异常事实更没什么。当然有可能认为是物理学家保罗·狄拉克持有这样的看法，但事实并非如此。狄拉克说方程式一定是美的，这是在特定学科背景下做的陈述，研究人员潜心实验，接受同行评价，不断用更复杂的设备验证理论的有效性。他建议从方程式的美中拾起勇气，这并不是说鼓励人们毫无节制地去猜测。爱因斯坦与赫列布尼科夫处于完全不同的世界，现代物理学巨人与毕加索的无限创造性（引自乔姆斯基的追随者尼尔·史密斯）也分属不同的世界。[21]

罗曼·雅各布森的语言学以及之后乔姆斯基的语言学都肇始于俄国革命，这体现了对科学的忠诚、对未来的乐观以及对人类心智创造力的信任。

第 13 章

追求自由的本能

　　乔姆斯基和赫列布尼科夫从没有任何直接的关联，他俩如同物质和反物质。可是，当对他们的思想追根溯源时就会发现二者之间有联系。雅各布森常常不厌其烦地说自己对赫列布尼科夫心怀感激。正如我们所述，雅各布森对乔姆斯基产生了影响，这一点确信无疑。

　　雅各布森敬仰赫列布尼科夫，但是他知道偶像所做的是诗情画意的设想，并非严肃的科学研究。要把这些对通用语言的不成熟想法付诸实施，还需时日，更需脚踏实地的研究。1922年 6 月 28 日，赫列布尼科夫去世。之后几年，雅各布森勤勉研究，孕育了最终使他成为世界著名科学家的诸多思想。但是，直到 1938 年他的理论才最终成形。这一理论也一定会启发乔姆斯基。

　　促使历史转折的是一场灾难。尼古拉·特鲁别茨科夫（Nikolai Trubetzkoy）是雅各布森的密友，其代表作是《论斯拉夫语的史前史》（*Pre-History of Slavic Lauguages*）。这部著作的唯一一份手稿被当时的盖世太保没收、销毁。特鲁别茨科夫极度悲愤，不久离世。雅各布森最后与这位密友相见时，他们彼此心照不宣，知道这可能是最后的会面。其间，"区别性特征"理论的雏形在雅各布森心中逐渐明朗。雅各布森后来说，这段经历让他认识到"最重要的思想往往来自灾难时刻"。[1]他期待自己的学术人生充满一个接一个的"巨变"。

1939年3月15日，德军入侵捷克斯洛伐克，抓捕犹太人。雅各布森的朋友们催促他快点离开。他烧毁了宝贵的信件、书籍和论文，留下了"九堆灰烬"，逃到了布拉格，在岳父家的壁橱内躲藏了一个月。此时他获得了去丹麦的救命签证。但预感到丹麦也很快会沦陷，9月他又逃到了挪威。果真1940年4月9日挪威也被入侵。奥斯陆一位社会运动人士驱车把他送到边境最北边，他去了瑞典。为了避免被抓，雅各布森躺在车后的棺材里，而妻子假扮悲痛欲绝的遗孀，和司机坐在前面。[2]他就这样假扮死尸逃离被占领国家，一个接一个，逃离之前的生活，逃向未知的生活。他希望逃离被炮火重创、被铁骑践踏的欧洲，渴望去个能遮风挡雨令人神往的新世界。一路逃离中，他体会到了无法弥补的缺憾与损失。但是他仍心存希望，此时此刻的死亡并不意味着永远消失，而是新生。

在瑞典短暂逗留后，雅各布森终于拿到了去美国的签证。1941年5月，他跨越大西洋。到纽约安全立足后，加入了纽约自由高等研究院。这是由从纳粹占领区逃离出来的法国难民建立的学校，也是美国仅有的几所愿意接纳犹太难民的学术机构之一。雅各布森后来回忆说，"我们亦师亦生，我向克劳德·列维-施特劳斯介绍语言学，他给我讲人类学"。[3]1946年，雅各布森当选为哥伦比亚大学捷克斯洛伐克研究中心主任，尽管有人怀疑他曾在麦卡锡主义早期盛行时同情共产主义，但他仍然在这里工作到1949年。留在麻省理工学院的档案显示，他能得以保留这份工作唯一要感谢的是校长德怀特·戴维·艾森豪威尔的幕后运作。[4]离开哥伦比亚大学后，雅各布森去了哈佛大学和麻省理工学院。这两所大学求贤若渴，都希望把世界著名的语言学家招入麾下。

雅各布森有位学生叫莫里斯·哈勒，他会讲俄语。1955年，他已经是麻省理工学院的内部人士，能够为他的新朋友乔姆斯基在人文系找到一份向科学家教授法语和德语的工作——尽管乔姆斯基从未学过法语，也几乎不懂德语。[5]凑巧的是，乔姆斯基同时在麻省理工学院著名的电子研究实验室获得了一份难得的研究职位。

乔姆斯基很快就崭露头角，并受到一群有影响力的科学家和学者们的鼓舞。这些人中大多数是犹太难民，如雅各布森和哈勒。他们非常幸运，逃离了毒气室。乔姆斯基的数学研究方法深深吸引着他们。如前所述，数学方法超越政治或意识形态，有助于我们理解世界。乔姆斯基会成为当代的伽利略吗？会改变我们对语言和心智的认识吗？他的老师和朋友们助力他去挑战，支持他快速成长、成名。革命者总要打出自己的一片天。对于乔姆斯基来说，上帝似乎正在把他推向高处。

我们可以看到，雅各布森逃离纳粹、横跨大洋。这段经历也帮助他创造了历史。他的故事就像所有的神话故事那样，可以概括为从生到死、从死到新生的转变。当时在大脑中保存完好的思想、酝酿于俄国革命的思想在新大陆上终结了。人们来到这里服务于完全不同的事业。当革命无政府主义者、共产主义者、反战者共同创立的这股形式主义思潮得到美国军方的资助后，其初心就彻底不再了。军方期待提升武器系统的操控能力，可是他们的计划落空了。然而，乔姆斯基精心包装，毅然决然切断与左、右翼政治的联系，一门新的语言科学由此诞生并在 20 世纪后半叶主导了西方学术。

从革命的思想转换到另一完全不同的领域（许多人认为是一个完全保守的领域）注定会引发内部的痛苦与呻吟。1971 年，乔姆斯基和法国左翼哲学家米歇尔·福柯进行了辩论。辩论尾声，与会者问乔姆斯基如何评价他参与的美国军工机构。文字记录了当时的提问："……你有非凡的勇气反对越战。但众所周知，麻省理工学院是这场战争的承包商之一，为战争提供了智力支持。你怎么能在这样的学校生活下去？"[6]

乔姆斯基借用卡尔·马克思的例子作为回应：

> 有人提出一个变革者应该脱离受压迫的机构。我难以理解这背后的逻辑。这种论调的意思就是卡尔·马克思不应该在大英博物馆学习。因为不管怎么说，这座博物馆象征着邪恶的帝国主义，这里的宝藏是大英帝国从其他殖民地国家掠夺而来的。
>
> 但是，我认为卡尔·马克思在这里学习非常正确。他充分利用这里的资源，事实上是学习他奋力反对的自由文明价值。我觉得我同样如此。[7]

乔姆斯基说卡尔·马克思曾经工作学习的地方事实上比五角大楼资助的电子实验室更具有"压迫性"、更"邪恶"。这样说似乎能缓解政治良心上的痛苦。但无论如何，他的类比非常有趣：自己是高精尖武器实验室的全职雇员，而贫困潦倒的马克思是为了革命在公共图书馆（大英博物馆阅览室）读书记笔记。

20 世纪 50 年代后期，麻省理工学院很少有人知道或在乎乔姆斯基的政治主张。他年轻，是犹太人，又是罗曼·雅各布森的好友。这就让很多人觉得他一定是个左翼分子。当时，他并没有努力去宣扬自己的政治主张，而是潜心研究科学。但是，从 60 年代早期开始，随着肯尼迪总统的就职以及越战的加剧，乔姆斯基决定出现在大众视野中。他展现出非凡的勇气，领导游行，帮助组织国内反对者抗议美国军队入侵世界另一端的弱小国家。这些活动标志着乔姆斯基终身抗争的开始。他热情参与抗争，且影响深远。他强调自己的政府以及受五角大楼资助的研究机构所犯下的滔天罪行。

作为一名活动家，乔姆斯基并不是理想主义者，而是现实的唯物主义者，他的思想与马克思主义大体一致。他提出，政治体制是现在设立的，政策是由私人经济寡头代表决定的。在他们自己的组织内，这些个体"并不会受到道德的约束"，只会受到"成本的影响"，"成本是他们决策的最终依据"。[8] 1968 年，越南春季攻势开始后，前线指挥官们认为，往越南部署更多军队受到了很大限制，因为需要确保国内"有足够的力量控制内乱"。[9] 这就证明乔姆斯基和同行们似乎是正确的。越战那几年以及随后几年内，美国没有一名公众人物像乔姆斯基那样把更多精力用在揭露美国入侵越南上。其他左翼知识分子似乎觉得不需要再去批评个人对国家行为的批评。但乔姆斯基觉得这些批评密切相关、不可回避、无法抗拒。正如他在《纽约时报》讲的，"很多时候他觉得有罪恶感"。[10] 有老友问乔姆斯基作为一名活动分子是否对自己的生活感到遗憾，"乔姆斯基的回答震惊了我，他更像是对自己嘟囔而不是冲着我说'我做得根本不够'"。[11] 由此可见他有多么内疚。

当对反战分子演讲时，有时乔姆斯基会被问及工作的另一面，就是他在军方资助的电子实验室所做的工作。他的整个研究是一致的，他不会让批评者觉得他的政治是进步的，而语言理论是保守的。他所构建的无政府工团主义、反军国主义和语言学一脉相承。心理学领域的"认知革命"及相关科学得到企业支持，受到军方影响和资助。这些学科呈现出内在自由的特征，与乔姆斯基自己的政治观点相一致。

　　乔姆斯基并没有进一步寻找解决之道。无政府主义的核心是倡导自发性、自组织。他把"计算机制"视作创造性和自由的密码，他找到了呈现这种观点的方式。行为主义认为人天生就是一块白板。倘若这种观点是对的，变革就缺少了自然的根基。然而，幸运的是，行为主义错了。乔姆斯基认为，人类天生就是反抗的，反抗外部的控制植根于人的本能。人一出生就有辨别是非的能力。更重要的是，人天生就具有语言知识，无须外界压力或举例来教儿童语法。儿童头脑中天生就有"语言装置"，生来就知道这些规则。乔姆斯基解释说，我们"知道这么多"是"因为我们已经知道了这么多"。[12]

　　如果人类的心智结构复杂且具有抵抗性，那么它就必须对专制控制设置限制：

　　　　如果人的本质果真具有巴枯宁（Bakunin）说的"反抗的天性"或者"物种的特征"（马克思就是依此批判了异化劳动），那么人们就会持续地反抗任何形式的权威社会组织。因为这些权威组织对人们的限制超越了"人类自然法则"所设的限制。这一思想一直受到真正的革命思想家和革命积极分子的推崇。[13]

对于那些左翼自由主义批评者，乔姆斯基解释说：

　　　　知识分子主要指那些社会、文化、经济、政治方面的管理者。他们很容易相信人"没有自然天性"，认为人是完全可塑的。这种认识就清除了操弄和控制的一切道德障碍，得到了那些想实施操弄、获取权力和名利者的青睐。[14]

倘若你不从人的本质出发就不可能成为一名真正的革命者：

　　　　或许这种说法不明确，事实上可能永远也不会明确。但事实是，如果存在任何我们所倡导的道德，我们相信或期待我们正从事的变革更有益于人类，因为我们是人。一定存在人类原本的样子，也存在人类的本质特征。这就意味着我们所推行的变革应该发生。[15]

当指出语言学假设和启发政治思想的那些假设之间有密切联系时，乔姆斯基试着这样回答：

> 人性的基本特征包括一种创造的冲动，一种控制自己生产性、创造性的劳动不受权威主义侵扰的需要，一种追求自由和创造力的本能，一种能够在自己选择的条件下、在自愿与他人交往的决心下有成效地工作的真正人类需要。[16]

但是当问及这些观点是否科学时，他清楚地说并不科学。他对"追求自由的本能"的设想更多的是一种希冀：

> 就人类自由而言，若你觉得没有希望，你就会确信没有了希望。若你觉得追求自由乃人之本性，你就有机会去改变一切，你也就有机会为了让世界变得更美好而努力。这全凭自己的选择。[17]

乔姆斯基所希望的是证明反抗与创造就是人类的本质。在盛赞这一观点的同时，乔姆斯基也反对那些悲观的看法：人类的"激情与本能"一定会永远妨碍人们去享受理性所创造的"科学文明"。相反，他设想"在一个生产者完全享有自由和创造力的社会，人们自愿组合，这样，人的需求和能力就会完全得到释放"。他继而又说：

> 这种意义上的成功表明，是人的激情与本能把人类成功地带进马克思所说的"人类社会的史前阶段"。人不受竞争和权威社会结构的压迫和扭曲，人的激情与本能为创建新的科学文明搭建了舞台，此时人性超越了"动物性"，人性真正得以彰显。[18]

这些观点对任何一名社会活动分子来说都具有启发性，这也可能是乔姆斯基著述中写得最精彩的篇章了。

乔姆斯基构建"新科学文明"的理想体现了他过去的一切努力。一方面，他明确表示，他不认为自己对政治问题的看法是科学的；另一方面，他反对任何形式的无政府自由主义，并不认为普通人只需思考自己的爱好即可，相反，有必要向专业的科学家学习。乔姆斯基并不催促我们"打破科学思维的霸权结构"，相反他建议人们尊重并维护这些"结构"。依他讲，无政府主义政治观和科学观是相融的。这一点已被无数研究者证实。其中之一就是彼得·克罗波特金（Peter Kropotkin）。他的鸿篇巨著《互助论》（Mutual Aid）赞扬了自然界中的合作自组织。该著作"或许可以称得上'社会生物学'领域的第一部杰作"。[19]

乔姆斯基的语言研究面临着两难的局面。他认为语言学是科学，政治学是科学之外的一系列常识信念和目标，但同时，他又认为语言学和政治学是一致的。为了协调二者的矛盾，他把科学视作"自然的"而非文化的或社会的，并努力把这种狭义科学观运用到政治上。在乔姆斯基看来，人文科学和自然科学的区别在于，真正的科学家必须跨越时空相互合作，要做到这一点除了诚实之外别无选择。与自然科学不同，在人文科学领域，人们如同在日常生活中一样可以不管别人自说自话。人文学者感受到来自科学的威胁，仅仅是因为科学可以不受限制地合作。他们也感受到来自新颖观点的威胁。这同样折磨着自然科学，但至少"科学家们逐步培养起了诚实、创新、合作的习惯"，但这些品格"从社会视角来看极具危险性"。[20]大学数学或物理系的学生如果没有质疑精神就难以学下去，但是在"意识形态领域"，创新会让你麻烦不断。乔姆斯基抱怨说，"在社会批评领域，科学家的正常态度被视为一种颠覆形式或危险的激进主义而令人恐惧和谴责"。[21]由此看来，自然科学的文化才是真正的"反文化"，是对统治、压迫意识形态的反抗。[22]

二十世纪七八十年代，科学史学家开始关注社会政治进程在科学研究中的地位，尤其是对研究议题的设置，科学"事实"的选择与构建等方面的影响。[23]库恩（T. S. Kuhn）及《科学革命的结构》（The Structure of Scientific Revolutions）这部影响力巨大的著作对乔姆斯基及其圈子影响甚大。米歇尔·福柯是这一圈子的核心人物。20 世纪 80 年代，在福柯、费耶阿本德（Feyerabend）和其他哲学家、社会理论家的影响下，曾经被视为自成一体的单一科学观逐渐被一种多元观取代，科学的形态因不同的社会目的而具有多样性。据说，西方科学战胜了本土的信仰体系，原因不在于其他，而在于西方科学的实践者拥有超凡的经济和军事实力。[24]

乔姆斯基从不认同这种看法。自哥白尼、伽利略以来，人们就知道地球是圆的，地球绕着太阳转。不管人们的部落文化或宗教信仰是什么，这些事实仍然是毋庸置疑的。乔姆斯基认为，尽管政治上对科学有多元解读，但并不能因此就允许不合格的人随心所欲地扰乱科学讨论。没有掌握相关文献的人、没有内化科学概念和术语的人绝不可能做出真正有益的贡献，这样的人参与到科学讨论中来是不应该的：

> 例如，目前物理学已经有辉煌的历史，积累了许多成就。这些都是物理学已有的成果。不掌握这些你就没有资格参与讨论。你可以挑战已有成就，虽然这不是上帝赐予的，但是你至少需要理解这些成就，理解为什么物理理论发展成现在这个样子，理解这些理论的基础是什么，等等。否则，你就不能参与讨论。事实就是这样。[25]

依据乔姆斯基，所谓的"社会科学"就等同于政治意识形态。这样的研究视角当然应该排除在语言学研究之外。人们无法理解这一点就意味着他们还没有清晰地掌握属于这一领域的基本概念。乔姆斯基认为，"社会"并不是一个合理的科学概念。自然语言不应该视作是群体的。我们不会说为了习得语言能力，儿童就需要掌握社会关系。科学也不会探讨这类"模糊不清"的东西。[26]"心智"与"社会"没有必然的关联。研究心智现象是探究大脑结构和功能的各个方面。乔姆斯基忽略所谓的"社会科学"，目的是把语言学融入物理学的大版图内，从而实现科学的统一。

> 世界是多面的，有机械的、化学的、光学的、电的等。心智也属于其中之一。不管是研究星际运动、力学、复杂分子结构方程，还是研究语言机能的计算特征，我们都应该运用相同的方法研究这一切。[27]

与此观点一脉相承，乔姆斯基把语言定义为"一种个体现象，一种在个体心智/大脑中表征的系统"。[28]与此相反，之前把语言定义为"一种社会现象，是言语社团的共有特征"。之前的定义与普通语言学创始人瑞士语言学家费尔迪南·德·索绪尔有关。索绪尔写到，语言"反映了言语的社会属性，外在于个体；个体自身既不会创造语言也不会改变语言。语言以言语社团成员共同签署的契约方式存在"。[29]

索绪尔特别强调："不同于人们的一般认识，语言只作为社会事实存在，其他形式连片刻都不会存在……语言的社会属性就是语言的内在特征之一。"[30]

　　乔姆斯基批评到，所有这些观点的问题在于无法从科学的角度说清楚什么是"社会政治规范因素"。[31]

　　作为一名积极的社会活动家，乔姆斯基却在其语言科学研究中完全排除社会因素。即使在研究儿童语言习得时，他也拒绝把社会因素纳入其中，认为婴儿的语言知识并不源于社会的参与。社会因素"相对来说不重要"，可以忽略不计。[32] 在回应动物行为学家康拉德·洛伦兹时[33]，乔姆斯基明确指出，语言习与经验无关：

　　　　人类有机体是在经验中学会长出手臂而不是翅膀的，某些器官的基本结构是在经验中偶然形成的，这样的说法没有人会认真对待。相反，人们理所当然地认为，生物体的物理结构是由基因决定的。[34]

　　乔姆斯基宣称，人类心智结构的发展同样也由基因决定。他说："语言习得发生在你身上，不是你去做了什么。语言习得就像是经历青春期，你不需要学着去做什么。你做了并不是因为你看见别人做了就跟着做，而是时间一到你天生注定就要这样做。"[35]

　　我们很难想象洛伦兹式的基因决定论还有比这更激进的版本，也很难想象要怎样才能更彻底否定政治、文化和社会因素使得人之所以为人这样的主张。而正因如此，乔姆斯基的说辞才那么具有煽动性，让人不得不服。他成功说服了左翼分子，得到他们的狂热支持，尽管这些左翼拥趸对他的科学研究毫无兴趣，但在政治上他的偏激绝对耳目一新，给人一种思想获得解放的快感。

第 14 章

语言学战争

　　传统语言学家视语言为交际系统。若理论语言学家断然否定语言的社会性，那么他的观点绝对与传统语言学家格格不入。由于话语总是充满歧义，解读话语丰富的含义就成为一项细致的工作。一句话到底表示哪个意思，这是由多种因素决定的，其中包括说话人的意图、说话人对语境的理解，以及听话人根据个人经历对话语的解读，等等。如果承认这一点，语义研究就肯定是偏向社会科学的，主要涉及人们如何互动、如何表达自我、如何为了达到相互理解而合作。当然，若把语言学研究严格限制在自然科学里，就不可能处理这么复杂的问题。

　　机器与机器之间不会结成社会关系。它们没有意图，也不需要达到相互理解。机器可以合作，但是它们的合作是直接的。本质上讲，它们不自私、不竞争。机器间相互交流时传递的是信息，信息本身没有指称意义。计算机内部使用的数字信息与计算机所在的房间、工作时间、程序使用者等都完全无关。

　　"二战"刚结束时，美国军方为了编码、传递和解码信息就优先发展运算速度快、性能可靠的机器。这至少在某些关键方面意味着研究已经偏离了行为主义，意味着已经承认了计算状态（现在称作不同的心智状态）的存在。现在所理解的"心智"有别于"身体"，就像软件不同于硬件。数字计算机从软件接收不同的指令而处于不同的工作模式中，这就等同于机械大脑时刻处于不同的状态。当军方优先发展这种意义上的"心智"（现在称作软件）时，我们就需要牢记，人文或哲学层面上的意义就变得毫无意义了。参与研究的科学家最在乎的是三样东西——交际、命令与控制，俗称 3C。高级官员和实验室工程师像行为主义者一样不那么关注微妙的意义问题了。

乔姆斯基在行为主义语言学盛行时代学习如何研究语言。行为主义语言学家早已放弃了对"意义"的关注，他们这样做是有理由的。对于行为主义者来说，从刺激—反应论角度看，句子的全部意义取决于话语上下文中的相关细节。这就使得意义问题变得异常复杂，正如布龙菲尔德观察到的：

> 促使人们说话的情境包括宇宙中的一切物体和发生的每一件事情。为了对每一种语言形式给出科学准确的定义，我们必须对说话者世界中的一切事物都有科学准确的认识。[1]

要想重构 John read the book（约翰读了这本书）的语义，你就需要知道说话时的温度、说话人的健康状态等。布龙菲尔德因此得出结论：唯一现实的也是唯一科学的做法就是忘记这一切，把意义抛到脑后，聚焦抽象形式的研究。乔姆斯基的老师泽利格·哈里斯也属于这一阵营，坚持研究形式，排除内容和意义。然而，乔姆斯基及其亲密合作者们开始把意义问题引入讨论，掀开了充满争议且复杂的潘多拉盒子，埋下了语言学战争的种子。

为了证明人们研究语法时可以不关注意义，乔姆斯基在《句法结构》一书中举了语言学史上最有名的例子 Colorless green ideas sleep furiously（无色的绿色思想疯狂地沉睡着）。尽管无意义，但句子看起来是合乎语法的，用乔姆斯基的话来说，"合乎语法"不等于语义学上的"有意义"。[2]《句法结构》一书的结论是，"我们发现句法结构和意义之间存在许多重要的关联，这些关联自然值得关注句法、语义以及句法—语义关联的普通语言学理论去研究"。[3] 用这些精心挑选的词语，乔姆斯基许诺有一天他会闯入这座曾经是禁忌的"意义城堡"。

语言学进入了学术争论期。事实上，这一天来得比乔姆斯基想象得要更早些。现在我们把这段历史称作"语言学战争"。这场争论在 20 世纪 60 年代末爆发，持续到 70 年代末，其间乔姆斯基和他的许多学生、同事争论不休。

学生和同事们追随乔姆斯基早先提出的观点，但他们得出的结论又令乔姆斯基感到惊讶。乔姆斯基和昔日好友也有争论，且更加激烈。他甚至公开拒绝回应昔日好友，这又反过来招致他们的攻击。之前志同道合的朋友分成几派，相互暴力攻击，喜欢在公开场合互相指责，在会议上组织退席，甚至有一次讲话中粗暴地关掉对方的麦克风。1969 年，在美国语言学会的一次全体会议上，双方的参会者在 200 名尴尬的旁观者面前，互相辱骂了几分钟，脏话连篇，由此可以看出当时的气氛。[4]

争论主要围绕语言机制的"语义部分"，即意义问题。从 20 世纪 60 年代初起，乔姆斯基的几位杰出的学生备受老师鼓舞，开始探索如何把语义恰当地融入新的转换语法范式内。

乔姆斯基的意义观一直自相矛盾。一方面，他坚持认为研究语法不应该触及意义；另一方面，他又坚持希望他的方法最终能解释意义。不同于莱纳德·布龙菲尔德完全排斥语义的做法，乔姆斯基认为，语义虽然纷繁复杂，但句子的意义不是外在的，不是由语言系统外的东西决定的，而是内在的，由语言系统内部的因素决定。他在其第一部专著《句法结构》中提出，句子结构有外层和内层或"内核"之分，一个句子的意义取决于"内核"。1965 年，他在《句法理论的若干问题》中进一步阐释了该观点，提出更新颖的方式来处理语言机器的"语义部分"。乔姆斯基解释说，句子的意义来自"深层结构"，是一种隐藏在词的表面组合形式下的逻辑形式。例如，

　　　　John hit me.（约翰打了我。）
　　　　I was hit by John.（我被约翰打了。）

这两句从表面看语序恰好相反，但意义完全相同。哈里斯曾经创造性地使用"转换"这一术语来说明这种语序变化以及其他逻辑操作。乔姆斯基继续使用"转换"这一术语，认为句子的"深层结构"与表层结构的变形无关，与可选的"转换部分"也无关，深层结构自主决定意义。他把这种逻辑推到了极限，坚持认为表层结构在确定意义方面是完全"不够的"，甚至是完全"无关的"。[5]

要想把语言学作为一门与文化毫不相干的纯自然科学，就必须用恰当方式证明意义不受社会生活文化的影响，这是乔姆斯基面临的迫切问题。19 世

纪 60 年代中期，他与哈里斯、布龙菲尔德等一批曾教过或启发过他的师长和学术界同仁断绝了关系（具体原因详见下文）。唯一保持联系的就是罗曼·雅各布森。众所周知，雅各布森以将音素——一种文化实体——分解为所谓的自然成分而闻名。乔姆斯基更进一步，他完全取消了音素。在雅各布森看来，音素——一种特定语言中由文化决定的元音和辅音特征——是语言的真正元素。不可否认，他已经展示了如何将音素简化为通用语音。雅各布森曾令人信服地指出，世界上看似无穷无尽的音素可以分解为一组更小的固定特征，这些特征是自然的。但这并不意味着音素层面的分析无效；相反，它允许语言学家在两个层次之间进行选择——一个用于研究历史所决定的特定语言的语音系统，另一个用于阐明一般音韵学的普遍原则。

但是乔姆斯基觉得这还远远不够。雅各布森并没有完全遵从自然科学，毕竟这位著名的俄裔语言学家仍允许文化因素在语言学中发挥作用。就乔姆斯基而言，承认音素在任何形状或形式上的有效性都可能是一种滑坡，进而表明语言的其他部分也可能受到文化的污染。

为了避免这种危险，乔姆斯基决定先发制人。援引雅各布森最青睐的学生莫里斯·哈勒的最新研究，[6] 乔姆斯基彻底摒弃了音素概念，音素于是不复存在。他知道自己破坏了布龙菲尔德结构主义语言学引以为荣的核心，也对可能引发的愤怒做足了心理准备。然而，意想不到的是，他得到了学术界内外的大力支持，[7] 行为主义者反而被吓住了。他迅速制定了新的语言学规则，音位理论在其中不再得宠。[8] 不过，新理论仍然保留了雅各布森的普遍语音特征的思想。这样，英语浊辅音 /v/ 不再是独立的音位，取而代之的是 [＋浊音][－鼻音] 诸如此类的特征。辅音 /f/ 也有类似的特征，唯一的区分是 [浊音] 前的 "＋" 变成了 "－"。

但是把这一切用于语义学就带来了巨大的挑战。乔姆斯基在 1965 年的《句法理论的若干问题》中解释说：

> 确定语义特征的普遍的、与具体语言无关的约束条件是很重要的——用过去的话来说，就是为可能概念建立一个系统。"词项"的概念以某种确定的、普遍的词汇为前提，词项对象就是用这些词汇来表征的，就像"语音表征"概念以某种普遍的语音理论为前提

一样。[9]

现在我们把这种理念称作"词项分解"，就是假定存在确定的、内在的语义特征库，就如同雅各布森著名的语音特征库。以 bachelor（单身汉）为例，我们可以不要"单身汉"这个概念而用单独的语义特征（如 [＋人类][＋男性][－结婚]）来表示吗？ husband（丈夫）一词有相同的特征集，唯一不同就是把特征 [结婚] 前的"－"改为"＋"。

沿着这一思路，乔姆斯基又举了一个例子。以 Sincerity may frighten the boy（真诚会使男孩害怕）一句中的 frighten（使惊吓；使惊恐）一词为例：

> 该词是一个复杂符号，包括 [+V][+–NP][+Abstract][+Animate] 等语义特征。语法规则是受这些特征制约而起作用的，并且语义特征对语法规则的制约有轻重之分、先后之别，本例中 [+V][+–NP][+Abstract][+Animate] 这一排序表明了语义特征对语法规则制约在重要性上的区别。[10]

正如他废除了音位一样，乔姆斯基以这种方式将词义降低到无关紧要的地位。出于科学目的，词义应该被位于大脑深处的更基本的实体取代——二进制数字特征，如"有生命 / 无生命""抽象 / 具体""名词短语 / 动词短语"等。这样，词项被简化为一组语音特征和一组对应的语义特征，这些特征来自雅各布森式的"区别特征集"或"通用字母表"。[11]

尽管词项已经被简化为抽象的特征，机器就能识别这些特征，但是如何在复杂句子中把这些特征组合起来仍是一大挑战。语言学战争就是围绕解决这一问题而展开。杰罗尔德·卡茨和保罗·波斯塔尔的《语言描写整合论》一书影响深远。他们提出了著名的"卡茨—波斯塔尔假设"（Katz-Postal Hypothesis），[12] 认为转换不影响意义，核心句上的任何转换都会保持原义。例如，把被动句 Four languages were spoken by everyone in the room 变为主动句 Everyone in the room spoke four languages 时，意义不变，都是"房间里的每个人都说四种语言"这个意思。但事实上，人们很快就发现其中的问题，因为只有后一句才表示每个个体讲了四种语言。然而，和往常一样，反例并不能浇灭最初的激情。

1964 年，乔姆斯基提出，"句法描写"有两个不同的"层面"：一个层面决定"表层结构"即"语音形式"；另一层面决定"语义解释"或"深层结构"。[13] 在早期的构想中，句子的深层结构独自确定意义。乔姆斯基此时非常明白，强调深层结构"融合了与句子语义有关的所有信息"。[14] 这里的"所有信息"，如果按字面来理解，就表示既要参考上下文，还需考虑外部环境（即话语情境）。与每个句子的可能解释相关的所有信息都包含在句子本身内部的一个"深层结构"中。

有了这些想法后不久，乔姆斯基就开始急于避免给人留下这样的印象，即他绝不会偏离对自然科学（而不是社会科学）的基本承诺。借笛卡尔之名，让这位被人们尊为"自然科学之父"的哲学家为自己站台，这是最好的招数。为此乔姆斯基写了《笛卡尔语言学》（*Cartesian Linguistics*）一书，于 1966 年出版。时至今日，该书仍然是他最具影响力、最易理解的科学著作。

事实上，笛卡尔在讨论人类语言能力时很少论及语法，乔姆斯基不得已又另寻他路。他转而引用安托万·阿尔诺（Antoine Arnauld）和克劳德·兰斯洛特（Claude Lancelot）1660 年合著的《波尔—罗瓦雅尔普遍唯理语法》（*Port-Royal Grammaire générale et raisonée*）。这部作品曾红极一时，两位作者都是异端天主教信徒。该书表达了这样的思想，世界语言千千万，但差别只是在表面上，语音听起来虽然各不相同，但表达的概念在所有语言中都是共通的，"简直就是人类思维方式的直接体现"。[15]

乔姆斯基引用了该书的一个句子 Invisible God created the visible world（看不见的上帝创造了看得见的世界）。该书的两位作者提出，这个句子的理解，涉及三个命题在头脑中的运算：

（1）上帝是看不见的。

（2）他创造了世界。

（3）世界是看得见的。

用乔姆斯基的话来说，其中"他创造了世界"是"核心句"，其他附带信息丰富了核心句的内容，嵌套在核心句内的附带信息完全不必说出来。

这里的观点是，思维的法则——所有人在任何地方都是一样的——确保在内心深处，语法结构也同样在任何地方都是一样的。乔姆斯基认可这一观点，承认自己的研究方法"表达的这种语言结构观并不是自己的创新"，[16] "实质上只是现代版的波尔—罗瓦雅尔语法"。[17] 这样看来，"深层结构"似乎不仅蕴含着意义，而且也是泛人类的。后来，出乎所有人的意料，他不断改变立场，甚至说"深层结构"根本就不是真正的"深层"，与隐含的共同含义毫无关系。这时，他自己阵营内部出现严重分歧，逐渐演变成公开的内战。

20 世纪 60 年代中期，乔姆斯基提出深层结构的思想，为自己带来了巨大的荣誉与成就，而这完全出于一场彻头彻尾的误会。有历史学家指出，所谓"深层的"这个形容词，既表"深邃"又有"普遍"之义：

> 当乔姆斯基的观点粉墨登场时，几乎所有 40 岁以下的美国人都对弗洛伊德提出的无意识的观点有所耳闻。这使他们相信，语言的意思并不一定是它表面上所表达的意思，在字面意思之外，还隐藏着更深层次的含义。乔姆斯基探讨语言的深层结构，从一开始就把它与普遍语法结合起来。他的观点之所以受到追捧，是因为大家觉得是乔姆斯基揭示了这其中的普遍规律。[18]

尽管人们对弗洛伊德很熟悉，但他们还是假设了这一点，认为乔姆斯基证实了科学语言学现在支持了他们的观点。当社会活动家乔姆斯基著书立说解释政客们如何滥用语言来掩盖其罪行时，人们普遍认为，追求"深层结构"意味着揭露谎言，揭示隐藏的真相。

但这种误解并不局限于普通大众对乔姆斯基思想的接受。有一位历史学家这样说："乔姆斯基第一批学生几乎把深层结构等同于生成句法结构的真实而普遍的意义。"[19] 这场灾难性的误解催生了一门新的学问——"生成语义学"。尽管生成语义学雷声大雨点小，没过几年便销声匿迹，但讽刺的是，正是这场误解抓住了大众的想象力，反而提升了乔姆斯基的知名度。

乔姆斯基最初的深层结构概念瓦解了，因为他意识到，孤立地看一个句子很少只有一个正确的含义，如果你试图将每个新的含义归因于一个额外的"深层结构"，就会产生无尽的复杂性。寻找深层结构在很大程度上受乔姆斯基长期坚持的内在主义思想的驱动，他拒绝把"外在"因素（如语境）纳入考虑的范围。然而，若语境不明，人们常常就不可能断定哪项精确意义是对的，哪项意义是说话人想传递的。以句子 The missionaries are ready to eat（传教士们准备好吃饭了）为例。[20]

其中的传教士到底是食客还是食物？现实生活中通常不存在这类歧义，对大家来说该句的意义一清二楚。但问题就出在这里，对乔姆斯基来说，承认语境就意味承认真实的人类在具体条件下传达思想，但这不是自然科学。你不能把这种东西作为自然科学的课题来研究，它属于语言学中"语用学"的范畴。乔姆斯基视其为语言研究的禁区，因为它会把我们直接带入社会政治世界。

再举一例，He is barely keeping his head above the water（他勉强把头保持在水面以上）。我们可能大概知道句子的意义，但我们怎么确定我们知道呢？我们可以设想是个子矮小的人正在蹚洪水吗？罗纳德·兰盖克（Ronald Langacker）认为过多的想象会带来危害，他这样写道：

> 假设有一场直升机跨洋比赛，要求参赛者把割下来的头颅从起点送到终点，头颅用绳索悬挂在直升机上。一旦头颅浸到水面以下就判定参赛者失败。[21]

这种异想天开的情境听起来不切实际，但句子（与我们心中的话题无关）可以传递这样的意义。

谈及意义，乔姆斯基完全不考虑语境，认为语境是"外在"的因素。"深层结构"是句法内在的东西。歧义句背后一定潜藏着两个完全不同的深层结构，这样，上文讨论的歧义问题由此可以得到消解。

不久之后，批评者们提出很多句子。这些句子意义多，人们设想到的深层结构数量大得惊人。[22] 意义的确切数量取决于你可以想象出多少巧妙的语境。若是这样，为什么还要把深层结构置于首要的位置呢？每个深层结构不能决定句子的意义，自身又明显取决于说话人所设想的意义。多想出一项可能的意义，就多得到一个深层结构！很显然，"深层结构"和"意义"是同一对象的不同称谓，那就择其一吧。句子有声音，有对应的意义，"深层结构"完全就是多余的东西。

如果意义并不是由深层结构决定的，那唯一的来源就是社会规约和协商。20 世纪 60 年代后期的情况，对乔姆斯基来说真是个烦恼。有些学者对卡茨—波斯塔尔假设不再抱有幻想，开始在非语言领域如心理、交际和社会中寻找意义的根源。乔治·莱考夫公开提出的研究方向更是警醒了世人。他说，"现在学生们之所以对生成语义学感兴趣，是因为生成语义学给他们提供了一条研究思想本质和社会互动的路径"。[23] 乔姆斯基却怀疑，这样做只会让语言学家们回到从前，又去重操社会科学和行为科学研究的旧业。此外，从长远看，这样做也会使他把"语言科学"作为自然科学的努力陷入极度危险的境地。

反对者越深入挖掘意义，就越看到人际交往的美好景象。人具有身、心，通过语言交流思想。乔姆斯基的思想变得越来越抽象、形式化，反对者也越来越不满，甚至密谋离开乔姆斯基。据历史记载，约翰·罗斯（John Ross）、保罗·波斯塔尔、杰罗尔德·卡茨、乔治·莱考夫以及其他生成语义学家，就像历史上的清教徒，他们在内受到压迫，最终被迫踏上寻找新大陆的移民之旅。[24] 他们跨越大洋，发现了一片沃土，那里人们研究的是日常语言，那里有维特根斯坦这样的哲学巨匠，有约翰·奥斯丁（John Austin）为代表的牛津日常语言学派骨干分子，他们对大脑错综复杂的结构并不感兴趣，但对到底如何使用语言这种接地气的问题兴趣十足。

牛津日常语言学派带来的重要启发就是，人们对词义的看法达到一致时，词义就变成由人所确立的"事实"，而不是生物意义上的或"自然的"事实，音义匹配完全是一种"制度性事实"。[25] 不同于乔姆斯基的看法，他们认为句子不是生物体的可变状态，而是依据共同遵循的制度所生成的数字抽象，如同货币的价值一样。离开乔姆斯基阵营的学者们看法并非完全相同，但他们一致认为公共属性和社会属性是语言的本质特征。生成语义学作为替代乔姆斯基研究范式的一种大胆尝试，大多数人认为并不成功。然而，在新的时代，他们成功起航，为语言科学做出了难以磨灭的贡献。

20 年后，罗斯接受了采访。他回忆说，"越南战争恐怖、可恶，句法战争也恐怖，可笑的是两场战争同步进行"。[26] 波斯塔尔后来在政治上转向右翼，也详细解释了两场战争的关联：

> 我认为我们可以说两场战争的时机至少是合适的。公开的争论也正好是乔姆斯基公开参加抗议越战活动的时候。有一点可以确定的是，参加反战运动的人们情绪激昂、充满正义感。这种情绪移植到了与战争无关的语言学上。换言之，乔姆斯基的语言学充满了激昂的情绪和狂热的道义感，似乎他是在为正义而战。[27]

　　波斯塔尔指出，乔姆斯基在政治上的积极与其在批判语言学反对派上的道德狂热之间有关联。这一观点令人信服，但他似乎没有明说这种关联到底是什么。他似乎在暗示，乔姆斯基觉得句法上的争议与反战运动有关。但事实并非如此。

　　事实上，乔姆斯基无法容忍反对者，恰好说明他强烈希望把意义、社交、政治等问题踢出语言学之外。这意味着一方面保持科学研究的政治中立性，另一方面以"非科学"的名义坚持自己的政治立场。一旦乔姆斯基想要以社会活动家的身份在政治舞台上呼风唤雨，他就不得不区别对待语言研究和社会活动，它们有太多的不同。

第 15 章

板 块 碰 撞

如果乔姆斯基在两个不同领域的研究相互作用相互影响这样的说法成立的话，那么，我们有理由从其语言学研究的角度去理解其政治立场和思想，反之亦然。为了厘清语言学这门科学的特别之处——这也是本书的关注点，我们必须理解一直与之对立的政治承诺。

1928 年，乔姆斯基出生于费城，恰逢世界经济大衰退。他说自己是"大萧条的一代"。[1] 他家里很多人都是激进的工会成员，"因此，知道什么是纠察队。知道纠察队到工会俱乐部挥舞棍棒打砸抢对雇主而言意味着什么"。[2]

乔姆斯基回忆道："我对儿时一些生活片段记忆犹新。例如，家门口兜售小报的小贩，暴力镇压工人罢工的警察，大萧条时期的诸多场景历历在目。"[3] 有一件事给他留下了不可磨灭的印象，"有一次，我当时 5 岁，和母亲乘坐有轨电车，看见纺织工人罢工，女工负责纠察。我们刚好经过就看见一名防暴警察突然袭击边上的女工纠察队员"。[4]

女工的遭遇让这名 5 岁儿童人生第一次感到困惑：

> 大部分是女工，被警察残暴地殴打。我看到了很多。她们的衣服被撕扯掉，我十分不解。当时的念头就

是应减少暴力。这给我留下了深刻的印象，我不敢说当时我理解了正在发生的事情，但我有了自己初步的看法。有人也向我解释了我的困惑。

女工们"想让警察难堪，让他们后退，警察就驱赶她们"。[5]

2～12岁，乔姆斯基在费城橡园走读学校读书。这是一所实验学校，倡导培养学生在没有竞争的环境下拥有创新的能力。乔姆斯基记得，这里的每个孩子都"被认为是非常成功的学生"：

> 学校的学生并没有经过严格筛选，那里鱼龙混杂，既有禀赋十足的孩子，也有从公立学校辍学的问题学生。但是，至少在学生眼中有这种感觉：若要竞争就和你自己竞争。我能怎么办？没有压力，当然也没有排名。[6]

后来，乔姆斯基进入了市立高中，惊讶地发现先前学校的一切都不正常。显然，别的学校鼓励竞争，个人创新反而受到了压制。他点评说：

> 我觉得这就是学校大体的样子，有军队化管理和控制，部分涉及直接的教化、宣传错误的信念。但我认为更糟糕的是，运用各种方式方法阻止妨碍独立创新，强调等级、竞争和超越。做事不是尽我所能，而是要超越别人。[7]

这样的教育哲学是他终身都痛恨和谴责的。

乔姆斯基受到的真正的教育并不是来自学校，而是得益于一个以纽约犹太人为主的知识分子文化圈。他回忆说：

> 这是一个工人阶级的文化圈，有工人阶级的价值观，互助、团结，有社会责任感。其内部又有不同的派别，既有共产党，又有激进批评布尔什维克的半无政府主义者……当时曾就斯塔克尔（Stekel）版本的弗洛伊德理论开展过激烈的争论，他们经常在一起讨论文学，欣赏音乐，交流对布达佩斯弦乐四重奏音乐会的感受，对比施纳贝尔演奏的贝多芬协奏曲和其他人的有什么不同。[8]

幼年时，乔姆斯基就受到西班牙内战的影响，"我写的第一篇文章就是在校报上评论巴塞罗那的衰落，当时刚过 10 岁生日没几天"。[9] 他在文章中把西班牙的失败说成"他人生中的一大事件"。[10]

当提到"一战"后的德国、意大利以及 1936 年的西班牙时，乔姆斯基评论道：

> 至少，无政府工团主义者非常认真地对待巴枯宁关于工人组织必须在革命前创造"不仅是思想，而且是未来本身的行动"的言论。特别是在西班牙，人民革命的成就是建立在多年耐心的组织和教育工作的基础上的，是长期付出和斗争的结果……当佛朗哥政变导致 1936 年年初的动荡爆发为社会革命时，工人组织已经成长起来了，他们组织严密、经验丰富，能够深刻理解承担社会重建任务的责任和意义。[11]

在 12 岁生日时，乔姆斯基已经拒绝了共产党的政治思想。受到巴塞罗那无政府主义者的启发，他接受了他们失败的事业——从那以后的几年里，他从未放弃过。

乔姆斯基不仅反对斯大林主义，也反对列宁主义，他认为列宁主义与精英主义大规模灌输思想的企图有关。他认为，西班牙无政府主义者并没有试图通过自上而下强加一种僵化的意识形态来教育大众。他们相信，自我组织和个人能力一旦获得政治上的解放就可以为革命事业做出巨大贡献。

当乔姆斯基以科学家的身份说话时，他极力避免提及人性的社会层面。但毋庸置疑，作为社会活动家，他对这些方面充满了热情。他写道："积极参与社会机构的民主管理是人类的基本需求，这一点我从不怀疑。"[12] 他认为，"人的基本能力就是对生活和思想拥有创造性地自我表达、自由掌控的能力和需求"。当代资本主义社会为人性中的自私品格提供了更多的机遇和回报。然而，"一个不同的社会可能以另外一种方式组织起来，从而可以让团结、互助、同情这类情感体验主导日常生活"。[13] 乔姆斯基观察发现：

> 难怪在革命的旗帜上，"博爱"与"自由""平等"历来都是镌刻在一起的。没有团结、没有同情心、没有对他人的关爱，社会主

义社会是不可想象的。我们希望，人性亦如此，而一旦压抑人性的社会条件被消除，这些要素就会使我们的生活丰富多彩。社会主义者坚信，我们并非注定要生活在一个充满贪婪、嫉妒和仇恨的社会里。我知道，目前为止还没有办法证明这是对的，但是，也没有理由让人相信这一定就不对。[14]

这些言辞令人动容、催人奋进，激发了人们固有的同情心和团结力去支持社会主义事业。从这些言辞中我们听出，社会活动家乔姆斯基仍然信守儿时的理想。这也反映出人的本性实质上是社会的、合作的。但是令人吃惊的是，科学家乔姆斯基认为，人类天性中最重要的组成部分——语言能力——既不具有合作的属性，也不是出于交际的目的。

要理解其中的奥秘，就需要全面了解乔姆斯基在马萨诸塞州麻省理工学院工作时受到的种种压力。这种冲突和矛盾不仅有认知上的，也有制度上的，更难的是，有时还涉及个人隐私。甚至一些乔姆斯基的左翼崇拜者也发现难以理解他怎么可能和约翰·多伊奇这样的人成为好朋友。

约翰·多伊奇自 1970 年以来一直是麻省理工学院的教职人员，曾担任化学工程师、美国中央情报局局长。乔姆斯基回忆道：

事实上，我们是朋友，相处得很好。任何两个人都会有不同的看法，我们在很多方面也意见不一。我喜欢他，我们相交愉快。他诚实、直率。你知道你和他站在哪里。我们交流，遇到不同看法时就坦诚面对、毫不保留。我觉得这样很好。我对他没有看法。有人告诉我，学院仅有几个人支持提名他为校长，我就是其中之一。[15]

为了理解这种明显的矛盾，我们要记住乔姆斯基曾觉得"中情局为所欲为"，犯下了暗杀、酷刑、轰炸、入侵、大量屠杀平民等罪行。[16] 1965 年，中情局在印度尼西亚发动军事政变，阻止共产党（乔姆斯基称之为"穷苦大众的政党"）赢得关键大选。在这次镇压行动中几百万农民遭到屠杀，着实令人错愕。乔姆斯基回忆道："中情局在其流出的一份报告中指出，大规模屠杀与纳粹不相上下。中情局却引以为荣，称这是本世纪最有影响的事件之一。"[17] 乔姆斯基说的这场大屠杀毫无争议，他的愤怒也无比真诚。

由此看来，乔姆斯基活在两个世界，且游刃有余。进入麻省理工学院任教，他发现自己行走在两块即将撞击的板块间。1978 年，多伊奇发表了两篇关于燃料空气炸弹（"真空炸弹"或"空爆燃烧弹"）的研究论文，这奠定了他在学术界的地位。[18] 然而，在他被任命为中情局局长之前，乔姆斯基一直都不愿意把他这位特殊的朋友介绍给反战团体。甚至于，在与多伊奇闲聊时，乔姆斯基也不希望有反战活动家参与进来。正是由于游走于两个世界，事实上，他非常需要一堵坚实的防火墙来隔开这两个世界，他的确构建了这么一堵墙。

这堵墙足够坚实，能解释作为科学家的乔姆斯基和作为社会活动家的乔姆斯基矛盾的地方。需要强调的是，我并不是批评乔姆斯基对约翰·多伊奇这名学术同事展现出的应有的尊敬。我们都有不想卷入痛苦的人际交往经历。我想说的是这并不容易做到。乔姆斯基一方面积极揭露自己的单位犯下的滔天罪行，一方面又与这些行业和学术精英勾肩搭背，为他们勤勉工作，和他们畅谈人生。他是如何做到的？

显然，他把自己一分为二了。曾有采访者开玩笑地问他，伟大的乔姆斯基有两个化身，"当他们相遇时会谈些什么？"乔姆斯基不假思索地回答道："在抽象层次上有些微妙的关系，除此之外二者毫无关联。"[19] 显然，这两个乔姆斯基的关系并不融洽。

作为社会活动家，乔姆斯基在讲话时激情澎湃，仿佛对自己的话可以承担全部的个人责任；但是作为科学家，他的讲话呈现出一番截然不同的景象。根据乔姆斯基个人的描述，大脑中有一个模块（称作"科学形成机能"）是一个计算装置可以自主运行。[20] 社会活动家乔姆斯基不管科学，它由大脑的另一区域去处理。乔姆斯基解释道："我有这样的能力，但是我认识的朋友并没有。我脑中得了某种怪病，就像计算机安装了两块独立的内存。"[21] 大脑中有不同的模块使得乔姆斯基就像是两个不同的人。科学家不干涉社会活动家，社会活动家也不干涉作为科学家的第二个自我。

我们很自然地就想到，心智包括两个独立的认知模块，每个模块就像"一台功能独特的计算机，具有专属的数据库"。[22] 对乔姆斯基而言，他的两台计算机（分别负责科学和社会活动）各自在预装的概念和语言上运行，两台计算机不会交互传递信息。乔姆斯基在一个场合承认，"我不知道人们如何维持这种矛盾局面，这的确很难"。[23]

但是乔姆斯基处理矛盾的手段令人惊叹。下面一段中，他主要（但不是全面）评论了其他知识分子的情况：

> 一旦你开始服从，很快就会获得服从带来的利益，很快就会相信自己的话语，并接纳教条、扭曲、欺骗行为。此时你就成为特权阶层的一员，愿意去控制思想和操纵教条。这样的事每时每刻都在上演，不管你的地位是高还是低，概莫能外。可以容忍所谓的"认知失调"，说一套，信一套，这样的人少之又少，甚至根本就没有。你开始讲是因为你有必要讲，但很快你就相信自己的话语了，因为你只能如此。[24]

这段话告诉我们，大部分说意识形态是废话的人，事实上他们相信自己所说的这些废话。乔姆斯基认为，偶尔你会发现有个别非凡之人，他们把自己一分为二，可以做到左右逢源，说一套但相信的是另一套，即使这样，也不会因"认知失调"而感到丝毫痛苦。乔姆斯基并没有明说指的是谁。他不可能告诉我们他就是这样的精英，可以一方面高谈阔论意识形态废话，另一方面还对此深信无疑。他也不会把自己刻画成"世上少有的甚至根本不存在的能容忍'认知失调'的奇人"。唯一可能的解释就是，他认为自己的大脑内装有两个独立的内存，各自从不同的视角观察世界。

乔姆斯基成功的秘诀就在于他拥有超凡的能力割裂政治和科学。这也使得他心里一直装着一种信念：他的成就源于大脑的分裂。作为一名科学家，乔姆斯基在电子实验室工作，（显然是真诚地）认为语言不过是"一部机器""一台装置"，没有幽默、隐喻、想象、交际欲望、社会意义这些乱七八糟的东西。但我们认为这一切都是活生生的语言不可缺少的东西。同时，社会活动家乔姆斯基需要努力保持自己批判的本色。他不相信任何废话，如果相信了那也是因为这些废话还没有显露出来。作为社会活动家，乔姆斯基讲话激情澎湃，才华横溢；作为科学家，乔姆斯基却说语言根本不是为了交际。作为常人，乔姆斯基运用语言进行日常交流，包括谴责州政府、联邦政府、雇主和单位。除了不谴责他自己的科学，乔姆斯基这个激进的社会活动家反对他在自己的另类角色中所体现的一切。

把乔姆斯基描述为一个陷入强烈矛盾的人是一种保守的说法。既然内部冲突是乔姆斯基的政治立场的核心特征，既然明确的意识可能会使他的处境更加痛苦，那么对乔姆斯基一听到"辩证法"这个词就立即"掏出左轮手枪"——这是他自己的说法——的做法也许一点都不会感到惊讶。他解释道：

> 辩证法是什么，我以前一窍不通，我从来没有搞明白这个词的真正含义。……如果有人告诉我这个词的意思，我会十分高兴。我的意思是，我阅读了很多资料，上面讨论"辩证法"，但是我仍然一无所知。

> 说实话，对这些东西我真是头脑简单。我听到四音节构成的单词，我就怀疑，我想知道为什么不用单音节单词。……当出现"辩证法"这样的词汇时，我就像戈林（Goering）一样，立马掏出左轮手枪。[25]

乔姆斯基或许真的找到了自己的武器，但是，他的科学和政治，除了用"辩证的"这个词，似乎没有更确切的词汇来形容二者的关系了。乔姆斯基需要大声反对美国军方，不是因为这个机构早期资助了他，而是因为这个机构本身的所做所为。乔姆斯基受到巨大的压力，他的科学、他的政治就像南北两极一样互不搭界、泾渭分明。正如诺伯特·霍恩斯坦所言，"乔姆斯基问题的核心在于，出于心理原因他对自己的事业持分裂的态度。他不能接受自己是战争科学家的事实，因为这有损他的政治形象"。[26]

总之，乔姆斯基的两个研究领域毫不相干。但是，黑格尔总是教导我们，[27] 对立也是一种关系，任何东西都会受到对立关系的影响。过去这样，现在仍然如此。

采用不那么抽象的哲学术语来解释乔姆斯基的处境，我们肯定可以理解作为一名受人尊重的科学家在与狼共舞时所感受到的恐惧与责任。他常常说，谴责罪行十分容易。要想怀着良知过安稳的日子，就必须准备揭露个人的罪行、政府的罪行以及一切组织机构的罪行。乔姆斯基仅仅通过公开谴责资助他的单位就把其良知和钟爱的事业高度统一起来了。

　　实际上，乔姆斯基一直以来都代表着美国的良知。时至今日，他仍然享有独特的社会地位。这就是为什么人们愿意不远万里来聆听他，不仅是为了政治，也不仅是为了科学。真正吸引人的，真正令人感叹的恰好是他在政治与科学之间的巨大矛盾面前所展现的惊人张力。

第 16 章

脱身术表演者

乔姆斯基公开承认，他 1951 年刚到哈佛大学时感到十分不安：

> 把计算机科学、电子学、声学、信息论、控制论等理论用于研究人类行为，这早已成为一种时尚……许多人，也包括我自己，对科技的发展深感忧虑，部分是出于政治原因，至少我是这样认为的。[1]

乔姆斯基急忙澄清，他的政治疑虑"与证明这一切都是错的无关，这只是一己之见"。无论如何，任何理论都是有缺陷的，"一旦仔细分析，缺陷便暴露无遗，尽管有的理论确实有实质性的重要贡献"。

我们已经在前面的章节中讨论过，乔姆斯基把五角大楼的实验室说成是"死亡部门"，因为这些部门致力于"破坏、谋杀、压迫"。在他眼中，这样的称谓同样适应于他长期工作过的麻省理工学院电子研究室。他建议把"电子"这个词换成"死亡技术"之类的词语。他的观点是，如果在这样的建筑内进行的工作被正确标记，这里的工作可能会被直接叫停。或者，他若有所思地说，这种重新贴标签的做法可能足以让从事这类工作的人意识到他们所受到的道德蔑视。[2]

或许正是出于这样的顾虑，在整个 20 世纪 60 年代，乔姆斯基一方面积极投身于各种社会活动，另一方面在自己的科研工作中严格排除任何政治甚至社会的东西。他坚持这种远离政治、纯科学的学术操守，提出并捍卫了一个又一个神秘莫测的语言学理论，好像在为某种道德事业而战。[3] 对乔姆斯基圈内的很多人而言，其背后的逻辑也不是完全清楚的。反对美国入侵地球另一端的小国是一回事，科学研究是另一回事，为什么要求别人在语言学研究中也要持有立场要么支持要么反对某条句法原则（如"A 管辖 A"原则）呢？为什么要把抵制越战与深层结构是否决定或如何决定 John is easy to please 这类句子的意义这个问题扯到一起呢？

事实是，乔姆斯基想确保他构建的任何理论与世界毫无关联。权衡各方，这里所说的关联肯定是指与五角大楼有关联。乔姆斯基就像笛卡尔一样，希望逃避肮脏的现实，躲进永恒的世界。这样做不仅满足了认知上的需要，也符合当时不容忽视、无法逃避的道德要求。当我们看到乔姆斯基把行为主义大师 B. F. 斯金纳比作集中营卫兵时，问题端倪便显现无遗：

> 你首先会问，这是科学吗？当然不是，这是骗术。你接着会说，好嘛！那你就会问，为什么对此这么感兴趣呢？答案是，会告诉集中营卫兵他能做本能要求他做的事情，同时假装自己是个科学家。这会让一切变得美好，因为科学是美好的或中立的，等等。[4]

乔姆斯基把斯金纳倡导的行为规范社会比作一座"管理良好的集中营，囚犯们互相监视，燃气炉在远处冒烟"。[5]

乔姆斯基批判的"行为主义科学家"，不是巴普洛夫、斯金纳等少数几个人。他吐槽整个学术圈，批评知识分子是"一个极端腐化、危险的群体"，而那些受马克思主义影响的西方社会科学家，他们即使不是些"研究 14 世纪文献的学究"，也是自认为对人类社会、生活、行为有独特理解的自大狂。在美国这样的国家，知识分子是一个边界十分模糊的群体，包括"国会代表、神职人员、思想家、理论家以及一切政教从业人员……"。[6] 乔姆斯基认为自然科学家不属于知识分子。因此，最"腐化"、最"危险"的知识分子就不包括那些在麻省理工学院研究操纵控制系统和空爆燃烧弹的同事们了。

乔姆斯基在指责行为主义对手欺诈犯罪的同时，对从事武器研究的那些化学家、物理学家采用了截然不同的标准。对于这样的科学家，他从 20 世纪 60 年代起就采取了一种他称之为"相当极端的立场"——事实上，"如果有人批评过它，可能就很难为它辩护"。他是这样说的："不应该做任何事情来阻碍人们的教学和科研，即使是在被用来屠杀和破坏的那一刻。"[7] 人们应该把这种选择留给科学家个人的良心去做。[8]

"若我发现从事的科学研究在当时的社会条件下可能导致压迫、破坏或痛苦，那我就一定会停止工作"。[9] 考虑到乔姆斯基当时的情况，他这样说是说得通的。然而，即使在这一点上，他也在直言不讳的声明之后提出了警告。当被问及他是否会在 1929 年进行核物理研究时，当时已经很清楚核物理可能会导致原子弹的产生，他回答说："我不认为一个圆滑的回答是可能的。不过，如果你具体地问我，我相信我的答案会是肯定的。我做这项工作只是出于兴趣和好奇，并希望事情能以某种方式解决。"[10]

一项研究可能使无数生灵涂炭，但这并不是停止研究的好理由。事情总能以某种方式得到很好的解决。就乔姆斯基的情况而言，资助他研究的人可能希望有实际应用——毫无疑问，他们确实希望如此——但他个人不会提供任何帮助。任何机构都不应该规定科学家可以研究哪些课题。相反，"人们有责任为他们行为的可预见后果负责，因此有责任思考他们所从事的研究以及在现有条件下可能导致的结果"。[11]

上文我们已经提到，自 20 世纪 60 年代中期起，乔姆斯基组织焚烧征兵卡等活动，旨在抵制美军入侵越南。与其他左翼学者相比，乔姆斯基勇气可嘉、真诚正直。被捕后拘留在警局更是扩大了他的公众影响力，提升了公众形象。他在尼克松政府所列的极端危险艺术家和知识分子"敌对势力清单"上榜上有名。[12] 乔姆斯基当时觉得比以往任何时刻都需要澄清自己，科学研究并不是问题，科学研究也不该是谴责的对象。为此，他必须说服自己，并让支持者们相信，自己的语言学研究没有任何军事目的，也与五角大楼资助的学术机构毫无关系，甚至与包括其授业恩师泽利格·哈里斯在内的众多美国语言学大家们也无关，尽管他们曾对乔姆斯基鼎力支持，助推他冉冉升起。

20 世纪 60 年代中期，乔姆斯基同时做了两件事情：一是积极反战，二是与同事朋友反目成仇。在积极参加政治活动之前，对把自己带进语言学世界的众多师长他是感念万分的。在《语言理论的逻辑结构》一书中，他写到，

"泽利格·哈里斯经常和我一起讨论这些内容，他时刻影响着我"。[13] 显然，这份感激之情是发自内心的，泽利格·哈里斯当时确实对他有恩。有学生拜访哈里斯时看见他和乔姆斯基正"激烈争论"，《语言理论的逻辑结构》手稿就摆在餐桌上。[14] 哈里斯的帮助远远不止停留在这份书稿上。乔姆斯基在1956 年《句法结构》一书的前言中写道：

> 在我的研究生涯中，我和泽利格·哈里斯经常长时间讨论，受益匪浅。他的许多观点和建议融入了下文，融入了基于本书的其他研究。在此我就不一一指出了。[15]

泽利格·哈里斯在推荐《句法结构》一书时，高兴地回应道："我和乔姆斯基的许多讨论其乐无穷，更重要的是提升了这本书的品质。"[16]

然而，乔姆斯基从事社会活动后就开始否定哈里斯的贡献。说到《现代希伯来语的形态音系学》时，乔姆斯基称"哈里斯从未看一眼"。[17] 据称，哈里斯将他的整个方法视为"私人爱好"，认为"它很疯狂"，自己"从未对此给予丝毫关注"。[18] 在另一场合，乔姆斯基称"哈里斯从未看过我在 1949 年、1951 年写的有关生成语法的东西"，"说他看了我的博士学位论文或者《语言理论的逻辑结构》，这简直不可思议"。[19]

"这些言论"，一位研究这一时期的历史学家评论说，"说明了乔姆斯基的孤立叙事，他追求的道路是如此激进又荆棘丛生，以至于任何语言学家，甚至他自己的导师，都无法理解，也毫无兴趣"。这位历史学家继续说，乔姆斯基如此对待自己的老师，真是令人愤慨不已：

> ……若这些评价是真的，就说明导师失职；若是假的，就是诽谤。乔姆斯基称，他的导师以及其他指导老师没读过自己的学位论文，但哈里斯明明在论文上签过字画过押，确认自己读过论文且同意答辩申请。他称导师没读过自己写的《语言理论的逻辑结构》，这或有可能。这本鸿篇巨著据说值得一读，但不知何故未能镂板印造，市面上成书难觅，仅在耶鲁大学、哈佛大学图书馆藏有少量油印版。"转换"的概念在这本书中多有讨论，但它是哈里斯的首创。[20]

姑且不论乔姆斯基的诽谤与哈里斯这种地位的教师对专业、道德和学术责任的正常期望背道而驰，正如我们所看到的，这些言论也与他自己先前的言论完全相悖。

要解释如此严重的失忆，我们需要一个超越简单健忘的理由。到目前为止，我支持的解释似乎并不出人意料。很简单，乔姆斯基感到了道德和政治压力。他需要摆脱他在麻省理工学院的工作和机构地位所带来的不利影响。与五角大楼划清界限是不够的，他需要破釜沉舟，与所有以前与五角大楼优先拨款计划或议程有任何联系的人划清界限。尽管泽利格·哈里斯持有与乔姆斯基类似的反资本主义观点，但他是一名机器翻译爱好者，乔姆斯基不得不与他撇清关系，原因与他需要否认自己之前参与机器翻译的原因相同。从20世纪60年代中期开始，乔姆斯基不仅否定了泽利格·哈里斯，还否定了莱纳德·布龙菲尔德、查尔斯·霍克特以及他之前引用过的大多数其他美国学者的著作。

但在公开决裂之前，他意识到自己需要一个新的叙事手法。如果他那些关于语言的思想没有美国的根基，那么其渊源何在呢？或许雅各布森是一个不错的选择，这位布拉格学派的创始人，在专业上绝对有分量，但他早期的革命经历，却可能使乔姆斯基陷入另一种政治麻烦。如果把自己和雅各布森绑在一起，别人会说他受共产主义思想影响而不能在本应中立的、无价值取向的纯科学研究中从事语言学研究。乔姆斯基不愿冒这个风险，为此，他不得不另寻高人为自己站台。最后终于找到了，这个人就是笛卡尔。乔姆斯基宣称，其语言学思想是对这位17世纪法国哲学家辉煌但被忽视的工作的继承发扬。

笛卡尔被誉为"现代科学哲学之父"，当然，他是一位具有巨大学术权威的欧洲杰出人物。为自己找到笛卡尔这样一个后台确实好处多多。首先这表明你是一个不错的哲学家，同时还可以把注意力从任何形式的政治上转移开。另一个好处就是，笛卡尔对语言能力有独到而精辟的认识。笛卡尔认为，人有言语能力，这是人性特有的。语言能力不是人类社会文化活动的产物，而是上帝的慷慨馈赠。告诉人们语言是人类心智或灵魂的自然组成部分，就相当于把对语言的研究提升到一个远离政治的高度。

笛卡尔从来没有提到过语言器官，但他说得差不多了。笛卡尔写到，松果体是"灵魂"的"主要位置"。[21] 当我们说话时，这个位于大脑深处的小器官让舌头和嘴唇活动起来。当我们用语言表达想法时，由于这个腺体，我们不需要有意识地意识到舌头和嘴唇所涉及的复杂运动：

> 当我们说话时，我们只考虑想说的话的意思是什么，这使我们更加轻而易举且更加高效地运动舌头嘴唇，而不是专门去想要以哪种方式活动舌头嘴唇才能说出想说的单词。因为有在学习说话的过程中养成的习惯，灵魂活动通过腺体让舌头嘴唇动起来，从而与说出来的词语的意义结合起来，灵魂活动与舌头嘴唇动作本身没有直接联系。[22]

预见到 20 世纪中期认知革命的到来，笛卡尔对机器是否能被设计成会说话的样子很感兴趣。他写到，想象一下，一堆机械娃娃可以复制各种野兽的外表和行为。原则上，这些玩偶可能设计得非常精巧，以至于没有人会怀疑它们是人造的。这样的产品之所以成为可能，是因为动物本身和机器没什么两样，尽管它们更复杂一些。但是机械人是另一回事。不管把它们设计得多么聪明，笛卡尔写到，"它们都不能像人一样遣词造句交流思想"。笛卡尔给出的解释很简单：动物没有灵魂。

在强调了灵魂是语言的秘密之后，笛卡尔很想探索下一个问题——身体和灵魂之间界面的本质。然而，考虑到当时的政治形势，他担心在这些问题上发表意见可能并不明智。从他的信件中，我们可以看出原因。1633 年 11 月，他"下定决心"要送给朋友梅森（Mersenne）一本他新近完成的《人论》（*Treatise on Man*）：

> 但我不得不说，在此期间，我不厌其烦地打探能否在莱顿或者阿姆斯特丹买到伽利略的新书《世界系统》，我听说它去年在意大利刚刚出版。有人告诉我，这本书确实出版了，但很快就在罗马被烧毁了，他们说伽利略被判有罪受到重罚。我对此感到非常惊讶，几乎决定烧掉我所有的文件，或者至少不让任何人看到它们。因为我无法想象他——一个意大利人，而且据我所知，他很受教皇的恩宠——会因为别的原因而被定罪，而不是因为他试图证明地球在转动。毫无疑问，他是因言获罪的。

地球转动的观点教皇认为是错的，笛卡尔面对的未来似乎也令人担忧：

> 我必须承认，如果这种观点是错误的，那么我哲学的整个基础也是错误的，因为从这些基础可以很清楚地证明这一点。它是如此紧密地交织在论著的各个章节，因此删除它整本书就不完整。但无论如何，我都不想发表一篇教会反对的演说，哪怕其中只有一个词他们不满意。所以我宁愿把它压一压，也不愿出版一部残缺不堪的书。[23]

笛卡尔对殉道不感兴趣，他把现存的所有手稿都收了回去，并写到，若自己的观点"不能毫无争议地通过，我就没有激情公开发表"。

这部被压下来暂未付梓的著作面临被教皇谴责的风险，因为它讨论的问题涉及身体、灵魂，以及——最具争议的——它们之间神秘的联系。除非他小心谨慎，否则笛卡尔可能会因传播异端邪说而遭到逮捕。设想一下，如果他宣称灵魂受身体的影响，这会引来什么后果？这意味着不朽的上帝受到侮辱亵渎——这显然是异端邪说。出于这些因素，我们现在就可以理解笛卡尔为什么当时提出那样的观点：灵魂这个东西完全不受肉体的影响。"笛卡尔二元论"这种现在为世人熟知的身心分离学说，实际上是哲学做出的妥协，它使破镜又可以重圆。

笛卡尔想知道思想是如何影响身体的，这样当我决定挠头时，我的手就会顺从。他沉思着，可能是松果体中一些未被观察到的、非常精细的物质充当了身体和灵魂之间相互作用的中间人。但他怀疑他的论点是否有足够的说服力让自己相信，所以最后不得不与教会心照不宣地达成一致。他只想静下心来做研究，为此他得继续接受梵蒂冈对灵魂的传统垄断。

笛卡尔把这个宇宙一分为二，一方面是物质的，另一方面是灵魂的。他的观点是，只有物质的才能实际计量，才能实验研究，才能科学描写。显然，他认为人所拥有的不朽灵魂是不一样的，它不能用科学的方法来研究。这使得乔姆斯基在 1966 年出版的《笛卡尔语言学》一书中对笛卡尔的引用显得非常大胆。乔姆斯基把笛卡尔的"灵魂"一词替换为"心智"，他坚称，心智虽然也是笛卡尔的第二实体，是人性的重要部分，却可以用科学方法来研究。乔姆斯基并没有忠实地追随笛卡尔的脚步，而是在做一些完全不同的事情，他像用暗箱一样传播笛卡尔主义，把这位法国哲学家兼科学家颠倒过来。

显然，乔姆斯基的支持者并没有注意到这一点，但事实是毋庸置疑的。乔姆斯基自己也承认扩展了"笛卡尔主义"的定义，如他所说，新的"笛卡尔主义"包括了"一些笛卡尔没有说过的话，一些被笛卡尔的追随者所拒绝的主张，甚至许多最初由反笛卡尔主义者提出的思想"。[24] 对笛卡尔来说，作为"第二实体"的灵魂需要让位于宗教权威；但对乔姆斯基来说，它才是研究真正的核心。他解释道："我现在相信，笛卡尔提出'第二实体'的假设是非常科学的，这不是一个形而上学的或者不科学的举动。这一点我与其他同事有不同的看法。"[25]

在写到笛卡尔关于灵魂—物质的假设时，他继续写道："事实上，在很多方面，这很像牛顿的智慧之举，他假设存在一种有一段距离的作用力；你可以这么说，他正在进入超自然的神秘学领域。"[26]

牛顿关于重力的神秘概念颠覆了与"身体"有关的整个认识，从而摆脱了由来已久的"身心"问题：

> 身心二元论不再站得住脚，因为"身体"这个概念不存在了。近年来，人们普遍认为"笛卡尔的错误"在于其身心分离的假设，这种"机械中的幽灵"说遭到嘲笑就不可避免了。诚然，笛卡尔被证明错了，但原因并非如此。牛顿去除了这台机械，但完整地保留了幽灵。是第一实体——一种扩展的物质——消融在神秘王国。[27]

仍需要强调的是，"我们要铭记，笛卡尔的物质论垮掉了，但心智论仍然保持原样，并没有被彻底批判"。[28] 根据乔姆斯基的说法，笛卡尔的"心灵理论"并没有被推翻，这给我们提出了新的任务——"把它发展成一种数学心灵理论"。[29] 于是，乔姆斯基终其一生都致力于用数学的方法研究人的心智，而这对笛卡尔而言是不可想象的。

实质上，乔姆斯基的哲学是反笛卡尔主义的。在他看来，物质并不存在，有的只是心灵。笛卡尔选择把"灵魂实在"的研究留给神学家，乔姆斯基选择了相反的道路。认识到这两位思想家的方法之间的鲜明对比是很重要的。在无所畏惧的理性和世俗的谨慎之间，他们俩有不同的侧重。笛卡尔更在乎后者，他把人描绘成一台被灵魂操控的机器，这完全超出了科学理解的范畴。

而乔姆斯基刚好相反，他更在乎前者，正是由于其把心智作为一台安装在人脑中的机器装置的惊人洞见，才使心灵研究作为自然科学的一部分成为可能，对人自身的认识从此被提升到远远高于动物之上的水平，这在之前是不可给予科学解释的。

一旦被采用，反笛卡尔主义就有了自己的逻辑，继而引发了一系列极具乔姆斯基特色的学问。其中最主要的是排除身体表现，只留下（语言）知识或"能力"作为他的研究重点。乔姆斯基认为，这意味着你根本不需要学习语言的使用。"原则上，"正如乔姆斯基所说，"每个人或许都有一个我们称之为'英语知识'的发育成熟的认知结构，但他不一定有使用这个结构的能力。"[30] 因此一个孩子可能不需要说一句话就完全掌握了英语。

排除社交用途不可避免地会导致进一步简化假设，比如语言是为了与自己交谈而存在的："现在，让我们以语言为例。它的特点是什么？嗯，大概99.9% 的使用是在大脑内部的。你一分钟都不能不自言自语。"[31]

但根据乔姆斯基的说法，即使是一个人的这种"自言自语"，也主要是用英语、斯瓦希里语或任何一门他从外部习得的母语。[32] 这不可能成为科学兴趣的焦点。如果我们研究自然科学，我们关注的一定是人类共有的、人与生俱来的内在语言。乔姆斯基解释说，如果这种基因固定的"思维语言"果真存在的话，那它一定是相当神秘的："我们至今都无法研究，或至少是研究的方法很少。"[33] 之所以难以研究，是因为儿童在习得思维语言的基本概念时，这些基本概念恰好是通过儿童的母语来定义的。因此，以原始的自然形式揭示思维语言里那些先天概念即使是可能的也是十分困难的。因此，乔姆斯基坚持认为语言学应该狭隘地关注我们天生的思想语言，但他又告诉我们，这在现实中是不可能做到的。

沿着这一逻辑，乔姆斯基走入了另一困境，一个关涉指称意义的难题。他不得不得出这样的结论：指称在语言学中毫无地位可言，指称根本就是一场误解。自然语言的使用并不是要指称世界万物：

> 即使没有世界，它也会起同样的作用。所以你可能会把大脑放进缸里，或者别的什么。然后，问题就来了，好吧，看，我们用文字来谈论这个世界：我们是怎么做到的？在这里，我认为，哲学家、

语言学家以及其他现代知识分子都陷入了一个陷阱，一个以为有指称关系存在的陷阱。[34]

当彼得·勒德洛（Peter Ludlow，乔姆斯基的坚定支持者）在一群彬彬有礼的受邀观众面前采访乔姆斯基时，一个滑稽的反应出现了。"嗯，你看，"勒德洛反问道，"有一件事我一直不太明白，那就是指称到底出了什么问题？"乔姆斯基回答说：语言表达式并不指称什么，只是人指称东西；如果你的研究是自然科学，你就不会研究人。勒德洛继续反驳，这次，他以"诺姆·乔姆斯基"这个名字为例。当时的对话转录如下：

> **勒德洛**："诺姆·乔姆斯基"这个名字，我问问在场的听众，这个名字指的是哪位？
>
> **乔姆斯基**：……当问这个词指什么时，就是假设词和物之间存在关系，我们就需要解释这种关系，哪些客体间具有这种关系，这种关系又是一个新的概念。这个例子中，你用"人"指什么？自然语言中没有指称这个概念。[35]

勒德洛压抑着明显的愤怒，决定独自前进。

作为一个普通人，乔姆斯基完全知道说话绝对会涉及指称。我们说话时，很可能在谈论一些事情。如果是外行，乔姆斯基一定会承认这一点，而作为科学家，乔姆斯基却拒绝承认有指称。最可能的解释似乎如下。与普通的社会智慧不同，乔姆斯基的科学智慧自学生时代起就在一种严重依赖国家资助（尤其是美国军方）的文化中形成。[36]因为这些赞助者想要实际应用，乔姆斯基必须小心翼翼才能避免违背自己的良心。为了不冒任何风险，他将"语言"的概念与所有实际应用的可能性分离开来。在接受资助后，他就退回到自己的空间，在这个空间里，语言不是公开的，不是社交的，不是交流的——甚至不能指称世界上的任何事情，无论是真实的还是想象的。

在乔姆斯基这个曲高和寡的世界里，语言是天生的，而不是后天养成的。它是沉默的、内在的、私密的、无意识的。"语言能力有点像消化系统，它会消化并产生我们需要的东西"。[37]或者这样说："即使没有任何世界，它也照样如此。"说话人就是一颗放在缸里的被手术切除的大脑——割下来丢在那儿，与社会和身体不再有任何的联系。语言不仅在空间中是孤立的，它在时间中也是被切断的。语言没有历史，它没有进化的前身，是瞬间出现的。它的形式无可挑剔，就像是神的杰作一样完美无缺。[38]

　　乔姆斯基就是这样摆脱了他所面临的政治困境。面对一个并不完美的世界——确实，就在这个不完美世界的科学大脑里——他将构建一个完美的空间，在那里语言有永恒、完美的形式。或许他已经得出了一个痛苦的结论：只有在语言学变得毫无意义的情况下，他才能在麻省理工学院那个"死亡部门"安心地工作。

第 17 章

灵 魂 突 变

　　乔姆斯基坚持认为语言不是渐变的结果，而是一步到位的。这一观点与现代科学的诸多认知截然相反。我们不禁要问，是什么让他有勇气这么想？没有任何经验证据支持这种观点，我们就只能去别处寻根问源了。我猜想，原因一定在于他所处的制度环境给他的压力让他自相矛盾。

　　回到 17 世纪。笛卡尔觉得自己就是一名实实在在的钟表匠，很自然，哪个钟表匠都不可能在作坊里组装出人的灵魂。他的结论是，这样一个上帝赋予的实体——语言的秘密——一定永远是个谜。如果要推翻笛卡尔的结论，乔姆斯基不能是钟表匠，他必须是上帝本人，是"神圣的建筑师"，接下来他想知道，如果是上帝他该怎么办。

　　在讲故事之前，乔姆斯基首先问我们都有哪些疑惑不解的问题。例如，他说："语言，其核心是一个无限的数字系统。"这与所有已知的生物系统都不一样，它们是分级的、有限的。为什么人类的语言器官会如此截然不同，这是个问题，甚至可能是个谜。乔姆斯基继续说，既然"没有任何其他生物系统拥有这些特性"，那么，我们不禁要问这样的问题："人类的这种能力是如何发展起来的呢？混乱的大脑系统是如何发展出一个如此精巧的无限数字系统的呢？"[1]

提出这些困惑后，乔姆斯基拒绝提供任何严肃的答案。在 20 世纪 50 年代和 60 年代，如果你声称自己在研究生物学，就必须提出有关进化问题的答案，但乔姆斯基觉得根本没有这个必要。他的回答很简单，语言是一种器官，然后就此打住。然而，在 20 世纪 70 年代，乔姆斯基的声音引起了进化生物学界的注意。那些获悉他也在从事生物学研究的科学家们最感兴趣的问题是，语言这个器官是如何进化的。如果一个器官存在，那么从逻辑上讲，它一定是进化而来的，当时人人都这么认为。带着诸多问题，一群进化生物学家邀请了当时世界上最著名的语言学家共聚一堂就语言起源与进化问题展开了一次具有历史意义的跨学科研讨。

这次会议 1976 年在芝加哥举行，是历史上围绕该主题召开的第一次国际学术会议。乔姆斯基提交的论文题目是《论语言的本质》（*On the Nature of Langue*）。除了长篇大论那几条早为人知的原则，关于语言的起源进化他只字未提。随着他详细介绍自己最新的语言学思想，一股沮丧情绪在听众中蔓延开来。终于，一名会议组织者不耐烦地提醒他说："我想问个问题，所有与会代表也都想问你这个问题，那就是，语言是如何成为这个样子的？"[2] 乔姆斯基搪塞道："我感兴趣的是这个问题值得一问。这是个很自然的问题，人人都在问。我觉得我们应该问为什么人们要问这个问题。"[3]

甚至当乔姆斯基受邀参加一个关于语言起源的会议时，他也对组织者的目标表现出不耐烦和反感，把自己置身于一个截然不同的世界。这次经历促使他澄清自己的立场。"关于语言起源的研究源远流长，"他在同一年评论道，"比如，研究语言是如何从猿类的叫声中产生的等。但在我看来，这种研究完全是浪费时间，因为语言的原理与动物的交流系统完全不是一回事。"[4]

近年来，在支持他的同事们的劝说下，他软化了这一立场，承认语言能力的"外围方面"可能已经逐渐进化。[5] 但在基本问题上，他的立场没有任何改变。笛卡尔坚持认为，上帝创造灵魂，不可能是逐步完成的，它完美无瑕，是一蹴而就的。乔姆斯基与笛卡尔并无多大不同，所不同的只是他用现代科学的语言给一个古老的思想穿了一身漂亮的衣服而已。在不诉诸神的干预的情况下，乔姆斯基假设，是一场"奇怪的宇宙射线阵雨"触发了一次随机突变，从而一举植入了语言器官：

讲一个关于它的童话故事，就好像很久以前有一些高级灵长类动物四处游荡，也许是在一场奇怪的宇宙射线阵雨之后，发生了一些随机的突变，它重组了大脑，在其他灵长类动物的大脑中植入了一个语言器官。[6]

我讲这个故事时，经常被乔姆斯基的支持者们警告，叫我不要把这当回事。他们说，这只是打个比方而已。乔姆斯基自己也经常说，这不过是一个"神话故事"。但是如果真的如此，我们就需要解释为什么乔姆斯基不断地重复这个故事。以下是这个故事更具体的说法：

关于语言能力的一个基本事实是，它是一个离散的无穷系统。任何这样的系统都基于一个基本操作，该操作用 n 个构造好的对象构造出一个新对象，最简单的形式就是构成 n 个对象的集合。这样的操作称为合并，合并或类似的操作是最基本的。有了合并，我们马上就有了一个无界的层次结构表达式系统。对人类进化中的"大跃进"最简单的解释是，或许是因为微小的突变，大脑神经建立了新的链接，从而就有了合并操作，这为人类进化的那个关键"时刻"的到来打下了坚实的基础。[7]

因此，合并是任何一个想象得到的"离散无穷"系统的核心程序。合并意味着把对象组合在一起，把合并后的对象再组合在一起。合并可以反复操作，理论上可以无限重复。乔姆斯基写到，不管我们怎么设想人类进化的故事细节，也不管我们怎么设想进化的人脑有哪些构成，最简单的（也是最佳的）理论就是，合并必须步骤简单：

关于语言进化，学术界曾有很多推测，多数研究认为进化是一个十分复杂的过程：首先是出现某种突变允许两个单位的表达式合二为一，其原因在于这样具有选择优势，可以克服词汇暴增对记忆的限制。然后是再次突变，允许组合成更大的表达式。最后是"大跃进"，合并机制形成。也许早期的几步真的发生了，但更简单的推测是，它们并没有发生，最后的"大跃进"实际上是瞬间在某个个体身上发生的。于是很快，他便被赋予了远远高于其他人的智慧和能力，通过遗传基因，这种能力遗传给子孙后代，使他们拥有生存优势，并且与负责外化和互动的感知—运动系统相互作用从而主导了整个交流系统。乐观地说，这充其量是一种合理的猜测，就像所有关于这类事情的推测一样，但它是可以想象到的最简单的猜测，与任何已知的或似是而非的猜测并不矛盾。[8]

与其他猜测相比，乔姆斯基似乎确实更赞成语言起源的突变论。为了打消人们的疑虑，2014 年年初，他在梵蒂冈向崇拜他的信众讲述了突变论的另一个版本，他声称，其理论与科学的最新发展是一致的，这让在场的红衣主教和一众神学家们疑虑全消，士气大振。[9]

身心二元论的一个问题是身体与灵魂总是两种不同的东西。至今还没有人找到好的方法来解释二者如何结合。在乔姆斯基眼中，"宇宙射线阵雨"的神话故事似乎解决了一个问题，但又带来一个新问题。用他自己的话来说就是，大脑被辐射后，原有的部分仍是复杂的、模拟的，甚至是"混乱的"。相反，新安装的成分则是简单的、数字的、整洁的。那么，这两部分在大脑中如何交流、如何连接呢？两个截然不同的系统（一个杂乱如麻，一个干净整洁）怎样才可能在一起而互不干扰？果真如此的话，理论上怎么可能呢？

今天的科学家更倾向于相信达尔文，而不是柏拉图、笛卡尔，因此，上面所提的问题对他们而言就不是问题。为了解释这些问题，乔姆斯基觉得有必要努力一番。他让我们想象大猩猩的祖先，受到了某种宇宙射线的辐射，结果就具有了语言器官，但大猩猩并不会使用。可能存在诸多不可克服的困难，比如，"界面"难以打通，或者"可读性条件"不能满足，等等。简单来说，对这只不幸的大猩猩来说，杂乱如麻的旧大脑不能识别新安装的数字部件所传递的信息。乔姆斯基认为，这并不奇怪。毕竟突变是由"神秘的宇宙射线阵雨"引起的，从字面解释就是，一切都是来自外星的干预。在一定程度上看，这种突变与先前地球上的进化进程毫无关联。因此，我们也就不可能期待新旧大脑轻轻松松就完美契合："高等灵长类动物，比如大猩猩或其他动物，实际上拥有类似人类语言能力的东西，只是它们无法获得这种能力。最糟糕的是，可读性条件无法满足。我们可以这样设想，尽管这种可能性很小但仍有可能。"[10]

乔姆斯基对发生在人类身上的真实事情描述得如此惊人，也相应地令人鼓舞，正是因为在统计学上根本不可能有这样的碰巧。他说，完全巧合的是，新旧大脑之间的契合不仅被证明是可以接受或可行的，而且是完美的。

上文我提到 1976 年在芝加哥会议上乔姆斯基拒绝讨论语言的起源问题。2002 年在波士顿举办了另一场关于语言起源的重要研讨会，乔姆斯基也应邀参加。这次会议由我本人、吉姆·赫福德（Jim Hurford）以及其他几位学者组织。乔姆斯基做了最后的主旨发言，利用这个机会，他谈论了"最简方案"对语言进化研究的意义。受此启发，生物学家马克·奥赛尔（Marc Hauser）和特库姆塞·菲奇（Tecumseh Fitch）后来邀请乔姆斯基与他们合作。于是就有了《语言机能：是什么？谁拥有它？如何进化的？》（The Faculty of Language: What is It, Who Has It, and How Did It Evolve?）一文，于 2002 年在《科学》上发表。这篇文章注定会成为语言起源研究中被广泛引用的文献之一。[11]

文章作者认为，广义语言机能（FLB），包括记忆和其他几种，既不是人类独有的，也不是语言独有的特征。狭义语言机能（FLN）是语言和人类特有的基本元素，它是我们组合单词并将这些组合再次组合在一起的能力，这种组合原则上没有限制，这就是"递归"。FLN 突然出现，没有任何先例，而在广泛的动物物种中发现的感知、运动、认知和其他能力，其中许多与人类关系十分遥远。

递归要成为语言机能的合格特征，就不仅仅是一条抽象的原则，而是需要发挥具体的功能。在大脑内，递归需要调节认知（思维）和感知—运动界面间的关系。后者涉及臂、手、耳、眼、舌等各个能活动的身体器官。用他们的话来说：

> 我们假设，不考虑精确的机制，FLN 的一个关键组成部分是一个计算系统（狭义上的句法），它生成内部表征，并通过语音系统将它们映射到感觉—运动界面，通过（形式）语义系统将它们映射到概念—意图界面。[12]

批评者很快就有了评论，尽管这篇文章名声在外，但在关键方面却很奇怪。德里克·比克顿是一位始终如一的评论家，他评论道："它可能是唯一一部关于语言进化的著作，其中没有一个词涉及人类是如何进化的。"我们可以想象，一篇关于海狸筑坝进化的论文只字不提海狸自己是如何进化的，这可能吗？[13]

更糟糕的是，文中虽然提出狭义语言机能的两个"界面"——一个是思想，另一个是外在活动——的假设，但是，三位作者并没有打算具体解释这些界面到底是如何工作的。

另一个重要问题涉及词汇进化，这篇论文也没有讨论。递归是把成分组合起来，再把先前组合的结果重新组合起来。若没有成分可供组合，递归如何进行？作者十分清楚，组合所需的必要词汇不同于表征抽象范畴的概念，也不是真实世界的事件或物体。然而，作者对大脑中那些海量的精细又复杂的词项来自何处这个问题讳莫如深。比克顿批评说："这种方法的支持者甚至认为连语言—认知界面都经不起仔细推敲，因为这样做将迫使他们承认他们的理论存在巨大的漏洞。"[14]

还有一个问题是关于乔姆斯基提出的假设。他认为，手势或言语在合并之初不起任何作用。语言机能只允许个体思考。早期阶段没有交际，因此就没有"外化"的需求。这就意味着没必要也不可能存在感知—运动界面。

总之，我们与内在认知之间没有界面，与外部现实之间也没有界面。递归似乎就变成了空对空的调节系统。但这启发了乔姆斯基，提出了著名的论断。他认为，随着递归操作，语言变得"出奇的完美"。[15]语言学家丹尼斯·布沙尔（Denis Bouchard）总结时，批评乔姆斯基的整个理论空洞无物，"目前来看，因突变而生递归的假设提供的信息十分有限，好像只是说语言有递归的属性是因为语言有递归这回事"。[16]

除语言外，没有其他任何一种生物适应性能用这种同义反复的循环论证来解释。

乔姆斯基的方法使"生物语言学"从生物科学其他领域的限制中解脱出来，将智人与地球上的其他生命完全隔离开来，从而粉碎了概念统一的任何希望。用乔姆斯基自己的话来说就是：

> 没有理由认为这些"差距"是可以弥合的。在这种情况下，假设从"较低"阶段进化到"较高"阶段，就像假设从呼吸进化到行走一样，是没有根据的：这两个阶段似乎没有明显的相似之处，似乎涉及完全不同的过程和原则。[17]

这样说似乎还不够。乔姆斯基还说，即使我们非常幸运撞上了好的理论，但对我们科学理解语言来说也没什么区别。因为他始终觉得我们可能是外星人送往地球的：

> 同样地，假设我们发现我们的祖先是 3 万年前在一个外星实验室里被造出来的，并由宇宙飞船送到地球上，那么自然选择在肾脏、视觉系统、算术能力或其他任何东西的形成中几乎没有发挥任何作用。关于肾脏生理学的机理，教科书不会做任何修改，同样，涉及视网膜功能、人类视觉以及其他生理系统的复杂理论也不会被修改。[18]

语言跟身体根本没啥关系（尽管他将语言定义为大脑的一个组成部分），所以，推测手臂、手或舌头在语言进化中可能发挥作用是毫无意义的。"看看语言进化的文献，都是些关于语言如何从手势、投掷、咀嚼等进化而来的瞎扯淡，没有一项研究切中要害。"[19]

如果乔姆斯基否定了这个或那个特定的达尔文理论，严肃的进化科学家可能会同情他。然而，相反，至少在"狭义"语言方面，他事先否定了所有的进化方法，让自己别无选择，只能继续下去，就好像他讲的外星人来访地球的故事是真的一样。

如果出发点就建立在完全错误的假设上，为了让自己的观点一步步可行，就会迫使自己在一种不可能的基础上建立另一种不可能。由于其他物种都没有类似语言这样的东西，乔姆斯基就认为，"这就意味着，语言能力似乎在生物学上是孤立的，以一种奇怪的、意想不到的方式存在"。[20]你就可以用自己喜欢的方式解释语言的进化：

> 我们可以编造很多故事。例如，很容易把语言看作现在的样子，或把语言肢解成 50 块（音节、词，组合在一起的成分如短语等），可以说："好吧！我讲个故事，突变产生了音节，另一突变产生了词，还有一次突变产生了短语，等等。"另有一次（神奇的）突变产生了递归特征（事实上，所有的突变都是奇迹），或许还有完全不同的特征。你的故事与事实无关，真的无关。[21]

语言的方方面面都需要解释。除了不断重复的"突变"假设，乔姆斯基也是无计可施。出于简洁性的考量，乔姆斯基更喜欢用"一次突变论"。尽管这仍然是个奇迹，但一个奇迹至少比无数个奇迹好得多。

因此乔姆斯基提出，语言进化的"最简设想"就是"我们人类是一小群智人的后裔，这个群体中有个叫普罗米修斯的人，一天其大脑发生了重塑变化"。[22] 由于这一孤立事件（乔姆斯基推测发生在智人形成后不久），普罗米修斯及后代就具有了现代人的思想，完全装载了语言机能。乔姆斯基最古怪的想法也随之而来，"不过语言的使用推迟了大约5万年"。[23] 乔姆斯基似乎是在告诉我们，有一段时间，人类有语言但从来不用。但这并不重要，"思维能力很好地嵌入大脑，语言交流很晚才出现，而且语言使用是次要的。从语言研究中我们会发现，语言使用不会影响语言的结构"。[24]

因此，在乔姆斯基看来，说话时让自己被别人理解是"次要的"，这与语言是什么毫无关系。"语言不该被看作一个交际系统，而是一个表达思想的系统。这与以前的理解不同。当然，语言可以用于交际，就像人们也可以用其他方式（如服饰、发型等）来表达意义实现交际功能一样。"[25]

所以语言并不是用来交流思想的，就像你的腿、衣服和头发一样。语言存在的目的只是和你自己一个人交流：

> 事实上，即使你是宇宙中唯一一个人，你也可以使用语言。这样甚至还具有适应性优势。一个人突然有了语言机能，他就有了优势，可以思考，可以和自己交谈自己的思想。[26]

新的语言机能有多"完美"？乔姆斯基的回答是："近期研究表明，语言'完美无缺'，这令人诧异。"[27] 事实上，语言有数学的优雅与简洁，像雪花一样完美。"语言就像雪花，一旦基本构造形态确定，具体形式就是遵循自然法则的结果。"[28]

每片雪花形态各异，但粗略看来，它们有共性，如都是六边形，呈对称结构。它们具有共性并不是因为每个结晶体具有类似于染色体那样复杂的机制对六边形进行编码，而只是因为对称性源于水分子的物理化学自然变化，水分子是依据物理法则而运动的。这同样适用于体内的细胞分裂：

没有人会认为有基因告诉一个破碎的细胞变成球体，就像没有基因告诉你如果从楼顶上走下来就会掉下去一样。那太疯狂了，只是因为物理定律在起作用，可能是物理定律在告诉细胞分裂成两个球体。[29]

从雪花、细胞拓展到普遍语法，这就是隐藏在最简方案背后的核心思想。最简方案放弃了基因的复杂性思想，优先强调优雅与简洁。乔姆斯基说："或许笛卡尔甚至柏拉图都会为之感到高兴。"[30]

若想对比确认一下，这就是笛卡尔对完美的表述："我们所理解的超级完美的东西就是上帝。我们在这里绝对想不到任何隐含的缺陷或不足。"[31]

随之而来的问题是，乔姆斯基是在做科学研究吗？这难道不是与哲学甚至神学更接近吗？

和任何神学家一样，乔姆斯基承认在这个世界找到完美实属不易。语言中很少有东西像雪花一样完美。事实上，他说，如果你研究形态学、音韵学、语用学或者其他任何东西，你会立刻发现不完美的东西比比皆是：

> 形态是典型的不完美，至少表面上看起来是这样。如果让你来设计一个系统，肯定不会设计成那样。形态并不是唯一不完美的地方。例如，形式语言不会有音系、语用或移位这样的操作。所有这些都是不完美的体现。甚至说有不止一种语言也是一种不完美。为什么这样说呢？因为这些东西至少给人的第一印象就是不完美。若你想让一个系统运行简单，就不会把那么多东西放入这个系统内。[32]

其中一个问题是，世界上的语言听起来并不统一：表面上看，它们似乎是完全不同的语言，这显然不完美。特别是：

> 整个音位系统看起来就是很大的不完美，你会发现其中有很多不好的特征。或许可以说，整个音系就是一种不完美。此外，音位系统有不好的计算特征。若看看语音，就会发现没有哪条计算原则在这里得到严格的遵守。因此，是否可以提出这样的疑问——音系是一个丑陋的系统吗？[33]

乔姆斯基觉得这些不好的、丑陋的、不完美的特征源于思想与感知—运动系统的不幸交互。感知—运动系统就是包括臂、腿、耳、舌等在内的杂乱系统，我们使用这个系统交流思想。[34]

为了让我们相信语言的不完美只是表面的、"外在的"，乔姆斯基以屈折系统为例。汉语完全没有屈折变化，梵语和拉丁语则有复杂的格系统。乔姆斯基告诫我们不要被表象欺骗。不同语言的差异只是表面的，不是真实的。事实上，英语、拉丁语、汉语、梵语都有相同的格系统。当然，你不是总能听到，因为这个系统可能听不到。不管耳朵能否感知到，系统总在那里。乔姆斯基解释说："最近的研究表明，汉语和英语与拉丁语有相同的格系统，只不过语音实现方式不同罢了。"[35] 语言不同，是因为说话人发出的声音不同。不论我们来自哪里，若静静地不出声，每个人只在心里对自己说话，这个问题就消失了。乔姆斯基解释道："大部分不完美可能与语言的'外化'需求有关。我们用读心术交流，就不会有这些不完美了。"[36]

语言是完美的、普遍的、不变的，这种认识是建立在读心术假设基础之上的。

这些令人迷惑的观点就是乔姆斯基最近提出的"最简方案"的精髓。这些观点令人费解，除非我们弄清楚背后的哲学根源是什么。我们已经看到，乔姆斯基承认他的研究初衷就是恢复传统的灵魂说，只是现在用了一件"科学的"外衣来包装而已。沿着这个思路一切就不难理解了。根据定义，灵魂是完美的。它是不朽的，它超越了所有身体的限制。它不需要以任何方式调整自己以适应身体。既不占用空间也不占用时间，不可能被分割或切分。比如，任何生物都不能拥有半个或四分之一的灵魂。没有哪个婴儿一出生就只有一个胚胎灵魂，然后开始成长；如果婴儿有灵魂，那一定是一次性地完美成型的。

沿着同样的神学脉络，我们最终可以回溯到创世的时刻。传统意义上的达尔文主义并不适用于此。没有灵魂可以逐步进化。如果人类某个祖先真的突然获得了灵魂，那么它从一开始就必须是完美的。灵魂从哪里来？谁安装的？何时安装的？如何安装的？为什么安装？这些问题不可能有科学的答案。

第18章

化油器与其他内在概念

探究语言起源的原因之一是便于我们验证语言理论的有效性。丹尼斯·布沙尔解释道：

> 例如，如果一种理论坚持笛卡尔的身心二元论，那么，灵魂不是机械世界的一部分，不属于科学研究的领域，所以灵魂的起源问题甚至不能在科学中提出；即使把语言看成灵魂的副产品，语言的起源问题也不能在科学中提出。[1]

另外，如果一种理论认为人类拥有由基因构成的身体和大脑，那么就可以提出语言起源的问题。布沙尔因此得出这样的结论，"一种语言理论能否解决语言起源问题，是对其价值的一个很好的检验"。他补充说："如果一个普通语言学理论不能为合理解释语言的起源提供良好的基础，我们就应当警惕这样的理论。"[2]

乔姆斯基的一切努力就是为语言起源提供一个"合理的好解释"。正如我们所看到的，在早期，他对研究语言最初是如何进化的这个问题不屑一顾。然而，到了 20 世纪 90 年代，随着压力不断加剧，他用"最简方案"做出了回应，希望能一次性解决这一窘迫问题。乔姆斯基最初的理论设想是，大脑这个复杂器官经历了一次突变就有了语言机能，但这种观点总是令人无法接受。随后他又说这是一系列共时突变的结果。这样的说法同样不能令人信服，引用彼得·佐伊伦（Pieter Seuren）的话来说，"世界末日般的突变发生的概率很低"。[3] 作为回应，乔姆斯基又做出了一个 180 度大转弯，也许是迄今为止最壮观的一次。他宣称，普遍语法中除了最简单的"递归"机制外，其他部分都不是基因决定的，"递归"也称作"计算无限""离散无限"或"无限使用有限的手段"。由于"递归"机制简单，乔姆斯基现在就可以说它是一次突变的结果，递归机制足以一步到位安装完毕。

这种简洁性鼓舞人心，但也产生了新的问题。复杂性可以从你理论的一个部分转移到另一个部分，但它不会消失。为了达到最简主义，乔姆斯基不得不将复杂性从生物语言器官转移到复杂多样的词汇单位——可听的单词或其对应的概念——递归正是在此基础上工作。乍一看，你可能觉得一次突变产生了递归。但是，用相同的突变来解释词汇及其特性的诸多复杂性就完全是另外一回事了。

然而，这些问题总需要答案。毕竟要想合并词项，首先要存在词项。乔姆斯基自己也承认，新的合并系统要发挥作用，就需要概念，需要表征抽象范畴的概念，[4] 但是动物并不具有这些概念。那么人类特有的这些概念源自何处？是与智人起源相同的一次突变把这些概念载入大脑的吗？即使乔姆斯基也认为这种设想不合理。正如比克顿所言："递归突变之上还有另外一个偶发的突变，这样的假设令人难以置信。"[5] 但是，无论突变与否，词项仍是与生俱来的东西。

依据乔姆斯基，carburettor（化油器）是个内在概念。我向左翼朋友提及这个观点，通常他们的反应是怀疑。我是在设想吗？他们听说乔姆斯基认为一些语法基本原则是天生就有的。但是，任何一个正常的人可能会觉得单词（例如，官僚或化油器）也是编码在人类基因中的吗？自智人产生以来，人类历史进程中创造的每个词以及未来理论上可能出现的词都是我们自然基因的一部分吗？

我们会看到，乔姆斯基的确这样认为。他的观点出乎意料，在此我们需要多花点时间来解释一下。乔姆斯基经常援用概念必然性，即逻辑一致性来说事。他这样做是为了支持自己的语言观：语言是自然的、生物的。如果他承认，比如说，化油器这个词之所以能安装在一个年轻人的大脑里，是由于其所处的社会文化环境，那么就很难避免这种想法在逻辑上延伸。如果大脑词库中的这个词是从外部习得而来的，那么其他那些词（如爬行、房子、书籍等）为什么不是习得的呢？沿着这个思路下去，可能会摧毁整个生物语言学范式。

乔姆斯基解释说：“从生物语言学角度看，我们可以认为语言本质上就是一个'身体器官'，类似于我们的视觉系统、消化系统或免疫系统。”[6]

此处他把语言定义为“身体器官”，但是同一段中隔几行后，他就改变了观点，认为“……身体（物质、物理）这个概念在18、19世纪很好理解，但现在不再是一个统一连贯的概念了”。“身体”这个概念因而在现代科学中毫无地位可言。

若“身体”这一概念无效，把语言说成一个身体器官就显得十分荒诞。为了克服这一矛盾，乔姆斯基从“身体”这一充满问题的领域滑向了他所认为的“心智”这一牢固的科学领域：“我们可以认为语言是一个心智器官，其中'心智'简单而言就是世界的某些方面，研究它完全可以采用化学、光学、电学等学科的研究方法。”[7]

在诸多类比中，乔姆斯基也把语言器官比作免疫系统。他认为，语言和免疫系统都有预见力，都可以对未来事件带来的任何挑战做出回应。

乔姆斯基认为，免疫系统在遇到特定的病毒或危险的抗原之前就已经知晓潜在的风险，并能准确地做出预测，一旦激活就能产生合适的抗体来抵御危险。他写到，免疫系统甚至在遭遇全新的挑战时也能恰当地应对，即使这些挑战在人类历史上从未出现过。[8] 依此类推，乔姆斯基称，大脑一旦装载了语言器官，就一定会与数量庞大的潜在词汇相联系，也能应对未来的一切需要。

在生成语义学还十分流行的20世纪60年代，乔姆斯基借用雅各布森的“区别性特征”理论提出，只有词汇的基本成分（如“有生命/无生命”“阳性/阴性”等抽象特征）需要在基因上预先安装。后来，这个观点被证明不可行，他又转而提出了似乎唯一可行的观点，认为每个单词是作为一个整体在基因层面上得到编码的。这一思想经由乔姆斯基的同事杰瑞·福多（Jerry Fodor）得以发展。[9] 时至今日，乔姆斯基仍然为这一观点辩护。

为了让这套说辞可信，乔姆斯基先易后难，选择用那些听起来就觉得"自然"的概念。例如，"爬行"就是一个好例子，无论来自哪里，人都会爬。乔姆斯基想让我们觉得"房子"也属于这种概念，因为人自然需要一个休息的地方。他称，儿童来到这个世界就已经知道房子是什么了。随着成长儿童学会了母语，只不过是把这个概念与母语联系了起来，"与'房子'这个概念相关的理解具有丰富而固定的结构，这个结构可能是跨语言的，是天赋的一部分，其产生不需要有任何经验证据"。[10]

乔姆斯基推理得出，如果这种观点适合"房子"，那同样适合其他概念。"我们有理由相信，爬、追、跑、树、书等这些概念都是生来就预先安装到位的。"[11]

注意，乔姆斯基的清单中也包括了"书"。不用说，他肯定知道旧石器时代根本就没有书，当时人们还在到处狩猎采摘，书写尚未发明。尽管如此，他还是认为有"千万个理由"让我们相信"书"这个概念已经预装在石器时代人们的心智中了。

乔姆斯基为什么要发出这些奇谈怪论？他甚至常常说自己说的不是什么假设。[12] 如果这是一个可检验的假设，他的批评者可能会惊讶地引用相反的证据。但是乔姆斯基不相信经验验证或实验，而是从理论的必然性出发去为自己的观点辩护。例如，他坚持认为，词汇概念"有复杂的特征，只要你认真观察就能看到"。由此得出，"这些概念一开始就已经载入心智，后来它们被激活，人们就看到了声音与概念的关联"。[13]

"爬、追、跑、树、书"等其他概念同样如此。但是乔姆斯基深知不能把自己局限在随意列举的词汇上。"房子"是自然的？"书"是文化的还是人造的？二者清晰的界限在哪里？他的观点要想有任何价值，就必须适应一切概念。"化油器"呢？"官僚"呢？"量子潜能"呢？当哲学家希拉里·普特南发现乔姆斯基的问题后，几乎无法压制自己错愕的心情。普特南批评到，给我们的祖先大脑中载入了未来世代所学的无数词汇，这种无稽之谈与任何已知的生物学分支都毫无关系。"进化必须能够预测未来物质和文化环境的所有偶然事件。显然，它没有，也不可能做到这一点。"[14]

出乎意料的是，乔姆斯基并没有畏缩。他重申，儿童习得单词的速度很快，学习不该这样发生，儿童只需要在母语中寻找与已经载入的概念相适应的声音标签即可。[15] 用相对简单的词汇（如"桌子"）阐释该观点后，乔姆斯基说：

> 此外，我们有充分的理由认为，下面这种观点至少在很大程度上是正确的：即使是像"化油器""官僚"这样的词，实际上，如果我们认真考量我们所知道的和那些让我们知道的相关证据之间的巨大差距，我们就会发现，这两个词同样避免不了让我们联想到熟悉的"刺激贫乏"问题……然而令人惊讶的结论是，大自然为我们提供了一种天生的概念库存，孩子的任务是发现它们的标签，经验事实似乎没有留下什么其他可能性。[16]

"因此，亚里士多德在他的大脑中有飞机的概念，还有自行车的概念——只是他从来没有机会使用它们！"哲学家丹尼尔·丹尼特（Daniel Dennett）回应道。他还说，他和同事们听到这句话都忍不住要笑出声来。丹尼特接着说："也许亚里士多德有一个天生的飞机概念，但他也有宽体大型喷气式飞机的概念吗？波士顿至伦敦往返机票是什么概念？"[17] 尽管如此，乔姆斯基还是继续为这样可笑的观点极力辩护。

他之所以可以这么做是出于自身的独特地位。正如我们所看到的，当乔姆斯基以科学家的身份说话时，他自始至终都很注意把自己树立为一种特定的权威——不是世俗的权威，不是同事之间或在他的领域里受人尊敬的人物的权威，当然也不是那种充满普遍认同的现实智慧的权威——而是某种更接近祖先的，更接近科学万神殿的，更接近柏拉图、笛卡尔、哥白尼、伽利略等伟人所揭示的永恒真理的权威。乔姆斯基依靠的是法国社会人类学家皮埃尔·布尔迪厄（Pierre Bourdieu）所说的"授权语言"——你在进行言语行为时需要的那种语言，如宣战、为教堂授圣、为一艘船命名等。[18]

诉诸先祖这种叙事方式会把原本看起来完全是无稽之谈的东西变成一种自我实现的预言或法度。[19] 你不能以个人的身份立法；只有当社区承认你作为其代表的权利，并赋予你必要的权力时，它才会起作用。这一方面的技巧，乔姆斯基运用起来得心应手。作为社会活动家面对各种无稽之谈时，他讲话谦虚、重点突出，始终以个人的身份去唤起一种开放的思想和普通的常识。在这个普通的领域里，他不是在立法或颁布法律——他只是像其他人一样，与我们分享他的思想。

鉴于乔姆斯基决心要把思想和行动截然分开，他对语言起源的思考也一分为二，我们也无须大惊小怪。其中一部分——他认为是科学的——是权威的。它解释了无声的、无形的、永恒的语言。与此同时，另一部分则没有那么权威，它涉及语言机能后续的外化问题，依据乔姆斯基，后续外化是指视觉符号（如手语）或听觉言语的进化。这两部分对比如下：

内在语言	外化语言
完美	不完美
突然载入	历时进化
自然的	文化的
统一的	多样的
可以进行科学研究	不能进行科学研究

乔姆斯基认为，只有左边列出的才重要。这些特征规定了人的本质，优雅、简洁，需要不惜一切代价去维护。相反，右列十分复杂，超出了自然科学的研究范畴。

这两种截然不同的叙事方式让人想起爱弥儿·涂尔干（Émile Durkheim）著名的"圣俗之分"。[20] 科学是神圣的。因此，在乔姆斯基设想的"科学"神话中，语言是一种看不见、听不到的机能，它突然出现在人类大脑中。只有"俗"的一面，即后来进化成型的语言才是社会的、交际的。对于语言的"圣俗之分"，乔姆斯基总结道："首先人们学习如何思考，当积聚的人多起来时，他们就会想办法外化自己的思想。"[21]

上面的话虽然没有正式发表，但确实是乔姆斯基亲口所言。他承认，在某个时刻人类一定已经开始外化他们的新能力，第一次用语言表达他们的思想。当他认为这些人"不知何故试图找到一种方法"时，他承认这肯定是一种社会文化的解决方案——一种发明。他猜测，最初一群狩猎采摘者碰巧有了一种外化思维的有效方式。随着这群人分散到各地，不同地方的人们逐渐开始用不同的外化方法，很快产生了不同的语言，也产生了不同的文化。[22] 这样的说法乔姆斯基虽然不能给出任何确凿的证据，但是，他的权威却源自对这一神秘叙事的笃定坚持，它不容置疑，甚至不许争议。不过，矛盾的是，乔姆斯基只是把这个故事（奇特的宇宙射线阵雨）看作神话。[23] 他似乎一直在思考该如何淡化智人突然会说话这一生命史上意义重大事件的现实意义，最好别与政治扯上关系。他这种神话的叙事方式，恰好就能达到这样的效果。

在 2008 年的一场采访中，乔姆斯基尽管不断受到质疑，但仍坚持他的一步到位的突变论。当被问及如何验证该假设时，他回应说，如何验证本身就是一个错误的问题，因为根本就没有这样的假设。公布的采访记录如下：

问：我们不清楚在哪种意义上可以说您刚才提出的假设可以验证。

答：我没理解你的问题。你想的是哪个假设？

问：整个语言起源的假设。

答：你向我解释一下"语言起源假设"指什么。你可以在我的著述中找到有争议、需要经验验证的东西吗？

问：要使假设成为科学，就需要验证。您可以具体列出 1~2 项实验结果或考古发现等从理论上来说可以对您的语言瞬间进化假设提出挑战吗？

答：我说的没有任何争议，不需要经验验证，它与我们对于人类先祖所了解的情况完全吻合，任何谈论该话题的人都心照不宣，我不知道你怎么提出这样的问题来。[24]

本着真正的最简主义精神，乔姆斯基在这里决心通过剔除任何可能被证据驳倒的东西来建立确定性。话说得越少，正确的可能性就越大。如果这意味着要遵循真理，那就顺其自然吧。要解释任何基因变化，你必须假设至少有一种突变，根据定义，这种突变必须发生在个体中，而不是群体中。因此，任何关于进化的解释都必须强调这一单一事件。以这种方式进行的好处是，如果你把你的叙述简化到你可能说的最低程度，那么你对复杂进化过程的描述就完全不是推测性的了。你的故事现在就是真的，因为它在概念上是不可避免的。

在此，让我们看看乔姆斯基的原话。1988 年，他这样写道："语言起源研究历史悠久，如探讨语言如何产生于猿啼等。但在我看来，这些研究纯属浪费时间，语言不同于动物交际系统，有自己完全不一样的原则。"[25] 2009 年，他仍然坚持这一立场，"我们对语言进化几乎一无所知。这就是为什么图书馆装满了语言进化猜想的大量研究"。[26] 两年后，他在伦敦大学学院讲座中更是直言，"有一个研究领域称作'语言进化'，发表了大量成果，但我认为大部分研究完全是胡扯"。[27] 然而，这并没有妨碍乔姆斯基也为此添砖加瓦。他与麻省理工学院计算语言学家罗伯特·贝里克（Robert Berwick）合著出书，讨论语言的起源问题。[28] 与乔姆斯基相比，贝里克一丝不苟，认真研读语言起源的最新研究成果，坚持参加各种跨学科会议。然而，乔姆斯基觉得这些会议发表的成果一文不值。[29]

《为什么是我们——语言与进化》一书还是讲的一次突变的故事，只不过讲得更有趣、更精彩，这让乔姆斯基的"神话故事"看起来更权威。[30] 让我们来读一段吧：

> 我们的祖先以某种完全未知的方式发展出各种概念。在过去不久的某一时刻，东非的一小群智人经历了细微的生物变化，产生了合并操作。合并把概念当作计算原子，生成有结构的表达式。该表达式被概念系统解读，产生丰富的思想语言。从计算角度看，合并过程完美或几近完美，符合独立于人类的自然法则。这一创新有明显的优势，发生在小群体身上。后来，内在的思想语言与感知运动系统相联系，这项复杂的外化任务可以通过多种方式在不同时刻得以解决。[31]

注意故事的开头：人类思维开始有概念这件事是"以某种完全未知的方式"发生的。接着，突变产生了合并，突变让我们有了思想的"语言"。最后，作者认为外化源于未明说的一些解决方式，这些方式"以多种方式出现在不同时刻"。外化是关键的一步，使得我们大部分人认为的"语言"得以产生。

这些模棱两可的表述在乔姆斯基那里就是所谓的科学。最近，为了强化这一认知，乔姆斯基及其支持者宣称理查德·道金斯（Richard Dawkins）投奔了他们。在他职业生涯的大部分时间里，道金斯一直对自然选择之外的所谓"有希望的怪物"嗤之以鼻——这种观点认为，你可以通过触发一个随机突变来影响一个幸运的个体来解释复杂的适应。在 2015 年出版的自传第二卷中，道金斯夸乔姆斯基是个天才，感觉有必要收回自己以前的观点，称"语言的起源可能是进化论中'有希望的怪物'理论的一个罕见例子"。[32]

　　贝里克和乔姆斯基把人类行为和认知起源的极其复杂的过程简化到几乎为零，从而保住了自己的安全地带。没有竞争与合作、没有社交与政治、没有符号进化和符号交际、没有性与生育、没有信任与欺骗、没有稳定的进化方式、没有长久的选择压力推动进化方向等，也找不到任何关于造词、隐喻用法、语法化或其他熟知的过程（通过这些过程语言经历了进化和历时变化）。尽管贝里克和乔姆斯基的作品可能很有诱惑力，但最终它还是归结为那一句老生常谈：发生了一次突变。尽管道金斯最近出人意料地转向了乔姆斯基的立场，但梅纳德·史密斯（Maynard Smith）肯定是对的，他说，从达尔文的立场来看，把语言解释为单一突变的结果的整个想法"与其说是一种争论，不如说是一种逃避"。[33]

第19章

科　学　革　命？

　　乔姆斯基让语言研究的各个方面保持政治上的中立，这样做也将自己置于越来越疏远的境地，语言研究不仅远离了政治，而且远离了社会生活，甚至远离了交际中的语言使用。我们在上文已经讨论过，这样做引发了无尽的矛盾和困惑。但是，尽管有诸多不利影响，美国军方和公司赞助商仍然对乔姆斯基发起的"认知革命"新范式给予了全力支持，以确保恼人的政治因素不卷入科学研究。

　　我们已经看到，乔姆斯基在他的支持者眼中就是"世界著名的知识革命领袖"[1]以及"当代语言学的领军人物"[2]。他几乎以一己之力开创了语言学的科学化改造，引发了知识革命——"第二次认知革命"。支持者认为，这次革命是对三个世纪前由伽利略、笛卡尔、牛顿等科学巨匠所发起的科学革命的回应。

　　尽管乔姆斯基希望表现得谦逊一点，但面对这样的称赞他从来都是来者不拒。他写道："发现空语类及其管辖原则可以与波、粒子、基因等科学发现相提并论。"普遍语法中的短语结构规则、约束理论以及其他系统的发现同样如此：

　　　　我们开始探究心智的内在结构、理解其工作机制，这在人类历史上还是第一次。……研究心智/大脑，我们可能正处于与17世纪物理学研究类似的情形中。当时发生了科学革命，并为以后多年的伟大科学成就奠定了基础，影响了人类文明的进程。[3]

乔姆斯基的这段话体现了他对科学革命深度变革的期待，以及对科学革命推动西方文明新进程的期待。

然而，从一开始，怀疑论者就对这些主张背后的真正制度缘由和议程表示担忧。法国哲学家、社会思想家米歇尔·福柯明确指出，社会精英的知识结构与政治权力有密切的联系。这一研究方法从 20 世纪 70 年代开始也被用于解构乔姆斯基。有人认为根本没有什么"乔姆斯基革命"，只存在一种情形，即"大家认为转换派成功夺权"。[4] 也有人认为，"越来越多的语言学家意识到这场所谓的语言学革命实质上就是一场社会变革"。[5] 已故美国人类学家、社会学家、独立学者斯蒂芬·默里（Stephen Murray）坚称，《句法结构》出版后不久，乔姆斯基及其同事成功地"发动了一场'宫廷政变'"。[6]

为什么乔姆斯基的首部专著《句法结构》一书几乎墨迹未干就成功地获得了如此轰动的反响？许多人一直对此困惑不解。罗伯特·利斯是较早阅读这本书的几个人之一，他当时还是一名博士生，与乔姆斯基在同一个实验室从事机器翻译的研究工作。[7] 早在《句法结构》出版之前，利斯就有幸读到了其手稿，随后还写了一篇书评。他称赞该书把传统科学（如物理学）已经证明行之有效的方法首次运用于语言学。[8] 批评家们也观察到：

> 罗伯特·利斯发表那篇广为人知的书评时，他既是乔姆斯基的同事，实际上也是受乔姆斯基指导的博士研究生。鉴于这种关系，人们不禁要问，利斯真的是这篇书评的唯一作者吗？[9]

言外之意就是，乔姆斯基可能在书评实际撰写过程中发挥了某种作用。我们没有证据这样认为，但不怀好意的批评家提出了这些观点，也说明了这篇书评的潜在影响力和重要性。乔姆斯基自己后来也写道："我觉得，要不是罗伯特·利斯那篇煽动性的全面评论（几乎与《句法结构》一书同步发表），很少有人注意到这项成果。"[10] 在利斯评论之前，很少有学者听说过最近语言学研究出现了新范式。书评发表后，乔姆斯基开始收到一个又一个邀请，请他解释这本书的全部内容。[11]

把"语言学革命"说成一场政府资助的政变，毫无疑问，乔姆斯基对此等言论是嗤之以鼻的。然而，多年来，他开始承认，即使它在思想上是自发的，也是真实的，它还算不上一场革命。事实证明，乔姆斯基的任何一个思想都无法与自然科学中的"波、粒子、基因等发现"相提并论。

考虑到这一切，我们可能会问，国家支持的政变到底会是什么样子？可以假设有一位权威人物，如教皇或国家元首，选择介入一场关于一个高度技术性主题的科学辩论。假设他们的目标是改变游戏状态，而不考虑过去的成就、实验验证或者曾经一致认同的事实。我们可能期望这位有影响力的人物通过提出一套复杂的理论来实现这个目的。这样，过去的成就根本就不是成就，实验验证也是不必要的，而那些与新理论相左的事实也可以被合理地视而不见。

事情就这样发生了。当事实与理论相矛盾时，大多数科学家会同意该理论应该被废除。但乔姆斯基不是。他早期对实证检验或实验必要性的断然否定，[12] 直到今天仍在各种声明中以同样强硬的方式反复出现。当被问及有哪些可能的事实可以用来反驳强最简主义时，他回答说："所有的语言现象似乎都在反驳它，就像世界上的现象似乎都在反驳哥白尼的论点一样。"[13]

在乔姆斯基看来，伽利略可能会这样说："瞧，如果现象与理论不符，那可能是现象有问题。"[14] 乔姆斯基把这誉为"伽利略抛弃顽固现象的行动"。[15] 这样做会使人觉得如果自己的观点"看起来正确"，就可以忽视烦人的事实。"只要观点正确就行，不用理会那些反驳你的证据。"[16]

一位评论家一针见血地指出："乔姆斯基为了维护自己的理论，忽视反例，对难以处理的证据视而不见。如果人人都这样随意，科学会变成什么？"[17]

一次，有人采访乔姆斯基，问他关于儿童语言习得的观点是否建立在观察或实验的基础之上。下面是采访实录：

问：您是否为了研究语言习得在儿童身上做过任何实验？

答：没有，我讨厌实验。

问：您讨厌实验，这是否对您思考语言学有影响？

答：我觉得即使不做实验也能对婴儿大脑中发生的事情做出大体的推断。[18]

仅凭想象，乔姆斯基就能得出这样的结论：一个被认为正在"学习"英语的孩子实际上一定已经掌握了这门语言：

> 在掌握了一门语言的基本知识后，他会观察语言资料，然后问自己："我所看到的这些语言资料是否符合我的假设，比如这是英语？"然后他对自己说："是的，是英语。好吧，我懂这种语言了。"[19]

沿着这一思路，乔姆斯基后来宣称，语言习得并不是一个渐进的过程，不需要经历几个复杂的阶段，而是一个简单的、瞬间完成的事件。[20]

真正的科学家不能傲慢。倘若发动一场政变或文化革命，那就另当别论了，傲慢与冲动劲儿是少不了的。乔姆斯基在这一点上表现得可谓淋漓尽致。例如，1969 年得克萨斯会议上，他做了讲座，随后是提问与讨论环节。约翰·罗斯是雅各布森和乔姆斯基以前的学生，他对乔姆斯基的观点提出了反驳。乔治·莱考夫后来回忆说："一到关键点，乔姆斯基就打断他，不让他说完，并称没有任何语言事实可能对其主张构成反例。"[21]

罗斯自己也回忆道："诺姆不等我说完问题就把我怼了回去。他有话筒而我没有，我只好坐下来。"[22] 莱考夫补充说："我们亲眼看到他这样对待罗斯，气急败坏而且咄咄逼人。"[23]

乔姆斯基认为，期待理论有事实依据是一种误解。他声称，就像任何科学家一样，他也有一种特别的能力可以在真空中编织理论而不受外界的影响，"我称之为科学构建能力……我们可以假设它是天生就有的，就像语言能力一样"。

乔姆斯基说，心智模块"与其他一些基本假设相辅相成，取决于当下的科学理解水平"。这一机能就像魔鬼或机器人一样工作，独立于作为人类的科学家。乔姆斯基解释说，面对一个问题，"科学构建的能力就会试图形成一个理论解释来回应这个问题。它自己的内部标准将决定任务是否成功完成"。[24]

"成功完成"一项任务并不意味你获得了真理。乔姆斯基指出，"理论有时可能就站在真相旁边"。但是由于一切都发生在真空中，因此不能指望调整这一切去适应外部世界。依据乔姆斯基的观点，科学构建能力和赌场轮盘一样，其产出具有不可预测性，不受证据的限制："科学构建能力是人类生物天赋的一个特殊组成部分，这一能力产生的结果如果有那么一点符合世界真相，也全凭运气好。"[25]

以乔姆斯基为例，他不得不承认，就在昨天，在他的科学构建能力看来似乎"正确"的结果，在今天看来却有一种令人不安的错误倾向。

虽然乔姆斯基仍然忠于他核心的心灵论假设，但他几乎否认了他曾经提出的每一个细节：

> 我的观点是，几乎一切都该质疑，特别是从最简方案的视角去审视。……若十年前你问我，我可能会说管辖是个概念，X 杠理论是个概念，中心语参数明显是个参数，空范畴原则是个概念，等等。但现在看来这一切都不那么明显。我认为，X 杠理论可能是错的，管辖可能根本就不存在。[26]

依此来看，他仍然会觉得自己的著作引发了科学革命吗？最简方案提出的几年前，他就开始改变主意，"我自己对这个领域的感觉是，与人们常说的相反，它没有经历任何认识或观念上的革命"。[27]

更重要的是，他宣称语言学"甚至还没有达到伽利略革命那样的程度"。[28] 充其量，他一生的工作可能只是"未来观念革命的初步阶段，我认为我们可以开始推测其模糊的轮廓像啥样了"。[29] 20 世纪 80 年代早期，乔姆斯基做出这些评论，当时最简方案的雏形正在隐隐约约地形成，不久后，就有了下面的对话：

问：您怎么评价您对语言学的贡献？
答：有点类似于前伽利略时代的贡献。
问：就像 17 世纪科学革命之前的物理学？
答：是的。在前伽利略时代，人们开始正确表述物理学问题，尽管答案还没找到，但现在回过头去看，这些问题最终以一种我们可以看到是正确的方式被提出来了。
问：前伽利略中的"前"怎么理解？您的意思是语言学就像 16 世纪的物理学吗？或者您是打算继续往前追溯，比如追溯到亚里士多德或其他古希腊时代的物理学思想吗？
答：我不知道，这取决于什么时候有重大突破。但是我感觉或许某一天就会有人发现，然后说："看，你们的方向是对的，但是这里错了，应该这样做。"可能就是这样，事情突然就变得一目了然了。[30]

随着每一次新的失望，乔姆斯基对未来都抱着毫不掩饰的乐观态度——在某个顿悟的时刻，突然之间，"一切都会水落石出"。在 20 世纪 90 年代初，最简主义的宣布被认为就是那样的一个时刻。

乔姆斯基的科学研究虽历程艰难，充满曲折反复，但理论成果丰硕，尤以下面几项闻名于世。

短语结构规则

起初，乔姆斯基提出"短语结构规则"在转换语法中至关重要。[31] 后来，他告诉我们，这些规则"可能完全是种表象"。[32]

转　换　规　则

乔姆斯基最初提出，"转换规则要么是选择性的要么是强制性的"。[33] 后来，他又宣称这些规则通通都是选择性的，[34] 这一提议后来也被放弃了。[35]

语　　法

乔姆斯基早期坚持认为句子"合式"（well-formed）的观念对语言学至关重要。[36] 最简方案时期，他却声称"我们没有'合式的句子'这样的概念"，[37] 后来甚至放弃"符合语法"（grammatical）这个概念，并批评说这个概念"既说不清道不明其特征是什么，也没有证据支持其合理性"。[38]

深　层　结　构

乔姆斯基最令人眼花缭乱的早期思想之一是，他坚持认为句子的意义不是由单词的"表面聚类"（即"表层结构"）决定的，而是由其潜在的"逻辑内核"（后来被称为"深层结构"）决定的。1967 年，乔姆斯基坚持认为表层结构"不足以"规范意义，或与意义"无关"。[39] 不久之后，他就反转了自己的说法。1976 年，我们发现他矢口否认表层结构绝不是"不足的"或"无关的"。相反，他说人人都知道"合适的、丰富的表层结构足以决定句子的意义"。[40] 乔姆斯基之前的立场（他公开称是转换语法的核心）结果证明是错的，所以他只能从其反面来修正。

乔姆斯基是新时代的哥白尼吗？如果是，这位伟大的天文学家现在似乎正在阐明，太阳毕竟是围绕着一个静止的地球转的——或者至少是围绕着一个"适当丰富的地球概念"转的。不久之后，乔姆斯基甚至收回了这句话。他把"深层结构"和"表层结构"换成了更抽象、更模糊的"D- 结构"和"S- 结构"，并解释说，你是否看到了这些层次之间的差异实际上并没有什么区别：

> 一个理论可以假设 D- 结构或 LF 层面上（逻辑形式，译者注）有别于 S- 结构，它与不做这类假设的理论相比只是略有些不同。这些理论若在合适的抽象层面上得到合理的解释，目前还不清楚事实是否会证明它们有多大区别。[41]

滑坡继续下去，直到什么都没有留下。深层结构——曾经被誉为理论的核心概念[42]——最终在 1995 年倒下。从最简主义的角度来看，世界被告知，"D- 结构消失了，一同消失的还有与 D- 结构有关的一系列问题"。[43] 从那以后，再也没有人听说过 D- 结构、S- 结构或介于两者之间的任何一种结构了。

语言器官的本质

自 20 世纪 60 年代遇到埃里克·伦内伯格（Eric Lenneberg）以来，乔姆斯基一直坚持认为语言应该是生物学研究的对象。他把语言描述为一个生物器官，这使得它——比如心脏——具有平均重量，在体内有分布，还有物理尺寸等。然而，一直以来，与这一观点相伴而生的是另一种截然不同的观点。2014 年，乔姆斯基等在一篇期刊文章中特别清晰地表达了这一观点："语言，从各个方面来说，都是由抽象的信息单位组成的。"[44] 问题是"抽象的信息单位"没有重量，不占空间，归根结底就是不存在于物质世界之中。若传说中的语言机能是抽象单位，我们就需要去了解这些单位。若这真是乔姆斯基的观点，我们最终就要把先前认为"语言"是生物器官的看法搁在一边。

复杂还是简单?

起初,乔姆斯基把"语言器官"说成一个十分复杂的东西。直到 1979 年,他还这么认为,说语言器官堪称"宇宙最复杂的结构"。[45] 1975 年,在与让·皮亚杰的论辩中,乔姆斯基暗示语言器官是个具有物理特性的东西,在大脑中有具体的大小和方位,"它是大脑左半球上一小点,负责人类语言的结构"。[46] 然而,乔姆斯基在多数情况下十分谨慎,一方面坚持认为我们应该像生物学家研究肝脏一样研究语言器官,另一方面又急忙告诫大家"语言器官并不是物理上界定的那种器官"。[47]

20 世纪 90 年代的最简方案又有了另外一套说法。曾经认为的左脑区异常复杂的部分变成了一个神秘莫测的东西了,它没有轻重,没有大小,不占空间,没有任何可测量的物理特征。这一特殊的器官不再复杂得不可想象,过去那些惊人的、显著的、启发灵感的特征现在变得十分简单。语言器官的优雅与完美之处本质上可归于"递归"。[48] 这到底意味着什么?经过十多年的艰难争执与学术讨论,2009 年,乔姆斯基宣布,他已经研究清楚了,"需要澄清的是,对递归这个概念已经做了大量的讨论,这个概念并不神秘,意思就是离散无限性。具有离散无限性就具有了递归"。[49]

事情的经过就是这样。乔姆斯基除了注意到一个明显而熟悉的事实,即在语言中,我们无限度地排列和重新排列单词来生成句子——"无限地运用有限的手段"——显然没有其他什么可说的。[50]

普 遍 语 法

从 20 世纪 60 年代中期开始,乔姆斯基的目标是阐明"普遍语法"(Universal Grammar,UG)的特性,其定义如下:"普遍语法可以被视为基因决定的语言能力的特征。人们可能会把这种能力看作一种'语言习得装置',是人类大脑固有的组成部分。"[51]

尔后,UG 便成为语言器官的代名词。具体来说:

> 它是遗传赋予语言器官的所有不变原则的总和……我们现在假设,普遍语法由一系列预先编程的子系统组成,例如,其中一个负责意义,另一个负责将句子中的短语连接起来,再一个负责处理名

词和代词之间的各种关系……其他这样的子系统还有许多。[52]

子系统如此之多，远远超出单一突变所能达到的效果。普遍语法的理论形成于 20 世纪 80 年代，比"最简方案"的提出早十多年，在最简方案中，语言官能复杂性原则被彻底抛弃，对简单性原则的贯彻达到极致。2012 年，在一次采访中，一名对此同样颇有疑问的学者大胆地提出这样一个问题：在这个阶段，普遍语法到底是什么？乔姆斯基回应道："什么是普遍语法？在这一点上，它是所有人关于语言的最佳理论。我可以做出我自己的猜测。"[53]

总结几十年的深入研究，乔姆斯基只告诉我们，普遍语法是个人的猜测。

创 造 性

在他职业生涯的早期，乔姆斯基断言，"数学的发展"使"生成语法的全面研究"第一次有可能"尝试明确地表述语言的'创造性'过程"。[54] 这被广泛认为是乔姆斯基早期工作的全部意义所在。"通过关注句法，"弗雷德里克·纽迈耶证实，"乔姆斯基能够为解释人类语言最独特的方面——创造性——奠定基础。句法中心地位具有革命性意义，其重要性怎么强调都不为过。"[55]

当乔姆斯基赞美"语言的创造性"时，他指的是"普通人产生与特定情境相适应（尽管可能相当新颖）的语言的能力，以及理解他人这样做的能力"。[56] "很明显，"乔姆斯基在 1964 年解释道："一种语言理论如果忽视了语言的'创造性'方面，就只会引起很少的兴趣。"[57]

但随后不可避免地出现了 180 度大转弯，因为他向全世界宣布，说话者的这种能力对他和其他任何人来说都是一个谜："我们不理解，就我们所知，我们可能永远无法理解到底是什么使正常的人类智能能够使用语言作为自由表达思想和情感的工具。"[58]

因此，现在看来，"语言的创造性过程"不太可能得到革命开始时在号角声中宣告的那种"明确的表述"。

合 并

经常有人问乔姆斯基，词项概念源自何处？他承认"这是个大问题"。虽然他自己也不知道答案，但有一点他始终深信不疑，那就是，"合并"操作（把词组合在一起）的前提是得先有词项，不管这些词项来自哪里，也不管它们形式上怎么样。

> 在词项的属性中，我怀疑有参数的存在。因此，有些参数或许就是词汇，或许只占词汇中的一少部分。此外，词项中还有表达式结构。似乎除了合并的约束，你可以删除其他一切，你可以一直删除下去。这是一个事实——一个明确的事实——你构造的句法对象中有一些与进一步计算相关的信息……[59]

我们把乔姆斯基的话换个说法，他似乎就是在说，不论词项特征是什么，都可以按照词项特征允许的方式合并词汇。然而，很明显，乔姆斯基的具体观点鲜有存活很久的。这有点像一个人站在灯光昏暗的门口，胡乱摸出一把钥匙，顺时针拧一把，逆时针再拧一把，这样拧来拧去。尽管是在开锁，但就是打不开，而站在一旁的人觉得他可能是拿错了钥匙。

然而，乔姆斯基的忠实崇拜者尼尔·史密斯却为这些拙劣的表现极力辩护，称其是在艺术许可的范围之内：

> 与之最接近（如果不太可能的话）的是毕加索"不屈不挠地革命"的艺术发展，他在同样程度上引起了世人的钦佩、困惑和不解。对于那些看惯了毕加索蓝色和粉色时期绘画的人来说，立体主义似乎就是一种攻击；对于那些逐渐习惯了立体主义绘画的人来说，其进入超现实主义和焊接雕塑的短暂之旅同样令人困惑。不过，即使是那些不喜欢《亚威农少女》的人也不否认《亚威农少女》永远地改变了艺术这一点，那些在战争期间禁止他作品的人同样对《格尔尼卡》令人敬畏的力量赞叹不已。乔姆斯基曾多次推翻他所设计的理论体系，结果困惑了许多人，也疏远了一些人，但也启发了一些人。[60]

这一类比令人不解。若认为乔姆斯基的理论万分迷人，这一类比或许十分贴切。史密斯把乔姆斯基与毕加索类比，我们可能认可这一做法，但最好是把他和俄国至上派画家卡齐米尔·马列维奇比较。最简方案和马列维奇的

《黑方块》都传递出一种不妥协的勇气。在那场极端的革命虚无主义运动中，光线、色彩、构型等传统视觉艺术元素不仅被简化，更是被归结为零。零就是存在，存在就是零。对我们来说，若一个美的客体简洁、完美、确定、至上，唯一的解释就是不存在这样的客体。

提及乔姆斯基多年来对语言创造性的探索，他的另一忠实拥趸皮特·马修斯（Peter Matthews）大方地做了评价："乔姆斯基的观点变幻莫测，它们有如天空中的云朵飘浮不定，像古典奏鸣曲乐章中的音调一样不可预测。"[61]我们可能同意不断的变化可以缓解无聊。还有一个好处，如果我们谈论艺术，它可能给艺术家带来意想不到的收获。虽然乔姆斯基承认他最近的想法可能是完全错误的，但他自己认为"最简方案，无论正确与否，都能使人得以放松"。[62]

然而，这是我们想象的科学吗？史蒂文·平克认为"这样做并不好"：

> 因为乔姆斯基在语言学领域有如此巨大的影响力，当他对一个理论应该是什么样子有一种直觉时，一大批人就会出来重新分析一切，以附和这种直觉。每次一个人一醒来就有了新发现，整个领域就都崩溃了，这是不健康的。它会导致知识缺乏积累性，引发不良的学派纷争。这是一种奥威尔式的局面，今天大洋洲是盟友，欧亚大陆是敌人，明天就反过来了。[63]

乔姆斯基之所以能带来这样的逆转，是因为他代表的是"现代语言学"，这要归功于他获得的庞大制度支持。因此，他似乎可以做他喜欢做的事。忠实的追随者罗伯特·费恩戈（Robert Fiengo）承认了这一点，并试图为其辩护，他反驳了乔姆斯基用最奇怪的论点违反了所有科学程序规范的指控。费恩戈说，因为乔姆斯基很特别，所以我们应该允许他不受常规约束。"请我们记住，我们谈论的是一个每当他坐下来写作时都试图重塑这个领域的人。为什么我们要期望乔姆斯基遵循正常的科学程序呢？"[64]

或者正如另一位仰慕者所解释的那样："在当代认知科学中，没有哪一项工作是如此关键和不可替代的。从某种意义上说，现代语言学的历史就是乔姆斯基思想的历史，也是社会各界对这些思想做出不同反应的历史。"[65]

这是一个非同寻常的说法——如此奇怪，肯定有什么地方出了问题。

　　弗雷德里克·纽迈耶认为，乔姆斯基确实完成了一场科学革命的证据，并不在于他的理论是否真的有效。我们也不要指望他把整个学科团结在自己周围——这当然从未发生过。它之所以成为一场真正的革命，是因为乔姆斯基的介入被证明是一个不可忽视的不争事实："这是一场乔姆斯基式的革命，因为任何希望为一种新的语言学理论赢得普遍接受的学者，都有义务证明这个理论比乔姆斯基的理论更好。事实上，人们认为有必要超越乔姆斯基，这使得他成为历史上最受攻击的语言学家。"[66]

　　这一论断的意义值得深思。从字面上看，这意味着，如果教皇通过对现代科学的严重干预而引发争议，我们将不得不欢呼，理由是没有人可以忽略科学带来的影响。

　　纽迈耶的奇怪说法与事实相反。伽利略完成了一场科学革命，其证据在于，尽管梵蒂冈竭尽全力阻挠，但最终，头脑冷静的科学界支持了他曾经被视为异端的学说。乔姆斯基的不同之处在于，尽管半个多世纪以来国防部提供了大量资金和持续的机构支持，他那超凡脱俗的教义宣言并没有产生任何共识或一致的迹象，相反，人们对这一切是否可信产生了无休止的争议、骚动和怀疑。

　　然而，最简方案提出后，纽迈耶这位曾经的忠实支持者也大失所望。他批评道："事实上，最简方案并不像他所说的那样成功。"[67] 这一点很重要，因为纽迈耶比任何人都有影响力。作为一名杰出的语言学家、语言学史专家，他曾称赞乔姆斯基是我们这个时代的科学革命者。

　　尽管追随者们奋起直追，但乔姆斯基的地位始终不可撼动，不可阻挡。他至高无上，总是领先他人一步。他解释说："至少当我回看和世界的关系时，发现我每次都被完全孤立或几乎完全孤立了。我现在也未发现这种状态有什么不同。"[68]

　　因此，大量的机构支持和相应的影响与彻底的孤独矛盾地并存。无可否认，我们需要积极看待这一切，至少从原则上讲应该这样来看待。像爱因斯坦、伽利略这样的天才一定有深深的职业使命感和孤独感。但是爱因斯坦和伽利略不会孤独，因为他们的理论被别人接纳、验证，并最终证明具有可行性。但是，乔姆斯基的情况完全相反，他真的被彻底孤立了。在他提出每一个新的理论大厦后不久，内部就开始出现裂缝。最先发现这一点的评论家往往不是别人，而是乔姆斯基本人。[69]

伽利略自己设计和制造望远镜，在此基础上，通过仔细的测量和详细的观测，他的发现精确而简洁。乔姆斯基的做法大不相同。凭借个人直觉，乔姆斯基脱离了对任何特定语言的观察。正如他所言，研究"语言的独特属性——真正使它不同于消化系统的地方……意味着从那些想研究特定语言的语言学家感兴趣的大量数据中抽象出来"。[70]关于这一立场，最臭名昭著的言论或许是乔姆斯基 1980 年的评论。他说，即使你的知识局限于一种语言，也许是你自己的语言，你也可以从中推导出关于世界上所有语言的一般原理。"我毫不犹豫地在对一种语言的观察基础上提出了语言结构的一般原理。这个推论是合理的，因为人类并不是特别只适合学习哪一种语言，而其他语言根本学不会。"[71]

乔姆斯基立即对这一说法进行了修正："为了验证这样的结论，我们自然会想要对其他语言进行类似的详细研究。这样的调查可能会推翻我们的推论。"[72]说乔姆斯基的结论确实被一再驳斥是轻描淡写的。[73]事实上，尽管乔姆斯基从不承认，但他早期立场的戏剧性逆转大多可以用这种方式来解释，因为特定语言的专家——例如亚马孙地区或澳大利亚土著——已经提出了乔姆斯基最初假设的反例，这些假设主要基于英语。没有人能否认用这种方式学到了很多东西。如果没有乔姆斯基的挑衅性论断，没有其他人去反驳它们，语言学在过去几十年里的发展将会糟糕得多。

但这并不能改变一个事实，即乔姆斯基坚持"理论从特定语言的大量数据中抽象出来"的做法从一开始就被误导了。这就好像伽利略试图通过忽略每个特定行星实际路径的详细记录来了解太阳系一样。正如哲学家克里斯蒂娜·贝梅所指出的：

> 研究语言$_1$就需要从语言$_1$的大量事实中抽象出结论，研究语言$_2$至语言$_n$的逻辑也如此。因此，人们就需要从所有语言中做出抽象以期揭示语言的本质，并解释语言与消化系统的区别。[74]

除了一些不言自明的道理——比如所有的语言都有可以组合成句子的单词——人们最终几乎什么也得不到。正如我们所看到的，乔姆斯基目前对"合并""普遍语法"的立场并不比这多多少。他和伽利略的不同之处在于，这位天文学家最初关于地球在运动的说法经受住了每一次考验。伽利略坚信自己走在正确的道路上，他认为没有必要像乔姆斯基那样，在他的一生中不断改变自己在关键问题上的看法。

乔姆斯基一次又一次地提出一些被认为适用于世界上所有语言的语法限制。他的同事们一次又一次地进行实地调查后发现情况完全不是那么一回事。[75] 例如，鲁道夫·博塔回忆到，依据管约论，英语母语者会认为下列句子不合法：

a. They need each other's books.（他们需要彼此的书。）

b. They heard stories about each other.（他们听到了彼此的故事。）

c. They heard the stories about each other that had been published last year.（他们听到了去年出版的关于彼此的故事。）

然而，事实上英语母语者发现这些句子完全可以接受，这明显有悖于乔姆斯基的理论预期。[76] 然而，这位"迷宫之王"（博塔对乔姆斯基的称呼）[77]并不是优雅地承认这一点，而是声称需要区分语法的"核心"部分和"边缘"部分。那些不符合他理论的句子结构是"有标记的"，它们不受"核心语法"的限制。他解释说，当结构是"边缘"时，我们就不必期望它们符合规则。在此基础上，乔姆斯基试图证明他的论断——"管约论的预测事实上是正确的"。[78] 他接着谈到，无论如何，这种特殊类型的句子在世界语言中"似乎十分罕见"。[79]

这种明显的犯规行为在这里引起了轩然大波，乔姆斯基很快意识到他别无选择，只能坦白。1982 年，面对这些结构类型以及自己的回应，乔姆斯基承认，"过去我总认为这些结构古怪，但它们的确无法纳入我当时构想的理论中，因此我当时说它们都是有标记的。关于那件事，当时的说法还不成熟，我不得不承认，我的良心有些不好受"。[80]

乔姆斯基承认错误，这真是一件新鲜事。然而，博塔指出，乔姆斯基承认自己的不足只是"针对过去的观点"而对"未来没有任何承诺"。[81] 这很难改变乔姆斯基对各种指控的惯常反应，那就是避免承认任何事情，厚颜无耻地把事情说出来。面对反证据，乔姆斯基通常的策略是声称反驳有助于提供"对所涉及的真实原则的更深入理解的可能性"。[82] 那么，如果错了，只要有

177

"更深刻的理解"，就是对的。

乔姆斯基就是用这种方式让希望得以延续。《句法结构》被其追随者誉为《旧约》，随后取代它的《句法理论的若干问题》则是《新约》。[83] 那么，《最简方案》（*The Minimalist Program*）可以说是一系列圣约中的第五部或者第六部经书，当然之后还有很多这样的启示录。没有多少语言学家需要通过坚持"我不是上帝"来阐明自己的凡人身份，但在 1992 年，乔姆斯基觉得有必要说出这句话。[84] 保罗·波斯塔尔把他比作一个千禧年的传教士，不断自信地预言世界末日：

> 然后那一天会到来，世界不会终结，人们可能会认为运动会崩溃，对吧？但事实恰恰相反。小组成员的热情变得更加高涨。他们会出去传教，热情地争取更多的成员。一个新的日期将被确定。当那个日期到来时，预测显然又会被证伪，人们会认为这次运动肯定会崩溃。但是，不会的。再一次，有越来越多的皈依者，他们热情持续高涨……[85]

在抛弃了一个理论之后，乔姆斯基转向了他的下一个理论，同时强烈谴责任何胆敢质疑这一最新理论的人。

但是，如果一个项目设想从头到尾都暴露出惨败的尴尬，为什么它会得到如此非同寻常的机构支持呢？这里有一种可能的解释，它可能与乔姆斯基自己对权力运作的分析相一致。五角大楼就是梵蒂冈，是国中之国，它支配着海量资源，在几乎每一个科学分支中塑造对研究项目的赞助和资助，强制执行一种微妙的审查和赞助制度，一方面通过收入损失或其他更糟糕的方式实施惩戒，另一方面以虔诚关心大众福利为幌子来掩盖各种自私自利的活动。

下列对话来自 1995 年的一次采访。

问：您演讲后经常被问的问题之一就是您怎么会在麻省理工学院工作？从来没有人干涉您的研究，是吗？

答：没有，相反，麻省理工学院积极支持我。我不知道现在的资助力度，1969 年只有一项职工/学生项目得到资助，当时对军方实验室有不满，设立了一个委员会，我就是委员之一。当时麻

省理工学院的资助几乎全部来自五角大楼。学校大约一半的财
政预算来自两个军方实验室,学术方面的资助 90% 左右来自五
角大楼。大致就是这样,非常多。因此麻省理工学院是五角大
楼资助的高校,我在军资助的实验室工作。

"但是,"乔姆斯基补充说,"我所做的任何事从未受到丝毫干扰。"[86]

乔姆斯基的积极崇拜者在这一点上很是感到困惑不解。不干涉?乔姆斯
基一直是一个无政府主义者?这怎么可能呢?

然而,事实是,不同于社会活动,乔姆斯基的科学工作根本不会招惹政
府。从更大范围看,甚至他的左翼政治观也可能没有给政府带来多大的威胁。
我们还记得像梵蒂冈这样的机构不仅需要罪人,也需要少量圣徒。明白了这
一点问题就迎刃而解。为了加强公共关系,政府机构往往需要一些理想主义
者,让他们表达不同的政见,从而引起公众关键阶层的共鸣——尤其是那些
可能从底层领导起义的人。但在幕后,那些操纵者、木偶提线人以及调停人
等各色人等,他们才需要真正的科学——梵蒂冈的刑具必须真的有效,它的
火药必须正确地爆炸。因此,他们同样需要会安装彩色玻璃窗、描绘彩绘天
花板的人,也需要能唱赞美诗慰藉他人心灵的人,还需要会讲神话故事劝解
他人弃恶从善的人。

第 1 章已经提到,2014 年,罗马天主教在《泰普雷特报》上报道了乔姆
斯基在罗马向梵蒂冈信徒发表的演讲:

伟大的无神论科学家、哲学家与天主教有哪些相通之处?相当
多。诺姆·乔姆斯基在梵蒂冈基金会的演讲就证明了这一点。该基
金会旨在加强科学与宗教之间的对话。

表面看,诺姆·乔姆斯基不可能追随天主教。然而,就在几天
前,他发现与天主教有诸多共同点。[87]

据报道,这位无神论主讲嘉宾"感觉宾至如归"。圣座文化委员会主席
卡迪纳·詹弗兰科·拉瓦西(Cardinal Gianfranco Ravasi)在介绍乔姆斯基时,
热情地赞扬他是"语言学王子"。[88]这场演讲由"科学、神学、本体论探索基
金会"策划。该基金会隶属教皇约翰·保罗二世创设的圣座文化委员会,目

的是探究神学家口中所谓的"伽利略事件"。[89]

在梵蒂冈，伽利略仍然让人担忧。然而，为了宽慰信众，乔姆斯基表现得不像是伽利略，他更像是今天的教宗。与伽利略震撼天主教的大无畏科学立场不同，乔姆斯基特意表达了知识分子的谦卑以及对神的尊重。《泰普雷特报》提醒读者注意乔姆斯基的核心理念"所有人都有天生的语言能力"，并指出：

> 正是这种信念为乔姆斯基提供了神秘的基础，正如他在周六向观众解释的那样……人类受到大自然赋予他们的生物蓝图的限制。他认为，至关重要的是，这些固有的限制延伸到了我们的"高级心智能力"。我们根本没有能力理解一切，尤其是我们自己的思维方式。这一立场为乔姆斯基赢得了"新神秘主义者"的称号，他强调了人类知识的局限性，认为对世界的基本理解可能永远超出了科学家的能力范围。事实上，他敦促他的听众接受神秘。[90]

新闻记者的话不一定可信。乔姆斯基全部讲话内容随后在个人网站发布，核对后发现，就我们所看到的内容而言，《泰普雷特报》的报道十分准确。[91]为了进一步确认，我参考了乔姆斯基、马克·奥赛尔等同年合作发表的期刊论文《语言进化的奥秘》。该文被广泛引用。[92]正如你在科学论文中所期望的那样，该文术语十分晦涩，听起来很科学，但是，是的，它的核心观点就是呼吁人们拥抱奥秘。几位作者批评关于语言起源的相关研究，并预言就目前的证据而言语言进化这一困惑可能仍然是"当下最难解释的奥秘之一"。[93]

《泰普雷特报》在总结这位演讲嘉宾的主要内容时讲道："乔姆斯基认为科学的局限性仅仅是由于人类智力的有限性。"[94]自然选择具有一定的解释力，但语言的创造性不属于自然选择解释的范畴。关于人类自由选择的问题，无论是道德上的还是政治上的，都是禁区。乔姆斯基并没有为语言的创造性问题注入新的革命思想，虽然这一点自20世纪60年代起就成为公开讨论的"乔姆斯基革命"的核心问题。乔姆斯基向梵蒂冈保证，我们对这些事物的了解并不比500年前多多少。除非或直到这种惨淡的局面意外发生变化，我们应该诚实地面对上帝赋予我们的局限性，拥抱神秘，让这些困难的问题继续"它们曾经和永远都将保持的朦胧状态"。[95]

第 20 章

脑残的行动主义
与结巴的科学

在 1971 年的一次采访中，乔姆斯基坦率地承认，他厌恶社会科学，这可能被解释为妨碍他参与社会活动的一个性格缺陷：

> 也许是因为我们的理解暂时还存在一定差距，抑或因为人类智力在更深层次上有较大局限性，我怀疑人类和社会的基本问题是否能够以一种非常深刻的方式进行研究，至少是类似于科学探究的方式。这类个人偏爱和信念可能导致我低估了行动主义，甚至低估了社会批评和分析的巨大潜力和作用，也极大地限制了我自己的个人参与，毫无疑问，这是很不恰当的。[1]

乔姆斯基明确地意识到，自己参与社会活动可能缺乏科学的基础。为了印证自己对"人文社会科学"的质疑，他在"理解上的暂时偏差"和"人类智力上的局限"之间摇摆。我们很容易就会发现这样的哲学见解无益于解释他的困惑。他拒绝那些自诩"社会科学家"的人提出的观点，这就远远超出了知识分子的质疑范围。他常常理由充分地怀疑哈佛大学或麻省理工学院受五角大楼资助的人类学家或社会学家，认为他们不是正直的学者，他们所追求的东西更像是国家幕后资助的骗术、宣传或犯罪欺诈。

心理作战处隶属美国军方，专门负责非常规战争。1956 年，该处设立特别行动研究室（SORO）。五角大楼大部分研究关注战争需要的炸弹、坦克、导弹，而特别行动研究室的重心是人的思想。研究人员"分区域调查、报道、分析革命原因，描写共产党的地下活动，评价针对各国实施的心理战策略"等。[2] 美国军方用社会科学知识来武装自己，目的在于理解和操控第三世界反殖民运动和民族解放运动。军方的合约中明确规定了特别行动研究室的任务，即为军方开展"心理战"提供"决策和行动的科学依据"。[3]

这就要求对"人性"进行深入的人类学研究。1962 年，心理学家伦纳德·杜布（Leonard Doob）向军方官员和研究员们解释说，军方"为尼日利亚 200 个部落撰写 200 本专著"毫无用处。相反，他们应该向这些部落解释"尼日利亚或其他任何地方的基本思想理念，因为他们都是人"。特别行动研究室不应继续为具有战略意义的民族建立区域知识库，而应该去理解与"冷战"地缘政治有关的心理学、政治学和社会学。麻省理工学院政治学者伊锡尔·德·索拉·普尔（Ithiel de Sola Pool）解释说，人类学家和社会科学家的工作就是"把形式化和系统化的研究成果交给经验丰富的军方官员"。[4]

特别行动研究室有一项称为"策反工程"的系列研究课题，该项目始于 1960 年，旨在预测和阻止共产主义革命。这就需要发挥知识分子的优势去研究革命本身，这一领域的研究当时还处于起步阶段。1962 年，位于华盛顿特区的美利坚大学举办了一场研讨会，邀集社会科学家和军方人员共同讨论这些问题。亚瑟·吉尔伯特·特鲁多（Arthur G. Trudeau）上尉的欢迎致辞记录了当时的气氛：

> 我今天想在这里说，今天，人类文明受到了威胁，武装力量到处存在，这足以摧毁我们所珍惜的东西。这些力量源于邪恶组织，他们罔顾人类的痛苦，不断发展壮大。他们把长长的触角伸向了人类的每个领域，扼杀、破坏人类。[5]

"你我都知道，"他继续讲道，"……就要依靠强大的物理科学优势……科学和技术给了我们应对共产主义挑战的武器。"[6]

然而，"若不同时增进对各民族和社会，特别是亚、非、拉以及中东各国的了解"，[7] 美国在技术和装备上的优势就无法发挥。美国面临着"来自共产主义的多层次挑战，包括准军事战、心理战、传统领域和核领域等，总之就是在军事各层面存在无穷的挑战"。[8] 这就促使这位上尉"期待向社会科学寻求援助"，皆在提出理念、发展技术从而"实现由外国友好力量成功组织和控制游击武装和本土力量"。[9]

普林斯顿社会学家哈利·埃克斯坦（Harry Eckstein）就是这样一位迫切希望提供帮助的学界代表。他急切提出，"我们迫切需要知道如何把革命力量为我所用、如何利用社会骚乱"。他解释说，"我们最终需要的是知道骚乱的根源，从而在源头上镇压或在源头上引导"。[10]

埃克斯坦抱怨说，共产主义的"革命理论比我们先进得多"。[11] 为了迎头赶上，美国社会科学领域追随埃克斯坦，纷纷撕下了冷静客观的学术伪装，争先恐后地去抢美国军方的各种项目资助。时隔仅两年，即 1964 年，埃克斯坦就主编了《内部战争》一书，鼓吹塔尔克特·帕森斯（Talcott Parsons）、威廉·科恩豪泽（William Kornhauser）、卢西恩·派伊（Lucian Pye）、悉尼·韦尔巴（Sidney Verba）、加布里埃尔·阿尔蒙德（Gabriel Almond）、西摩·马丁·利普赛特（Seymour Martin Lipset）等一众社会学权威专家的学术贡献。[12]

正是基于这样的背景，我们需要审视乔姆斯基对"社会科学"所持有的深深敌意。考虑了这些因素，我们就很容易理解他为何坚决认为自己的政治分析与其他任何理论无关，也与任何科学无关。他认为，"人们应该谨慎些，不要把社会问题的讨论与科学话题相联系"。[13] 把二者分开是他一贯的主张。他告诉我们，他的科学研究是完全独立的，而其政治方面的成果"原本完全可以由其他人来书写"。[14]

乔姆斯基的许多左翼追随者对他与自己切割开来的怪异行为感到困惑。他对一些历史事件（如美国参加越战）的研究可谓煞费苦心，但到头来却说这样的研究没有任何科学依据，甚至连一点理论依据都找不到，这难道不是自己诋毁自己吗？这个问题如此令人费解，以至于一位富有同情心的作家为此写了一整本书，却没有得出任何确切的结论。[15]

时代背景决定了一切。在乔姆斯基看来，严肃的科学研究需要一定的训练，一个支持性的制度框架、专家之间持续的合作机会，而且通常还需要大量的企业资金。作为一名语言科学家，他自己总是享有这一切便利条件，但这只适用于其科学研究。当他转向政治时，出于显而易见的原因，他总是孤军奋战。乔姆斯基对美国外交政策的持续批评从来没有得到过机构或资金支持。即使有人提供这样的支持，他也都婉言谢绝了。

我们已经看到，在 20 世纪 50 年代末和 60 年代初，越来越多的社会学家、人类学家和政治学家开始受益于国家和企业的支持，就像乔姆斯基作为语言学家接受资助一样。从他所站的位置来看，在这个制度支持的框架内，乔姆斯基不能让其他人认为他自己的工作是狼狈为奸、助纣为虐。他知道，社会科学界的很大一部分人正在与企业界和军方密切合作，为的是持续努力寻找新的方法来控制第三世界的人民，颠覆和击败他们的民族解放战争，监视抵抗网络，建立友好的独裁政权。为了保持自己的正直，乔姆斯基不会有这些，他将自己完全置于整个专家和学者框架之外。这或许可以充分解释，为什么他决定把自己定位为一个与普通公民没有什么不同的社会活动家，在国家资助的强大科学机构之外用自己的声音说话的原因了。这当然也解释了他为什么如此自豪地宣称他关于政治问题的文章是非理论性的，并且与他的科学毫无关系。

当然，对于美国建制派来说，知识分子的终极敌人是卡尔·马克思。乔姆斯基有例为证。"胡佛战争、革命与和平研究所"是一个由私人捐助的研究机构，斯坦福大学为它提供了场所和其他支持，根据研究所成立章程，"该所的目的必须是，通过其研究和出版物，证明卡尔·马克思学说的'邪恶'——无论是共产主义、社会主义、经济唯物主义还是无神论——从而保护美国的生活方式免受这些意识形态及其阴谋的影响，并重申美国制度的有效性"。[16] 招募来的社会学家面临的一个问题是，马克思是他们自己学科内的鼻祖人物——没有哪个能摆脱得了他的影响。因此，与马克思主义做斗争，这些学者不可避免地要陷入一场"内战"。

从 20 世纪初开始，西方的社会学家和历史学家开始接受马克思的见解，即任何时代的主导思想最好理解为占主导地位的社会经济阶层的思想。他的一般提法是众所周知的：

> 统治阶级的思想在每一个时代都是占统治地位的思想，这就是说，一个阶级是社会上占统治地位的物质力量，同时也是社会上占

统治地位的精神力量。……占统治地位的思想不过是占统治地位的
物质关系在观念上的表现，不过是以思想的形式表现出来的占统治
地位的物质关系。[17]

在内化了这一方法后，寻求解释理论的学者们开始超越杰出人物的思想
和议程，转而探索技术、生产、分配和交换的发展如何在更深层次上决定各
种力量之间的平衡。正如马克思和恩格斯在 1845 年所写的："道德、宗教、
形而上学和其他意识形态，以及与它们相适应的意识形式便失去独立性的外
观。它们没有历史，没有发展；那些发展着自己的物质生产和物质交往的人，
在改变自己的这个现实的同时也改变着自己的思维和思维的产物。不是意识
决定生活，而是生活决定意识。"[18]

到了 20 世纪中叶，马克思主义的唯物主义哲学基石已经产生了广泛的
影响，在整个人文社会科学领域产生了反响。

马克思和恩格斯的目标是发动一场世界范围的社会和政治革命，其思想
基础是科学革命，即今天的科学哲学家所说的"范式转换"。[19]这里几乎不需
要强调，这两位思想家在他们的有生之年没有看到革命成功的那一天，而在
21 世纪初，他们所期待的革命也遭遇无数困难，最终被诸多客观因素强行
扭转。

第一次灾难是马克思帮助建立的国际工人运动遭遇打击，从 1914 年 8 月
起，工人阶级团结的梦想被民族主义毒害，在遍布欧洲的、泥泞而充满鲜血
的战壕中破碎。第一次世界大战的最后几年见证了越来越多的叛逃和兵变浪
潮，最终在 1917 年 2 月推翻了俄国沙皇，1918 年 11 月，德国皇帝也被推翻。
整个欧洲似乎在革命的边缘摇摇欲坠。但事实并非如此。在俄国，人们期待
已久的革命仅以非常有限的方式取得胜利，几乎在诞生之初就被扼杀了。随
后出现了反革命和民族主义浪潮，革命失败，最终只在苏联建立了社会主义，
在德国建立了民族社会主义。

第二次灾难是第一次的延续。20 多年后，世界又陷入了另一场绝望的战
争。纳粹德国及同盟国持续 5 年大规模屠杀，实施种族灭绝，对平民发动战
争，最终以失败告终。战后几年，解放后的欧洲和亚洲处处爆发骚乱，这重
新燃起了革命的希望。然而，如同乔姆斯基等所记载的那样，这场革命脱离

了正常轨道，或深陷泥潭，或被完全遏制。随后革命发展的前景就让位于权力集团之间的势力瓜分以及半个世纪超级大国间的军备竞赛和"冷战"。

　　第二次世界大战后，美国面临着艰巨的任务。美国成功地用于对抗纳粹德国的知识、科学、经济和军事力量等需要完好无损地保存下来，以便重新部署来对抗新的官方敌人——"世界共产主义"。1959 年，菲德尔·卡斯特罗（Fidel Castro）领导的古巴革命取得胜利。具有讽刺意味的是，"宁死不红"，这句"二战"期间德国纳粹的宣传口号，成为当时右翼流行的口头语。[20] 反共斗争不仅是军事和经济上的挑战，也是政治和思想上的挑战。西方世界的许多艺术、文学和学术知识分子不仅倾向于反法西斯，而且在许多方面同情马克思。问题是如何打破这个魔咒。

　　最终，认知革命最为决定性地打破了这一魔咒。说它是主要因素有些夸张，但就思想生活而言，这确实是一个主要因素。新的认知范式将精神置于物质之上，意识置于生命之上，理论置于实践之上——以这样一种方式，马克思唯物主义的基本前提作为过时的教条，几乎被不知不觉地破坏、瓦解，并最终被摒弃。

　　与这场认知革命关系最密切的知识分子显然就是诺姆·乔姆斯基。他之所以能取得这一非凡成果——"推翻"马克思主义——并非因为沉溺于左派臭名昭著的宗派纷争。他并没有通过明确地将自己的无政府工团主义版本与当时更受马克思主义启发的替代品相对抗来实现这一目标。这种事毫无意义，一向如此。乔姆斯基甚至不需要提到马克思，因为在"冷战"早期，如果把语言学重新定义为自然科学，坚持认为社会科学本质上是欺诈的，并从根源上攻击马克思主义——以他自己在这两个领域的成功为榜样，建立一道防火墙，将"科学"与任何社会或政治行动主义分开，就可以更有力地完成这项工作。

　　大卫·格鲁比亚是这一时期的历史学家，他特别关注认知革命。格鲁比亚感兴趣的是，一个有着乔姆斯基根深蒂固的无政府主义信念的人是如何设法保持美国企业和知识分子的信任和支持的。在承认乔姆斯基的政治勇气和诚意的同时，格鲁比亚认为他的成功是"为了抵制共产主义／马克思主义对美国观念体系的侵蚀而做出的一种有意的、很大程度上是隐蔽的努力"的一部分。[21] 整个知识界的格局断然地被重塑了，因为"个人、包括军事和情报机构在内的政府实体，以及像兰德公司这样的私人基金会，他们推崇、促进了客观主义和理性主义等价值观，反对主体性、集体和共同的社会责任等价值观"。[22] 就这样，马克思的思想在各个层面上都被完全抹黑了——不仅在知识层面上，而且在政治层面上和道德层面上。

马克思主义的核心在于理论和实践的统一。马克思在 1845 年写道："哲学家们只是用不同的方式解释世界，而问题在于改变世界。"[23] 他又写道："全部社会生活在本质上是实践的。凡是把理论导向神秘主义方面去的神秘东西，都能在人的实践中以及对这个实践的理解中得到合理的解决。"[24]

1844 年，马克思写道："历史本身是自然史的一个现实部分，即自然界生成为人这一过程的一个现实部分。自然科学往后将包括关于人的科学，正像关于人的科学将包括自然科学一样，这将是一门科学。"[25]

马克思的"单一科学"将过去和现在、理论和实践、主体和客体、经验和知识结合在一起。至关重要的是，它不会仅仅停留在理论上。在建立阶级信心和相应的行动方面，它将激发人类的统一，将整个世界团结在一起。

因此，要"摧毁"马克思主义，就必须从这一点出发，破坏理论和实践之间至关重要的纽带。乔姆斯基的学术地位、公认的道德操守和无可挑剔的左翼资历使他成为这份工作的最佳人选。他直抵问题的核心，坚持认为"凡夫俗子的兴趣和知识分子的兴趣根本没有关系"。[26] 科学的挑战与我们在生活中面临的问题无关。"科学探索是人类一项特殊的事业，它寻求一种特殊的理解，当问题可以足够简化时，人类就可以从某个角度获得这种理解。而在日常生活中，我们面对的问题是完全不同类的问题。"[27]

科学与生活形同陌路，"对理论理解的探索有其自己的路径，导致了一种完全不同的世界图景，这既没有证明也没有消除我们平常的说话和思考方式"。[28]

乔姆斯基经常被社会活动分子要求解释政治和科学之间的关系。他常常灰心丧气地回应："除了在抽象层面上有那么一丁点儿联系，二者确实毫无关联。"[29] 乔姆斯基并不否认，"期待改造世界的人应该更好地理解世界，包括理解科学所揭示的东西"，但他并不想详细解释自己的研究。2008 年在一次采访中有记者问："我们是否会看到乔姆斯基为普通读者写本介绍科学和政治关系的小册子？"乔姆斯基一如既往地对这样的想法大泼冷水：

我偶尔会写点科学和政治关系的东西，但不多。因为两者间的关系对我来说太抽象，需要揣摩。有人，如卡洛斯·奥特罗、詹姆斯·麦吉尔夫雷（James McGilvray）、尼尔·史密斯等，认为二者关系紧密，也研究了很多。如果我相信两者有重要关联，我很乐意把它写出来。[30]

这位记者接着询问，是否应该鼓励科学家们成为集体的自我组织和自觉的活动家，既然他们担心不受监管的资本主义会导致危险的气候变化。虽然乔姆斯基同意这在某些情况下可能适用，但总的来说他似乎对这一观点是不屑一顾的。他说："如果今天的科学家和学者成为'集体的自我组织和自觉的活动家'，他们可能会致力于为国家和私人权力服务。"[31] 在这一点上，他的话表明，自主的、集体的、超越国家控制的科学概念本身，对乔姆斯基来说，几乎是一个术语上的矛盾。当被问及他是否会鼓励社会主义者或无政府主义者将科学——特别是他自己的语言科学——视为具有革命潜力时，他回答说："我不鼓励社会主义者或无政府主义者接受谎言，特别是在没有革命潜力的地方寻找革命潜力。"[32]

科学是一回事，政治和生活是另一回事，二者应该分开。但如何确保这一点呢？在马克思看来，没有什么比这更不可思议、更不可原谅了。马克思坚持生活与科学有共同的基础，他说："生活有生活的基础，科学有科学的基础，这本身就是谬误。"[33] 对于科学社会主义的奠基人来说，劳动者可以自我教育，具有科学意识，这是不言而喻的。不用说，革命者应该跟上科学上最激动人心的最新发展。恩格斯在 1886 年写道："科学发展得越无情、越无私，它就发现自己越符合工人的利益。"[34] 作为人类唯一普遍的、国际性的、统一的知识形式，科学总是被放在首位。正如对俄国未来主义的讨论向我们展示的那样，同样的思想在后来启发了维利米尔·赫列布尼科夫："人类的英特纳雄耐尔（国际化，译者注）可以通过科学思想的英特纳雄耐尔来实现。"[35]

对马克思来说，社会科学——包括他自己的科学——和其他任何形式的知识一样，都是阶级关系的产物。因此，马克思认为，如果不同时与那些导致科学支离破碎和扭曲的力量做斗争，就不可能建立一门真正的社会科学。这就是他写作时的意思：

解决理论上的对立，只有通过实践方式，只有借助于人的实践力量，才是可能的；因此，这种对立的解决绝不只是认识的任务，而是一个现实生活的任务，而哲学未能解决这个任务，正因为哲学把这仅仅看作一个纯粹理论上的问题。[36]

因此，马克思和恩格斯得出结论，为了忠实于科学的利益——解决科学的内部矛盾——他们别无选择，只能在政治上变得积极。他们的想法并不是说科学是不充分的，需要政治家的指导才能使其走上正轨。相反，他们认为，当科学忠于自身时，它本质上是革命性的，除了对自己认可外，根本就不认可政治。

马克思和恩格斯认为，科学要想在政治上实现自我解放，就需要广泛的社会群体支持，这个社会群体不是专门的哪一个阶级，而是"所有阶级的融汇"。马克思解释道：

必须形成这样一个社会圈子，它不索取任何传统地位，只索取人应有的地位，这个圈子不反对特定的后果，但彻底反对政治制度的假设；这个圈子只有在把自己从所有其他社会圈子解放出来并解放了所有其他圈子后才能最终彻底解放自己。这种解放，简言之，意味着人性的彻底丧失，并且只有通过对人性的彻底救赎才能实现自我救赎。[37]

因此，这就是马克思最激动人心的观点：科学本身正在为实现其自身的解放而创造社会条件。在推动工业化的过程中，科学取代了以前复杂的种姓和阶级的拼凑，取而代之的是一种新的、简化的两极划分——一端是资本家，另一端就是资本家之外的我们，马克思称为"无产阶级"及其联盟。由于没有财产，因此在现行制度中没有任何利益，只有"我们这个阶级"才能客观地看待世界，就像从外部看世界一样。恩格斯写道："在这里，人们不关心事业，不关心利益，也不关心来自上面的恩惠。"[38] 只有在这种环境中，因为没有腐败的物质激励和制度压力，科学才能最终忠于自己。

第二次世界大战后，马克思主义思想的传播对这个世界上占主导地位的超级大国来说似乎是令人不安和危险的。但是，20 世纪 50 年代初麦卡锡主义的政治迫害太过粗暴，导致美国学术界人人自危，充满恐怖气氛。这根本不是恰当合理的应对措施，接下来似乎需要一些更复杂、更微妙、更理智的东西。听听格鲁比亚怎么评价当时的情况：

> 对于乔姆斯基的崛起，学者们给出了许多看似合理的解释，尤其是他个人的才华和他语言学理论的精辟。然而，抛开这些解释，仔细思考当时是什么时代，乔姆斯基的写作内容是什么，使得它不仅引人注目，而且具有革命性，这似乎是合理的。从什么意义上说，世界准备好了，等待着乔姆斯基这位特殊人物的出现呢？[39]

格鲁比亚描述了最近的学术研究如何开始追踪 20 世纪 50 年代和 60 年代初英语国家学术界内部的某些政治运动，所有这些运动都建议"直接寻找一种特定的意识形态观点，用于指导学术工作朝着我们现在已经认识到的'新自由主义'目标前进"，这深刻地塑造了所有一流大学的学术氛围。[40]

正是在这样的背景下诞生了乔姆斯基。他发起的语言学革命是认知革命皇冠上的明珠，恰好满足了深层的社会需求。通过分离精神和身体，把最好的科学禁锢在它自己的世界里，新范式为把革命理论与相应的实践分离开这项迫切任务提供了智力上的支持。

乔姆斯基并不是唯一一个捍卫这种制度分裂的人，但他作为认知革命旗手的地位给了他独特的声望和权威。格鲁比亚说："在 20 世纪下半叶，诺姆·乔姆斯基比其他任何人物都更能定义英语国家的知识氛围。"[41]

这种风气的核心是对学术超然价值的前所未有的信奉。乔姆斯基坚持把社会活动与科学分离，在诸多方面为我们树立了榜样。乔姆斯基认为，他的科学研究不应视作道德附庸或政治帮凶。在 20 世纪 60 年代末麻省理工学院的学生动乱中，乔姆斯基支持麻省理工学院的管理路线，即大规模杀伤性武器的开发——对其设计的研究——是完全可以接受的，只要把武器研发与武器实际部署区分开来就行。这种区分——在我看来，令人不可思议地想起了乔姆斯基对"语言能力"和"语言表现"的区分——遭到了政治左派同事的相当大的反对。最有力的批评来自波士顿大学政治学家、乔姆斯基的好友霍华德·津恩（Howard Zinn）。津恩批评说："呼吁学术公正是这个时代的最大谎言，学术可以公正但我们没有哪一个人是公正的。公正的学术身处不公正的世界，这就是一场灾难。"[42]

如果仅仅是管理层将专业与中立等同起来，左派可能会更容易揭露津恩所谓的大骗局。但乔姆斯基将自己的科学与他的激进主义分离开来，为左派树立了一个似乎在道德上站住脚的榜样。出于这个原因，一种日益神圣的个人主义和专业主义的理想占据了主导地位，贬低情感、主体性、集体主义和共同社会责任等概念——这些价值观越来越被视为与科学的客观性和理性主义不相容。[43] 前文已经讲过，乔姆斯基认定自己的科学研究与政治无关。出于同样的原因，他的政治观点被宣称是非科学和非理论性的。根据这个理论模型，在任何时候，你要么是科学家，要么是活动家，你不能同时扮演两个角色。例如，一位气候科学家会因为报告令人担忧的发现而受到尊重，但会因为采取直接行动来避免后果而受到谴责。那些以这种方式混淆角色的人可能会被指责背叛自己的职业。

其结果是，结巴的科学和与之相应的脑残的行动主义。在这种情况下，科学和行动主义根本无法分享同一种语言，也根本无法合作追求任何共同的目标。如果格鲁比亚言之有理，这或许就是当今社会的现状，这就是社会主义者感到瘫痪无力和十分无助的主要原因，也是美国建制派总是对这种智力劳动分工感到满意的原因。基于乔姆斯基的成功，以及他对持不同政见者的启发，这种自我审查的实践——"分而治之"主题的变体——在学术上变得时髦，在道德上受到尊重，并在无数方面得到制度上的认可。

这种学术共识在法西斯战败后变得根深蒂固，这当然不是偶然的，当时民主开始作为主要的政治意识形态席卷世界。在此之前，建制派并不迫切需要将科学与行动主义分开——人们无论如何都不能根据自己的科学发现采取行动。在此之后，有一种危险，即科学可能成为推动社会和政治变革的强大力量。这种情况必须停止。

这一时刻出现在 20 世纪 50 年代末，当时世界上大部分地区接受了以投票选举和表面上的新闻自由为标配的美式民主政治制度。乔姆斯基解释说，当民众享有人权选举权时，控制他们就绝非易事。独裁者很少顾及民众所想，他们可以随意屠杀民众、封锁民众。一旦实施民主，就必须顾及这一切，关切民意就显得十分重要。为了在民主条件下保持控制，就需要一个复杂的思想控制系统，这套系统最好设计缜密、运行精巧，好到连管理层自己都信服不已。乔姆斯基解释了这个悖论：

> 我的意思是，如果有一个自由开放的社会，但有一个高度阶级
> 意识的统治精英、统治集团，这样的社会将被迫有一个非常有效的
> 灌输系统，正是因为它不能依靠武力和暴力来确保服从。这将依赖
> 于非常复杂的灌输和思想控制。
>
> 因此，在最自由开放的社会中，你应该拥有一个设计最复杂、
> 最精巧、最有效的灌输和思想控制系统，这一点都不矛盾。[44]

这门"心灵的新科学"，无疑至少满足了乔姆斯基在这里提出的一些要
求。用乔姆斯基的话说，新的"认知"正统理论关注的是心灵而不是身体，"复
杂、精巧、有效"。它不是通过粗糙的宣传直接扭曲社会和政治思想，而是几
乎悄无声息地将科学孤立在自己的世界中，仿佛科学真的是一个与人们的日
常生活了无关系的领域。如果科学如马克思所言，是共同的智慧，是我们人
类所能从事的最复杂的智力活动，那么切断科学与生活的联系莫过于一台将
人类的智识从我们的行动能力中切除的"断头术"。

乔姆斯基以其社会活动家的身份，对他所谓的"制造共识"进行了详尽
的论述。他的观点清晰明了：统治精英们由于完全掌控了大众媒介，他们可
以通过宣传来实现其凝聚共识的目的。根据乔姆斯基的说法，这种洗脑方式
达到了前所未有的高度，它比以前想象得到的任何方式都更微妙、更有力，
影响范围也更广：

> 民主离不开宣传，正如极权离不开暴力。民主宣传的手段久经
> 磨砺，技艺早已登峰造极，远非奥威尔当年所能想象。尽管民主也
> 常用残暴的手段直接阻止我们看到真相，不让我们认识、理解所处
> 的世界，但是，更明智的做法是假借持不同政见者虚张声势，制造
> 异议，同时倡导宗教信仰，排斥理性讨论。[45]

许多左翼人士会同意这些说法，但确切的控制机制是怎么样的还是比较
模糊。

虽然乔姆斯基没有提到，但一种可能的控制机制是将精神与身体分
离——这是"认知革命"的秘密。如果这一点被接受，我们就有一种极具讽

刺意味的可能性，即乔姆斯基自己的工作是为了满足复杂控制系统的新需求。

20 世纪 50 年代的认知革命表面上是针对行为主义的。但很明显，事情远不止于此。乔姆斯基使用的术语"行为主义"和"经验主义"或多或少可以互换。[46]对他来说，"行为主义"一直是一个包罗万象的概念，不仅包括巴甫洛夫和斯金纳，还包括涂尔干、福柯以及大量的唯物主义社会哲学理论。

乔姆斯基描述过，当他形成自己成熟的政治哲学时，他已经"经历了托洛茨基主义的各个阶段，走向了马克思主义—无政府主义的思想"。[47]他还将自己的立场描述为"无政府主义者，左翼反布尔什维克和反马克思主义"。[48]到目前为止，他是列宁或托洛茨基这类左派。[49]为了与这种看法保持一致，他倾向于将马克思主义知识分子单独列为倡导行为主义的危险分子。他指责"当代知识分子"，说这些人"要么是意识形态的管理者，要么是国家的管理者"，他们渴望行使权力。[50]

在为 1917 年 2 月的俄国民主革命鼓掌的同时，乔姆斯基在随后的十月起义中没有发现任何值得庆祝的地方，他谴责它本质上是一场军事政变。根据乔姆斯基的说法，在 1917 年之前、期间和之后，布尔什维克主义是一种压迫性的意识形态。

我们这里不深入讨论乔姆斯基批评布尔什维克有何意义。他认为，几乎没有人会否认布尔什维克上台后面临着一系列困难，如经济低迷、饥饿、国际孤立、内战等。这一切困难又助长了布尔什维克内部的权力集中。即使在马克思主义者内部，今天也很少有历史学家能维护托洛茨基或为他的自我辩解而辩解。1921 年 3 月，托洛茨基得到列宁的支持，在喀琅施塔得（Kronstadt）部署红军，镇压水兵起义。[51]

不管是哪种道义点燃了乔姆斯基的批评，我们都要记住，他的批评与当时美国的政策相契合。这是一种权宜之计。"冷战"伊始，世界超级大国的注意力就从德国转向了苏联，当时苏联奉行布尔什维克，被妖魔化为"世界共产主义""德国纳粹的延续"。倘若"布尔什维克是法西斯""斯大林是希特勒"，岂不是那些自由卫士们仍要战斗直至彻底胜利吗？

客观公正地讲，没有人认为乔姆斯基会期待这一切。乔姆斯基自称革命社会主义者，他热情支持自己的国家放弃帝国主义，允许世界其他国家探索自己选择的道路。然而，个人理想是一回事，实际结果又是另一回事。乔姆斯基的道德呼吁以及他对美国犯罪事实的无情揭露，丝毫没有影响到美国的精英阶层。不过，他作为美国良心的角色反而可能以微妙的方式帮助转移批评，表明美国无论如何都是一个允许别人批评的"自由国家"。乔姆斯基很早就把政治与科学割裂开来，这在一定程度上十分有利。但实际的结果是，政治立场模糊、结巴的科学研究与完全脑残不懂科学的行动主义，这对全世界的左翼革命来说才是真正的灾难。科学与行动主义的脱节，表明了人类在一定程度上也失去了旨在追求共同目标的共同语言。

第 21 章

乔姆斯基塔

　　我们甚至连语言都没有。不仅仅是乔姆斯基的语言学理论让语言学家产生了严重的分歧和不解，他的语言学认为语言不是用来交际的而是用来与自己对话的。同样令人困惑的是乔姆斯基不停地进行语码转换，似乎他是有意不想让人理解自己。这就好像让两个不同领域的人——一方是科学家，另一方是社会活动家——各说各家的语言，彼此都听不懂对方的话。

　　让人无法理解自己的一个关键策略是使用所谓的"专业术语"。例如，根据乔姆斯基的说法，"语言"这个专业术语与理论之前日常生活中的"语言"这个词是完全两回事。[1] 为了说明这一点，他声称，"规则系统是真实的，存在于你我的头脑中，规则以某种具体的方式得以表征"。与此同时，"现在所谓的'语言'根本不需要任何术语，因为它是一个完全无用的概念……它不符合语言学理论，根本就不存在"。[2]

　　请注意乔姆斯基的推理——我们其他人所说的"语言"是不存在的，因为它不"符合语言学理论"——他指的是他自己的理论。乔姆斯基继续把"语法"和"语言"这两个词交换了一下，并通过声明他无意误导来证明这一点：

　　　　现在，规则系统的专业术语是"语法"。因此，我
　　们就有了这种奇怪而又非常误导人的情况，在这种情况

下，专业术语"语法"非常接近于理论之前的直观术语"语言"，而专业术语"语言"与理论之前的术语"语言"完全没有关系。[3]

为此，他提出了理想的解决方案，那就是谈论语言时不要使用英语：

> 我也是前几年才意识到好多人都被这个概念误导了，所以我建议直接抛弃整个术语，从头开始。现在我们用"语言"这个术语来指规则、原则系统，在之前这是语法所指。同时，完全抛弃之前被称作"语言"的东西。"语言"这个概念毫无价值，在客观世界也没有对应的存在。[4]

因此，"之前称作语言"的那些东西淡出了语言学的研究视野。这些东西不可以研究，因为它们并不存在。乔姆斯基承认，"当你说语言学是关于语法而不是语言时，有些人会感到惊讶。但这仅仅意味着语言学并不是关于我们所说的'语言'是什么"。[5]

如果你认为语言学是关于语言的，那你就大错特错了。在乔姆斯基看来，语言学是关于一些以前未知的东西——一种被认为存在于头脑中的难以捉摸的物体。没有特殊的科学方法是不可能研究它的。当然，研究它不仅需要特殊的训练，你的大脑还必须配备必要的具有"科学形成能力"的计算模块。[6] 当科学家创造科学时，他们的工作就是这种能力的产出。如果你碰巧没有这种能力，那就很困难了——显然你不能从事科学研究。[7] 同样，如果你缺乏必要的科学训练或背景，就不要试图说三道四。[8]

但是事实比这更糟。即使你偶尔有幸参与了相关讨论，也不会得到任何启发。乔姆斯基一直认为世界是不可理解的。在描述牛顿发现万有引力时，他这样写道：

> 伽利略、笛卡尔等认为世界是可理解的……牛顿却不这么认为。他告诉我们，世界是不可理解的……当世界消失时（某一时刻会消失），科学概念就发生了改变。我们不应努力证明世界是可以理解的，我们承认世界是不可理解的……科学的目标发生了变化，科学不是证明世界是可理解的，因为世界是不可理解的，而是努力证明关于世界的理论是可理解的。[9]

因此最好的科学就是让理论可以被理解，让科学理论远离人的意义或兴趣。爱因斯坦说，"宇宙最不可思议的事就是宇宙竟然可以被理解"。[10] 但要扭转这种认识还需些时日。

当乔姆斯基要把这些讲给无政府主义的支持者和朋友们听时，就显得困难重重。科学家必须要有专门的"科学形成"认知模块，必须掌握专业术语，必须接受专业培训，但这听起来没有一点民主可言，也不具有包容性。科学缺乏人性，世界不可理解，这些认识更让人难以理解。

乔姆斯基的解决之道我们已经有所了解，那就是见人说人话，见鬼说鬼话。作为社会活动家讲话时，他的一切说法都变了。一个权威"专家"在讲他的专业时，往往满嘴都是毫无意义的行话。这种做法是统治阶层的管理精英们一直以来屡试不爽的叙事策略。

乔姆斯基向别人推荐标准，但是这些标准又与他自己适用的标准截然相反。你很难相信这一点，但事实确实如此。他说，"有些事情我们应该能够用普通的、简单的语言来谈论……我们应该能够用简单的、直接的语言和句子来谈论这些事情，而不必闪烁其词，也不必去找一些专家来试图让它看起来复杂"。[11]

因此，乔姆斯基立即将自己从自己所立的规矩中解脱了出来，确实显得很不寻常。为什么语言这个定义我们人类能力的东西不是那种"我们应该能够用普通的、简单的语言来谈论的东西"呢？

乔姆斯基证明自己时，称自己的研究不同于反对者的研究，他的研究是科学的，属于自然科学而非社会科学。用哈佛大学和他自己的麻省理工学院的对比来说，乔姆斯基的公式很简单："哈佛大学是以人文学科为基础的，它是训练人去统治世界的地方，而麻省理工是以科学为基础的，它是训练人去让世界运转的地方。"[12] 统治世界当然涉及欺诈与腐化；相反，让世界运转起来需要尊重自然法则。如前文所述，乔姆斯基的同事们设计燃料炸弹、为核弹设计导航系统，这都是为了"让世界运转起来"。

为了打破马克思主义的"魔咒"，世界超级大国就需要切断政治活动和科学之间的联系。作为一种全球力量的科学必须被剥夺政治意愿；与此同时，任何国际主义的激进行动都必须被剥夺来自科学的指导和启示。需要澄清的是，我并不是说这里有任何有意识的计划，这似乎不太可能。只是某些方法似乎有助于此；与此同时，还有一些人似乎在政治上不方便这样做，这样做了可能是一种政治错误。乔姆斯基用"制造共识"这一说法来描述这种有意识的政治、意识形态活动。[13] 这些活动可能被误认为是一种阴谋。

美国军方对世界共产主义充满了焦虑，自然也对当下仍具有广泛影响力的马克思恩格斯理论充满了恐惧。现在大家都认为，斯大林等宣扬的理念与马克思或恩格斯实际倡导的理念有所区别。例如，马克思和恩格斯都不可能高度认同罗菲姆·李森科（Trofim Lysenko）的遗传论。我们也知道马克思不喜欢把自己的学说称作"马克思主义"，他批评把学说与科学混为一谈的做法。然而，基于科学建立政治是一种好的选择。正是由于马克思，"科学"的概念直到"二战"前仍在东西方知识界享有崇高的威望。近几十年来，"科学"与无神论、社会批评、左翼等概念如影相随。

受马克思和其他社会主义思想家的影响，在两次世界大战之间的几年里，人们对科普的热情高涨，工人阶级知识分子成立了教育协会，教导人们所有的科学都是大众可以接触到的，并撰写了诸如《自学物理》《百万数学》等科普读物。与此同时，人们对世界语的兴趣激增，认为世界语可以打破边界，形成一个全球共同体，在这个共同体中，各种知识都可以共享。这个想法很简单：知识就是力量，每个人都应该拥有。或者如里昂·托洛茨基所说："科学是赋予我们力量的知识。"[14]

在 20 世纪 30 年代和 40 年代，革命马克思主义在许多美国知识分子看来——包括一些最杰出的右翼人物——是"不可避免的，即使现在还没有胜利，它最终都将成为统治世界的结构性原则"。[15] 这种普遍的假设一直持续到第二次世界大战结束。然而，一件偶然事件改变了这一切。1946 年 2 月 22 日，时任美国驻莫斯科临时代办的乔治·凯南（George Kennan）向美国国务院发送了一份 8000 字的电报，敦促用除核战争以外的一切意识形态、经济、军事和其他手段"遏制"共产主义。凯南的言论迅速引起轰动，并为美国随后几十年的"冷战"政策提供了最有影响力的理论依据。从那时起直到 1991 年 12 月苏联最终解体，美国和大部分西方国家的"核心组织原则"就是通过"冷战"遏制共产主义思想的传播。[16]

迫切需要解决的威胁不仅是军事和经济上的，而且是智力和意识形态上的。我们已经看到，诸如特别行动研究室（SORO）之类的项目是如何在思想层面上对抗"共产主义"的。但是，任何对所谓成就的调查都将证实这样一种印象，即这些项目及相关其他项目远远没有为美国学术界内部的思想斗争做出有效的智力贡献。更有效的是一种学术专业主义模式，这种模式巧妙地把科学以及其他学术与激进的政治活动或生活隔离开来。

其中一个代表人物就是华盛顿大学校长雷蒙德·艾伦（Raymond B. Allen）。1950 年，艾伦给美国哲学学会去信，要求取消同校哲学家亨利·菲利普斯（Henry Phillips）的会员资格，因为他公开承认自己是一名马克思主义者。据历史学家约翰·麦坎伯（John McCumber）调查，艾伦的干预十分有效，"美国哲学学会不再保护遭麦卡锡迫害的哲学家"。[17] 自此，艾伦就成为麦卡锡主义在美国学术界的头号代言人。他用精心包装的语言警告说，为了避免被怀疑有共产主义倾向，学术界今后必须限制自己冷静地追求真理："如果一所大学失去了冷静与客观，煽动或领导了示威，它就失去了作为一个学术机构该有的正直，放弃了永恒的、无私的真理追求。"[18]

甚至在这种政治迫害结束以后很久，几乎所有的美国学者都在想方设法避免人们对他们可能煽动或领导游行的怀疑。由于学科的性质，哲学家们总是特别感到受到威胁："哲学倡导质疑、反思。马克思主义从本质上看不过是一种哲学，为什么呢？哲学本身对怀疑是开放的。"[19]

明哲保身的最佳做法就是，明白无误地告诉世界，战后哲学不会威胁去改变世界，哲学仅局限于逻辑，其业务是对语句求值。W. V. O. 蒯因（W. V. O. Quine）说，"同任何科学一样，逻辑也是为了追求真理。这里的真理就是陈述。追求真理就是把真正的陈述与虚假的陈述区分开来"。[20]

就学术研究而言，哲学家约翰·塞尔 1971 年做了清晰的说明：

> 教师的基本行为，或者说教师职业活动的核心，在于教授学生、开展研究以及发表研究。在开展这些活动时，他都应该试图根据证据和推理的专业标准来传达真相或尽可能接近真相……如果他的言论是为了达到某种实际效果而不是为了传播真相，这就违背了职业道德。因此，教师一旦发表道德言论，他不仅不应该考虑自己的行为后果，而且应该认识到这样做是不道德的。[21]

因此，如果你碰巧是一名气候科学家，根据塞尔的说法，你不应该为了避免气候灾难而发表言论或与同事在政治上结盟，因为那将是"不道德的"。

学术界对这一自我否定条例的独特承诺，是麦卡锡时代政治迫害的巨大成就之一。历史学家约翰·麦坎伯这样来解读塞尔的这条规定：

> 这条规定完全符合雷蒙德·艾伦的意思，除了发现真理、传播真理外，教师和学者们的其他目标都被否定了。若有老师说自己的目的是培养美国人、培养有道德的人或者培养艺术欣赏力，依据塞尔的观点，这位老师显然该辞职。[22]

现在占主导地位的分析哲学流派把"科学真理"称为永恒的和抽象的，与科学家的实际生活隔绝，也与任何社会和文化目标隔绝。在麦卡锡时代，政策制定者的主要目标就是把"科学"概念完全与之前大众对进步、启蒙、世俗主义、政治激进主义等概念的理解切割开来。越来越多的受教育民众远离科学，他们被告知科学不易理解，科学与日常生活无关。20 世纪 50 年代的政治迫害在诸多方面成功地做到了这一点。

仔细看看 20 世纪 50 年代后的语言学、心理学、人类学以及哲学等学科的发展就会发现，科学研究变得越来越专业化、精细化，在制度上越来越原子化为相互不相容的子学科。这一过程是如此强大，以至于即使是曾经把自己想象成危险的异见者的欧洲知识分子——萨特存在主义者、阿尔都塞马克思主义者、福柯主义社会历史学家、后现代主义批判理论家——也发现脚下的土地在移动，把他们稳步地向前推进。大学教育的普及并没有扭转这一进程，因为有工人阶级背景的学生开始相信，他们的"马克思主义"老师在课堂上说的思想在塑造历史的过程中对世界上的实际行动具有因果性的首要作用。多年来，乔姆斯基是少数几个充分意识到这一过程并明确予以谴责的杰出知识分子之一。他批评说，西方教育总体上是"一个严格控制的时期，其中一部分涉及直接灌输，提供了一个错误的信仰体系"[23]。为了说明这一点，乔姆斯基提醒公众要警惕专家，尽管有人极力鼓吹普通人必须服从所谓的"专家"，这样他们才能有机会理解所谓复杂的现代经济、社会生活和政治体系是如何运作的。

乔姆斯基的话直接干脆，引人瞩目。然而，当我们回忆起他关于语言学复杂性的非凡论断时——例如，他认为语言学实际上根本不是关于语言的——就不可能忽略其中的讽刺意味。我们也注意到，乔姆斯基指责服从"专家"的同时，他自己也选择性地把马克思主义者单列出来区别对待。在他看来，马克思主义者不相信人性，他们的"白板"意识形态观使得他们随心所欲地"操纵"人们。当乔姆斯基谴责他所谓的"外在主义"时，他是基于这些理由而这样做的。马克思主义是极端的"外在主义"，本质上与斯金纳的行为主义没有什么不同。

即使在今天的美国，如果你支持马克思，哪怕是提及马克思，就可能受到猛烈攻击。最近就发生了这样一件怪事情。德里克·比克顿曾是乔姆斯基坚定的支持者，是克里奥语研究专家。他在 2009 年出版的专著《亚当的语言》（*Adam's Tongue*）一书中提出，人类最早使用语言可能是出于协作捕食的需要。这样的观点本来人畜无害。然而，令比克顿诧异的是，居然有人攻击他，说他流露出了马克思主义倾向。那位攻击者同样也是乔姆斯基的拥趸，其在《生物语言学》（*Biolinguistics*）刊物上发表书评，批评比克顿的观点是"激进的外在主义"，"与 150 多年前马克思和恩格斯提出的设想没有本质上的差异"。在《德意志意识形态》（*The German Ideology*）一书中，马克思和恩格斯明确指出语言起源于合作劳动，而"比克顿又用了整整一本书来讨论相同的东西"。

依据该评论者的看法，比克顿的研究方法贫瘠、粗放，因为他把环境因素和社会合作之类的话题纳入其中。由此他们得出这样的结论，这"不仅仅是非常差的进化语言学观点，若是科学的话，也是非常糟糕的科学。甚至不能和马克思恩格斯的前达尔文环境决定论相比"。[24]

我们需要注意的是，此处把马克思主义描绘为"前达尔文环境决定论"。这是 19 世纪的一种说法，认为环境塑造了人类，而人类无力改变环境。毋庸置疑，很难再找到哪个理论与马克思本人实际所写的并狂热信奉的观点离得更远了。然而，重要的是，认知革命完全遮蔽了马克思主义以及其他"外在主义"观点。比克顿曾是乔姆斯基的忠实支持者，显然倒向了敌营，遭到了攻击。

在某种意义上，乔姆斯基的"认知革命"是一个解放性的事件，因为它汇集了来自多个学科的学者，引爆了行为主义，并开始认真研究意义和思维的问题。但如果这是科学革命，它也是反革命。投入了这么多资金，招募了这么多优秀人才，认知科学的关键领域必然会取得重大进展。每个人都认识到，今天的语言学比乔姆斯基时代之前要丰富得多，复杂得多，也显得更科学，更有说服力。但是，那些富有持久洞见的研究，无论在哪里开展，它们确确实实是在乔姆斯基及其追随者的奇怪意识形态前提下发生的，即使这些研究不是他们亲自所为。

有人称之为认知革命，有人认为是政府资助的一场政变，且具有决定性的意义。乔姆斯基之前的支持者乔治·莱考夫在 1971 年的文章中写到，语言学的新胜利"是知识机构的一部分，就像通用汽车是军工机构的一部分一样"。[25] 与人类学和其他科学隔绝，乔姆斯基的语言学被孤立在自己的学科范围内，几乎就像一个极其敏感的指挥和控制中心的表盘、杠杆和电子按钮需要被锁起来一样。为了阻止入侵者，任意分配的登录密码将定期更改。语言学，在这种最权威和最负盛名的形式中，被非人化，被神秘化，在很大程度上变得难以理解。但是，即使它变得那么难以接近，语言的学习仍然是我们所有人的中心和不可或缺的。语言学是关于使我们成为人类的能力、使我们能够交流和分享我们的梦想的研究，它超出了其他所有人的范围，只有那些自称专家的内部圈子用密码互相交谈。

若"语言"离开我们的交流，我们这些人该怎么办？乔姆斯基说，"如果什么也不能谈论，你就控制了一切"。[26] 乔姆斯基获得了机构资助，就可以为语言立法。语言概念从舞台上消失，剩余的就是内在的、不可交流的思想。沃伦·韦弗曾提出新的语言科学会重建巴别塔，恢复被上帝打乱的原始共同语。这也是罗曼·雅各布森的梦想。雅各布森受赫列布尼科夫的诗学和塔特林塔的启迪。但是在乔姆斯基这里，构建普遍语法的目的完全相反，语言变得我们自己都不可理解了。

我的观点是，俄国革命发生后，欧洲和全世界纷纷做出响应。这场震撼世界的革命最终也给语言和心智的本质探索注入了全新的启示。从这个意义上讲，战后发生在美国的认知革命是一场真正的革命。乔姆斯基的贡献虽然也受到之前事件的启发，但他倡导的笛卡尔主义研究代表着一种新的研究范式。受美国军方的资助，这类研究自上而下，旨在攻击平均主义，遏制共产主义，割裂心与身，分离天与地，阻止塔特林塔耸入云端。

毫无疑问，乔姆斯基是一名积极的社会活动分子，并不是关在象牙塔里的知识分子，他没有与世隔绝。我们很难想象一位大名鼎鼎的学者走上街头，冒着被逮捕的风险评论时事，告知掌权派真相，其间还要忍受政治敌意，唯有普罗大众的热情支持他，陪伴他。然而，作为科学家的乔姆斯基走了一条与众不同且十分寂静的道路，他隐居在自己的高塔内，似乎是在用秘语与上帝交流。

　　从建筑外形看，乔姆斯基的塔并不高，只是一间略显简陋的普通办公室，位于麻省理工学院 20 号楼内（麻省理工学院是战后几十年美国科学界的神经中枢）。尽管乔姆斯基终身致力于社会活动，或许正是因为这样，乔姆斯基塔成为他的避风港。在那里，他远离政治，远离这个不可言说的恐怖世界。他躲在那里探究一种不可及的东西，一种神秘的、隐藏已久的、从数学上看十分完美的、称作普遍语法的东西。他接受、传递来自天庭的信息，是对流传已久的神秘信息的回应。最终乔姆斯基提醒我们，人类只有一种语言，默默地藏在我们所有人背后。

第 22 章

前语言时代

　　乔姆斯基坚持认为，语言的起源可以在没有任何先兆的情况下发生，突变理论就可以解释这种情况。尽管这种观点今天仍有影响力，但它面临着来自符合达尔文原理的进化范式的激烈竞争。美国比较心理学家迈克尔·托马塞洛是世界上唯一一位投入同样巨大精力研究儿童语言习得和猿类交际技能的科学家。跨物种的研究视角激发了灵长类动物学家、人类学家、考古学家等多学科专家的广泛参与。他们聚焦的议题恰恰是被乔姆斯基抛弃的话题。由于此处不可能对每一位学者展开全面的讨论，我只选择生物人类学家萨拉·赫尔迪。赫尔迪出色地描绘了前语言时期人类可能的社会生活。尽管乔姆斯基摒弃了前语言的思想，但是赫尔迪讨论了共情合作、互相理解等问题，勾画了一条漫长的发展链。若缺乏这环环相扣的链条，语言就不可能进化成今天的样子。

　　对托马塞洛和赫尔迪而言，解释语言时不参照达尔文进化论、累积的文化进化或人类独特的集体想象和合作行为，这是一种疯狂的想法。即使我们把研究焦点局限于内在的认知机制，也肯定不能忽视隐藏在人类独特的"社会智慧"背后的"社会大脑"。与黑猩猩不同的是，我们所有人——追溯到我们最早的狩猎采集祖先——都在不断地想象自己站在别人的立场上。[1]没有所谓的"自我视角的转换"就不可能产生语言。[2] 交流时，我们既倾听自己，即听到我们自己所说的话，也倾听别人的话，就像他们听到他们自己所说的话那样。[3] 参与真实的交流，意味着交际双方总是努力达成一致，他们是用合作的视角而不是狭隘的个人视角来看待世界。[4] 我们通过预测别人会如何纠正或以某种方式塑造我们的观点来处理自我中心的问题，同时反过来帮助塑造他们的观点。[5]

虽然我们的灵长类亲戚毫无疑问具有移情能力，但它们是如此争强好胜，如此狡诈和不择手段，以至于它们几乎没有动力泄露自己的真实意图或想法。[6] 在灵长类动物认知进化的过程中，欺骗似乎扮演了重要的角色。证据之一就是，灵长类动物的新大脑皮层越大，欺骗行为发生的频率就越高。[7] 大猩猩很难集中注意力，在大多数情形下，他们互不信任，不会依赖其他同伴有意识传递的信息。[8] 事实上，如托马塞洛所说，大猩猩间缺乏信任，他们甚至不会在野外相互指东西。[9] 正是由于雄性和雌性灵长类动物这种强烈的自我中心、激励竞争和个人主义倾向阻碍了群体间稳定地分享价值和目标。也正是由于这一点，语言进化变得不可能。[10]

基于这一认知，我们就清晰地认识到语言是革命性的。语言的出现不是任意的，也不是莫名其妙地孤立突现的，而是属于大型的、复杂的物种形成事件——常常被称作"人类革命"。[11] 尽管出现的时间跨度有争议，[12] 但是，"革命"这一概念在今天已经被广泛接纳，即使乔姆斯基自己也不得不承认：

> 几十万年来似乎没有什么大的变化，然后，突然间，发生了一次巨大的爆炸。在6、7万年前，也许早在10万年前，就开始有了象征艺术，反映天文和气象事件的符号，复杂的社会结构……只是一种创造力的爆发，以某种方式发生在进化的瞬间……所以，考虑到所涉及的时间，看起来好像有一个突然的"大跃进"。[13]

乔姆斯基把这次转变称作一步到位的"计算飞跃"。当有人问他语言产生过程中巨大的社会变革是否产生作用，他明确排除了这种可能性："我们当然对当时存在的社会政治条件知道得很少，但是我认为还没有情况表明在这些条件下一场突变会导致语言的产生。"[14]

乔姆斯基说，起初，语言的飞跃甚至对交际都没有产生影响。虽然他承认这次转变一定会产生社会影响，但是他似乎急切地避免把这次转变描述为一场社会革命，更别说是一场追求平等的社会革命。

乔姆斯基对这一点的坚持背后还有一段有趣的历史。要理解他受到的限制，很重要的一点就是让我们再次联想到战后最初几年五角大楼资助社会革命研究所带来的影响。美国军方投入大量的资源研究革命爆发的方式和原因。他们问，到底什么是"共产主义"革命？有什么迹象表明这样一场革命可能即将发生？镇压这样一场革命的最佳技术是什么？在一场革命开始之前，中情局和美国陆军特种部队应该如何部署来颠覆它？[15] 这不是一种鼓励他人宽恕、庆祝社会革命的知识氛围。

20 世纪 50 年代，查尔斯·霍克特是继承莱纳德·布龙菲尔德衣钵的很有影响力的语言学家。霍克特从小受教友派以及和平主义者的教育，年轻时就加入了共产党。1952 年，当霍克特因曾经是一名共产主义者而受到开除预备役军籍的威胁时，他设法避免了这一点，他解释说，他的承诺实际上是为了人类的基本权利。[16]

尽管身处麦卡锡主义的恐怖环境，霍克特仍秉持平等主义政治观，坚持自己的立场，激励了一大批人类学家、语言学家、灵长类动物学家、狩猎采摘部落研究专家等学界同仁合作共进，一起研究新的革命理论。1960 年，他发表了一篇具有里程碑意义的论文《语言的起源》（The Origin of Speech），将灵长类动物从交流到语言的转变作为一个进化和革命性事件的结合，[17] 这一主题在随后的合著论文《人类革命》（The Human Revolution）中得到了进一步阐释。[18] 科学历史学家格雷戈里·拉迪克展示了霍克特如何通过将语言学视为重新连接物理与文化人类学的核心任务，为科学的融合搭建了前途明朗的全新框架。[19]

在与霍克特合作的众多出色研究者中，有一位年轻的人类学家马歇尔·萨林斯（Marshall Sahlins）。沿着霍克特 1960 年在《科学美国人》（The Scientific American）发表的那篇文章中的思路，萨林斯研究了从高度竞争、强横暴虐的猿类社会系统向合作平等的人类社会系统的转变是如何发生的。狩猎—采集平等主义的建立不仅仅是一个进化的步骤，它还是一个革命性的步骤，建立了一种真正的共产主义。这篇文章的标题是《社会的起源》（The Origin of Society）。[20] 如果萨林斯是对的，那进化事件似乎正是五角大楼致力于压制的那种事情！

萨林斯认为，狩猎采摘部落先祖们的平等主义价值观是政治斗争的重要结果，这一点今天的人类学家几乎都承认。[21] 任何读过恩格斯关于家庭起源的书的人都会认识到萨林斯是多么地接近古典马克思主义传统。[22] 注意到灵长类动物的合作是如何被性暴力和竞争反复破坏的，萨林斯这样写道：

> 正是灵长类动物性行为的这一面迫使早期文化对其加以遏制和压抑。新兴的人类灵长类动物，在与自然的生死搏斗中，负担不起社会斗争的奢侈。选择合作而非竞争就成为必然。因此，文化将灵长类动物的性行为置于控制之下。不仅如此，性还受到各种规范的约束，比如禁忌乱伦，这有效地将性活动纳入了具有合作特征的亲属关系的服务范围。在灵长目动物中，性是组织社会的手段和方式；狩猎者和采集者的习俗雄辩地证明，现在的社会为了群体的经济适应而规范性活动。[23]

作者用类似政治集会的口吻慷慨陈词：

> 在对石器时代危险的选择性适应中，人类社会克服或压制了诸如自私、滥交、霸凌、野蛮竞争等灵长类动物的习性。他们用亲情和合作取代了冲突，把团结置于性之上，把道德置于强权之上。在早期，它完成了历史上最伟大的改革，推翻了人类的灵长类本性，从而确保了该物种的进化未来。[24]

萨林斯对"推翻人类灵长类本性"的庆祝可以被视为推翻资本主义的不太微妙的暗号。

持有这样思想的人不止他一个。类似的观点和兴趣很快就促成了一场国际学术会议的召开，该会旨在探讨平等主义是如何首先出现在狩猎采摘部落中的。1966 年，一场名为"狩猎者"的研讨会在芝加哥举行，年轻的加拿大人类学家理查德·李（Richard Lee）是会议的组织者之一。他对喀拉哈里布希曼人的田野调查使他继马克思和恩格斯之后高度颂扬了他所谓的"原始共产主义"。[25] 会议的另一位组织者欧文·德沃尔（Irven DeVore）因研究狒狒而出名。德沃尔的导师是进化人类学家舍伍德·沃什伯恩（Sherwood

Washburn）。德沃尔受导师的影响，开始把注意力转向人类，和理查德·李一起赴博茨瓦纳做田野调查。

当德沃尔研究狩猎采集者时，他经常注意到这些人坚称的平等主义与非人类灵长类动物（如狒狒）更为专制的制度安排之间的对比。和萨林斯一样，他坚持认为，要理解人类的进化就必须承认狩猎采摘部落的社会组织与熟知的野生大猩猩等充满强力竞争的统治／从属之间存在真实的差异。

1968 年，德沃尔在教授一门关于灵长类行为的课程时，大声质问为什么灵长类动物有时会杀害自己物种的婴儿。舍伍德·沃什伯恩在他的学生菲利斯·多尔诺（Phyllis Dolhinow）的支持下，将这种行为解释为一种由异常条件（如人类的存在或过度拥挤）导致的社会病态形式。其他理论家想知道这种行为在某种程度上是否具有适应性。1962 年，动物行为学家韦恩-爱德华（V. C. Wynne-Edwards）出版了一部影响深远的巨著，他设想，资源稀缺是世界各地动物面临的主要问题。他声称，在丰产时期繁殖过快的群体或物种，日后将面临饥饿和种群崩溃的风险。他说，整个物种克服这一问题的唯一方法是进化出杀婴等机制，将数量控制在可持续的范围内。

那年，在德沃尔的众多学生中就有年轻的本科生萨拉·赫尔迪。赫尔迪看到叶猴杀婴行为的报道后感到十分困惑，不相信这只是一种反常现象。于是她决定亲自去印度寻找原因。成年雄性叶猴在性方面充满了竞争，经常为了垄断一群雌性而凶残打斗。赫尔迪注意到，一旦一只雄性闯入者攻击雄叶猴猴王并成功取代它，猴群中的幼猴就要惨遭杀害。她对两个事实感到十分震惊，一是新猴王只攻击它从未交配过的母猴所生的幼崽，二是一旦幼猴超过 6 个月大就不会再受到攻击。通过这种方式，雄性把杀婴活动仅限于其他雄性的未断奶的后代身上。杀死这些特殊的婴儿是新猴王迫使它新获得的后宫成员们停止母乳喂养并恢复生育周期的唯一方法，这使它们再次进入受孕期。如果新猴王允许雌性继续哺育它们现有的幼崽，那么新猴王最终可能连自己的后代都没有了。韦恩-爱德华提出控制种群数量有利于种群的理论似乎可以从这个角度得到解释，雄性杀戮幼崽的行为是一种延续自身基因的策略。

在研究期间，赫尔迪发现一只幼崽被其他猴群绑架了，一只母猴继养了它。由于新猴王曾和这只母猴交配过，这只幼猴就留了下来。这让赫尔迪怀疑，雌性保护后代的一种策略是与有朝一日可能掌管后宫的雄性发生性关系。

赫尔迪意识到，这也可能解释为什么雌性与外来的雄性交配时会假装发情，假装排卵，因为这些雄性可能会成为篡位者。赫尔迪并不认为群体成员符合长期的物种需求，她洞察到性别内部和性别之间的利益冲突是政治生活的重要内容。她解释说：

> 只要雄性试图限制雌性的生殖选择，我们就可以预期，雄性会选择帮助雌性规避雄性的特征。但是，从萤火虫、叶猴到黑猩猩，在各种各样的生物身上都发现了普遍存在的求情以及其他主动进取的性行为，我们该如何理解呢？毕竟，像滥交这样听起来带有贬义的词用在雌性身上，只有从试图控制她们的雄性的角度来看才有意义……然而，从雌性的角度来看，她的这种滥交行为更接近于勤奋的母性，因为这就是一个母亲为确保自己的幼崽安全生存所能做的。[26]

成年雌性叶猴并非为了控制种群数量。它们拼命保护幼崽的生命，与其他雌性亲属合作驱赶可能的杀婴雄性，常常给它们带来巨大的损失。只有当一切都失败了——它们的幼崽被杀害了，它们才同意与这些杀戮者交配。赫尔迪并不认为雄性杀婴行为利于物种或群体。她发现，这个事例中的两性在延续基因方面有着迥然不同的利益。

赫尔迪很快发现，由她的导师罗伯特·特里弗斯（Robert Trivers）创建的"自私的基因"理论框架比韦恩 - 爱德华提出的群体选择范式更符合自己的观察。对她而言，个体选择论除了具有科学优势外，它还没有任何意识形态偏见，也不具有明显的性别指向，让性别平等主义更具解释力。[27]特里弗斯总结了群体选择论在意识形态上的意义：

> 物种优势的推论会产生一些重要的结果。首先，它倾向于将个人的自身利益提升到整个物种的自身利益，从而倾向于为个人的行为辩护。在我们的例子中，成年男性的自身利益被提升到了物种的自身利益：它被赋予了一个新名字。他所关心的是人口控制，这对大家都有好处。相比之下，自然选择的观点应该使我们对个人的自身利益与物种的自身利益相同的说法产生怀疑。[28]

接着特里弗斯注意到了群体选择论中隐含的无意识性别歧视：

> 其次，群体选择论转移了我们的注意力，让我们不再关注社会群体的内部冲突以及调节冲突的策略演变。这种论调无意中可能使得其他个体处于毫无作用的状态。"雄性有权力，它的权力有利于自己物种的发展。"[29]

特里弗斯继续提出："这种论调阻碍我们预见雌性的反抗策略，让我们看不到雄性的局限。相反，基于自然选择的理论就考虑到这种反抗策略。我们期待挖掘这些策略的意义，使得我们可以从受社会交往影响的个体视角去分析社会交往。"[30]

自私的基因并不是说动物行为总是自私的，而仅仅是指基因会复制，可以自己复制自己。赫尔迪观察到，母叶猴会结盟来保护所有幼崽，它们勇敢、无私，这样做是追求基因利益的最佳方式，也是落实达尔文"适者生存"原则的最佳方式。现在学界几乎普遍接受这种理论来解释雄性灵长类的杀婴行为以及雌性相应的反抗策略。[31]

赫尔迪的案例研究起了决定性作用，很快成为罗伯特·特里弗斯思想的核心，并经他上升为"社会生物学"新范式的典范。科学家不再认为母亲与雄性以及后代快乐和谐地生活，而是在每种生物关系中期待发现多样的利益。马克思揭示了阶级斗争是历史发展的推动力，而今天的生物学家发现冲突是进化的推动力。诸如"狩猎者""工具制造者""思想者"等关于人类起源的古老传说最终成为过去。人类进化和其他灵长类的进化一样，雌性是独立的主体，具有自己的策略和目标，常常与强势的雄性处于激烈的对抗中。

尽管"女人需要一个男人，就像鱼需要一辆自行车一样荒谬"[32]，但任何母亲都希望她生活中的男性能够被说服来帮助而不是阻碍她照顾孩子。赫尔迪的贡献在于接受了这种女权主义观点，并将其付诸实践。从她的角度来看，基于自私基因的达尔文主义虽然绝对是自然科学的组成部分，但却关注社会和政治问题——动物世界中的竞争与合作。

从 20 世纪 70 年代开始，这种看待生活的新方式就直击乔姆斯基的基本假设，即如果研究涉及社会和政治，就不可能是科学的。乔姆斯基认为科学只能解决高度简化的问题，不涉及人类的兴趣或关切。[33] 与之截然相反的是，赫尔迪将自己的科学工作视为一种工具，借助它可以更清楚地思考大多数重要的政治问题。平等主义的狩猎采集者倾向于把照顾孩子放在第一位，把每一代的福利作为压倒一切的社会和政治优先事项。[34] 与此形成鲜明对比的是，现代资本主义倡导经济优先，而幼儿教育、父母支持以及儿童保育等问题成为次要议题。赫尔迪提出，今天在任何一个理性组织的社会中，绝对应该优先考虑未来世代的福利。

赫尔迪与其合作者认为，科学并不是与人类关切无关的价值中立的东西。女权主义者完全有权利利用进化科学来成就自己的事业，社会活动家也不必舍近求远去别处寻求指导。[35] 直到20世纪70年代，还没有人解释为什么人类的性行为完全不同于灵长类动物。根据男性与女性行为的传统刻板印象，女性把责任和母性置于性之前，而男性则滥交，很少关心他的孩子。如果这些达尔文的刻板印象被接受，那么矛盾的是，人类的进化将它们颠倒过来，在某种程度上，人类女性在她的行为、她的性取向上变得"男性化"，她们更主动积极，从一而终早就成为过去时；而男性在这些方面则变得"女性化"，他们忠诚，关爱家人，勇于承担家庭责任。性别差异的刻板印象就这样被彻底改变了。

不是别人正是赫尔迪整合了所有的证据。典型的达尔文策略，如叶猴案例所示，是雄性灵长类动物投资于自己的遗传后代，排斥所有其他后代，以至于暴力虐待被怀疑是竞争对手所生的婴儿。但是，赫尔迪意识到，不断进化的人类女性总是有充分的理由来抵制男性的统治。这是"反向统治"的一个例证，这是一种集体抵抗的策略，正如人类学家克里斯托弗·伯姆（Christopher Boehm）所指出的，这一直是灵长类政治的一个方面——在我们的例子中，这种策略以推翻统治而被革命性的新的道德和文化秩序所取代而达到高潮。[36] 伯姆研究的是一般的权力关系，而赫尔迪研究的是具体的性政治。人类女性从远古时代起就有充分的理由主动混淆父系相关的亲子关系，鼓励每个与之有性关系的男性都善待她那些不知道父亲是谁的孩子，好像这些孩子都有机会携带他们的基因。[37] 女性和男性追求不同的生殖策略，根据这一核心理论假设，赫尔迪解释了人类女性的典型适应性策略，如隐藏排卵、主动性行为，是如何进化从而确保我们物种中的男性越来越多地参与育儿。[38] 发展出永久遏制男性主导地位和试图垄断整个后宫的策略，女性结成了永久的联盟，将育儿变成了一项日益集体的事业，最成功的联盟通常是母系联盟。这样的联盟不仅善于调动女性通力合作，而且善于调动尽可能多的男性参与养儿育女的积极性。[39]

赫尔迪不仅在研究叶猴的早期成果中探究萨林斯 1960 年的论文中谈及的议题，而且在后续的突破性系列著作中进一步完善自己的理论，[40] 她用令人信服的方式有力地证明了缺失的因果链和进化顺序。她并没有随萨林斯的思路把主要变化归结为一种需要进一步解释的"文化"。相反，她提出性驱动最终产生了受道德规范指引的生活方式。对于新的一代雌性灵长类学家和进化学家来说，赫尔迪的研究颠覆了性别偏见论长期以来的各种假设，这些假设充满偏见，极大阻碍了科学的进步与发展。赫尔迪倡导的新范式影响甚广，许多学者深受这一范式的启发，如芭芭拉·斯穆茨（Barbara Smuts）、雪莱·斯特鲁姆（Shirley Strum）、琼·西尔克（Joan Silk）、帕特里夏·戈瓦蒂（Patricia Gowaty）、梅雷迪特·斯莫尔（Meredith Small）等，他们从中获得了性别平等的思想。[41]

然而，不幸的是，就在赫尔迪发展她的理论时，具有社会意识的进化生物学这一新领域与政治激情发生了灾难性的、破坏性的碰撞。众所周知，"自私基因"理论不是哪一个人的发明，这一新的理论范式有众多所谓的创始人，其中包括乔治·威廉斯（George Williams）、威廉·汉密尔顿（William Hamilton）、威尔逊（E. O. Wilson）、约翰·梅纳德·史密斯、罗伯特·特里弗思以及理查德·道金斯等。不过，这些人既不是灵长类生物学家，也不是人类起源研究专家。从他们的视角看，进化生物学的研究对象是普通的动物，而非专门针对人类。然而，社会昆虫学家威尔逊在他 1975 年出版的《社会生物学》（Sociobiology）一书的最后一章中，跌跌撞撞地进入了人类领域，这是一个政治上灾难性的举动。威尔逊解释说，"在狩猎采集社会中，男人狩猎，女人待在家里"。他接着表示，这可能有某种基因基础，因此很难看出女性如何才能实现政治上的男女平等。[42]

威尔逊在这里的说辞实际上没有自私基因论的基础，也没有任何新的理论见解。这是一种不加思考的性别歧视言论，体现了老掉牙的洛伦兹基因决定论的精神。但是伤害已经造成了。这句蹩脚得令人尴尬的话被美西方大部分地区的马克思主义者以及其他"政治正确"的知识分子抓住，所有人都谴责他们所谓的"社会生物学"，就好像它是社会达尔文主义的翻新形式一样，它的追随者也被定性为性别平等的反动分子。[43] 威尔逊本人对此感到十分诧异：

> 一些观察家对我的惊讶感到惊讶。英国资深进化生物学家、前马克思主义者约翰·梅纳德·史密斯说，他自己也不喜欢《社会生物学》的最后一章，"这对我来说也是绝对明显的——我无法相信威尔逊不知道——这将激起美国马克思主义者和世界各地马克思主义者的强烈敌意"。但我确实不知道。[44]

威尔逊至少愿意承认自己在政治上是幼稚无知的。

具有讽刺意味的是，上面那位批判威尔逊的约翰·梅纳德·史密斯先生，他不仅信仰社会主义，而且至死坚定维护自私基因论背后的达尔文主义。赫尔迪的导师罗伯特·特里弗思是自私基因论的倡导者，他也反对传统。多年来，罗伯特·特里弗思作为一名黑豹党积极分子，常常隐匿在酒吧，在牙买加建立武装团体，旨在保护同性恋男性免遭暴徒的攻击。[45] 萨拉·赫尔迪写到，"特里弗思很自然地就有了革命者的思考方式"。赫尔迪补充说：

> 当时在特里弗思的课堂上有反社会生物学的示威活动，因为他当时正为压迫者寻找生物学上的依据。想想过去的这些，我只能微笑，只能摇头。事实上，我怀疑特里弗思是否满足于制度化的现实需求，一种他没有动力去打破的需求。[46]

然而，威尔逊《社会生物学》臭名昭著的最后一章所引发的误解最终被证明是激烈的、持久的，对各方都是有害的。在随后的一片哗然中，几乎没有人记得，在所有社会生物学的先驱中，只有德沃尔的学生莎拉·赫尔迪获得了在人类进化这一主题上发表权威言论的资格。她对人类起源的整个叙事进行了全面的重建，真是耳目一新，别开生面，不仅对进化论有里程碑式的贡献，也宣告了与过去政治的决裂。威尔逊轻率地让他那个时代的政治（加上他自己的性别歧视偏见）影响了他的言论，而赫尔迪却恰恰相反——以一种特别激发许多女权主义者拥护的全新的政治方式，把科学放在了首位。

赫尔迪并不是语言学家，她的著述仅仅是触及了语言的一些皮毛问题。

但是，她决定将 2009 年出版的探讨合作抚育一书的副标题定为"相互理解的起源"，这是有一定道理的。这表明语言出现在人类身上有深层的生物学原因。语言交流背后的主要心理倾向是主体间的交互——我想和你分享我所想，也想知道你对我想法的看法。[47] 虽然类人猿擅长推断其他类人猿的意图，但它们似乎不愿意帮助其他类人猿读懂自己的想法，相应地，它们也不具备这种能力。[48] 它们的眼睛不像人的眼睛可以暗送秋波，似乎也是为了不让同类在注视它们时猜出自己当时的意图。[49] 语言不太可能出现在一个内部冲突不断，群体成员互不信任缺乏思想情感交流的物种中，赫尔迪令人信服地论证了这一点。

在赫尔迪的设想中，"主体间性"是在母亲们探究她们是否能够充分信任彼此来照顾孩子或帮助照顾孩子时出现的。精确地说，当一个进化中的古人类母亲让别人带走她的孩子时，双向读心术和共同注意力的选择压力就建立起来了。母亲必须善于社交，能够获得他人的支持，判断他人对婴儿的看法。与此同时，一旦被移交，婴儿自己就必须学会监控"妈妈去哪儿了"，同时评估新照顾者的意图。反过来，这个帮手在赫尔迪最初的场景中必然是一个亲戚，她扮演了一个准母亲的角色。赫尔迪描述了一系列新颖的特征和技能，如相互凝视、咿呀学语、亲吻喂食等，这些使母亲、婴儿和母亲的帮手这三个角色紧密联系在一起从而促进彼此保持信任。[50]

占有欲极强的类人猿母亲从来不需要如此复杂的联系机制。因为雌性黑猩猩在性成熟时必须离开它们的出生群体，它们获得育儿帮助的机会受到严重限制，仅仅是因为附近没有雌性亲属居住。然而，即使是在黑猩猩中，偶尔也会有雌性黑猩猩在分娩后设法留在自己的母亲身边，这种情况可能对它和它的后代非常有利。"毫无疑问，在繁殖方面，没有什么比留在亲族中更适合雌性了"，赫迪这样评价灵长类母亲。[51] 她指出，在灵长类物种中，有两个结论是毋庸置疑的。"首先，生活在亲族中的雌性比那些离开出生群体到非亲族中觅食和繁殖的雌性更能捍卫自己的利益。其次，当母亲们确信自己可以把孩子毫发无损地抱回来时，她们更倾向于和别人分享孩子。"[52]

赫迪继续说，随着语言能力在我们的祖先中开始发展，人类群体必然越来越多地向一种由母系亲属维系的社会转型，母亲和女儿一生都生活在一起。值得注意的是，赫尔迪发现有证据支持 19 世纪进化人类学家路易斯·亨利·摩尔根（Lewis Henry Morgan）和费里德里希·恩格斯提出的基本原则。

他们提出，在畜牧业和农业出现之前，最可能的模式是母亲继续与自己的母亲生活在一起，分担照顾孩子的任务。[53] 21 世纪越来越多的基因数据惊人地证实了赫迪的观点，即母系居住确实是我们不断进化的祖先在行为上走向现代的过程中最初的深层模式。[54] 根据赫尔迪的说法，随之而来的合作照看孩子的新机会，使得我们的语言出现之前的祖先"已经比黑猩猩对他人的意图和需求更感兴趣"。[55]

当然，这仍然无法解释人类如何进化出一种发明和使用语法的能力。赫尔迪认为，在语法能力发展之前，我们的先祖们一定掌握了交流复杂思想情感的其他方式。她并没有假设语言机能是一步安装到位的，恰好相反，她认为新系统的基本情感和认知基础一定有古老的根源，决定性的变化至少始于 50 万年前。

除了乔姆斯基及其追随者外，几乎所有研究语言起源的学者至少都认同这一点。如果进化论的叙述忽视了人类起源的古人类学的大部分知识，例如，关于信号在自然界中如何进化，关于人类狩猎采集者的生活与非人类灵长类动物的生活对比，以及关于历史记录语言中已知的文化进化过程，那么它就不可能具有说服力。基于这一背景，我们惊奇地发现乔姆斯基及其追随者摈弃了这些领域以及其他相关领域中的大量有趣证据。

在 2016 年出版的关于语言进化的著作中，贝里克和乔姆斯基提及了詹姆斯·赫福德（James Hurford）的成果，只是发现"语言会变化，但不会进化。认为语言是通过生物进化和非生物进化而来的说法是没有帮助的。后者根本不是进化"。[56]

从这个角度来看，进化语言学家讨论文化进化问题甚至也是"毫无帮助的"。从这一评价中可以看出，没有人意识到赫福德把进化语言学——"从进化的视角研究语言"——变成一门严肃的跨学科研究。或许他的贡献比任何一个学者都要大。他给我们带来两部巨作：《意义起源》（*The Origin of Meaning*）和《语法起源》（*The Origin of Grammar*）。这两部著作推动了这一话题的研究，把相关的讨论囊括进这一新的领域。[57] 赫福德的长项与他那质朴的性格分不开，他鼓励学生开辟新领域，把不同领域的学者聚集在一起合作，把关于语言起源的争议置于坚实的科学基础之上。

语言起源的主要研究者中，赫福德并不是唯一一个被乔姆斯基忽视了的学者。贝里克和乔姆斯基认为，新的适应一定有渊源，一定是逐渐进化而来，这种观点是错误的。任何持有这种错误观点的人都该感到羞愧。我不再详细列出受到批评或被忽视的研究项目和名称，这里只聚焦其中之一。

讨论这些争议议题时，贝里克和乔姆斯基没有提及人工智能研究的开创者卢克·斯蒂尔斯，这让人感到不可思议。20世纪70年代，斯蒂尔斯在麻省理工学院读书，是乔姆斯基的学生。人们还记得，在他职业生涯的早期，乔姆斯基曾希望详细说明机器获得语言语法所需的神经线路。1967年他写道："原则上，设计一个自动机，将通用语法的原则结合起来，并利用这些原则来确定它应该接触哪一种可能的语言，这并不困难。"[58] 事实上，正如我们所知，乔姆斯基从未完成或接近完成这一任务。因此，当他以前的一个学生解释为了解决这个理论问题实际上需要做什么时，人们可能会期望他表现出兴奋和兴趣。斯蒂尔斯使用的计算机可以相互通信，并从每次交互中学习。[59] 与乔姆斯基不同，斯蒂尔斯始终认为语言的全部意义在于使我们的思想能够与他人交流。[60] 斯蒂尔斯总结说，与其试图提前了解必要的内部线路的细节，不如设计出一台能够进行社交互动的机器，然后让它们完成困难的工作。

有时候，斯蒂尔斯的人工智能只是在屏幕上移动的虚拟实体。在其他实验中，它们拥有胳膊、腿、耳朵和眼睛，可以在现实世界中移动，遇到物体，描绘场景，并试图与和它们相似的相邻机器交流。斯蒂尔斯展示了如何通过自我组织的过程，连续的互动可以导致词汇符号和语法规则的指令集合。随着时间的推移，复杂性会增加，每台智能机器都会记住它成功的通信尝试，而丢弃失败的尝试。

有两类内在的认知配备对成功实现交流至关重要。第一，机器人必须具备感官、运动、导航和其他能力，这些能力除了基本功能外，还可以用于交流。[61] 第二，他们必须能够共同关注和逆转以自我为中心的视角，这意味着从另一个智能体的角度描绘世界。[62] 对语法进化而言，这些指标以及其他合作指标都至关重要。斯蒂尔斯证明，当他的自动装置互相竞争而非合作时，如试着强迫机器以牺牲彼此为代价去争夺能量，操控和欺骗的最终后果就是完全阻碍了语言的进化。[63]

尽管他的机器人没有性别，没有性行为，也从来没有生过孩子，但这并不会诱使斯蒂尔斯去争论性和生殖与现实生活中人类语言进化的理论的相关性。他的机器不会口是心非，不会说一回事而心里想的是另一回事。这种随心所欲的自由恰好是语言创造性的核心，是语法进化的关键。[64] 此外，斯蒂尔斯的社交机器不会大笑，不会互相开玩笑，不能理解讽刺或反讽，也根本不会运用修辞手段表达自我。然而，这些局限性并没有促使斯蒂尔斯争论隐喻在现实生活中人类语法进化中的中心地位。跨学科的精神和对同事的尊重，使斯蒂尔斯避免了许多理论家的错误，他们让自己美丽的模型盖过并掩盖了现实。毕竟，构建简单模型的全部意义在于加深我们对世界真实面貌的理解。

此时我们要注意，设计机器人并让其合作是件很容易的事。但是设计一台自私、虚伪、充满竞争的机器人，则需要花费很大的精力。人类是高等灵长类动物，天生就会竞争。斯蒂尔斯写到，语言进化所必需的"超级社会性"是如何通过达尔文进化论产生的，这是一个"深刻的谜题"。[65] 这就是斯蒂尔斯鼓励人工智能科学家认真倾听理论生物学家、灵长类动物学家、人类学家、考古学家的原因。我们需要一个强有力的理论来解释独特的人类社会性是如何出现的，这个理论应该与达尔文的原则一致，但以一种非常不同寻常和具体的方式应用。考虑到资源竞争、不同的繁殖策略以及许多其他导致个体和群体之间冲突的力量，一种曾经竞争激烈的灵长类动物是如何进化到足够信任，从而进化出语言的呢？

和斯蒂尔斯一样，赫福德强调公众诚实和信任的重要性。[66] 他写道：

> 语言行为是典型的信任行为。作为说话者，你相信听者不会利用你所说的来损害你的利益。作为听话人，你相信他说的或按照他说的行事。一方的信任是对另一方的可信赖性的推断……信任和可信赖性是如何产生的呢？与之相关的物理现象是什么呢？[67]

一些还原论科学家，赫福德继续说，已经试图用神经化学的解释来取代社会学解释，其中一个想法是催产素可能是语言背后的激素。赫福德反驳说，"人类语言没有灵丹妙药"，他引用了我的一段话：

> 把一切都归结到一种激素，让我想起了乔姆斯基，他把整个语言，甚至包括语义成分，都归结到大脑某处的一盒电线。从某种意

义上说，电线可能在那里，但这不是故事的全部。进化的解释必须解释为什么我们这个物种把信任只放进言语中成为一种进化稳定的策略。为了解释这一点，我们必须解释人们如何以及为什么有时间和精力去惩罚那些滥用公众信任的搭便车者。简言之，我们必须解释法治是如何以及为什么在我们的狩猎采集祖先中建立起来的。这意味着在社会和人类学的框架内做这一切事情。[68]

赫福德继续指出，鉴于足够充分的诚实和信任，交际的社会进化沿着生物学上从未有过的路径加速推进。赫福德在《语法起源》一书的《语法化》一章中解释了相关过程，其讨论视域广泛，历史信息丰富，紧扣学科前沿。

语法化是一个过程，频繁使用的结果——如简化和常规化——就被固定下来，变成语言的习得结构。语法化过程是单一向度的，实词服务于新的语法功能时得到简化，原有的意义变虚。当然，这些是文化过程，而不是生物过程。但是，除非我们遵循乔姆斯基的做法，排除文化进化的概念，否则，它们提供了一种令人信服的方式来解释语法本身最初是如何进化的。赫福德这样写道：

> 在动态均变论假设下，早期人类语言行为与现代行为受到相同原则的指导，我们可以利用语法化研究的启示，通过构建现代句法结构的单向过程，对现代句法结构进行逆向工程。如果原始语言是没有语法的单词串在一起，而现代成熟的语言使用语法将单词组合在一起，那么语法化，正如我在这里所利用的，就是弥合鸿沟的过程。这是对任何假定的"语法突变论"的一种渐进的文化替代。[69]

安德鲁·史密斯（Andrew Smith）和斯蒂芬·霍夫勒（Stefan Höfler）在一项引人注目的研究中证明，过去被认为是两个独立的进化问题——最早的符号使用，以及随后向语法结构的过渡——实际上来自同一套潜在的认知机制。在他们的模型中，早期人类发展了合作能力，从上下文推断预期的含义，识别共同点，记住并建立在过去被证明是成功的交流尝试之上，并在此基础上引出和发明隐喻的表达，这些隐喻随后变得约定俗成。[70] 这里的观点是，隐含在"隐喻"这个创造性原则之下的认知机制，可以为以前认为的单词和语法相分离的不同进化解释路径提供一个单一的解决方案。在这种新模型中，语法结构产生于隐喻，语法标记实际上是经过历史过程而被约定俗成和简化的隐喻表达。重要的是，这些理解涉及乔姆斯基认为我们永远不可能理解的一件事——创造性地使用语言。同样重要的是，隐喻的表达，从字面意义看并不正确。因为在某种意义上它们是虚假的，所以在交流意图中需要大量的同理心、善意和信任。[71]

认知革命促使学者们忽视性与性别，而且这样做有充分理由。毕竟，如果你认为身体并不重要，因为抽象的数字信息才是我们的真实存在，那么你所依托的特定类型的身体就几乎无关紧要。然而，在非人类灵长类动物中，性是冲突和不信任的主要来源。在这种背景下，如果我们把自己限制在不允许性别或性的理论模型中，就不可能聪明地思考我们的祖先是如何克服这些问题的——把它们最小化到足以让语言进化的程度。对于大部分遵循赫尔迪思路的学者来说，萨林斯描述的"历史上最伟大的改革，推翻人类身上灵长类动物的本性"这件事一定是雄性为了提升适应性而努力的结果，是抚养幼崽的雌性为了自身基因的延续而采取的结盟策略。[72] 这就不难发现复杂的达尔文进化过程与乔姆斯基神话之间存在巨大的差异。乔姆斯基编造了普罗米修斯神话，认为在一次基因突变中普罗米修斯的大脑搭上了线，于是产生了语言。[73]

20世纪60年代人类革命的先驱们有一种共同的担忧，即人类在核时代面临前所未有的危机，自私的政治议程是问题所在，任何解决方案都必须对我们这个物种的过去、现在和可能的未来有科学的理解。霍克特、萨林斯、李、德沃尔和其他许多人开创的充满希望的开端不幸在一定程度上为认知革命所淹没，认知革命的追随者倾向于追随乔姆斯基，将科学描绘成与政治活动家无关或政治活动家不感兴趣的各种专业领域。同样令人不寒而栗的是反社会生物学，有时甚至是反科学活动家自己的镜像反应，因为他们背弃了他们所认为的非人性化和陌生的西方意识形态，通过伪装成"科学"来证明现状。

这一切引发的结果之一就是萨林斯提出的人类革命思想在20世纪80年代让位于刚刚复兴的渐变式达尔文主义，现在由于认知革命就被迫与乔姆斯基的心智主义不安地同处一室。不幸的是，萨林斯对猿猴的研究初衷持续不久。1959年他在《人类生物学》（*Human Biology*）上发表的文章于1972年在《灵长类动物论灵长类动物》（*Primates on Primates*）一卷中重印。[74] 但这一切发生在社会生物学出现之前。当在"自私的基因"新框架内到处开展灵长类动物研究时，萨林斯退缩了，他批评新的框架，认为这就是一种基因决定论，是支持资本主义的一个神话。[75]

不过，令他欣慰的是，乔姆斯基从未加入批判社会生物学的潮流。他一直认为社会学者有充分的理由认为人类具有基因决定的本性。[76] 尽管乔姆斯基拒绝一起批评社会生物学，但是他从未完全理解达尔文主义新范式，从未赞同这一范式对人类合作本性的充分解释。他认为基因控制发展，这一观点类似于生态学家康拉德·洛伦兹等提出的纯粹基因决定论。年轻一代的达尔文主义代表人物有道金斯、特里弗斯、赫尔迪。他们认为基因指令构建身体形式和功能所需的各种蛋白质，同时认为基因不能规定具体的社交安排或确定头脑中的概念。但是乔姆斯基推动的认知革命影响深远，将人们的注意力从身体上转移开来，持续关注基因对心智的限制。学术界发生了巨大的变化，尽管乔姆斯基对达尔文主义没有一点兴趣，但是达尔文主义本身获得了广泛认可。

传统进化论认为，选择压力持续推动行为变化和结构变化。但是，20 世纪 80 年代，许多自称信奉达尔文主义的心理学家放弃了这种观点。他们开始提出，人类进化过程中最重要的选择压力就是作用于心智的压力。需要注意的是，这些思想家把达尔文主义新的心智观用于唯一的物种——人类。例如，没有人通过激发颅内内在的计算模块去解释灵长类的行为。但是，受乔姆斯基语言器官论的影响，新一代进化心理学家宣称，人类认知以独特的方式展现出模块性特征，这就需要运用新的达尔文主义来解释。现在，研究人员正在寻找头部内的一系列额外装置，它们的存在与当前或近期的选择压力无关，而是归因于我们物种过去某个不确定时期的普遍条件。[77]

尽管这种进化心理学的心灵论学派大本营在美国，但它的影响却波及世界各地，新一代自称达尔文主义者的人开始看到独特的人类计算机模块无处不在——一个用于语言，一个用于道德，一个用于检测欺骗，另一个用于识别面孔等。[78] 列达·科斯米德思（Leda Cosmides）和约翰·图比（John Tooby）把这一新范式概括如下：

研究者不把世界看作组织心智的力量，而是认为心智把自身内部早已存在的组织添加在无比丰富宽广的世界上。这些组织是物种进化过程中自然选择的结果，目的是适应物种的自然环境。基于这种认知，我们的认知结构就像是由成百上千台功能清晰的计算机（常常称作模块）组成的阵列，这样设计是为了解决狩猎采摘部落先祖们特有的适应性问题。每种装置都有自己的职责，并把自己的独特组织加在各个部分上。[79]

除了乔姆斯基提出的"语言习得装置"（这是整个语言研究的出发点），这台由无数微型计算机构成的机器包括心智模块装置、面部识别装置、客体识解装置、情感识别计算装置以及其他用于发现生命、测量视觉方向、识别是否存在合同欺诈等的各种各样的装置。

可以说每位进化心理学家都在为自己设想各种具有特殊用途的计算机，数量不断变化，从乔姆斯基的三四台（语法装置、科学装置或许还有道德判断装置）到图比和科斯米德思设想的成百上千台。依据科斯米德思，心智不可思议地反映现代科学的跨学科分支，就像是一把"瑞士军刀"，每个独立的工具为特定的任务而设计，并不考虑周边的其他工具。

对这种所谓"新颅相学"[80]的追捧很快就扩展到考古学、石刻艺术研究、宗教研究等领域。乔姆斯基成功地将语言重新定义为人类心智的自然组成部分。宗教信仰被解释为相同心智模块的自然特征。[81]这股潮流不可抵挡，一位考古学家雄心勃勃，描述了萨满教中的灵魂飞舞、灵魂旅行、出逃体验以及星际投射，又把旧石器时代萨满教重复解释为人类大脑某处"灵魂飞舞、灵魂旅行、出逃体验以及星际投射"模块运行的结果。[82]

正如乔姆斯基努力将语言学与政治和社会科学的联系分离开来一样，新的进化心理学明确地旨在将进化科学与政治，特别是与马克思主义分离开来。它的倡导者甚至坚持认为，最终可以像化学家或物理学家那样冷静客观、超然地研究大脑的各个部分。乔姆斯基把这个想法发挥到了极致，他把自己想象成一名科学家，站在火星的有利位置俯瞰人类。[83]对许多知识分子来说，如此崇高和超然的立场显然有某种吸引力。但问题是，如果你在火星上，你是孤独的。被切断到那种程度根本不能保证客观性，因为你的孤立不可避免地会使你无法得到让你可以纠正错误的社会反馈。想象自己在火星上，实际上就是想象自己在一个人类科学家最糟糕的地方。

萨拉·赫尔迪对人类心理学进行了严格的唯物主义探索，她将心智的进化根植于身体及其生殖、社会和其他关系之中。为了解释人类心理的特殊之处，她转向了对进化中的人类在超越灵长类主导动力和建立合作生活方式方面所追求的社会和政治策略的调查。另外，对于约翰·图比、列达·科斯米德思、史蒂文·平克和他们的合作者来说，重要的对比主要存在于大脑中。自 20 世纪 80 年代末以来，他们雄心勃勃的思想计划一直否定他们所谓的"标准社会科学"——尤其是马克思主义——从而大规模地驱逐和取代它，在其以前的领土上安装"心智模块心理学"。对这些思想家来说，社会科学的智力巨人所积累的微妙的政治文化洞见或多或少变得毫无价值。[84]

乔姆斯基远离达尔文主义的渐变论，并解释说他对新兴的进化心理学感到非常满意，完全契合左翼的政治思想。"彼得·克罗波特金肯定是名左翼分子，是当代社会生物学或进化心理学的奠基人之一。他出版《互助》(*Mutual Aid*)一书，提出人类本性是按照一定的方式进化的，这些方式有利于他提出的社群无政府主义。"[85]然而，不同于克罗波特金的是，乔姆斯基认为，回顾或庆祝与人类进化史有关的任何共产主义或平等主义都没有意义。当被问及从现存狩猎采摘部落的平等主义生活方式中获得了什么时，乔姆斯基做出如下回答：

> 好吧，假设卡拉哈里的布须曼人生活在一个绝对的乌托邦。这不是真的，但就算它被证明是真的，也不能告诉我们关于这个世界的任何事情。这是一个不同的世界。我的意思是，你必须开始，如果你想和人们生活的世界有联系，你必须从那个世界的存在开始，问它可以如何改变。[86]

对于乔姆斯基而言，社会活动家理解这个世界今天的本来面目时无须担忧其历史或史前的样子。

乔姆斯基的立场是极端的，不像那些美国进化心理学家，他们的模块化心灵论最初受他的工作启发。但是，尽管史蒂文·平克他们经常援引所谓的"进化适应环境"，令人吃惊的是，在知识上的傲慢，他们和乔姆斯基并无二致，不愿考虑人种学的细节，如社会人类学对狩猎—采集萨满教、亲属关系网络和岩石艺术的细致记录和深入理解，取而代之的是简单的贬低。

　　萨满部落就是胡扯的艺人，他们用舞台幻术、药物催眠以及其他廉价的骗术充实渊博的实用知识……[87]

　　游牧部落互不容忍。他们频频突袭邻近部落，屠杀闯入自家领地的陌生人……[88]

　　在游牧文化中，年轻男子把女人的乳房和外阴用木炭画在石壁上，刻在树干上，或者画在沙滩上，这样的色情画全世界各地都有……[89]

　　当然，被这种还原主义批判的人类学家、史学家虽然具有文化意识，但热情不够，只有一些人做出了强烈的回击。常常发生的事是，跨学科各方搅动起的敌意产生了诸多怨恨和困境，在许多方面就像语言学领域的无谓争论一样。政治正确的后现代主义者和文化理论者倾向于猛烈攻击，不会花心思去区分萨拉·赫尔迪从进化视角对性的细微探索和平克以及其他美国进化心理学家倡导的生物还原主义。一些女权主义者经常批评任何胆敢提及基因的人都是"本质主义者"。[90]

　　科学的最终目标肯定是要将我们对自然的了解与我们对自己的了解结合起来，而不是使这种令人筋疲力尽的分裂永久化。这是一个理论上的挑战，但也是一个实际的挑战，有时是一个不可避免的政治挑战。有新发现的科学家从来都不满足于沉思。他们总是发现，为了了解世界，积极参与、干预世界是必要的。

第 23 章

人 类 革 命

这本书贯穿始终的主题是巴别塔，它提醒我们，一种共同的语言可以维系一个没有边界或国家的世界，但对那些掌权的人来说，这似乎不可避免地具有威胁。

我不是第一个在乔姆斯基的独特能力中发现某种上帝般的东西的人，他可以指挥我们对语言的科学理解，以至于我们几乎无法理解彼此。我已经提到，乔姆斯基的语言学并不是真正的科学，而是一种科学至上主义的学问。借用伯纳德·拉图（Bernard Latour）的话来说，科学至上主义的作用简单来说就是向普通人说"请你闭上嘴"。[1]《旧约》把上帝描绘成一个嫉妒的族长，他打乱我们的语言，以免让我们知道天上的秘密。鲁道夫·博塔向我们展示了一个类似的人物——乔姆斯基，他被称为"迷宫之主"，故意建造了一座巨大的智力迷宫，以达到大致相同的目的。这两个比喻都很好地抓住了这样一种怀疑，即语言有一种如此强大的力量，以至于它的内部运作和秘密很容易被那些有权有势的人觊觎和垄断，使我们其他人陷入无言的困惑之中。用皮埃尔·布尔迪厄的话来说，就是"我们普通人最终会因那些精英分子实施的'无形的、无声的暴力'而落得个'无言以对''舌头结巴''无话可说'，就好像突然失去了自己的语言一样"。[2]

在本书开篇我就提出这样一些疑问，为什么要建一座博塔号称的乔姆斯基"迷宫"？谁资助的？为什么要资助？迷宫内部究竟隐藏了什么重要秘密竟然不允许我们任何人接近？

上文我已经讲述了五角大楼在资助迷宫建设方面发挥了主要作用，也分析了其中的缘由。我并不是说这里存在什么阴谋，而是说政府对促进普通民众拼凑出人类本质大图景的科学不感兴趣。尽管乔姆斯基有时指责政府掌控的宣传让我们不知道自身的创造潜力，但是他也常常倒向对立面，称我们在创造性方面的局限源于我们的基因。很明显，这种论调就免除了对政府的指责，难免让人怀疑持有这种观点是受到了政府的鼓励。詹姆斯·麦吉尔夫雷概括这种论调时解释说："若理性有生物性，理性就一定有局限性，这种局限性体现在不能科学地理解语言的创造性。"[3]乔姆斯基也表达了相同的观点，称"语言创造性这个笛卡尔之问，现在和一个世纪前一样，仍然是个谜，这一问题或许会成为人类的终极奥秘之一。对于人类的智慧来说，这些奥秘仍模糊不清、高深莫测"。[4]因此，对我们来说，最重要的事情——我们作为人类的本性的秘密——是而且必须永远是我们自己也无法理解的。

陷入乔姆斯基的迷宫就是体验这种不可理解性。当我们徒然尝试挖掘潜力时，我们迷失在了这个复杂的迷宫里，找不到任何出口。某种巨大的力量似乎正在阻止我们迈出最后一步——把一切都放在一起，以成功地完成进化中的下一个重大转变。从气候变化到经济危机，我们都觉得我们周围的世界正在崩塌，我们无能为力。这种无助感似乎很可能会持续下去，只要我们觉得事情不合理，就没有办法在我们的多个专业之间沟通，一切都太复杂了，我们有限的大脑无法应对。如果是巨幅景象，那么没有人能够看全。

迷宫中心的秘密既简单又令人震惊。在世界各地，普通人现在掌握了权力。我们的生活交织在一起，我们的大脑电子联网，使我们有能力在飓风的潜在力量下同步行动。但是，问题是，我们的心智仍局限于某处，使我们不能意识到我们拥有的力量。撕下眼罩的那一天，就是革命开启的那一天。

乔姆斯基认为，个体大脑中有一个"科学形成能力"模块，科学就是这种能力的机械产出。幸运的是，科学并不像乔姆斯基讲的这样。借用塔尔米·吉翁（Talmy Givón）的话来说，"好的科学是深度共享的"。[5]最佳的科学就是主体间的交互，是一项大型的、全局的合作事业。透过合作，我们创造性地参与进彼此的心智中。主体交互一直是人类的特征，尽管现代科学超越了主体间的交互，但隐藏在科学背后的原则仍未改变。从某种意义上讲，科学就意味着是人类的；科学是理性的，意味着科学要公开用证据去质疑、修正、支持，即使这些证据源自他人。

人类的心智不受大脑本身局限的制约，人类已经可以像上帝一样，开始把握过去和现在的脉络，也可以把握未来的发展方向。不同于乔姆斯基的是，可能没有什么相关发现会由于你我大脑的局限性而永远禁止向人类开放。深层的奥秘的确仍然存在，但是我们的大脑通力合作，已经发现了宇宙产生的最初时刻发生了什么，发现了银河系形成的时间和方式，重构了太阳系的起源，也对地球生命产生至关重要的主要阶段构建了合理的假设。对人类来说，具有特殊意义的最新阶段就是语言能力的出现，这令人感到惊奇。此时此刻，我们有权运用语言能力，也具有合作的巨大潜能，而这种潜能是语言能力赋予我们的。

面对这一切，我们急需找回我们的声音，打破沉默，消除语言的困扰。我们需要大声说话，我们需要合作。作为全面发展的人，我们的大脑连接着身体，我们的行动植根于科学。我们首先需要的是一项共有的工具语言，这只能是科学的语言，因为人类没有其他共同的语言。我们不能再抽象地看待科学，不能认为科学脱离了欢声笑语，脱离了情绪，脱离了街边生活，脱离了建立美好家园的合作行动。没有一个人的贡献，甚至是天才的贡献，可称得上是科学，除非我们发现他的贡献发挥了作用。这种做法并没有什么特别之处或晦涩之处。我们相互协商，相互核查结果。"你看到我看到的了吗？"自人类进化以来，我们就一直在这样做。

这对人类来说意味着什么呢？有一点十分清楚，那就是我们越积极，触及的范围就越广，听到的声音种类就越多，就越有机会发现能给予我们自主权的声音。我们开始互相交流，我们不得不开始建立共有的术语和概念。我们之间的障碍并不是科学的障碍，而是组织或政治所强加的障碍。为了顺利交流，我们不得不打破使我们隔绝的术语、方法和学科壁垒。

这就意味着为了追求科学，我们需要摆脱政治的影响。著名的气候学家詹姆斯·汉森（James Hansen）就努力地做到了这一点。他成为一名环保积极分子，并不是为了一项新的政治事业，而是因为信仰科学。在追求科学的过程中，他很快被警察逮捕了。然而，与乔姆斯基不同的是，汉森觉得自己从科学家痛苦地转向有科学意识的社会活动家是有逻辑的，是连贯的。用他自己的话来说，就是自己"参与了未来"。[6] 他关注的是未来，关心的是子孙后代。从他的立场看，我们预测到这个星球会走向灾难，但是我们无动于衷。这是一种根本不合逻辑的做法。

总之，我们需要弄明白一个生物体如何变得会说话，如何有自我意识，智人过去如何进化，现在如何进化。此时，人为设置的最具破坏性的障碍就是阻碍人文学者和自然科学家之间的自由交流。解除障碍的最佳方式就是从两端开始挖掘，一端从人文社会科学，另一端从自然科学，二者在自然—文化的界面汇集。这是 20 世纪 60 年代那个乐观时代查尔斯·霍克特、马歇尔·萨林斯以及其他倡导统一科学观的学者们提出的思想挑战。1969 年，统一科学观发出了强大的政治呼吁，他们提出成立"忧思科学家联盟"。[7] 然而，主要由于组织和政治原因，统一科学观退潮了。如今，我们的本性问题和我们的未来都对人类构成了挑战，困扰已久的组织障碍也变成了政治障碍。解决这一障碍，我们需要强大的政治意愿。

乔姆斯基时刻表露出自己强大的政治意愿。这种意愿急迫且令人印象深刻，主要体现在他的社会活动中，在其他突出的学术研究中体现得较少。但是，科学研究上他坚持认为根本不存在任何政治意图。他所呈现的语言学是不带偏见的、没有价值取向的，独立于社会思潮，也独立于自己或其他人的政治议题或需求。乔姆斯基提出："寻求理论解释是沿着自己的路径，通向完全不同的世界景观，这既不会证实也不会消除我们的日常谈话方式和思考方式。"[8] 认为科学没有价值取向，当然这本身就是西方的荒诞说法。社会力量总是十分活跃，捍卫这股力量的人们都有自己的意愿。在乔姆斯基身上，我们就发现，为了确保认知革命的成功，政府资助科研机构。若这里有什么政治意愿的话，无论多么不明显，毫无疑问肯定体现的是政府的意愿。

这并不是说乔姆斯基对达尔文渐变论的所有疑虑都是错误的。达尔文理论当然需要努力去解释语法的起源。史蒂文·平克追随乔姆斯基的观点，将语言描绘成一种以无限种可能的方式组合有限的精神原子（词汇概念）的装置。没有人会想到，无论是物理大脑还是物质环境，都是以数字形式呈现的，位置、重量、温度、大小等，它们都是沿着一个不间断的连续统变化的维度。在总结身心对比时，平克将我们每个人都描述为"模拟世界中的数字心灵"。[9]

乔姆斯基和平克对理论难度的觉察有所不同。乔姆斯基总是觉得，心智计算理论面临着一个棘手问题，即"大脑这样混乱的系统起初如何发展出一个无限数字系统？"[10]平克决心不惜一切代价将乔姆斯基的唯心主义与达尔文的渐进主义结合起来，他只是简单地将两者结合在一起。他说，数字机制体现了生物适应性，这一定是通过达尔文的自然选择沿着常规方式进化而来的。平克并不是把自己的观点建立在特定的假设上，而是基于首要的原则，一条非常简洁的原则，除此之外，生物体没有其他的进化路径可循。他一方面回避这些难题，另一方面提出数字的无限性很早就出现在进化进程中，但具体细节我们不清楚，也无须知道。平克及其合作者解释说："事实上，对早期的人类、语言的最初形式以及导致当下语言形式的具体过程等问题，我们没有讲任何东西。"[11]若没有人想要具体的解释或详实的进化过程，对达尔文进化论做特殊的修正似乎也毫无必要。他的论点大致是，我们确信，关于后代改良渐变论的学说应该是说得通的。[12]

在这一点上，大多数美国进化心理学家站在平克一边。他们没有理论，但把自然选择作为信条。与这一切相反，乔姆斯基坚持认为，引用达尔文根本不是答案。从呼叫系统逐步发展到数字化的无限运算系统，这个想法很好，但在原则上是不一致的。用乔姆斯基的话来说，假设从灵长类动物发声到语法的进化发展，就像"假设从呼吸到行走的进化发展"[13]。这两者是如此不同，以至于进化在这种情况下是毫无意义的。

但是乔姆斯基并没有帮助解决这个问题，而是认为这个问题不可解决。坚持认为这个数字化的无限运算系统是大脑中的真实存在，就意味着把这个系统界定为一种不可进化的东西。没有生物体可以进化成部分系统是无限的，任何未达到无限的根本就不是无限的。同理，没有生物体可以进化成部分系统是数字的。乔姆斯基把语言界定为一个数字的、无限的器官，并赋予语言概念重要地位，建立了一堵范畴高墙，将语言的存在与地球上其他生命的进化或可能的进化割裂开来。

面对语言，达尔文派面临着重大的理论挑战。但是，我们所需要的并不是替代达尔文主义，而是对这个理论框架做更加充分的、详尽的修正，使得该理论不仅仅包括渐变论，也要包容变革。古生物学者尼尔斯·艾崔奇（Niles Eldredge）与史蒂文·简·古尔德（Steven Jay Gould）[14] 提出的"间断平衡论"在一定程度上接近了问题的解决，但是更有影响力的是约翰·梅纳德·史密斯和伊尔斯·绍特马里（Eörs Szathmáry）率先在 20 世纪 90 年代开创的"重大转型"范式。[15]

　　重复一遍，科学家们最近已经勾勒出了地球上生命故事的基本轮廓。梅纳德·史密斯和绍特马里的理论始终遵循"自私基因"的框架——现在几乎为该领域的每个人所接受——表明，这个故事是一个由生命形态 8 个左右的重大转型或革命组成的序列，每个转型或革命之间都有一个看似无穷无尽的稳定时期，其中只有渐进的变化。生命本身的出现是第一个重大转型，多细胞复杂生命体的起源是另一个转型，以语言为基础的人类社会的出现是这一系列转型中最近的一次。生命形态每一个阶段的转型都是一场社会性的革命，都是较低层次的个体以一种全新的方式聚集起来，形成一个更大的合作整体。这种更为复杂的合作一开始会为"自私的"复制策略所阻碍，因此这些低层次个体仍然在自己的较低水平上走自己的路。在每个阶段，诸多因素长时间地累积为实现社会突变创建了必要的条件。梅纳德·史密斯和绍特马里所追求的主题让人不禁想起黑格尔的《逻辑学》，[16] 恩格斯的《自然辩证法》，[17] 或许甚至想起赫列布尼科夫的《命运图景》。[18] 他们为各种复杂层面上出现的合作提供了解释，阐释了任何一次质的飞跃如何影响其他的后续变化。

　　"重大转型"这一理论范式为探寻语言起源问题提供了新颖的思路和重要的启发。对于乔姆斯基来说，语言器官的设置是一次一次性的偶然基因突变事件，而对于梅纳德·史密斯和绍特马里来说，语言的产生是生命史上最近发生的一次合作飞跃。从深层次讲，每次转变或飞跃都相当于一场社会革命。基于这一基本假设，梅纳德·史密斯和绍特马里在讨论了社会契约论和社会本身的建立之后，才谈到语言的起源。[19] 在乔姆斯基和贝里克合著的关于语言进化的著作中，他们觉得有必要引用梅纳德·史密斯和绍特马里来支持进化突变论，但向读者呈现的是一种经过特别阉化的"重大转型"范式，他们完全剥离了社会冲突、竞争以及涌现的合作动力机制。[20]

　　在重构社会起源时，梅纳德·史密斯和绍特马里指出了公共仪式的意义，这些公共仪式据说在今天的狩猎采摘部落中仍然存在。他们引用罗伯特·博伊德（Robert Boyd）和彼得·里彻森（Peter Richerson），提出"群体间选择可能更倾向于选择那些能把一个群体有效组织起来的仪式"。[21] 通过强调仪式的重要性，他们强化了一种可以追溯到卢梭和涂尔干的知识传统，这种传统是近年来由皮埃尔·布尔迪厄、罗伊·拉帕波特（Roy Rappaport）、卡米拉·鲍尔、杰尔姆·刘易斯（Jerome Lewis）、莫娜·芬尼根和我本人这样的社会和文化人类学家发展起来的。[22] 特别是刘易斯和芬尼根，他们俩阐述了巴亚卡（Bayaka）以及中非其他狩猎采摘部落的公共仪式是如何与各种笑声、歌声以及其他人类发声模式相关联的。各种能力之间相互关联的认识为解决整个复杂体的进化问题带来了不少的启发。[23]

自从乔姆斯基提出语言是一个由基因突变安装的器官这一简单模型后，时代就变了。尽管他的观点曾经可能引发了人们的好奇心，激发了人们的兴趣，但是现在不再有效了，因为基因科学已经变得更丰富、更复杂。我们如果不把理论置于万物起源这个更为宏大的理论框架中，就不可能成功地解释语言的起源与进化。这一切包括共同关注、特定性别的生殖策略、集体道德、象征仪式、文化渊源、神圣感以及人类生活的其他诸多方面。

对乔姆斯基而言，心智所表征的语法是物理世界的一部分，是大脑的特定部分所处的稳定状态。因此，语法是"具体的、真实的客体，它占据时间和空间，是因果关系链中的一环"，从这一点来看，语法就像其他任何客观存在的客体一样。[24] 如果你不得不在乔姆斯基的所有其他思想矛盾和困难的根源中挑出一个基本错误，那就是这个错误。人类大脑的确是生物客体，具有一定的重量和大小，占据时间和空间，与其他客体具有因果关系，但是我们不能用这种方式说明具有主体间性的心智。心智之间互相反馈，互相渗透，突破了脑颅的限制。上一章中，我选择关注萨拉·赫尔迪的研究，因为她开始解释主体间性这一特殊现象如何、何时以及为何开始在人类身上而非其他物种身上进化。她的解释比其他任何人都成功。

与乔姆斯基不同的是，赫尔迪理所当然地认为，一种解释生物适应的严肃进化理论必须假设在早期阶段存在前兆。她的方法就是一种社会的方法。为了让语言开始进化，她所描述的那种基于信任的联盟必须从母女开始扩大，变得越来越包容——直到通过相互理解的主体间性在原则上可以扩展到整个社区。[25] 这种观点与迈克尔·托马塞洛的观点是一致的。托马塞洛指出，灵长类式的统治阻碍了主体间性，而平等主义则促进了主体间性。托马塞洛解释说："正是在与那些在知识和权力方面平等的人的社会互动和对话中，孩子们被引导超越循规蹈矩，与其他有思想和感觉的道德主体接触。"[26]进化心理学家安德鲁·怀特（Andrew Whiten）赞同这一思路，他指出，读心术使人们的思想暴露在公众评价之下，从而鼓励了反主导和平等主义，而因果之间的作用同样是相反的：平等主义鼓励某种合作性的读心术，没有这种读心术，语言就不可能存在。[27]庆幸的是，平等主义政治革命观也与梅纳德·史密斯和绍特马里的相一致，这为他们对一个相对突然的飞跃的直觉提供了额外的人类学证据。[28]

当艺术和其他象征性文化的标志第一次出现在考古记录中时，赫尔迪本人并没有去猜测人类进化的顶峰阶段。从这个意义上说，她的工作留下了许多悬而未决的大问题。我们的古人类祖先究竟是如何克服他们的灵长类本能，建立社会契约并按其规则生活的呢？

我们能说的是，就像今天平等的狩猎采摘部落那样，当人类在同类中自由自在，不听命于任何人，自由地一起玩耍、取乐、歌唱，人类就感到健康、快乐。[29]正如恩格斯曾经尖锐地指出的那样，从语言和心理上讲，人就是要彼此有话可说。[30]与人交谈意味着不像电脑一样听从指令。它意味着青睐隐喻，因为隐喻是词汇和语法规则创新演变的源泉。[31]这也意味着我们允许有一些自由，如自由开玩笑，自由大笑，自由取悦别人，用表面上不正确的方式自由表达思想，允许言语和意义之间存在差距等。[32]没有这些自由，语言成分就不可能进化。

此处重复一个明显的观点，灵长类动物的社会系统既不公正也不公平。既然人们可以对今天的人类社会和政治安排提出完全相同的批评，许多人很容易得出这样的结论：建立一个和平与团结的地球是一个不切实际的目标——不现实是因为它没有考虑到灵长类动物和人类的本性。革命来了又去，但最终每一次都失败了。如果问题出在人性上，我们只能承认真正的社会主义或共产主义社会是不可能的。毕竟，即使是革命也无法改变人性。

乔姆斯基的观点与此略有不同。尽管他认为人性是固定不变的，但他认为，正是我们这个物种天生的创造力——我们感到需要对生活的各个方面进行控制——让那些社会活动人士有希望成功抵制专制的社会结构。但是，尽管乔姆斯基表示支持所谓第三世界的民族解放运动，但他否认他的人性概念可以证明在美国等国家发生革命的希望是正当的。他认为，在美国，如果你大力支持革命性的变化，质疑之声至少会出现。他说："我们离那儿太遥远了，我甚至认为没有任何理由去猜测，我们可能永远也达不到那一步。"[33] 需要注意的是，乔姆斯基的怀疑反映的不仅仅是最近的失望，他一直以来都那样。即使在 1968 年 5 月巴黎的罢工和骚乱中，当学生和工人们几乎要引发一场革命危机时，乔姆斯基也没有表达一点同情和支持。用他自己的话来说，"事实上，我不关心巴黎发生的事情，你可以从我写的东西中看出，我觉得这很自然"。[34]

乔姆斯基确实主张对西方资本主义进行改造，有时他把这与革命联系起来。但他坚持认为这种改造应该是渐进的：

> 在工人控制工作场所的情况下……我认为我们应该做的是尝试坐下来做些小改变。事实上，我对社会变革持一种相当保守的态度：因为我们面对的是一个复杂的系统，没有人能很好地理解它，我认为明智的做法是做出改变，然后看看会发生什么，如果它们起作用，再做进一步的改变。这实际上是全面的。[35]

这种方法听起来很像泽利格·哈里斯在他唯一一本政治著作《资本主义社会的转型》(*The Transformation of Capitalist Society*) 中的观点，他在书中主张 "非资本主义生产在资本主义社会内部成长" 的观点，并认为，"在任何大规模的后资本主义政治变革达成之前，必须首先有员工所有制和各种合作形式"。[36] 和哈里斯一样，乔姆斯基对 "革命" 的呼声并不同情，他谴责革命是 "阴险的……在一个连新制度的萌芽都不存在的时代，更不用说可以导致社会生活基本改变的道德和政治意识了"。[37]

乔姆斯基在这里表达了这样一种观点：大众的政治意识必须首先改变，在精神状态得到充分转变之前，任何革命行动都要保密。乔姆斯基的唯心主义以这种方式应用于政治，颠覆了革命行动主义的唯物主义传统。

尽管几十年来无政府主义者和马克思主义者之间的争论经常无果而终，但两个阵营的积极分子通常能够团结在实践第一的观点上。推迟行动，直到你设法将意识提高到理想水平，这是一种把躺平无为延伸到无限未来的消极处方。

马克思主义的基本观点是，并不是意识决定条件，而是条件决定意识。经验比抽象的观念更重要。在资本主义制度下，人们倾向于竞争和孤立。这导致了深深的破碎感和无助感——在这种情况下，这是一种合乎逻辑的反应。报纸和其他大众媒体所有者将为个人主义、种族主义、性别歧视和其他分裂思想提供一个现成的市场。如果这是真的，宣传就不可能是低意识水平的根本原因——正如乔姆斯基在他有影响力的文章《制造共识》(*The Manufacture of Consent*)中所说的那样。[38] 相反，由于缺乏社区、团结和行动主义，反动思想才有了有利可图的市场。

任何站在纠察线上或参与过占领行动的人都知道，一旦集体行动的可能性打开，意识会发生多么彻底的变化。想想我们是不是经常喜欢对自己这样说，"在行动之前，我们并不真正知道自己的感受，不知道自己想要什么"。[39] 一旦人们有了权力、有了新渠道，他就会渴望新的思想，或许会渴望全新的革命思想。"实践是首要的"这一真知灼见在青年马克思的话语中得到了完美的表达：

> 为了大规模地产生这种共产主义意识，也为了事业本身的成功，必须大规模地改造人，而这种改造只有在实际的革命运动中才能发生；因此，这种革命是必要的，不仅因为统治阶级是不能用其他任何方法来推翻的，而且因为推翻统治阶级的阶级只有在革命中才能成功地摆脱时代的一切污垢，才能适应重新建立的新社会。[40]

对乔姆斯基来说，当务之急不是革命性的社会变革，而是生存。面对核扩散、气候灾难以及其他相关威胁，革命的梦想必须搁置，而我们只是为了生存而挣扎。[41] 但是，如果科学引发的革命已经成为我们生存的基本条件了，那又该怎么办呢？

乔姆斯基接近革命政治，但总是在最后时刻后退一步。到目前为止，读者们也非常熟悉这种模式了。正如他在对美国军工复合体的制度依赖和对其充满政治敌意之间感到左右为难一样，他似乎也在推翻政府的无政府主义梦想和各种再熟悉不过的改革提议之间左右为难。正如我在关于脑残的行动主义和结巴的科学的讨论中提到的，乔姆斯基自己也承认，他坚持将科学与行动主义分开，这可能限制了他自己的政治热情。正如他所说，他对自己是否有能力从事社会科学的怀疑"可能导致我低估了行动主义的潜力"，并"毫无疑问不恰当地限制了我自己的个人参与"。[42]

我认为这是完全正确的。不管西方自由主义学者的理论如何，当普通人在需要解释贫困和不公正时，会继续指责人性。人们普遍认为——通常是基于所谓的科学依据——贫困、性别歧视、不平等和战争将永远与我们同在，就像人类出生时仍将每只手有五根手指头一样。

如果不回到我们的起点，就没有办法对抗这种根深蒂固的观念。最好的回击是休·布罗迪（Hugh Brody）对狩猎采集生活方式的赞美诗《伊甸园的另一面》（*The Other Side of Eden*）：

> 是什么造就了现在的我们？是我们所继承的东西，既有身体上的也有心智上的。语言意味着，我们到底是谁，很大部分不在于我们每个个体本身是什么，而在于你我之间有什么关系……这就是我们可以看到狩猎采集社会的特殊重要性的地方：他们建立并依赖于对儿童、对其他成年人以及对人们所依赖的一切资源的尊重。如果这些关系得不到尊重，那么一切都会出错。特定个体的疾病、狩猎活动的失败、天气本身，如此等等，所有这些都以关系的形式表达出来。狩猎采集社会的平等主义，可以说是他们最伟大的成就，也是对其他民族最有说服力的教训，它依赖于多种形式的尊重。[43]

那么，这种相互尊重的平等主义是如何形成的呢？它又是如何在漫长的十多万年里塑造人性的呢？

与目前将语言起源定位于平等主义革命的理论相比，乔姆斯基对随机变异的执着关注对于问题的解决根本于事无补。人类起源研究的主要价值在于，它使我们认识到，我们本性中一切具有人类特征的东西都是显著的进化过程的结果，这个过程以革命性的社会变革为高潮。我们可以确信，这场人类革命取得了成功，因为我们都拥有使我们独一无二的语言和其他能力。我们能够像别人看待我们一样看待自己，能够建立道德原则并遵守这些原则，能够充分信任彼此，用语言分享我们的梦想——所有这些能力都曾经是彻底革命性的。人性是一个复杂的混合体，一部分是古老的，与其他灵长类动物共享，一部分是人类独有的，没有进化先例。由于有效的革命，人类遗传天性中最了不起的组成部分得到了微调，并获得了发展的空间。在这个连左派都认为革命不可能的暗淡时代，我愿用一个乐观的调子来为本书画上句号。结论肯定是，我们曾经赢得过革命，我们一定可以再次赢得革命。

术 语 解 释

行为主义心理学——伊万·巴甫洛夫／伯勒斯·弗雷德里克·斯金纳心理学派和语言习得论，目前遭人诟病。根据这种观点，"心灵"是一个不科学的概念，所有重要的都是行为，因为这是唯一可以被准确观察和测量的东西。在文化适应或在"学习"过程中，人类的大脑就像一块白板，在上面可以书写任何东西。行为主义心理学的创始人在老鼠和其他实验动物身上进行了学习实验，声称他们的发现同样适用于人类。

白板说——该理论认为，个体出生时大脑没有内嵌任何心智内容，一切知识来自经验。在先天与后天的争论中，白板说理论家们贬低基因，强调经验。

笛卡尔主义——与法国哲学家勒内·笛卡尔（1596—1650）有关。笛卡尔常常被认为是现代科学之父。笛卡尔主义这一术语有时意味着"科学"。然而，自乔姆斯基开始把自己的语言学描述为笛卡尔主义语言学，这一术语就有了特别的科学含义。乔姆斯基为了解释自己对这一术语的使用，复活了笛卡尔思想：某些真理仅仅通过理性就能被揭示，无须经验或证据。

认知心理学——该理论认为，心智最好理解为信息处理机制，就像数字计算机一样。该理论忽视机器不能执行的计算，倾向于把复杂的情感、性欲、人际交往等边缘化。

认知革命——一场思想运动，始于20世纪50年代。认知革命抛弃了行为主义和心理学上的"白板论"，认为心智是一台计算装置，机器内部的线路决定了其工作机制。

控制论——研究动物和机器的信息控制和信息传递的科学。源自希腊语 kybernetike，意指"管理"。

深层结构——句子的底层句法结构，能决定句子的语义。20世纪70年代，"深层结构"非常流行，认为是在底层和意义层面上的"深层"。

数字无限性——理论语言学术语，又称"离散无限性""有限手段的无限使用"。基本观点是，所有人类语言遵循简单的逻辑：有限集数字（不可还原为原子成分）可以组合起来产生无限的意义表达式。

区别性特征理论——该理论认为，不同文化的语音系统是从泛人类语音中做出的特定选择。人类语音由自然对立的音组成，如"浊音"和"清音"的区别，或"开口音"和"合口音"的区别。

进化心理学——新达尔文主义心理学。基本观点是，理解人类心智有助于理解自然选择过程中设计心智所发挥的具体功能。在美国，最新的、影响巨大的进化心理学认为，心智是特殊化模块或微型计算机的集合。

生成语法——从形式上定义自然语言而非计算机语言的每一个合法表达式的系列规则或原则。

生成语义学——美国一些学者（乔姆斯基以前的追随者）尝试把乔姆斯基的句法理论扩展到语义学，但尚未成功。基本观点是，社会结构而非个体大脑中的神经连接传递意义，意义决定句法结构。

主体间性——哲学家和心理学家提出的术语，旨在描述人类心智之间如何互相渗透而非相互割裂。他们提供了镜子，向每个人展现了他们自己的心智。这个概念在乔姆斯基的科学思想中没有地位可言。

词库——词典，尤其指心智词典，包括个人对词汇及其意义的直觉知识。源自希腊语 lexikon，意指"单词（书）"。

合并——组合成一个单位。在乔姆斯基的最简方案中，合并的意思是把词组合成短语，把短语组合成更大的单位。以单词 the 和 cat 为例，把二者放在一起就产生了 the cat。基于此类操作或其他类似的操作，就可以组合搭建起整个句子，如 the cat ate the canary（猫吃了金丝雀）。

最简方案——乔姆斯基目前对理论语言学的研究方法。最简方案可追溯到20世纪90年代，提出基因决定的语言官能并不复杂而是十分简洁。核心机制包括把词放在一起合成更大的单位，再把这些大的单位合成更大的单位。

这种能力不仅是人类独有的，是语言特有的，而且从设计上看是完美的。

音位——语言中最小的、可区别意义的声音单位。例如，mat 中的 m 和 bat 中的 b。音位并不是由基因决定的单位，而是因文化而异的单位。例如，法语中允许出现的音位与英语中的不同。

语音学——研究人类发出的音，包括发音、音的感知以及从发声学和生理学角度分析语音。语音学对语音的研究独立于语言学。

音系——一门语言的语音中具有区别关系的系统，如 b 和 p 的区别。音系学家研究语音时参照语音的语言学分布和模式以及默认的发音规则。

语用学——语言学的分支学科，研究语言能力使用的方式及情境。

唯理主义——一种哲学观，认为在获取知识的过程中理性先于其他方式。唯理主义者认为真理的判别标准不是感性的而是理性的、演绎的。唯理主义者在理性中彰显自信。他们提出接受他们的理论就无须考虑经验证明或证据。

递归——客体组合以及再组合的过程。原则上讲，这种组合是无限的。用专业术语来讲，递归意味着把一项操作的输出当作下一操作的输入。在乔姆斯基的最简方案中，递归是由基因决定的语言官能的核心机制，等同于合并、普遍语法和数字无限性等。

语义学——语言学的分支学科，研究意义。

句法——并列或排列，规定词组成句的规则或原则。

转换——在乔姆斯基语言学中，指对句子施加的操作。例如，一个简单的句子，如 John read the book（约翰读书），转换成略微不同的句子，如 the book was read by John（书被约翰读）。

转换语法——运用转换规则从已有的句子生成新的句子。在乔姆斯基的早期著述中，转换语法视作句子表层结构（接近句子的音系形式）和深层结构（接近句子的语义）之间的一种投射方式。

普遍语法——关于人类的本质，能让我们人类而不是大猩猩或其他动物把自然语言的语法内化。

注　　释

平装版前言

1. 见 Chomsky 2016c；又见 Chomsky 2016f。

2. 五角大楼资助机器翻译是为了翻译苏联文献，促进西方盟友间的交流，发展"命令和控制"武器的新方式。然而，如杰尔姆·威斯纳所言，"我们对语言缺乏足够的了解，无法进行计算机翻译，我们决定采取迂回方式，先研究语言"。几十年后，五角大楼仍然期待麻省理工学院在"命令和控制"方面有新的进展。乔姆斯基的一项评论十分有趣：

> 麻省理工学院现在有一项研究，试图通过计算机控制动物的运动，可能甚至想从人类大脑中提取信号，并把这些信号转为控制其他机能的命令。很多人相信这一点，并将其视作战争的前沿。将来你可能只需要想想就能命令飞行员"在移动的物体上飞行"或诸如此类的东西。

见 Gordin 2016，第 208-223 页；Nielsen 2010，第 39-42、194、338 页；Wiesner 2003，第 215-217、493 页；Chomsky 2004b。

3. 见 Garfinkel，日期不详。

4. 见 Chomsky 2009b。

5. 见 Chomsky 2009b。

6. 见 Wiesner 2003，第 524-534 页。

7. 见 Wiesner 1986，2 分钟处。

8. 见《海军研究评论》，1966 年 7 月 4 日。1949—1976 年，三位电子实验室主管参与了导弹和 / 或核武器研发。见 Snead 1999，第 57-59、72 页；Wiesner 2003，第 569 页；Zimmermann 1991。

9. "三部门以麻省理工学院在军事电子研发领域取得的成就为荣"。见《军事研发新闻杂志》，1971 年 7-8 月刊，第 12 卷第 4 期，第 68 页，华盛顿司令部。

10. 杰尔姆·威斯纳也参与了意识形态上反苏联马克思主义的"政治战"和"心理战"。1954 年，他指责说，"我们没有明显的意识形态哲学可以告知国人……。我们可以说'自由''经济发展'此类的东西，但是我们没有与苏联类似的积极目标……"1958 年，他建议通过把美国刻画为"无阶级社会"来抗衡马克思主义。但这已经成功地被"共产主义称为自己的目标了"。然而，威斯纳可能在诋毁马克思主义方面收获更多。1953 年，他的代表罗曼·雅各布森在巴黎组织研讨会。他对哲学的贡献后来演变为后现代主义。见《纽约客》，1963 年 1 月 19 日，第 40 版；《UCLA 历史期刊》，1990 年第 10 期，第 18 页；Engerman 2003，第 84-85 页；Rydell 1993，第 198 页；Geoghegan 2011，第 111-113、118-119、124-126 页。

11. 见《芝加哥论坛》，1969 年 6 月 29 日，第 24 页；又见 Wiesner 1958。

12. 见 Wiesner 1961。威斯纳也影响了英国的核政策，他向肯尼迪总统建议"以每枚 100 万美元的价格向英国出售极化导弹系统，但弹头并不包括在内"。见 Priest 2006，第 42-44 页。

13. 见 Brennan 1969，第 33 页；Snead 1999，第 118 页。

14. 见 Wiesner 2003，第 103 页；《纽约时报》，1971 年 7 月 2 日，第 12 版；Finkbeiner 2007，第 65-66、75-76 页；Feldman 2008；Bridger 2015，第 5 章。威斯纳与军方深度合作，但是令人诧异的是，乔姆斯基认为他是麻省理工学院校长的"最佳人选"。见《时代》，1971 年 3 月 15 日，第 43 版。

15. 见《科学》，1970 年 3 月 13 日，第 3924 期，第 1475 页；《技术评论》，1970 年 6 月，第 82 页。

16. 见美联社国际（UPI）档案，1989 年。

17. 见《技术》，1989 年 2 月 24 日，第 5 页，2006 年 2 月 28 日，第 13 页。Chu 2015；Chu 2012；《麻省理工学院新闻》2013；美国国防部，2017 年；《技术评论》，2002 年 3 月 20 日；Ippolito 1990。

18. 这项主张来自学生新闻报《蓟》，该报还称"约翰·多伊奇坚定支持化学和生物武器联合使用以增加杀伤力"。《蓟》，第 9 卷第 7 期，见 http://web.mit.edu/activities/thistle/v9/9.07/tv9.07.html（2017 年 4 月 2 日下载）；《技术》，1989 年 3 月 7 日，1988 年 5 月 27 日；《人民科学》，1988 年 3-4 月，第 6 页。

作为五角大楼多个小组的实力派成员，多伊奇不仅呼吁美国部署化学武器，还成功部署了 MX 导弹，研发了侏儒导弹。后来，多伊奇成为五角大楼的 2 号人物。1995 年，任美国中情局局长。激进派学生要求麻省理工学院与他彻底切断联系。然而，乔姆斯基持反对意见。他告诉《纽约时报》，多伊奇"比我学术生涯或任何其他生活中见到的人都诚实、正直……若需要有人主管中情局，我很高兴推荐他"。见《化学与工程新闻》，1982 年 2 月，第 60 卷第 1 期，第 24-25 页；Scowcroft 1983，标题页、第 20-21 页；《华盛顿邮报》，1986 年 12 月 26 日，第 23 版；Deutch 1989，第 1447-1449 页；美联社国际（UPI）档案，

1989 年；《纽约时报》，1986 年 2 月 2 日，第 1 版，1995 年 12 月 10 日。

19. 见 Chomsky 2017，2 小时 18 分钟处。

20. 见 Chomsky 2016c。近年，乔姆斯基在谈话和采访中很少强调麻省理工学院在战争研究方面的重要性了，如 Chomsky 2010d；Chomsky 2011c，8-12 分钟处；Chomsky 2011d；Chomsky 2014b，59 分钟处；Chomsky 2014c，12-14 分钟处；Chomsky 2016d，1 小时 7-11 分钟处；Chomsky 2016e，33 分钟处；Chomsky 2016f；Chomsky 2017，2 小时 18 分钟处。

21. 见 Chomsky 2016f。

22. 见《科学》，1969 年 5 月 9 日，第 3880 期，第 653 页；《波士顿环球报》，1969 年 2 月 23 日，第 47 版；Chomsky 1969，第 59-69 页。

23. 见 Chomsky 2009b；Chomsky 2008-9，第 530、534 页；Bridger 2015，第 159-162、178 页。

24. 见 Chomsky 1988g [1977]，第 247-248 页。1969 年 12 月，乔姆斯基告诉反军国主义的学生："你们应该让生化战争系建在校内，这样你们就可以看见来来去去的是哪些人。"在乔姆斯基的谈话中，依靠道德劝谏停止研究战争的理由之一是，若不这样你就只能使用武力，"只有高压政策才能消除从事这些研究的自由行为"。见《波士顿环球报》，1969 年 12 月 30 日，第 29 版；《洛杉矶时报》，1969 年 12 月 30 日，第 12 版；Chomsky 和 Otero 2003，第 189-190、288-290 页。又见《哥伦比亚观察者日报》，1968 年 5 月 13 日，第 1、4 版；Barsky 1997，第 140-141 页；Rai 1995，第 129-131 页。

25. 见 Chomsky 1967d。

26. 见 Chomsky 2016c。

27. 见 Greenberg 1999，第 151 页。

28. 见 Killian 1977，第 59 页。

29. 见《海军研究评论》，1968 年 3 月，第 1、9-10 页。

30. 见《伦敦书评》，2017 年 6 月 15 日，第 4 页。

31. 见 Liberman 2016；Hutchins 2000a，第 78、301 页；Barsky 1977，第 54 页。

32. 见 1957 年麻省理工学院校长报告，第 104 页。

33. 见 Lees 1957，第 406 页。

34. 见 Bar-Hillel 1959，附录 2、1 和 6；又见 Nielsen 2010，第 340-342 页；Harris 1993，第 250 页。

35. 见 Chomsky 2016f。

36. 见 Renehan 2007，第 247 页。金教授有充足的理由揭露麻省理工学院参与军事研究。有人威胁要砍掉生物系的其他资助，迫于压力他去向五角大楼申请资助。见《人民科学》，1988 年 1-2 月，第 17-20 页；《技术》，1988 年 5 月 27 日，第 2、27 页。

37. 见 Chomsky 2016d，1 小时 7-11 分钟处。

38. 见 Glanze 和 Albers 1974，第 706、710 页；《科学》，1975 年 5 月 16 日，第 4189

期，第 678-683 页；《斯坦福日报》，1973 年 2 月 14 日，第 2 版。反军国主义的知识分子主要批评受五角大楼资助的研究人员。这些研究者称，他们的研究"不受任何军事问题的摆布"，但是他们"忽视了这一事实，即国防部资助他们是因为他们的研究明显有助于解决军事问题"。这段引自他们在 1971 年的报告。这与麻省理工学院詹姆斯·基利安校长 1952 年的论调相一致。基利安称，学校从五角大楼接受资助，是"致力于特定军事目标研究的有机部分"。正如一位空军官员在 1971 年指出的，"我们不支持宽泛的研究项目……因为不能直接明显运用于空军"。见 Glantz et al. 1974，第 7 页；《物理生物科学的历史研究》，1987 年，第 18 卷第 1 期，第 201 页；Glantz 和 Albers 1974，第 711 页。当然，任何一所大学若把研究局限在军事科技，其思想很快就会枯竭。事实上如乔姆斯基指出的那样，尽管五角大楼自我辩解，军事资助也有必要投在音乐、各类艺术、纯理论研究，当然包括理论语言学研究等方面。这仍然是事实。从学生招生和公共关系看，麻省理工学院从非军事研究领域获益巨大。这点从一位讲师的批评中可以明显看出。他指责学校的一场艺术会就像"'军工复合体'的华丽伪装"。见 Thompson 1971，第 62、67 页。

39. 见 Chomsky 2002b，第 10 页；Chomsky 和 Otero 2003，第 290 页。乔姆斯基不断维护"战争罪犯"从事军事研究的学术自由，即使这些研究用于"谋杀和破坏"。这些论述中，显然包括麻省理工学院的同仁。见《广场》，1982 年 4 月，第 7 页；《异见》，1982年春，第 220 页；《每日聚焦》，1985 年 9 月。

40. 见 Nielsen 2010，第 260 页。

第 1 章　革命

1. 见 Harris 和 Harris 1974。

2. 见 Chomsky；引自 Chepesiuk 1995。

3. 见 Neil Smith；引自 Jaggi 2001。

4. 见 Harris 1998。

5. 见 Dean 2003，第 viii 页。

6. 见 Barsky 2007，第 ix 页；《卫报》，2005 年 10 月 18 日。

7. 见《麻省理工学院新闻》，1992；引自 Achbar 1994，第 17 页。

8. 见 Strazny 2013，第 207 页。

9. 见 Harman 1974，第 vii 页。

10. 见 Chomsky 1989。

11. 见 Barsky 1997，第 3 页。

12. 见 Golumbia 2009，第 31 页。

13. 见 Smith 1999，第 1 页。

14. 见 Albert 2006，第 63 页。

15. 见 Leiber 1975，第 19 页。

16. 见 Cogswell 1996，第 7 页。

17. 见 Milne 2009。

18. 见 Cartlidge 2014，第 8 页。

19. 见 Edgley 2000，第 1 页。

20. 见 Chomsky 1988a，第 2 页。乔姆斯基被问及其学术研究和政治活动之间有何联系，他回答道："这种联系几乎不存在……背后有松散的、抽象的联系，但如果你在现实层面找，并不存在关联。即使我研究代数病理学我也会做同样的事情；或许有人也会持有相同的语言观，不论他是法西斯主义者还是斯大林主义者。两者间并不矛盾。"见《爱尔兰时报》，2006 年 1 月 21 日。

21. 见 Chomsky 1988f，第 98-99 页。

22. 见 Chomsky 1996a，第 15 页。

23. 见 Chomsky 2000b，第 115 页。

24. 见 Chomsky 1988h，第 16 页。

25. 见 Mailer 1968。

26. 见 Chomsky 1967b。

27. 见 Chomsky 1992，第 86-87 页。

28. 见 Chomsky 1996a，第 128 页。

29. 见 Chomsky 1988e，第 225-226 页。

30. 见 Chomsky 1988e，第 225-226 页。

31. 见 Chomsky 1986，第 xxvii 页。

32. 见 Chomsky 1986，第 xxix 页。

33. 见 Chomsky 1980a，第 66 页。

34. 见 1992 年 12 月 15 日书信；引自 Barsky 1997，第 208 页。

35. 见 Chomsky 1988a，第 189-190 页。

36. 见 Chomsky 1986，第 xxvii 页注释。

37. 见 Chomsky 1986，第 xxv 页。

38. 见 Chomsky 1991a，第 15 页。

39. 见 Chomsky 1991a，第 15 页。

40. 见 1979 年 2 月 25 日《纽约时报》文章；引自 Achbar 1994，第 19 页。

41. 见 Scruton 2016，第 118-119 页。

42. 见 Chomsky 1988k，第 744 页。

43. 见 Chomsky 1998a，第 17-18 页。

44. 见 Chomsky 1988j，第 697 页。

45. 见 Barsky 1997，第 95 页。

46. 见 Williamson 2004，第 234 页。

47. 见 Chomsky 2007a。

48. 见 Berwick 和 Chomsky 2016。

49. 见 Chomsky 1988a，第 36-37 页。

50. 见乔姆斯 1995 年 2 月 21 日与 A. 埃奇利的私人交流；Edgley 2000，第 154 页。

51. 见 Chomsky 2000b，第 2 页。

52. 见 Lakatos 1970。

53. 见 Chomsky 1986，第 40 页。

54. 见 Chomsky 1986，第 15、24 页。

55. 见 Chomsky 1986，第 15、24 页。

56. 见 Chomsky 2000b，第 7 页。

57. 见 Chomsky 1988a，第 174 页。

58. 见 Chomsky 2016b，1 小时 17 秒处。

59. 见 Chomsky 2000b，第 65-66 页。

60. 见 Chomsky 2006a，第 59 页。

61. 见 Chomsky 1996b，第 29-30 页。

62. 见 Chomsky 2012，第 88 页。

63. 见 Harris 1993。

64. 见 Berwick 和 Chomsky 2011；参看 Chomsky 2007b，第 20 页。

65. 见 Baker 和 Hacker 1984；Seuren 2004。

66. 见 Baker 和 Hacker 1984，封底。

67. 见 Searle 2003，第 55 页。

68. 见 Rappaport 1999。

69. 见 Atran 2002，第 264 页。

70. 见 Wolpert 2006。

71. 见 Alcorta 和 Sosis 2005；Atran 和 Norenzayan 2004。

72. 见 Rappaport 1999。

73. 见 Baker 和 Hacker 1984，封底。

74. 见 Seuren 2004 平装版封底评论。

75. 见 Trask 1999，第 109 页。

76. 见 Postal 1995，第 140 页。

77. 见 Botha 1989。

第 2 章　语言机器

1. 见 Maclay 1971，第 163 页。

2. 见 Lightfoot 2002。

3. 见 Boeckx 和 Hornstein 2010，第 116 页。

4. 见 Gardner 1987，第 195 页。

5. 见 Fromkin 1991，第 79 页。

6. 见 Koerner 1994，第 3-17 页。

7. 见 Newmeyer 1996，第 23-24 页。

8. 见 Koerner 1994，第 3-17 页。

9. 见 Newmeyer 1986b，第 43 页。

10. 见 Chomsky 1975a，第 40 页。

11. 见 Chomsky 1957，第 1 页。

12. 见 Chomsky 1965，第 iv 页。

13. 见 Chomsky 1988h，第 15-16 页。

14. 见 Newmeyer 1986a，第 85-86 页。

15. 见 Golumbia 2009，第 60 页。

16. 见 Golumbia 2009，第 60 页。

17. 见 Chomsky 1988h，第 17 页。

18. 见 Chomsky 1957，第 18 页。

19. 见 Chomsky 1965。

20. 见 Harris 1993，第 179-180 页。

21. 见 Bach 1974，第 158 页。

22. 见 Chomsky 1981。

23. 见 Chomsky 2000b，第 8 页。

24. 见 Chomsky 1995。

25. 见 Newmeyer 2003。

26. 见 Chomsky 1979a，第 57 页。

27. 见 Chomsky 1965，第 3 页。

28. 见 Chomsky 1976a，第 15 页。

29. 见 Chomsky 1998b。

30. 见 Chomsky 2000b，第 64-66 页。

31. 见 Chomsky 1976a，第 57-69 页；Chomsky 2002a，第 148 页。

32. 见 Hauser、Chomsky 和 Fitch 2002，第 1569 页。

33. 见 Chomsky 1976a，第 186、123 页。

34. 见 Chomsky 1988a，第 167 页。

35. 见 Chomsky 1991c，第 50 页。

36. 见 Chomsky 1998b，第 17 页。

37. 见 Hauser、Chomsky 和 Fitch 2002。

38. 见 Chomsky 2000b，第 106-133 页。

39. 见 Chomsky 1996b，第 30 页。

第3章　时代巨人

1. 对乔治·米勒的采访，见 Baars 1986，第 203 页；引自 Edwards 1996，第 223 页。

2. 见 Skinner 1960。

3. 见 Skinner 1957，第 3 页。

4. 见 Harris 1993，第 55 页。

5. 见 Chomsky 1988i [1984]，第 131 页。

6. 见 Radick 2016。

7. 如 Vygotsky 1986，Piaget 1929。1975 年，乔姆斯基把注意力转向了皮亚杰。见 Piatelli-Palmarini 1980。

8. 见 Bloomfield 1970，第 227 页。

9. 见 McDavid 1954。

10. 见 Chomsky 1988a，第 174 页。

11. 见 Chomsky 2002a，第 53 页。

12. 见 Chomsky 2006a，第 59 页。

13. 见 Chomsky 1988a，第 137-138 页。

14. 见 Chomsky 1988a，第 137-138 页。

15. 见 Gleitman 和 Newport 1995。

16. 见 Chomsky 1959，第 57 页。

第4章　世上最可怕的机构

1. 见 Edwards 1996，第 51 页。

2. 见 Chomsky 1988h，第 14 页。

3. 见 Chomsky 1988h，第 9 页。

4. 见 Hughes 2006，第 86-87 页。

5. 见 Chomsky 2003；Jaggi 2001。

6. 见 Chomsky 2011c，44 分钟处。

7. 见 Chomsky 2013a，1 小时 31 分钟处。

8. 见 Barsky 1997，第 82-83 页；Sperlich 2006，第 22 页。

9. 见 White 2000，第 445 页。

10. 见 Edwards 1996，第 47 页。

11. 见 Forman 1987，第 156-157 页；引自 Edwards 1996，第 47 页。

12. 见 Adams 1982；引自 Edwards 1996，第 47 页。

13. 见 Chomsky 1988h，第 55 页。

14. 见 Chomsky 1997c，第 144 页。

15. 见 Chomsky 1967b。

16. 见 Chomsky 1988g，第 247 页。

17. 见 Mehta 1974，第 152 页。

18. 见 Chomsky 1988g，第 248 页。

19. 见 Chomsky 1988g，第 248 页。

20. 见 Leslie 1993，第 181 页。

21. 见 Albert 2006，第 97-99 页。

22. 见 Chomsky 1988g，第 247 页。

23. 见 Chomsky 2015，43-50 分钟处。

24. 见 Wallerstein 和 Starr 1972，第 240-241 页。

25. "为何要狠批麻省理工学院？" 见 Wallerstein 和 Starr 1972，第 240-241 页。

26. 见 Chomsky 2015，43-50 分钟处。

27. 见 Chomsky；引自 Mehta 1974，第 153 页。

28. 见《技术》，1969 年 4 月 29 日，5 月 2 日。需注意的是，乔恩·卡巴特继续开发思维冥想技术。该技术现在不仅用于健康服务，还被美国军方采用。见 Kabat-Zinn 2014，第 556-559 页。

29. 见 Johnson 2001，第 174、191 页。

30. 见《纽约时报杂志》，1969 年 5 月 18 日。

31. 见 Chomsky 1969，第 37-38 页。

32. 1995 年 3 月给巴斯基的信；见 Barsky 1997，第 140 页。

33. 见 Shalom 1997。

34. 见 Katsiaficas 1969，第 92 页。

35. 见 Albert 2006，第 98 页。

36. 见《技术》，1969 年 11 月 21 日。

37. 见 Barsky 1997，第 122 页。

38. 见 Skolnikoff 2011，1 小时 40 分钟处。该信息似乎也得到了确认，见 Nelkin 1972，第 81 页。又见 Chomsky 1969，第 17、31 页。

39. 见 Segel 2009，第 206-207 页。乔姆斯基 2011c 对霸占的评价是："我自己不支持，也不喜欢这种方式。"

40. 见《技术》，1970 年 5 月 22 日。被监禁的两名学生是乔治·卡西亚菲卡斯和彼得·博默。另一名学生斯蒂芬·克拉斯纳因造了块金属闸板用来砸约翰逊的办公室被判刑一年。乔治·卡西亚菲卡斯的母亲因藐视法庭罪也被监禁。总共有七名学生被麻省理工学院开除，后来其中三名得以复学。见《技术》，1971 年 10 月 5 日、12 月 14 日；Johnson 2001，第 201 页。

41. 见 Segel 2009，第 216 页；伊萨多·辛格的视频采访，麻省理工学院 150 周年辉煌成就展，见 http:// mit150.mit.edu/infinite-history/isadore-singer（2016 年 4 月 2 日浏览）。

42. 见《技术》，1970 年 1 月 16 日；Johnson 2001，第 202-203 页。

43. 见 Barsky 1997b，第 122 页；Chomsky 1971b。乔姆斯基说："学生运动过多关注禁止人们干这干那，而对其他方式创新不足。当我分享学生们的不满与愤怒时，我觉得他们被误导了。"见《纽约时报》，1968 年 10 月 27 日。

44. 见 Chomsky 1971b。

45. 见《技术》，1970 年 5 月 5 日。

46. 见《技术评论》，1969 年 12 月，第 72 卷，第 96 页。

47. 见《技术》，1972 年 4 月 25 日、28 日。1972 年，3 名学生因占领麻省理工学院军官训练处 21 小时被判处 30 天监禁。见《技术》，1972 年 8 月 4 日。明显，学校接受这一处罚。但是，当斯蒂芬·克拉斯纳被判一年时，杰尔姆·威斯纳试图阻止这一严厉的处罚，结果失败了。Wiesner 2003，第 532 页。

48. 见 Chomsky 1967d。

49. 见 Chomsky 1967e。

50. 见 Chomsky 和 Otero 2003，第 311 页。

51. 见《时代》，1969 年 11 月 21 日，第 68 页，1971 年 3 月 15 日，第 43 页。

52. 见 Chomsky 1996a，第 137 页。

53. 对乔姆斯基的采访，见 Chepesiuk 1995，第 145 页。

54. 见《技术评论》，1969 年 12 月，第 72 卷，第 93 页。

55. 见 Chomsky 1980c。

56. 见 Milne 2008，第 7、60、71、93-95、174-175、255-257 页。

57. 见 Johnson 2001，第 189-190 页；Wiesner 2003，第 582 页。

58. 见 Barsky 1997，第 140-141 页。

59. 见《技术》，1969 年 4 月 11 日。

60. 与我的私人交流，2016 年 5 月 19 日。

61. 见 Eun-jung 2015，第 78 页。

62. 见 Albert 2006，第 99 页。

63. 见 Albert 2006，第 9 页。麻省理工学院在道德敏感的学者心里产生了扭曲效应。阿尔伯特 1975 年接受采访时（见《技术》，第 95 卷第 3 期，第 9-10 页），对此讲了很多：

> 我现在对麻省理工学院的评价和我当年的评价一样。我认为，作为一所高等学府和科学研究机构，学校是虚伪的，产生了不良影响。这里真的是一些亦官亦学的人员聚集的地方，他们宣扬理念和理论。有些观点是维护现状，有些有助于人们努力提升美国的利益。这是从思想方面来看，而从技术方面来看，这里培育了一群科学家，他们不质疑做的理由，只是在做。麻省理工学院培养的人愿意从事科学研究，好像研究是价值中立的，无须与充满价值的系统相关联。事情常常是这样的，学校给了学生很好的教育，学生后来成为批判活动家。我认为，这里是最肮脏的地方。你努力培养一个人想做科学研究但不思考其价值意义，你就

是想培养与自己的情感和周围人的现实相脱离的人。麻省理工学院正是这样干的……我只认为这是种野蛮行径。你可以试图利用这一点，但这样做风险很大，获益的同时可能会使你扭曲。我甚至不知道就我而言它和我各自胜了多少。

64. 麻省理工学院想尽办法动用征兵局，"敦促重新调整"把阿尔伯特派往越南，让开除一事对他产生更坏的影响。见 Albert 2006，第 107 页。

65. 见 Chomsky 1988g，第 247 页。

66. 见 Price 2011。

67. 见 Chomsky 1996b，第 31 页。

68. 见 Joseph 和 Taylor 1990，第 2 页。

第 5 章　认知革命

1. 见 Minsky；引自 Hayles 1999，第 244-245 页。

2. 见 Hayles 1999，第 18 页。

3. 见 Wiener 1948，第 132 页；引自 Hayles 1999，第 14 页。

4. 见 Hayles 1999，第 12-13 页。

5. 见 Hayles 1999，第 13 页。

6. 见 Shannon 1948。

7. 见 Hayles 1999，第 19 页。

8. 见 Hayles 1999，第 18 页。

9. 见 Chomsky 1991a，第 3-25 页。

10. 见 Bruner 1990，第 2-3 页。

11. 见 Turing 1950。

12. 见 von Neumann 1958。

13. 见 Putnam 1960。

14. 见 Putnam 1988，第 73 页。

15. 见 Putnam 1960。

16. 见 Pinker 1997b，第 24 页。

17. 见 Chomsky 1996b，第 30 页。

18. 见 Edwards 1996，第 180 页。

19. 见 Edwards 1996，第 210 页。

20. 尼尔·史密斯告诉我，在对日作战中，美国军方巧妙地利用纳瓦霍语加密信息。

21. 引自 Edwards 1996，第 199 页。

22. 见 Stroud 1949；引自 Hayles 1999，第 68 页。

23. 见 Stroud 1949；引自 Hayles 1999，第 68 页。

24. 见 Hayles 1999，第 68 页；转述自 Stroud 1949。

25. 见 Bray 1946；引自 Edwards 1996，第 206 页。

26. 见 Gross 和 Lentin 1970，第 111 页。

27. 见 Newmeyer 1986a，第 85-86 页。

28. 见 Miller、Wiener 和 Stevens 1946；引自 Edwards 1996，第 212 页。

29. 见 Capshew 1986；引自 Edwards 1996，第 212 页。

30. 见 Edwards 1996，第 211 页。

31. 见 Bruner、Jolly 和 Sylva 1976。

32. 见 Edwards 1996，第 235 页。

33. 见 Edwards 1996，第 214 页。

34. 见 Edwards 1996，第 217 页。

第 6 章　巴别塔

1. 见 Chomsky 1975a，第 40 页。

2. 见《钦定版圣经》，创世纪 11：1-9。

3. 见《钦定版圣经》，创世纪 11：9。

4. 见 Weaver 1955a，第 vii 页。

5. 见 Kahn 1960。

6. 见 Booth 和 Locke 1955，第 2 页。

7. 见 Weaver 1955b。

第 7 章　五角大楼的"通天塔"

1. 引自 Mehta 1974，第 148 页。

2. 见 Dostert 1955，第 133-134 页。

3. 见 N. Glazer；引自 Barsky 2011，第 32 页。

4. 见 Newmeyer 1986b，第 43 页。

5. 见 Harris 2010，第 44 页。

6. 见 Postal 2004。

7. 见 Postal 2009。

8. 见 Sampson 2001 [1979]，第 153-156 页。

9. 见 Sampson 1975，第 9 页。

10. 见 Searle 1972，第 17 页。

11. 见 Newmeyer 1986b，第 41 页。

12. 见 Miller 1979；引自 Gardner 1987，第 28 页。

13. 见 Mehta 1974，第 167 页。

14. 见 Edwards 1996，第 235 页。

15. 见 Barsky 1997，第 54 页。

16. 见 Hutchins 2000b，第 304 页。

17. 见 Locke 和 Booth 1955，第 232 页。

18. 见 Booth 和 Locke 1955，第 5 页。

19. 见 Chomsky 1956，第 124 页。

20. 见 Chomsky 2006a，第 405 页。

21. 见 Chomsky 2006a，第 405 页。

22. 见 Chomsky 1975a，第 40 页。

23. 见 Harris 2010，第 254 页。

24. 见 Chomsky 1965，第 25 页。

25. 引自 Barsky 1997，第 86 页。

26. 见 Bar-Hillel 1961 [1958]；引自 Hutchins 2000b，第 305 页。

27. 见 Hutchins 1986，第 89 页。

28. 见 Delavenay 1960；引自 Hutchins 1986，第 151 页。

29. 见 Taube 1961；引自 Hutchins 1986，第 162 页。

30. 见 Hutchins 1986，第 89-90 页。

第 8 章　机器翻译　天开谬想

1. 见 Barsky 1997，第 86 页。

2. 见 Otero 1988b，第 64-65 页。

3. 见 Otero 1988b，第 64-65 页。

4. 见 Yngve 1956，第 44-45 页。

5. 见 Harris 2010，第 254 页。

6. 见 Chomsky 1956，第 124 页。

7. 见 Beaugrande 1991，第 181 页。

8. 见 Chomsky 1975a，第 40 页。

9. 见 Gigerenza 和 Goldstein 1996，第 135 页。

10. 见 Chomsky 1996b，第 30 页。

11. 见 Bar-Hillel 1960；引自 Boden 2006。

12. 见 Taube 1961；引自 Boden 2006。

13. 见 Bar-Hillel 1966 [1962]，第 23 页。

14. 见 Yngve 1964，第 279 页。

15. 见 Chomsky 1957，第 106 页。

16. 见 Chomsky 1967a，第 415 页。

17. 见 Siodmak 1971 [1942]。

18. 见 Hutchins 2000a，第 10 页。

19. 见 Hutchins 2000a，第 11 页。

第 9 章　通用语音字母表

1. 见 Watson 和 Crick 1953，第 737 页。

2. 见 Chomsky 1956。

3. 见 Chomsky 1956，第 124 页。

4. 见 Harris 2010，第 253-254 页。

5. 见 Hauser、Chomsky 和 Fitch 2002，第 1569 页。

6. 见 Lorenz 1996，第 201 页。

7. 见 Lorenz 1996，第 242 页。

8. 见 Chomsky 2012，第 21 页。

9. 见 Lorenz 1937。

10. 见 Tinbergen 1951。

11. 见 Putnam 1988，第 73 页。

12. 见 Postal 2009。

13. 见 Dosse 1997，第 52 页。

14. 见 Mehta 1974，第 177 页。

15. 引自 Mehta 1974，第 182 页。

16. 引自 Mehta 1974，第 181-182 页。

17. 雅各布森对战时技术十分狂热，见 Geoghegan 2011。

18. 见 Jakobson et al. 1951，第 40 页。

19. 见 Chomsky 2012，第 22 页。

20. 见 Chomsky 1983，第 81-82 页。

21. 见 Chomsky 1983，第 81-82 页。

22. 见 Chomsky 2006a，第 65 页。

23. 见 Newmeyer 1986b，第 32 页。

24. 见 Leach 1983，第 10-16 页。

25. 见 Lévi-Strauss 1991，第 41 页。

26. 见 Lévi-Strauss 1963 [1956]，第 233 页。

27. 见 Atran 2009。

28. 见 Lévi-Strauss 1963 [1956]，第 228 页。

29. 见 Lévi-Strauss 1973，第 249 页。

30. 见 Sperber 1985，第 65-66 页。

31. 见 Mehta 1974，第 218 页。

32. 见 Mehta 1974，第 173 页。

33. 引自 Mehta 1974，第 183 页。

34. 见 Jakobson 和 Waugh 2002，第 88 页。

35. 见 Jakobson et al. 1951，第 40 页。

36. 见 Chomsky 1983，第 81-82 页。

37. 见 Chomsky 1983，第 81-82 页。

38. 见 Chomsky 2012，第 22 页。

39. 见 Jakobson 和 Pomorska 1983，第 55 页。

40. 见 Chomsky 1957，第 17 页。

41. 见 Chomsky 1957，第 93 页。

42. 见 Chomsky 1964c [1962]，第 936 页。

43. 见 Chomsky 2006a，第 107 页；又见 Chomsky 1965，第 148-163 页。

44. 见 Chomsky 1967a，第 402-403 页。

45. 见 Chomsky 1967a，第 402-403 页。

46. 见 Matthews 1993，第 223 页。

47. 见 Chomsky 1979a，第 141 页。

48. 见 Chomsky 1964c [1962]，第 936 页。

49. 见 Chomsky 1979a，第 142 页。

50. 见 Bromberger 和 Halle 1991 [1989]，第 72 页。

第 10 章　俄国形式主义之根

1. 见 Joseph 2002，第 167 页。

2. 见 Jakobson 1997，第 153-155 页。

3. 见 Jakobson 1997，第 331 页，注释 5。

4. 见 Jakobson 1997，第 81 页。

5. 见 Jakobson 1997，第 82 页。

6. 见 Newmeyer 1986b，第 32 页。

7. 见 Kruchenykh 和 Khlebnikov 1912。

8. 见 Cooke 1987，第 50 页。

9. 见 Markov 2006 [1968]，第 147-148 页。

10. 见 Markov 2006 [1968]，第 193 页。

11. 见 Sapir 1929。

12. 见 Jakobson 和 Waugh 2002，第 181-234 页。

13. 见 Jakobson 和 Pomorska 1983，第 137 页。

14. 见 Khlebnikov 1987e [1919]，第 147 页；又见 Jakobson 和 Pomorska 1983，第 137 页。

15. 见 Khlebnikov 1987e [1919]，第 146-149 页。

16. 见 Jakobson 和 Pomorska 1983，第 138 页。

17. 见 Shelley 1840 [1839]。

第 11 章 诅咒的笑声

1. 见 Chomsky 1967a，第 402-403 页。

2. 见 Fromkin 1991，第 79 页。

3. 见 Khlebnikov 1990 [1910]，第 20 页。

4. 见 Khlebnikov 1986；该节录译自 Gasparov 1997，第 109-110 页。

5. 引自 Vroon 1997，第 1 页。

6. 见 Schmidt 1989，第 xi 页。

7. 引自 Gasparov 1997，第 109-110 页。

8. 见 Khlebnikov 1968，第 27 页。

9. 见 Gasparov 1997，第 105 页。

10. 见 Khlebnikov, V. 1987b [1913]，第 294-295 页。

11. 见 Khlebnikov, V. 1987f [1921]，第 400 页。

12. 见 Khlebnikov, V. 1987e [1919]，第 147 页。

13. 见 Cooke 1987，第 68 页。

14. 见 Markov 2006 [1968]，第 146-147 页。

15. 见 Borchardt-Hume 2014，第 24-25 页。

16. 见 Markov 2006 [1968]，第 144 页。

17. 见 Khlebnikov 1987i [1914]，第 262 页。

18. 见 Markov 2006 [1968]，第 306 页。

19. 见 Cooke 1987，第 104 页。

20. 见 Douglas 1985，第 155 页。

21. 见 Cooke 1987，第 104 页。

22. 见 Cooke 1987，第 104 页。

23. 见 Cooke 1987，第 104 页。史诗《伊戈尔远征记》成书于 12 世纪，用古东斯拉夫语写成，著者不详。

24. 见 Khlebnikov 1987a [1912]，第 284 页。

25. 见 Khlebnikov 1989 [1918]，第 116 页。

26. 见 Khlebnikov 1989 [1918]，第 121 页。

27. 见 Khlebnikov 1989 [1918]，第 122 页。

28.《赫列布尼科夫选集》英译本第一卷（1987）对赫列布尼科夫的一生做了精彩的介绍。编辑夏洛特·道格拉斯为我提供了很多细节，我深表谢意。其他二手资料来自我 1977 年的研究型硕士论文，保存在苏塞克斯大学图书馆。当时赫列布尼科夫的资料几乎没有英文版。

29. 见 Khlebnikov 1987j，第 130 页。

30. 见 Khlebnikov 1987g [1921]，第 392 页。

31. 见 Jakobson 1997，第 212 页。

32. 见 Jakobson 1997，第 217-218 页。

33. 见 Jakobson 1997，第 245 页。

34. 引自 Mehta 1974，第 181 页。

35. 见 Ivanov 1983，第 50 页。

第 12 章　塔特林塔

1. 见 Khlebnikov 1987b [1913]，第 288-289 页。

2. 见 Khlebnikov 1987d [1914]，第 89-90 页。

3. 见 Jakobson 1985，第 101-114 页。

4. 见 Cooke 1987，第 104 页。

5. 见 Daniil Danin；引自 Milner 1983，第 203 页。

6. 见 Milner-Gulland 2000，第 209 页。

7. 引自 Milner 1983，第 139 页。

8. 引自 Milner 1983，第 139 页。

9. 见 Milner 1983，第 143 页。

10. 下面的内容主要来自约翰·米尔纳 1983 年的深度研究《弗拉基米尔·塔特林与俄国潮流》。

11. 见 Andersen 1968；引自 Milner 1983，第 163 页。

12. 见 Milner 1983，第 163 页。

13. 见 Milner 1983，第 161 页。

14. 见 Milner 1983，第 154 页。

15. 见 Shklovsky 1988 [1921]，第 343 页。

16. 见 Punin 1920，第 96 页。

17. 见 Milner 1983，第 169 页。

18. 见 Shklovsky 1988 [1921]，第 343 页。

19. 见 Khlebnikov 1987g [1921]，第 392 页。

20. 见 Dirac 1963。

21. 见 Smith 1999，第 86 页。

第 13 章　追求自由的本能

1. 见 Ivanov 1983，第 49 页。

2. 见 Rudy 1997，第 x 页。

3. 引自 Mehta 1974，第 181 页。

4. 见 Joseph 2002，第 167 页。

5. 见 Barsky 1997，第 87 页。

6. 见 Foucault 和 Chomsky 1997，第 143 页。

7. 见 Foucault 和 Chomsky 1997，第 144 页。

8. 见 Chomsky 1985，第 252 页。

9. 见 Rai 1995，第 115 页。

10. 见《纽约时报》，1968 年 10 月 27 日；又见《波士顿环球报》，1968 年 2 月 27 日，第 15 版。

11. 见 Branfman 2012。

12. 见 Chomsky 1976a，第 7 页。

13. 见 Chomsky 1976a，第 133 页。

14. 见 Barsky 1997，第 208 页。

15. 见 Chomsky 1988l [1984]，第 597 页。

16. 见 Chomsky 1988l [1984]，第 594 页。

17. 见 Barsamian 对乔姆斯基的采访，1992，第 355 页。

18. 见 Chomsky 1976a，第 134 页。

19. 见 Chomsky 1988h，第 21 页。

20. 见 Tonkin 1989；引自 Rai 1995，第 138 页。

21. 见 Chomsky 1975b，第 219 页；引自 Rai 1995，第 138 页。

22. 见 Rai 1995，第 138 页。

23. 见 Kuhn 1970；Latour 和 Woolgar 1979。

24. 见 Haraway 1989；Nader 1996。

25. 见 Chomsky 1988h，第 16 页。

26. 见 Chomsky 1988a，第 36-37 页。

27. 见 Chomsky 1996b，第 31 页。

28. 见 Chomsky 1988a，第 36 页。

29. 见 Saussure 1974 [1915]，第 14 页。

30. 见 Saussure 1983 [1912]，第 77 页。

31. 见 Chomsky 1988a，第 36-37 页。

32. 见 Chomsky 1988a，第 173 页。

33. 见 Lorenz 1996，第 201 页。

34. 见 Chomsky 1976a，第 9 页。

35. 见 Chomsky 1988a，第 174 页。

第 14 章　语言学战争

1. 见 Bloomfield 1933，第 139 页；引自 Newmeyer 1986b，第 5 页。

2. 见 Chomsky 1957，第 15 页。

3. 见 Chomsky 1957，第 108 页。

4. 见 Newmeyer 1986b，第 162 页。

5. 见 Chomsky 1967a，第 433 页。

6. 见 Halle 1959。

7. 对乔姆斯基制定规则能力的描述，见 Beaugrande 1998。

8. 见 Chomsky 1964a [1963]；Chomsky 1966a [1964]。

9. 见 Chomsky 1965，第 160 页。

10. 见 Chomsky 1965，第 152 页。

11. 见 Chomsky 1965，第 107-111、148-192 页。

12. 见 Katz 和 Postal 1964。

13. 见 Chomsky 1966a [1964]，第 16-18 页。

14. 见 Chomsky 1965，第 16 页。

15. 见 Chomsky 1966b，第 35 页。

16. 见 Chomsky 1964c [1962]，第 914-977 页。

17. 见 Chomsky 1966b，第 39 页。

18. 见 Joseph 2002，第 191 页。

19. 见 Joseph 2002，第 191 页。

20. 见 Mey 1993，第 7 页。

21. 见 Langacker 1988，第 16-17 页。

22. 见 Bolinger 1965。

23. 见 Lakoff 1977，第 172 页；引自 Newmeyer 1986b，第 228 页。

24. 见 Leech 1983，第 2 页；Mey 1993，第 21-22 页。

25. 见 Searle 1969；Searle 1971b；Searle 1996。

26. 见 Ross 1995，第 125 页。

27. 见 Postal 1995，第 141 页。

第 15 章　板块碰撞

1. 见 Chomsky 1988h，第 13 页。

2. 见 Chomsky 1991b；引自 Rai 1995，第 7 页。

3. 见 Chomsky 1988h，第 13 页。

4. 见 Chomsky 1996a，第 93 页。

5. 见 Chomsky 1996a，第 93 页。

6. 见 Chomsky 1988h，第 5 页。

7. 见 Chomsky 1988h，第 6 页。

8. 见 Chomsky 1990；引自 Rai 1995，第 8 页。

9. 见 Chomsky 1988h，第 13 页。

10. 见 Barsky 1997，第 16 页。

11. 引自 Otero 1981，第 31 页。

12. 引自 Rai 1995，第 103 页。

13. 引自 Rai 1995，第 102 页。

14. 见 Rai 1995，第 102 页。

15. 见 Chomsky 1996b，第 101 页。

16. 见 Chomsky 1988c，第 649 页。

17. 见 Chomsky 1996a，第 37-38 页。

18. 见《蓟》，第 9 卷第 7 期，http://web.mit.edu/activities/thistle/v9/9.07/tv9.07.html（2017 年 4 月 2 日下载）；《人民科学》，第 20 卷第 2 期，第 6 页。

19. 见 Chomsky 1988d，第 318 页。

20. 见 Chomsky 1988a，第 156 页。

21. David Barsamian 对乔姆斯基的采访；见 Chomsky 1996a，第 15 页。

22. 见 Fodor 1985，第 3 页。

23. 见 Otero 1988a，第 98-99 页。

24. 见 Chomsky 1988c，第 653-654 页。

25. 见 Chomsky 2002b，第 228-230 页。乔姆斯基指的是戈林的一种说法——"当我听到'文化'这个词时，我就找我的左轮手枪"。

26. 见他与我的私人交流，2015 年 10 月 18 日。

27. 见 Hegel 1929 [1812-1816]。

第 16 章　脱身术表演者

1. 见 Chomsky 1998c，第 128 页；引自 Otero 1981，第 35-36 页。

2. 见 Chomsky 1988g [1977]，第 248 页。

3. 见 Postal 1995，第 141 页。

4. 见 Barsky 1997，第 99-100 页。

5. 见 Barsky 1997，第 152 页。

6. 见 Chomsky 1988l [1984]，第 598 页。

7. 见 Barsky 1997，第 140 页。

8. 见 Barsky 1997，第 141 页。

9. 见 Chomsky 1988b [1983]，第 419 页。

10. 见 Chomsky 1988b [1983]，第 419 页。

11. 见 Barsky 1997，第 141 页。

12. 见 Barsky 1997，第 124 页。

13. 见 Chomsky 1975a，第 4 页。

14. 见 Nevin 2009，第 473 页，注释 210。

15. 见 Chomsky 1957，第 6 页。

16. 见 Harris 1957，第 283-284 页，注释 1。

17. 见 Barsky 1997，第 53 页。

18. 见 Barsky 1997，第 54 页。

19. 见 Goldsmith 2005，第 270 页。

20. 见 Harris，即将出版。引自我和 Harris 的私人交流，2016 年 3 月 4 日。

21. 见 Descartes 1985 [1649]，第 341 页。

22. 见 Descartes 1985 [1649]，第 345 页。

23. 见 Descartes 1991 [1633]，第 40-41 页。

24. 参看 1995 年 3 月 31 日的信件，见 Barsky 1997，第 106 页。

25. 见 Chomsky 1997c，第 112-113 页。

26. 见 Chomsky 1997c，第 113-114 页。

27. 见 Chomsky 2002a，第 53 页。

28. 见 Chomsky 1997d；引自 Barsky 1997，第 108 页。

29. 见 Chomsky 1997c，第 114 页。

30. 见 Chomsky 1976a，第 23 页。

31. 见 Chomsky 2012，第 12 页。

32. 见 Chomsky 2012，第 27 页。

33. 见 Chomsky 2012，第 27 页。

34. 见 Chomsky 2012，第 28 页。

35. 见 Chomsky 2011a，第 178 页。

36. 见 Chomsky 1996a，第 102 页。

37. 见 Chomsky 2012，第 37 页。

38. 见 Chomsky 1996b，第 30 页。

第 17 章　灵魂突变

1. 见 Chomsky 1991c，第 50 页。

2. 见 Chomsky 1976b，第 57 页。

3. 见 Chomsky 1976b，第 57 页。

4. 见 Chomsky 1988a，第 183 页。

5. 见 Hauser、Chomsky 和 Fitch 2002。

6. 见 Chomsky 2000a，第 4 页。

7. 见 Chomsky 2005b，第 11-12 页。

8. 见 Chomsky 2005b，第 12 页。

9. 见 Cartlidge 2014。

10. 见 Chomsky 2000a，第 18 页。

11. 见 Hauser、Chomsky 和 Fitch 2002。

12. 见 Hauser、Chomsky 和 Fitch 2002，第 1571 页。

13. 见 Bickerton 2014，第 84 页。

14. 见 Bickerton 2010，第 131 页。

15. 见 Chomsky 1966b，第 30 页。

16. 见 Bouchard 2013，第 41 页。

17. 见 Chomsky 2006a，第 59 页。

18. 见 Chomsky 2000b，第 162 页。

19. 见 Chomsky 2012，第 49 页。

20. 见 Chomsky 2000a，第 4 页。

21. 见 Chomsky 2002a，第 146 页。

22. 见 Chomsky 2010a，第 59 页。

23. 见 Chomsky 2016a，40 分 3-17 秒处。

24. 见 Chomsky 2012，第 44 页。

25. 见 Chomsky 2002a，第 76 页。

26. 见 Chomsky 2002a，第 148 页。

27. 见 Chomsky 1996b，第 30 页。

28. 见 Berwick 和 Chomsky 2011；参看 Chomsky 2007b，第 20 页。

29. 见 Chomsky 2002a，第 143 页。

30. 见 Chomsky 1991a，第 23 页。

31. 见 Descartes 1984 [1641]，第 114 页。

32. 见 Chomsky 2002a，第 109 页。

33. 见 Chomsky 2002a，第 118-119 页。

34. 见 Chomsky 2002a，第 119 页。

35. 见 Chomsky 2006a，第 398 页。

36. 见 Chomsky 2006a，第 405 页。

第 18 章　化油器与其他内在概念

1. 见 Bouchard 2013，第 5 页。

2. 见 Bouchard 2013，第 5 页。

3. 见 Seuren 2004，第 74 页。

4. 见 Chomsky 2010a。

5. 见 Bickerton 2014，第 91 页。

6. 见 Berwick 和 Chomsky 2011，第 20 页。

7. 见 Berwick 和 Chomsky 2011，第 21 页。

8. 见 Chomsky 2000b，第 65 页。

9. 见 Fodor 1975。

10. 见 Olson 和 Faigley 1991，第 1-36 页。

11. 见 Chomsky 2000a，第 75 页。

12. 见 Chomsky 2000b，第 66 页。

13. 见 Chomsky 2000a，第 75 页。

14. 见 Putnam 1988，第 15 页。普特南批评乔姆斯基同事杰瑞·福多（1975）提出的
"强天赋假说"。福多的影响力与乔姆斯基的等量齐观。

15. 见 Chomsky 2000b，第 61 页。

16. 见 Chomsky 2000b，第 64-66 页。

17. 见 Dennett 1991，第 192-193 页，注释 8。

18. 见 Bourdieu 1991。

19. 见 Bloch 1975。

20. 见 Durkheim 1976 [1915]。

21. 见 Chomsky 2009，第 386 页。

22. 见 Chomsky 2009，第 386 页。

23. 见 Chomsky 2000a，第 4 页。

24. 见 Chomsky 2008，第 22 页（略有缩减）。

25. 见 Chomsky 1988a，第 183 页。

26. 见 Chomsky 2012，第 51 页。

27. 见 Chomsky 2011b。

28. 见 Berwick 和 Chomsky 2016。

29. 见 Berwick 1998。

30. 见 Chomsky 2000a，第 4 页。

31. 见 Berwick 和 Chomsky 2016，第 87 页。

32. 见 Dawkins 2015，第 384 页。

33. 见 Maynard Smith 和 Harper 2003，第 113 页。

第 19 章　科学革命?

1. 见 Otero 1988a，第 406 页。

2. 见 Harman 2001，第 265 页。

3. 见 Chomsky 1988a，第 91-92 页。

4. 见 Gray 1976；引自 Newmeyer 1996，第 24 页。

5. 见 Antilla 1975；引自 Newmeyer 1996，第 24 页。

6. 见 Murray 1980，第 81 页；引自 Newmeyer 1996，第 23 页。

7. 见 Koerner 1994，第 10 页。

8. 见 Lees 1957。

9. 见 Koerner 1994，第 10 页。

10. 见 Chomsky 1975a，第 3 页。

11. 见 Newmeyer 1986b，第 30 页。

12. 见 Mehta 1974，第 165 页。

13. 见 Chomsky 2002a，第 124 页。

14. 见 Chomsky2002a，第 98 页。

15. 见 Chomsky 2002a，第 102 页。

16. 见 Chomsky 2009，第 36 页。

17. 见 Seuren 2004，第 29 页。

18. 见 Mehta 1974，第 165 页。

19. 见 Mehta 1974，第 165 页。

20. 见 Chomsky 1976a，第 15 页。

21. 见 Lakoff 1995，第 115 页。

22. 见 Ross 1995，第 125 页。

23. 见 Lakoff 1995，第 115 页。

24. 见 Chomsky 1988a，第 157-158 页。

25. 见 Chomsky 1988a，第 157-158 页。

26. 见 Chomsky 2002a，第 151 页。

27. 见 Chomsky 1982a，第 58 页。

28. 见 Chomsky 1982a，第 40 页。

29. 见 Chomsky 1982a，第 41 页。

30. 见 Chomsky 1988b [1983]，第 418 页。

31. 见 Chomsky 1957，第 13-17 页；Chomsky 1962，第 127 页；Chomsky 1976a，第 80 页。

32. 见 Chomsky 1986，第 82-83 页；Chomsky 1995，第 25 页。

33. 见 Chomsky 1957，第 45 页；Chomsky 1962，第 136 页。

34. 见 Chomsky 和 Lasnik 1977，第 41 页。

35. 见 Chomsky 2000c，第 130 页。

36. 见 Chomsky 1957，第 13-14 页；Chomsky 1966a [1964]，第 32 页；Chomsky 1972b，第 64 页。

37. 见 Chomsky 1995，第 194 页。

38. 见 Chomsky 1995，第 213 页，注释。

39. 见 Chomsky 1967a，第 433 页。

40. 见 Chomsky 1976a，第 76 页。

41. 见 Chomsky 1993，第 346n 页。

42. 见 Chomsky 1966a [1964]，第 91 页。

43. 见 Chomsky 1995，第 189 页。

44. 见 Hauser et al. 2014，第 2 页。

45. 见 Chomsky 1979a，第 81 页。

46. 见 Chomsky；引自 Piatelli-Palmarini 1980，第 182 页。

47. 见 Chomsky；引自 Piatelli-Palmarini 1980，第 76 页。

48. 见 Hauser、Chomsky 和 Fitch 2002。

49. 见 Chomsky 2009，第 387 页。

50. 见 Hauser、Chomsky 和 Fitch 2002。

51. 见 Chomsky 1986，第 3 页。

52. 见 Chomsky 1988a，第 410-411 页。

53. 见 Chomsky 2012，第 41 页。

54. 见 Chomsky 1965，第 8 页。

55. 见 Newmeyer 1996，第 25 页。

56. 见 Chomsky 1980a，第 76 页。

57. 见 Chomsky 1964b，第 50-51 页。

58. 见 Chomsky 1972a，第 101 页。

59. 见 Chomsky 2012，第 41 页。

60. 见 Smith 1999，第 86 页。

61. 见 Matthews 1993。

62. 见 Chomsky 1995，第 233 页。

63. 见 Pinker；引自 Kenneally 2007，第 271 页。

64. 见 Fiengo 2006，第 471 页。

65. 见 Gardner 1987，第 185 页。

66. 见 Newmeyer 1996，第 30 页。

67. 见 Newmeyer 2003，第 596 页。

68. 见 Chomsky 1982a，第 42-43 页。

69. 见 Chomsky 2002a，第 151 页。

70. 见 Chomsky 2012，第 84 页。

71. 见 Chomsky 1980b，第 48 页。

72. 见 Chomsky 1980b，第 48 页。

73. 见 Evans 和 Levinson 2009。

74. 见 Behme 2014，第 30 页。

75. 见 Evans 和 Levinson 2009。

76. 见 Botha 1989，第 84-87 页。

77. 见 Botha 1989，第 207 页。

78. 见 Chomsky 1979c；引自 Botha 1989，第 86 页。

79. 见 Chomsky 1979c；引自 Botha 1989，第 87 页。

80. 见 Chomsky 1982a，第 110 页；引自 Botha 1989，第 87 页。

81. 见 Botha 1989，第 87 页。

82. 见 Chomsky 1982b，第 76 页。

83. 见 Mehta 1974，第 139 页。

84. 见 Achbar 和 Wintonick 1992；引自 Beaugrande 1998，第 765 页。

85. 见 Postal 1995。

86. 见 Chomsky 1996a，第 102 页。

87. 见 Cartlidge 2014。

88. 见 Cartlidge 2014。

89. 见 Cartlidge 2014。

90. 见 Cartlidge 2014。

91. 见 Chomsky 2014a。

92. 见 Hauser et al. 2014。

93. 见 Hauser et al. 2014，第 10 页。

94. 见 Cartlidge 2014。

95. 见 Chomsky 2014。

第 20 章　脑残的行动主义与结巴的科学

1. 见 Chomsky 1971b。

2. 见 Rohde 2012，第 137-138 页。

3. 见 Rohde 2012，第 140 页。

4. 见 Rohde 2012，第 142 页。

5. 见 Lybrand 1962，第 11 页。

6. 见 Lybrand 1962，第 11 页。

7. 见 Lybrand 1962，第 14-15 页。

8. 见 Lybrand 1962，第 16 页。

9. 见 Lybrand 1962，第 17 页。

10. 见 Eckstein 1962，第 262 页。

11. 见 Eckstein 1962，第 252-253 页。

12. 见 Eckstein 1964。

13. 见 Chomsky 1979a，第 5 页。

14. 见 Chomsky 1979a，第 3 页。

15. 见 Edgley 2000。

16. 见 Chomsky 1971a，第 71 页。

17. 见 Marx 和 Engels 2000 [1845]，第 192 页。

18. 见 Marx 和 Engels 2000 [1845]，第 180-181 页。

19. 见 Kuhn 1970。

20. 见 Doyle、Mieder 和 Shapiro 2012，第 51 页。

21. 见 Golumbia 2009，第 32 页。

22. 见 Golumbia 2009，第 32 页。

23. 见 Marx 2000a [1845]，第 173 页。

24. 见 Marx 2000a [1845]，第 173 页。

25. 见 Marx 1961a [1844]，第 85 页。

26. 见 Chomsky 1988l [1984]，第 592 页。

27. 见 Chomsky 2000b，第 115 页。

28. 见 Chomsky 2000b，第 115 页。

29. 见 Chomsky 1988d，第 318 页。

30. 见 Chomsky 2008，第 23 页。

31. 见 Chomsky 2008，第 23 页。

32. 见 Chomsky 2008，第 23 页。

33. 见 Marx 1961a [1844]，第 88 页。

34. 见 Engels 1957 [1886]，第 266 页。

35. 见 Khlebnikov 1987f [1921]，第 400 页。

36. 见 Marx 1961a [1844]，第 87 页。

37. 见 Marx 1961c [1843-1844]，第 190 页。

38. 见 Engels 1957 [1886]，第 266 页。

39. 见 Golumbia 2009，第 31-32 页。

40. 见 Golumbia 2009，第 32 页。

41. 见 Golumbia 2009，第 31 页。

42. 见 Nelkin 1972，第 63 页。

43. 见 Golumbia 2009，第 32 页。

44. 见 Chomsky 1988l [1984]，第 599 页。

45. 见 Chomsky 1988i [1984]，第 136 页。

46. 见 Chomsky 1967c；引自 McGilvray 1999，第 28 页。

47. 见《纽约客》，1971 年 5 月 8 日。

48. 见 Barsky 1997，第 58 页。

49. 见 Otero 1988a，第 595 页。然而，在另一场合，乔姆斯基评论到，列宁说"社会主义的胜利就需要发达国家的工人团结起来"，这完全正确。见 Chomsky 1971a，第 64 页。

50. 引自 Otero 1988a，第 595 页。

51. 尽管乔姆斯基批评 1917 年的俄国革命，但他对后来在亚洲执政的共产主义政权少有敌意。在 1969 年的一场电视辩论上，他称，中国的农民"控制着自己的政府部门，控制着劳动机构"。十多年后，他似乎也不愿意承认柬埔寨共产主义政权带来的影响。我更喜欢的解释是，谴责资助他研究的战争机器到处威胁人类会让他的良心痛苦。见 Buckley 和 Chomsky 1969；Chomsky 和 Herman 1979，第 6 章；Otero 1988a，第 153-155 页。

第 21 章　乔姆斯基塔

1. 见 Chomsky 1988l [1984]，第 589 页。

2. 见 Chomsky 1988l [1984]，第 590 页。

3. 见 Chomsky 1988l [1984]，第 589 页。

4. 见 Chomsky 1988l [1984]，第 591 页。

5. 见 Chomsky 1988l [1984]，第 589 页。

6. 见 Chomsky 1988a，第 157 页。

7. 乔姆斯基（1988a，第 157 页）承认缺乏必要的特殊技能的人尽管不能积极地创造科学但他们仍然能够理解并评价一项科学理论。

8. 见 Chomsky 1988h，第 16 页。

9. 见 Chomsky 2006b。

10. 见 Einstein 1954，第 292 页。

11. 见 Chomsky 1996a，第 128 页。

12. 1993 年 2 月 18 日信件，见 Barsky 1997，第 192 页。

13. 见 Chomsky 1988i [1984]。

14. 见 Trotsky 1940 [1925]。

15. 见 Amadae 2003，第 2 页。

16. 见 Amadae 2003，第 1 页；引自 Gary Hart。

17. 见 McCumber 2001，第 34 页。

18. 引自 McCumber 2001，第 39 页。

19. 见 McCumber 2001，第 39 页。

20. 见 Quine 1959，第 xi 页。

21. 见 Searle 1971a，第 132 页。

22. 见 McCumber 2001，第 99 页。

23. 见 Barsky 1997，第 21 页。

24. 见 Balari 和 Lorenzo 2010，第 125 页。

25. 见 Lakoff 1971，第 ii 页；引自 Harris 1993，第 208 页。

26. 见 Chomsky 1996a，第 128 页。

第 22 章　前语言时代

1. 见 Tomasello 2000。

2. 见 Steels 2015。

3. 见 Hurford 1989。

4. 见 Tomasello 和 Farrar 1986；Tomasello et al. 2005。

5. 见 Whiten 1999。

6. 见 Byrne 和 Whiten 1988。

7. 见 Byrne 和 Corp 2004。

8. 见 Tomasello 2006。

9. 见 Tomasello 2006。

10. 见 Tomasello 和 Rakoczy 2003；Knight 和 Lewis 2014。

11. 见 Mellars 和 Stringer 1989。

12. 见 Mellars et al. 2007；McBrearty 2007。

13. 见 Chomsky 2012，第 13 页。

14. 见 Chomsky 2008，第 21 页。

15. 见 Lybrand 1962，第 17 页；Rohde 2012，第 140 页。

16. 见 Radick 2016，第 69 页。

17. 见 Hockett 1960。

18. 见 Hockett 和 Ascher 1964。

19. 见 Radick 2016。

20. 见 Sahlins 1964 [1960]。

21. 对狩猎采摘部落平等主义的阐述见 Gowdy 2005，第 391-398 页。

22. 见 Engels 1972 [1884]。

23. 见 Sahlins 1964 [1960]，第 60-61 页。

24. 见 Sahlins 1964 [1960]，第 65 页。

25. 见 Lee 1968；Lee 1988；Lee 1992。

26. 见 Hrdy 2000，第 87-88 页。

27. 这一点请参看 Haraway 1989。

28. 见 Trivers 1985，第 77-78 页。

29. 见 Trivers 1985，第 78 页。

30. 见 Trivers 1985，第 78 页。

31. 见 Van Schaik 和 Janson 2000；Rees 2009。

32. 由澳大利亚记者伊琳娜·邓恩（1970）提出。

33. 见 Chomsky 2000b，第 115 页。

34. 见 Hewlett 和 Lamb 2005。

35. 见 Knight 和 Power 2005。

36. 见 Boehm 1999。

37. 见 Hrdy 1981。民族志案例研究参见 Beckerman 和 Valentine 2002；更多研究可参

考 Knight 2008c。

38. 见 Hrdy 1981。

39. 见 Hrdy 2009，第 233-272 页。

40. 见 Hrdy 1981；Hrdy 2000；Hrdy 2009。

41. 见 Smuts 1985；Strum 1987；Silk 1993；Small 1993；Gowaty 1997；Power 和 Aiello 1997。

42. 见 Wilson 1975。

43. 见 Segerstråle 2000。

44. 见 Wilson 1995。

45. 见 Trivers 2015。

46. 见 Hrdy 2000，第 427 页。

47. 见 Tomasello et al. 2005。

48. 见 Call 2009。

49. 见 Kobayashi 和 Kohshima 2001；Tomasello et al. 2007。

50. 见 Hrdy 2009。

51. 见 Hrdy 2000，第 50-51 页。

52. 见 Hrdy 2009，第 239 页。

53. 见 Morgan 1877；Engels 1972 [1884]；参看 Knight 2008c。

54. 见 Destro-Bisol et al. 2004；Wood et al. 2005；Verdu et al. 2013；Schlebusch 2010。

55. 见 Hrdy 2009，第 38 页。

56. 见 Berwick 和 Chomsky 2016，第 92 页。

57. 见 Hurford 2007；Hurford 2012。

58. 见 Chomsky 1967a，第 415 页。

59. 见 Steels 1998；Steels 2012。

60. 见 Steels 2014。

61. 见 Steels 2007。

62. 见 Steels 和 Kaplan 2001；Steels 2009，第 52-54 页。

63. 见 Steels 2009。

64. 见 Deutscher 2005；Smith 和 Höfler 2014；Smith 和 Höfler 2016。

65. 见 Steels 2009，第 57 页。

66. 见 Hurford 2007，第 201 页；引自 Knight 2002，第 148 页。

67. 见 Hurford 2007，第 325 页。

68. 见 Knight；引自 Hurford 2007，第 328-329 页。关于"演化法则"参看 Knight 2008a。

69. 见 Hurford 2012，第 646 页。

70. 见 Smith 和 Höfler 2014；Smith 和 Höfler 2016。

71. 见 Knight 1998；Knight 1999；Knight 2008b；Knight 2014；Knight 和 Lewis 2014。

72. 见 Power 和 Aiello 1997；Power 2009。

73. 见 Chomsky 2010a，第 59 页。

74. 见 Sahlins 1972 [1959]。

75. 见 Sahlins 1977。

76. 见 Chomsky 2008，第 19 页。

77. 见 Bowlby 1969。

78. 见 Barkow、Cosmides 和 Tooby 1992；Buss 2008。

79. 见 Tooby 和 Cosmides 1995，第 xiii-xiv 页。

80. 见 Uttal 2001。

81. 见 Boyer 2001。

82. 见 Winkelman 2002。

83. 见 Hauser、Chomsky 和 Fitch 2002。

84. 见 Tooby 和 Cosmides 1992；Pinker 2002。

85. 见 Chomsky 2008，第 19 页。

86. 见 Chomsky 1991e，第 27-29 页。

87. 见 Pinker 1997b，第 305 页。

88. 见 Pinker 1997b，第 375-376 页。

89. 见 Pinker 1997b，第 472 页。

90. 见 Fine 2010。

第 23 章　人类革命

1. 见 Latour 1999，第 59 页。

2. 见 Bourdieu 1991，第 52 页。

3. 见 McGilvray 2009，第 34 页。

4. 见 Chomsky 2010c，第 29 页。

5. 见 Givón 1995，第 22 页。

6. 见 Hansen 2009，第 112-113 页。

7. 见 Gottfried 1969。以下是出自这份历史文献的重要一段：

> 我们的联盟有……责任……评估这项事业带来的长期社会后果，并为相关公共政策的制定提供指导。这一职能在很大程度上未能实现，只有进入政治，才能做到这一点。只有科学界才能对先进军事技术的性能和影响进行全面深入的评估。只有科学界才能对工业化社会对环境的长期全面影响进行估量。只有科学界才能尝试对当下生物学基础革命必将产生的技术进行预测。科学界必须……有效地规划人类的未来，一个没有剥夺和恐惧的未来。

8. 见 Chomsky 2000b，第 115 页。

9. 见 Pinker 1999，第 269-287 页。

10. 见 Chomsky 1991c，第 50 页。

11. 见 Pinker 和 Bloom 1990，第 765 页。

12. 见 Pinker 和 Bloom 1990，第 765-766 页；Pinker 和 Jackendoff 2005；Pinker 1994；Pinker 1997a；Pinker 1999。

13. 见 Chomsky 2006a，第 59 页。

14. 见 Eldredge 和 Gould 1972。

15. 见 Maynard Smith 和 Szathmáry 1995。

16. 见 Hegel 1929 [1812-1816]。

17. 见 Engels 1964 [1876]。

18. 见 Khlebnikov 1987k。

19. 见 Maynard Smith 和 Szathmáry 1995，第 257-278 页。

20. 见 Berwick 和 Chomsky 2016，第 27-28 页。

21. 见 Maynard Smith 和 Szathmáry 1995，第 272 页；引自 Boyd 和 Richerson 1985。

22. 见 Bourdieu 1991；Power 2014；Lewis 2009；Knight 1998；Knight 和 Lewis 2014；Finnegan 2014；Rappaport 1999。

23. 见 Lewis 2009；Knight 和 Lewis 2014；Finnegan 2014。

24. 见 Chomsky 1980b，第 156-157 页。

25. 见 Knight 1996；Knight 1998；Knight 1999；Knight 2000；Knight 2002；Knight 2008a；Knight 2008b；Knight 2009；Knight 2014；Lewis 2014；Knight 和 Lewis 2014。

26. 见 Tomasello 1999，第 180 页。

27. 见 Whiten 1999，第 190 页。

28. 见 Maynard Smith 和 Szathmáry 1995，第 271-278 页。

29. 见 Woodburn 1982；Solway 2006；Lewis 2008；Finnegan 2008；Finnegan 2009；Finnegan 2014。

30. 见 Engels 1964 [1876]，第 175 页。

31. 见 Lakoff 和 Johnson 1980；Deutscher 2005；Smith 和 Höfler 2014。

32. 见 Sperber 和 Wilson 1986；Lewis 2009；Knight 和 Lewis 2014。

33. 见 Chomsky 2013b。

34. 见 Barsky 1997，第 131 页。

35. 见 Chomsky 2013b。

36. 见 Harris 1997，第 4-5 页。

37. 见 Chomsky 2002c，第 17-18 页。

38. 见 Chomsky 1988i [1984]。

39. 见 Taylor 1975，第 16 页。

40. 见 Marx 和 Engels 2000 [1845]，第 195 页。

41. 见 Chomsky 1971a，第 110 页。

42. 见 Chomsky 1971。

43. 见 Brody 2001，第 308 页。

参 考 文 献

Achbar, M. 1994. *Manufacturing Consent: Noam Chomsky and the media.* Montreal: Black Rose Books.

Achbar, M. and P. Wintonick. 1992. *Manufacturing Consent: Noam Chomsky and the media.* Documentary film. Toronto: Necessary Illusions.

Adams, G. 1982. *The Politics of Defense Contracting: The iron triangle.* New Brunswick, NJ: Transaction Books.

Albert, M. 2006. *Remembering Tomorrow: From the politics of opposition to what we are for.* New York: Seven Stories Press.

Albert, M. 2007. 'From SDS to life after capitalism', Michael Albert interview, 17 April, available at: www.democracynow.org/2007/4/17/from_sds_to_life_after_capitalism (accessed 1 April 2016).

Alcorta, C.S. and R. Sosis. 2005. 'Ritual, emotion, and sacred symbols: The evolution of religion as an adaptive complex', *Human Nature*, 16(4): 323-359.

Amadae, S.M. 2003. *Rationalizing Capitalist Democracy: The Cold War origins of rational choice liberalism.* Chicago and London: University of Chicago Press.

Andersen, T. 1968. *Vladimir Tatlin.* Stockholm: Moderna Museet.

Antilla, R. 1975. 'Comments on K.L. Pike and W.P. Lehmann's papers', in R. Austerlitz (ed.), *The Scope of American Linguistics.* Lisse: Peter de Ridder.

Atran, S. 2002. *In Gods We Trust: The evolutionary landscape of religion.* Oxford: Oxford University Press.

Atran, S. 2009. A memory of Claude Lévi-Strauss, available at: www.huffingtonpost.com/scott-atran/a-memory-of-claude-lvist_b_349597.html (accessed 9 April 2016).

Atran, S. and A. Norenzayan. 2004. 'Religion's evolutionary landscape', *Behavioural and Brain*

Sciences, 27: 713-730.

Baars, B.J. 1986. *The Cognitive Revolution in Psychology*. New York: Guilford Press.

Bach, E. 1974. 'Explanatory inadequacy', in D. Cohen (ed.), *Explaining Linguistic Phenomena*. New York: Wiley.

Baker, G.P. and P.M.S. Hacker. 1984. *Language, Sense and Nonsense*. Oxford: Blackwell.

Balari, S. and G. Lorenzo. 2010. 'Specters of Marx: A review of "Adam's Tongue", by Derek Bickerton', *Biolinguistics*, 4(1): 116-127.

Bar-Hillel, Y. 1960. 'The present status of automatic translation of languages', *Advances in Cognition*, 1: 91-163.

Bar-Hillel, Y. 1961 [1958]. 'Some linguistic obstacles to machine translation', *Proceedings of the Second International Congress on Cybernetics*. Namur.

Bar-Hillel, Y. 1966 [1962]. 'Four lectures on algebraic and machine translation', in *Automatic Translation of Languages: Papers presented at NATO Summer School held in Venice, July 1962*. Oxford: Pergamon Press.

Barkow, J. H., L. Cosmides and J. Tooby (eds). 1992. *The Adapted Mind: Evolutionary psychology and the generation of culture*. New York: Oxford University Press.

Barsamian, D., 1992. *Noam Chomsky: Chronicles of dissent*. Stirling: AK Press.

Barsky, R.F. 1997. *Noam Chomsky: A life of dissent*. Cambridge, MA: MIT Press.

Barsky, R.F. 2007. *The Chomsky Effect: A radical works beyond the ivory tower*. Cambridge, MA: MIT Press.

Barsky, R.F. 2011. *Zellig Harris: From American linguistics to socialist Zionism*. Cambridge, MA: MIT Press.

Beaugrande, R. de. 1991. *Linguistic Theory: The discourse of fundamental works*. London and New York: Longman.

Beaugrande, R. de. 1998. 'Performative speech acts in linguistic theory: The rationality of Noam Chomsky', *Journal of Pragmatics*, 29: 765-803.

Beckerman, S. and P. Valentine (eds). 2002. *Cultures of Multiple Fathers: The theory and practice of partible paternity in Lowland South America*. Gainesville, FL: University Press of Florida.

Behme, C. 2014. 'A potpourri of Chomskyan science', *Philosophy in Science*, available at: http://ling.auf.net/lingbuzz/001592 (accessed 10 May 2014).

Berwick, R.C. 1998. 'Language evolution and the Minimalist Program: The origins of syntax', in J. R. Hurford, M. Studdert-Kennedy and C. Knight (eds), *Approaches to the Evolution of Language: Social and cognitive bases*. Cambridge: Cambridge University Press.

Berwick, R. and A.N. Chomsky. 2011. 'The biolinguistic programme: The current state of its development', in A.M. di Sculio and C. Boeckx (eds), *The Biolinguistic Enterprise: New perspectives on the evolution and nature of the human language faculty.* Oxford: Oxford University Press.

Berwick, R.C. and N. Chomsky. 2016. *Why Only Us: Language and evolution.* Cambridge, MA: MIT Press.

Bickerton, D. 2010. 'Response to Balari and Lorenzo', *Biolinguistics*, 4(1): 128-132.

Bickerton, D. 2014. 'Some problems for biolinguistics', *Biolinguistics*, 8: 73-96.

Bloch, M. 1975. 'Introduction', in M. Bloch (ed.), *Political Language and Oratory in Traditional Society.* London: Academic Press.

Bloomfield, L. 1933. *Language.* New York: Holt, Rinehart and Winston.

Bloomfield, L. 1970. *A Leonard Bloomfield Anthology*, ed. C. F. Hockett. Bloomington, IN: Indiana University Press.

Boden, M. 2006. *Mind as Machine: A history of cognitive science.* Oxford: Oxford University Press.

Boeckx, C. and N. Hornstein. 2010. 'The varying aims of linguistic theory', in J. Bricmont and J. Franck (eds), *Chomsky Notebook.* New York: Columbia University Press.

Boehm, C. 1999. *Hierarchy in the Forest.* Cambridge, MA: Harvard University Press.

Bolinger, D.L. 1965. 'The atomisation of meaning', *Language*, 41: 553-573.

Booth, D.A. and W.H. Locke. 1955. 'Historical introduction', in W.H. Locke and A.D. Booth (eds), *Machine Translation of Languages.* Cambridge, MA: MIT.

Borchardt-Hume, A. (ed.). 2014. *Malevich.* London: Tate Publishing. Botha, R. 1989. *Challenging Chomsky: The generative garden game.* London: Blackwell.

Bouchard, D. 2013. *The Nature and Origin of Language.* Oxford: Oxford University Press.

Bourdieu, P. 1991. *Language and Symbolic Power.* Oxford: Blackwell.

Bowlby, J. 1969. *Attachment.* New York: Basic Books.

Boyd, R. and P. Richerson. 1985. *Culture and the Evolutionary Process.* Chicago: University of Chicago Press.

Boyer, P. 2001. *Religion Explained: The evolutionary origins of religious thought.* New York: Basic Books.

Branfman, F. 2012. 'When Chomsky wept', available at: www.salon.com/2012/06/17/when_chomsky_wept/ (accessed 20 March 2016).

Bray, C.W. (ed.). 1946. *Human Factors in Military Efficiency: Summary Technical Report of the Applied Psychology Panel, NDRC*, Vol. 1. Washington, DC: US Government Printing Office.

Brody, H. 2001. *The Other Side of Eden: Hunter-gatherers, farmers and the shaping of the world.* London: Faber & Faber.

Bromberger, S. and M. Halle 1991. 'Why phonology is different', in A. Kasher (ed.), *The Chomskyan Turn.* Oxford: Blackwell, 56-77.

Bruner, J. 1990. *Acts of Meaning.* Cambridge, MA: Harvard University Press.

Bruner, J.S., A. Jolly and K. Sylva (eds). 1976. *Play: Its role in development and evolution.* New York: Basic Books.

Buckley, W. and N. Chomsky. 1969. 'Buckley-Chomsky debate transcript part 5', available at: http://buckley-chomsky.weebly.com/debate-part-5.html (accessed 19 March 2016).

Buss, D.M. 2008. *Evolutionary Psychology: The new science of the mind.* Boston, MA: Omegatype Typography, Inc.

Byrne, R. and N. Corp. 2004. 'Neocortex size predicts deception rate in primates', *Proceedings of the Royal Society of London*, B 271: 1693-1699.

Byrne, R. and A. Whiten (eds). 1988. *Machiavellian Intelligence: Social expertise and the evolution of intellect in monkeys, apes, and humans.* Oxford: Clarendon Press.

Call, J. 2009. 'Contrasting the social cognition of humans and non-human apes: The shared intentionality hypothesis', *Topics in Cognitive Science*, 1: 368-379.

Capshew, J.H. 1986. 'Psychology on the march'. Unpublished PhD dissertation, University of Pennsylvania. Cartlidge, E. 2014. 'Faith and science', *Tablet*, 1 February.

Chepesiuk, R. 1995. *Sixties Radicals, Then and Now: Candid conversations with those who shaped the era.* Jefferson, NC: McFarland.

Chomsky, N. 1956. 'Three models for the description of language', *Institute of Radio Engineers Transactions on Information Theory*, 2: 113-124.

Chomsky, N. 1957. *Syntactic Structures.* The Hague: Mouton.

Chomsky, N. 1959. 'Review of B.F. Skinner's *Verbal Behavior*', *Language*, 35(1): 26-58.

Chomsky, N. 1962. 'A transformational approach to syntax', in Archibald Hill (ed.), *Third Texas Conference on Problems of Linguistic Analysis in English.* Austin, TX: University of Texas.

Chomsky, N. 1964a [1963]. *Current Issues in Linguistic Theory.* The Hague: Mouton.

Chomsky, N. 1964b. 'Current issues in linguistic theory', in J.A. Fodor and J.J. Katz (eds), *The Structure of Language.* Englewood Cliffs, NJ: Prentice Hall.

Chomsky, N. 1964c [1962]. 'The logical basis of linguistic theory', in H.G. Lunt (ed.), *The Proceedings of the Ninth International Congress of Linguists.* The Hague: Mouton.

Chomsky, N. 1965. *Aspects of the Theory of Syntax.* Cambridge, MA: MIT Press.

Chomsky, N. 1966a [1964]. *Topics in the Theory of Generative Grammar.* The Hague: Mouton.

Chomsky, N. 1966b. *Cartesian Linguistics: A chapter in the history of rationalist thought.* New York: Harper and Row.

Chomsky, N. 1967a. 'Appendix A: The formal nature of language', in E.H. Lenneberg, *Biological Foundations of Language.* Malabar, FL: Krieger.

Chomsky, N. 1967b. 'On resistance', *New York Review of Books*, 7 December.

Chomsky, N. 1967c [1959]. 'Review of B.F. Skinner, *Verbal Behavior*', in L.A. Jakobovits and

M.S. Miron (eds), *Readings in the Psychology of Language*. Englewood Cliffs, NJ: Prentice Hall.

Chomsky, N. 1967d. 'Letter', *New York Review of Books*, 23 March.

Chomsky, N. 1967e. 'Letter', *New York Review of Books*, 20 April.

Chomsky, N. 1969. 'Statement by Noam A. Chomsky to the MIT Review Panel on Special Laboratories', *MIT Libraries Retrospective Collection*.

Chomsky, N. 1971a. *Problems of Knowledge and Freedom*. London and New York: The New Press.

Chomsky, N. 1971b. 'In defence of the student movement', available at: https://chomsky.info/1971_03/ (accessed 5 March 2016).

Chomsky, N. 1972a. *Language and Mind* (expanded edition). New York: Harcourt Brace Jovanovich.

Chomsky, N. 1972b. 'Some empirical issues in the theory of transformational grammar', in S. Peters (ed.), *Goals of Linguistic Theory*. Englewood Cliffs, NJ: Prentice Hall.

Chomsky, N. 1975a. *The Logical Structure of Linguistic Theory*. Chicago: Chicago University Press.

Chomsky, N. 1975b. 'Towards a humanistic conception of education', in W. Feinberg and H. Rosemount (eds), *Work, Technology, and Education: Dissenting essays in the intellectual foundations of American education*. Chicago and London: University of Illinois Press.

Chomsky, N. 1976a. *Reflections on Language*. London: Fontana.

Chomsky, N. 1976b. 'On the nature of language', in S.R. Harnard, H.D. Steklis and J. Lancaster (eds), *Origins and Evolution of Language and Speech*. Annals of the New York Academy of Sciences, Vol. 280. New York: New York Academy of Sciences.

Chomsky, N. 1979a. *Language and Responsibility: Based on conversations with Mitsou Ronat*, trans. John Viertel. New York: Pantheon.

Chomsky, N. 1979b [1951]. *Morphophonemics of Modern Hebrew*. Reprint of unpublished MA thesis, University of Pennsylvania. New York: Garland Publications.

Chomsky, N. 1979c. 'Markedness and core grammar'. Mimeo. Subsequently published in A. Belletti, L. Brandi and L. Rizzi (eds). 1981. *Theory of Markedness in Generative Grammar*. Pisa: Scuola Normale Superiore.

Chomsky, N. 1980a. *Rules and Representations*. New York: Columbia University Press.

Chomsky, N. 1980b. 'On cognitive structures and their development: A reply to Piaget. As well as other contributions to the Abbaye de Royaumont debate (October 1975)', in M. Piatelli-Palmarini (ed.), *Language and Learning: The debate between Jean Piaget and Noam Chomsky*. London: Routledge and Kegan Paul.

Chomsky, N. 1980c. 'Some elementary comments on the rights of freedom of expression', available at: https://chomsky.info/19801011 (accessed 12 March 2016).

Chomsky, N. 1981. *Lectures on Government and Binding*, first edition. Dordrecht: Foris.

Chomsky, N. 1982a. *The Generative Enterprise: A discussion with Riny Huybregts and Henk van Riemsdijk.* Dordrecht: Foris.

Chomsky, N. 1982b. *Some Concepts and Consequences of the Theory of Government and Binding.* Cambridge, MA: MIT Press.

Chomsky, N. 1983. Contribution in *A Tribute to Roman Jakobson 1896-1982.* Berlin: de Gruyter.

Chomsky, N. 1985. *Turning the Tide: US intervention in Central America and the struggle for peace.* Boston: South End.

Chomsky, N. 1986. *Knowledge of Language: Its nature, origin, and use.* Westport, CT: Praeger.

Chomsky, N. 1988a. *Language and Problems of Knowledge: The Managua lectures.* Cambridge, MA: MIT Press.

Chomsky, N. 1988b [1983]. 'Things no amount of learning can teach', in C.P. Otero (ed.), *Noam Chomsky: Language and politics.* Montreal: Black Rose, pp. 407-419.

Chomsky, N. 1988c. 'The "right turn" in US policy (22 October 1986)', in C.P. Otero (ed.), *Noam Chomsky: Language and politics.* Montreal: Black Rose, pp. 648-660.

Chomsky, N. 1988d. 'The treachery of the intelligentsia: A French travesty. Interview dated 26 October 1981', in C.P. Otero (ed.), *Noam Chomsky: Language and politics.* Montreal: Black Rose, pp. 312-323.

Chomsky, N. 1988e. 'Address given at the Community Church of Boston, December 9 1984', reprinted as 'Afghanistan and South Vietnam', in J. Peck (ed.), *The Chomsky Reader.* London: Serpent's Tail, pp. 223-226.

Chomsky, N. 1988f [1968]. 'The intellectual as prophet', in C.P. Otero (ed.), *Noam Chomsky: Language and politics.* Montreal: Black Rose, pp. 85-99.

Chomsky, N. 1988g [1977]. 'Language theory and the theory of justice', in C.P. Otero (ed.), *Noam Chomsky: Language and politics.* Montreal: Black Rose, pp. 233-250.

Chomsky, N. 1988h. 'Interview', in J. Peck (ed.), *The Chomsky Reader.* London: Serpent's Tail.

Chomsky, N. 1988i [1984]. 'The manufacture of consent', in J. Peck (ed.), *The Chomsky Reader.* London: Serpent's Tail, pp. 1-55.

Chomsky, N. 1988j [1986]. 'Political discourse and the propaganda system', in C.P. Otero (ed.), *Noam Chomsky: Language and politics.* Montreal: Black Rose, pp. 662-697.

Chomsky, N. 1988k. 'The cognitive revolution II', in C.P. Otero (ed.), *Noam Chomsky: Language and politics.* Montreal: Black Rose, pp. 744-759.

Chomsky, N. 1988l [1984]. 'Knowledge of language, human nature, and the role of intellectuals. Interview with Hannu Reime', in C.P. Otero (ed.), *Noam Chomsky: Language and politics.* Montreal: Black Rose, pp. 586-603.

Chomsky, N. 1989. 'Noam Chomsky: An interview', *Radical Philosophy*, 53.

Chomsky, N. 1990. 'Transcript, interview by David Barsamian, 2 February 1990'. MIT, Cambridge, MA.

Chomsky, N. 1991a. 'Linguistics and adjacent fields: A personal view', in A. Kasher (ed.), *The Chomskyan Turn*. Oxford: Blackwell.

Chomsky, N. 1991b. Transcript of 'Reflections on the Gulf War', *Alternative Radio*. Recorded by D. Barsamian in Cambridge, MA on 21 May.

Chomsky, N. 1991c. 'Linguistics and cognitive science: Problems and mysteries', in A. Kasher (ed.), *The Chomskyan Turn*. Oxford: Blackwell.

Chomsky, N. 1991d. 'Language, politics and composition', in G. Olsen and I. Gales (eds), *Interviews: Cross-disciplinary perspectives on rhetoric and literacy*. Carbondale, IL: Southern Illinois University Press.

Chomsky, N. 1991e. 'A brief interview with Noam Chomsky on anarchy, civilization & technology', *Anarchy: A Journal of Desire Armed*, 29: 27-29.

Chomsky, N. 1992. *What Uncle Sam Really Wants*. Tucson, AZ: Odonian Press.

Chomsky, N. 1993. *Lectures on Government and Binding*, seventh edition. Berlin and New York: Mouton de Gruyter.

Chomsky, N. 1995. *The Minimalist Program*. Cambridge, MA: MIT Press.

Chomsky, N. 1996a. *Class Warfare: Interviews with David Barsamian*. London: Pluto Press.

Chomsky, N. 1996b. *Powers and Prospects. Reflections on human nature and the social order*. London: Pluto Press.

Chomsky, N. 1997a. Letter to R.F. Barsky, dated 15 December 1992, quoted in R.F. Barsky, *Noam Chomsky: A life of dissent*. Cambridge, MA: MIT Press.

Chomsky, N. 1997b. Letter, dated 3 March 1995, quoted in R.F. Barsky, *Noam Chomsky: A life of dissent*. Cambridge, MA: MIT Press.

Chomsky, N. 1997c. 'Noam Chomsky and Michel Foucault. Human Nature: Justice versus power', in A.I. Davidson (ed.), *Foucault and his Interlocutors*. Chicago and London: Chicago University Press.

Chomsky, N. 1997d. 'Creation and culture', *Alternative Radio*. Recorded 25 November 1992.

Chomsky, N. 1997e. Letter to R.F. Barsky, dated 31 March 1995, quoted in R.F. Barsky, *Noam Chomsky: A life of dissent*. Cambridge, MA: MIT Press.

Chomsky, N. 1998a. *The Common Good*. Chicago: Common Courage Press.

Chomsky, N. 1998b. 'Language and mind: Current thoughts on ancient problems. Part I and Part II', lectures presented at Universidad de Brasilia, published in *Pesquisa Linguistica*, 3(4).

Chomsky, N. 1998c [1977]. *Language and Responsibility*, Part I of *On Language: Chomsky's classic works - language and responsibility and reflections on language in one volume*. New

York: New Press.

Chomsky, N. 2000a. *The Architecture of Language*. Oxford: Oxford University Press.

Chomsky, N. 2000b. *New Horizons in the Study of Language and Mind*. Cambridge: Cambridge University Press.

Chomsky, N. 2000c. 'Minimalist inquiries: The framework', in R. Martin, D. Michaels and J. Uriagerika (eds), *Step by step: Essays on Minimalist syntax in honor of Howard Lasnik*. Cambridge, MA: MIT Press.

Chomsky, N. 2002a. *On Nature and Language*. Cambridge: Cambridge University Press.

Chomsky, N. 2002b. *Understanding Power*. New York: The New Press.

Chomsky, N. 2002c [1969]. *American Power and the New Mandarins*. New York: Pantheon Books.

Chomsky, N. 2003. 'Anti-Semitism, Zionism, and the Palestinians', *Variant*, 16 (Winter).

Chomsky, N. 2004. 'Beyond explanatory adequacy', in A. Belletti (ed.), *Structures and Beyond: The cartography of syntactic structures*, Vol. 3. Oxford: Oxford University Press.

Chomsky, N. 2005a. 'Language and freedom', in N. Chomsky, *Chomsky on Anarchism*, ed. B. Pateman. Edinburgh and Oakland, CA: AK Press.

Chomsky, N. 2005b. 'Three factors in language design', *Linguistic Inquiry*, 36(1): 1-22.

Chomsky, N. 2005c. *Chomsky on Anarchism*, ed. B. Pateman. Edinburgh and Oakland, CA: AK Press.

Chomsky, N. 2006a. *Language and Mind*, third edition. Cambridge: Cambridge University Press.

Chomsky, N. 2006b. 'Science in the Dock. Interview with L. Krauss and S.M. Carroll', *Science and Technology News*, March.

Chomsky, N. 2007a. 'Approaching UG from below', in U. Sauerland and H.M. Gartner (eds), *Interfaces + Recursion = Language?* Berlin: Mouton. Chomsky, N. 2007b. 'Of minds and language', *Biolinguistics*, 1: 9-27.

Chomsky, N. 2008. 'Interview with Noam Chomsky', *Radical Anthropology*, 2: 19-23.

Chomsky, N. 2009. *Of Minds and Language: A dialogue with Noam Chomsky in the Basque Country*, ed. M. Piatelli-Palmarini, J. Uriagereka and P. Salaburu. Oxford: Oxford University Press.

Chomsky, N. 2010a. 'Some simple Evo-devo theses: How true might they be for language?', in R. Larson, V. Déprez and H. Yamakido (eds), *The Evolution of Human Language*. Cambridge: Cambridge University Press.

Chomsky, N. 2010b. 'Poverty of stimulus: Unfinished business', transcript of oral presentation, Johannes-Gutenberg University Mainz, 24 March.

Chomsky, N. 2010c. 'The mysteries of nature how deeply hidden?', in J. Bricmont and J. Franck (eds), *Chomsky Notebook*. New York: Columbia University, Press.

Chomsky, N. 2011a. 'Appendix: Interview with Noam Chomsky', in P. Ludlow, *The Philosophy of Generative Linguistics*. Oxford: Oxford University Press.

Chomsky, N. 2011b. 'On the poverty of the stimulus', talk given to UCL division of psychology and language sciences, available at: www.youtube.com/watch? v=068Id3Grjp0 (accessed 5 April 2016).

Chomsky, N. 2011c. Video interview for MIT 150 Infinite History Project, available at: www.youtube.com/watch?v=RYit5qV6Tww (accessed 9 April 2016).

Chomsky, N. 2012. *The Science of Language: Interviews with James McGilvray*. Cambridge: Cambridge University Press.

Chomsky, N. 2013a. 'After 60+ years of generative grammar', available at: www.youtube.com/watch?v=Rgd8BnZ2-iw (accessed 9 April 2016).

Chomsky, N. 2013b. 'On revolutionary violence, communism and the American left. Noam Chomsky interviewed by Christopher Helali', *Pax Marxista*, 12 March, available at: https://chomsky.info/20130312 (accessed 13 March 2016).

Chomsky, N. 2014. 'Science, mind, and limits of understanding', Science, Theology and the Ontological Quest Foundation, Vatican, available at: https://chomsky.info/201401__/ (accessed 9 April 2016).

Chomsky, N. 2015. 'Noam Chomsky and Subrata Ghoshroy: From the Cold War to the Climate Crisis', MIT Video, available at: www.youtube.com/watch? v=7tVG3sRcuU4 (accessed 9 April 2016).

Chomsky, N. 2016a. 'On the evolution of language', UNAM Skype talk, 4 March, available at: http://132.248.212.20/videos/video/1338/ (accessed 1 June 2016).

Chomsky, N. 2016b. 'Language, creativity and the limits of understanding', lecture at the University of Rochester, New York, 21 April, available at: www.youtube.com/watch?v=XNSxj0TVeJs (accessed 1 June 2016).

Chomsky, N. and E. Herman. 1979. *After the Cataclysm: Postwar Indochina and the reconstruction of imperial ideology*. Cambridge, MA: South End Press.

Chomsky, N. and H. Lasnik. 1977. 'Filters and control', *Linguistic Inquiry*, 8(3): 425-504.

Chomsky, N. and C.P. Otero. 2003. *Chomsky on Democracy and Education*. New York: RoutledgeFalmer.

Cogswell, D. 1996. *Chomsky for Beginners*. London and New York: Writers and Readers.

Cooke, R. 1987. *Velimir Khlebnikov: A critical study*. Cambridge: Cambridge University Press.

Dawkins, R. 2015. *Brief Candle in the Dark: My life in science*. London: Bantam Press.

Dean, M. 2003. *Chomsky: A Beginner's Guide*. London: Hodder and Stoughton. Delavenay, E. 1960. *An Introduction to Machine Translation*. London: Thames and Hudson.

Dennett, D. 1991. *Consciousness Explained*. London: Penguin.

Descartes, R. 1984 [1641]. 'Objections and replies', in J. Cottingham, R. Stoothoff and D. Murdoch (trans.), *The Philosophical Writings of Descartes*, Vol. II. Cambridge: Cambridge University Press.

Descartes, R. 1985 [1649]. 'The passions of the soul', in J. Cottingham, R. Stoothoff and D. Murdoch (trans.), *The Philosophical Writings of Descartes* (two-volume edition), Vol. I. Cambridge: Cambridge University Press.

Descartes, R. 1991 [1633]. Letter to Mersenne, in J. Cottingham, R. Stoothoff, D. Murdoch and A. Kenny (trans.), *The Philosophical Writings of Descartes*, Vol. III. Cambridge: Cambridge University Press.

Destro-Bisol, G., F. Donati, V. Coia, I. Boschi, F. Verginelli, A. Caglia, S. Tofanelli, G. Spedini and C. Capelli. 2004. 'Variation of female and male lineages in sub-Saharan populations: The importance of sociocultural factors', *Molecular Biology and Evolution*, 21(9): 1673-1682.

Deutscher, G. 2005. *The Unfolding of Language: The evolution of mankind's greatest invention*. London: Random House.

Dirac, P. 1963. 'The evolution of the physicist's picture of nature', *Scientific American*, 208(5): 45-53.

Dosse, F. 1997. *History of Structuralism*, Vol. 1. Minneapolis, MN: University of Minnesota Press.

Dostert, L.E. 1955. 'The Georgetown-IBM Experiment', in W.N. Locke and A.D. Booth (eds), *Machine Translation of Languages*. Cambridge, MA: MIT Press.

Douglas, C. (ed.). 1985. *The King of Time: Selected writings of the Russian futurian*, trans. P. Schmidt. Cambridge, MA: Harvard University Press.

Doyle, C.D., W. Mieder and F.R. Shapiro (eds). 2012. *The Dictionary of Modern Proverbs*. London and New Haven, CT: Yale University Press.

Durkheim, É. 1976 [1915]. *The Elementary Forms of the Religious Life*, trans. J.W. Swain. London: Allen and Unwin.

Eckstein, H. 1962. 'Internal wars', in W.A. Lybrand (ed.), *Proceedings of the Symposium 'The US Army's Limited-War Mission and Social Science Research'*. Washington, DC: American University, Special Operations Research Unit.

Eckstein, H. 1964. *Internal War*. New York: Free Press of Glencoe.

Edgley, A. 2000. *The Social and Political Thought of Noam Chomsky*. London and New York: Routledge.

Edwards, P. 1996. *The Closed World: Computers and the politics of discourse in cold war America*. Cambridge, MA: MIT Press.

Einstein, A. 1954. 'Physics and reality', in A. Einstein, *Ideas and Opinions*, trans. Sonja Bargmann. New York: Bonanza.

Eldredge, N. and S.J. Gould. 1972. 'Punctuated equilibrium: An alternative to phyletic gradualism', in T.J.M. Schopf (ed.), *Models in Paleobiology.* San Francisco, CA: Freeman.

Engels, F. 1957 [1886]. 'Ludwig Feuerbach and the end of classical German philosophy', in K. Marx and F. Engels, *On Religion.* Moscow: Foreign Languages Publishing House.

Engels, F. 1964 [1876]. *The Dialectics of Nature.* Moscow: Progress Publishers.

Engels, F. 1972 [1884]. *The Origin of the Family, Private Property and the State.* New York: Pathfinder Press.

Eun-jung, S. 2015. *Verita$: Harvard's Hidden History.* Oakland, CA: PM Press.

Evans, N. and S.C. Levinson. 2009. 'The myth of language universals: Language diversity and its importance for cognitive science', *Behavioral and Brain Sciences*, 32(5): 429-492.

Fiengo, R. 2006. 'Review of "Chomsky's Minimalism"', *Mind*, 115(458): 469-472.

Fine, C. 2010. *Delusions of Gender: How our minds, society and neurosexism create difference.* New York: Norton.

Finnegan, M. 2008. 'The personal is political: Eros, ritual dialogue, and the speaking body in Central African hunter-gatherer society'. Unpublished PhD thesis, Edinburgh University.

Finnegan, M. 2009. 'Political bodies: Some thoughts on women's power among Central African hunter-gatherers', *Radical Anthropology*, 3: 31-37.

Finnegan, M. 2014. 'The politics of Eros: Ritual dialogue and egalitarianism in three Central African hunter-gatherer societies', *Journal of the Royal Anthropological Institute*, NS 19: 697-715.

Fodor, J.A. 1975. *The Language of Thought.* Scranton, PA: Crowell.

Fodor, J.A. 1985. 'Precis of *The Modularity of Mind*', *Behavioral and Brain Sciences*, 8: 1-42.

Forman, P. 1987. 'Behind quantum electronics: National security as basis for physical research 1940-1960', *Historical Studies in the Physical and Biological Sciences*, 18(1): 156-157.

Foucault, M. and N. Chomsky. 1997. 'Human nature: Justice versus power', in A.I. Davidson (ed.), *Foucault and his Interlocutors.* Chicago, IL, and London: Chicago University Press.

Fromkin, V.A. 1991. 'Language and brain: Redefining the goals and methodology of linguistics', in A. Kasher (ed.), *The Chomskyan Turn.* Oxford: Blackwell.

Gardner, H. 1987. *The Mind's New Science: A history of the cognitive revolution.* New York: Basic Books.

Gasparov, B. 1997. 'Futurism and phonology: Futurist roots of Jakobson's approach to language', *Cahiers de l'ILSL*, 9: 105-124.

Gigerenza, G. and D.G. Goldstein. 1996. 'Mind as computer: Birth of a metaphor', *Creativity Research Journal*, 9(2-3): 131-144.

Givón, T. 1995. *Functionalism and Grammar.* Amsterdam and Philadelphia: John Benjamins.

Gleitman, L.R. and E.L. Newport. 1995. 'The invention of language by children: Environmental and biological influences on the acquisition of language', in D.N. Osherson (series ed.), *An Invitation to Cognitive Science*, Vol. 1, *Language*, ed. L.R. Gleitman and M. Liberman. Cambridge, MA: MIT Press.

Goldsmith, J.A. 2005. 'Review article on Nevin (ed.) 2002', *Language*, 81(3): 719-773.

Golumbia, D. 2009. *The Cultural Logic of Computation*. Harvard, MA: Harvard University Press.

Gottfried, K. 1969. 'Beyond March 4', founding document of the Union of Concerned Scientists, MIT, available at: www.ucsusa.org/about/foundingdocument-beyond.html#.V1a-gWZH1pk (accessed 7 June 2016).

Gowaty, P.A. 1997. 'Sexual dialectics, sexual selection, and variation in mating behavior', in P.A. Gowaty (ed.), *Feminism and Evolutionary Biology: Boundaries, intersections, and frontiers*. New York: Chapman and Hall.

Gowdy, J. 2005. 'Hunter-gatherers and the mythology of the market', in R.B. Lee and R. Daly (eds), *The Cambridge Encyclopedia of Hunters and Gatherers*. Cambridge: Cambridge University Press.

Gray, B. 1976. 'Counter-revolution in the hierarchy', *Forum Linguisticum*, 1: 38-50.

Gross, M. and A. Lentin. 1970. *Formal Grammars*. London: Springer Verlag.

Halle, M. 1959. *The Sound Pattern of Russian*. The Hague: Mouton.

Hansen, J. 2009. *Storms of my Grandchildren*. London: Bloomsbury.

Haraway, D. 1989. *Primate Visions: Gender, race and nature in the world of modern science*. New York and London: Routledge.

Harman, G. (ed.). 1974. *On Noam Chomsky: Critical essays*. Modern Studies in Philosophy. Garden City, NY: Anchor Press.

Harman, G. 2001. 'Review of Noam Chomsky, *New Horizons in the Study of Language and Mind*', *Journal of Philosophy*, 98(5): 265-269.

Harris, F. and J. Harris. 1974. 'The development of the linguistics program at the Massachusetts Institute of Technology', 50 years of Linguistics at MIT: A scientific reunion, 9-11 December 2011, MIT, available at: http://ling50.mit.edu/harris-development (accessed 9 April 2016).

Harris, R.A. 1993. *The Linguistics Wars*. New York and Oxford: Oxford University Press.

Harris, R.A. 1998. 'The warlike Chomsky. Review of R.F. Barsky, 1997. *Noam Chomsky: A Life of Dissent*. Cambridge, MA: MIT Press', *Books in Canada*, March.

Harris, R.A. 2010. 'Chomsky's other revolution', in D.A. Kibbee (ed.), *Chomskyan Revolutions*. Amsterdam: John Benjamins.

Harris, R.A. Forthcoming. *Linguistic Wars*, second edition. Oxford: Oxford University Press.

Harris, Z. 1957. 'Co-occurrence and transformation in linguistic structure', *Language*, 33(3): 289-340.

Harris, Z. 1997. *The Transformation of Capitalist Society*. Lanham, MD: Rowman and Littlefield.

Hauser, M.D., N. Chomsky and W.T. Fitch. 2002. 'The faculty of language: What is it, who has it, and how did it evolve?', *Science*, 298(5598): 1569-1579.

Hauser, M.D., C. Yang, R.C. Berwick, I. Tattersall, M.J. Ryan, J. Watumull, N. Chomsky and R.C. Lewontin. 2014. 'The mystery of language evolution', *Frontiers in Psychology*, 5(1).

Hayles, K. 1999. *How We Became Posthuman: Virtual bodies in cybernetics, literature, and informatics.* Chicago, IL: University of Chicago Press.

Hegel, G.W.F. 1929 [1812-1816]. *Science of Logic*, trans. W.H. Johnston and L.G. Struthers. London: Allen & Unwin.

Hewlett, B.S. and M.E. Lamb (eds). 2005. *Hunter-Gatherer Childhoods: Evolutionary, developmental and cultural perspectives.* New Brunswick and London: Aldine.

Hockett, C. 1960. 'The origin of speech', *Scientific American*, 203: 89-96.

Hockett, C.F. and R. Ascher. 1964. 'The human revolution', *Current Anthropology*, 5(3): 135-168.

Hrdy, S.B. 1981. *The Woman that Never Evolved.* Cambridge, MA: Harvard University Press.

Hrdy, S.B. 2000. *Mother Nature.* London: Vintage.

Hrdy, S.B. 2009. *Mothers and Others: The evolutionary origins of mutual understanding.* London and Cambridge, MA: Belknap Press of Harvard University Press.

Hughes, S. 2006. 'Interview with Noam Chomsky, 21 April', in *Penn in Ink: Pathfinders, Swashbucklers, Scribblers & Sages: Portraits from the Pennsylvania Gazette.* Bloomington, IN: Xlibris Corporation.

Hurford, J. 1989. 'Biological evolution of the Saussurean sign as a component of the language acquisition device', *Lingua*, 77(2): 187-222.

Hurford, J.R. 2007. *The Origins of Meaning: Language in the light of evolution*, Vol. 1. Oxford: Oxford University Press.

Hurford, J.R. 2012. *The Origins of Grammar: Language in the light of evolution*, Vol. 2. Oxford: Oxford University Press.

Hutchins, W.J. 1986. *Machine Translation: Past, present, future.* Chichester: Ellis Horwood.

Hutchins, W.J. (ed.). 2000a. *Early Years in Machine Translation.* Amsterdam: John Benjamins.

Hutchins, W.J. 2000b. 'Yehoshua Bar-Hillel: A philosopher's contribution to machine translation', in W.J. Hutchins (ed.), *Early Years in Machine Translation.* Amsterdam: John Benjamins.

Ivanov, V.V. 1983. 'Roman Jakobson: The future', in *A Tribute to Roman Jakobson, 1896-1982.* New York and Amsterdam: Mouton.

Jaggi, M. 2001. 'Conscience of a nation', *Guardian,* 20 January.

Jakobson, R. 1985. 'The Byzantine mission to the Slavs', in *Roman Jakobson: Selected Writings*, VI *Early Slavic Paths and Crossroads*, ed. Stephen Rudy: Part One: Comparative Slavic Studies: The Cyrillo-Methodian Tradition. Amsterdam: Mouton.

Jakobson, R. 1997. *My Futurist Years*, ed. B. Jangfeldt, trans. Stephen Rudy. New York: Marsilio.

Jakobson, R. and K. Pomorska. 1983. *Dialogues.* Cambridge: Cambridge University Press.

Jakobson, R. and L.R. Waugh. 2002. *The Sound Shape of Language*, third edition.Berlin and New York: Mouton de Gruyter.

Jakobson, R., C. Gunnar, M. Fant and M. Halle. 1951. *Preliminaries to Speech Analysis: The distinctive features and their correlates.* Cambridge, MA: MIT Press.

Johnson, H. 2001. *Holding the Center: Memoirs of a life in higher education.* Cambridge, MA: MIT Press.

Joseph, J.E. 2002. *From Whitney to Chomsky: Essays in the history of American linguistics.* Amsterdam: Benjamins.

Joseph, J.E. and T.J. Taylor. 1990. 'Introduction', in J.E. Joseph and T.J. Taylor (eds), *Ideologies of Language.* London and New York: Routledge. Kabat-Zinn, J. 2014. *Coming to Our Senses.* London: Piatkus.

Kahn, H. 1960. *On Thermonuclear War.* Princeton, NJ: Princeton University Press.

Katsiaficas, G. 1969. 'A personal statement to the MIT Review Panel on Special Laboratories', MIT Libraries Retrospective Collection.

Katz, J.J. and P. Postal. 1964. *An Integrated Theory of Linguistic Description.* Cambridge, MA: MIT Press.

Kenneally, C. 2007. *The First Word: The search for the origins of language.* London: Viking Penguin.

Khlebnikov, V. 1968. *Sobranie proizvedenij Velimira Xlebnikova,* ed. Ju. Tynjanova and I.N. Stepanova, Vol. III, *Stixotvorenija*, reprint ed. Dmitri Tschizewskij. München: Wilhelm Fink.

Khlebnikov, V. 1986, 'Pust' na mogil'noj plite pročtut [Let it be written on his gravestone]', in B. Gasparov. 1997. 'Futurism and phonology: Futurist roots of Jakobson's approach to language', *Cahiers de l'ILSL*, 9: 105-124.

Khlebnikov, V. 1987a [1912]. 'Teacher and student', in C. Douglas (ed.), *Collected Works of Velimir Khlebnikov*, Vol. I, *Letters and Theoretical Writings*, trans. P. Schmidt. Cambridge, MA: Harvard University Press.

Khlebnikov, V. 1987b [1913]. 'Two individuals: A conversation', in C. Douglas (ed.), *Collected Works of Velimir Khlebnikov*, Vol. I, *Letters and Theoretical Writings*, trans. P. Schmidt. Cambridge, MA: Harvard University Press.

Khlebnikov, V. 1987c [1913]. 'The warrior of the kingdom', in C. Douglas (ed.), *Collected Works of Velimir Khlebnikov*, Vol. I, *Letters and Theoretical Writings*, trans. P. Schmidt. Cambridge, MA: Harvard University Press.

Khlebnikov, V. 1987d [1914]. Letter to Vasily Kamensky, in C. Douglas (ed.), *Collected Works of Velimir Khlebnikov*, Vol. I, *Letters and Theoretical Writings*, trans. P. Schmidt. Cambridge,

MA: Harvard University Press.

Khlebnikov, V. 1987e [1919]. 'Self-statement', in C. Douglas (ed.), *Collected Works of Velimir Khlebnikov*, Vol. I, *Letters and Theoretical Writings*, trans. P. Schmidt. Cambridge, MA: Harvard University Press.

Khlebnikov, V. 1987f [1921]. 'Tasks for the President of Planet Earth', in C. Douglas (ed.), *Collected Works of Velimir Khlebnikov*, Vol. I, *Letters and Theoretical Writings*, trans. P. Schmidt. Cambridge, MA: Harvard University Press.

Khlebnikov, V. 1987g [1921]. 'The radio of the future', in C. Douglas (ed.), *Collected Works of Velimir Khlebnikov*, Vol. I, *Letters and Theoretical Writings*, trans. P. Schmidt. Cambridge, MA: Harvard University Press.

Khlebnikov, V. 1987h [1919]. 'Our fundamentals', in C. Douglas (ed.), *Collected Works of Velimir Khlebnikov*, Vol. I, *Letters and Theoretical Writings*, trans. P. Schmidt. Cambridge, MA: Harvard University Press.

Khlebnikov, V. 1987i [1914]. '! Futurian', in C. Douglas (ed.), *Collected Works of Velimir Khlebnikov*, Vol. I, *Letters and Theoretical Writings*, trans. P. Schmidt. Cambridge, MA: Harvard University Press.

Khlebnikov, V. 1987j [1921]. Letter to his sister Vera, in C. Douglas (ed.), *Collected Works of Velimir Khlebnikov*, Vol. I, *Letters and Theoretical Writings*, trans. P. Schmidt. Cambridge, MA: Harvard University Press.

Khlebnikov, V. 1987k [1922]. 'Excerpt from The Tables of Destiny', in C. Douglas (ed.), *Collected Works of Velimir Khlebnikov*, Vol. I, *Letters and Theoretical Writings*, trans. P. Schmidt. Cambridge, MA: Harvard University Press.

Khlebnikov, V. 1989 [1918]. 'October on the Neva', in R. Vroon (ed.), *Collected Works of Velimir Khlebnikov*, Vol. II, *Prose, Plays and Supersagas*, trans. P. Schmidt. Cambridge, MA: Harvard University Press.

Khlebnikov, V. 1990 [1910]. 'Incantation by Laughter', in C. Douglas (ed.), *Velimir Khlebnikov: The king of time*, trans. P. Schmidt. Cambridge, MA: Harvard University Press.

Knight, C. 1996. 'Darwinism and collective representations', in J. Steele and S. Shennan (eds), *The Archaeology of Human Ancestry: Power, sex and tradition*. London and New York: Routledge.

Knight, C. 1998. 'Ritual/speech coevolution: A solution to the problem of deception', in J.R. Hurford, M. Studdert-Kennedy and C. Knight (eds), *Approaches to the Evolution of Language: Social and cognitive bases*. Cambridge: Cambridge University Press.

Knight, C. 1999. 'Sex and language as pretend-play', in R. Dunbar, C. Knight and C. Power (eds), *The Evolution of Culture*. Edinburgh: Edinburgh University Press.

Knight, C. 2000. 'Play as precursor of phonology and syntax', in C. Knight, M. Studdert-

Kennedy and J.R. Hurford (eds), *The Evolutionary Emergence of Language: Social function and the origins of linguistic form.* Cambridge: Cambridge University Press.

Knight, C. 2002. 'Language and revolutionary consciousness', in A. Wray (ed.), *The Transition to Language.* Oxford: Oxford University Press.

Knight, C. 2008a. 'Language co-evolved with the rule of law', *Mind and Society: Cognitive Studies in Economics and Social Sciences*, 7(1): 109-128.

Knight, C. 2008b. '"Honest fakes" and language origins', *Journal of Consciousness Studies*, 15(10-11): 236-248.

Knight, C. 2008c. 'Early human kinship was matrilineal', in N.J. Allen, H. Callan, R. Dunbar and W. James (eds), *Early Human Kinship.* Oxford: Blackwell.

Knight, C. 2009. 'Language, ochre and the rule of law', in R. Botha and C. Knight (eds), *The Cradle of Language.* Oxford: Oxford University Press.

Knight, C. 2014. 'Language and symbolic culture: An outcome of hunter-gatherer reverse dominance', in D. Dor, C. Knight and J. Lewis (eds), *The Social Origins of Language.* Oxford: Oxford University Press.

Knight, C. and J. Lewis. 2014. 'Vocal deception, laughter, and the linguistic significance of reverse dominance', in D. Dor, C. Knight and J. Lewis (eds), *The Social Origins of Language.* Oxford: Oxford University Press.

Knight, C. and C. Power. 2005. 'Grandmothers, politics, and getting back to science', in E. Voland, A. Chasiotis and W. Schiefenhövel (eds), *Grandmotherhood: The evolutionary significance of the second half of female life.* New Brunswick, NJ, and London: Rutgers University Press.

Kobayashi, H. and S. Kohshima. 2001. 'Unique morphology of the human eye and its adaptive meaning: Comparative studies on external morphology of the primate eye', *Journal of Human Evolution*, 40(5): 419-435.

Koerner, E.F.K. 1994. 'The anatomy of a revolution in the social sciences: Chomsky in 1962', *Dhumbadji!*, 1(4): 3-17.

Kruchenykh, A. and V. Khlebnikov. 1912. *Mirskontsa* [Worldbackwards]. Moscow: G.L. Kuzmin and S.D. Dolinskyi.

Kuhn, T. 1970. 'The structure of scientific revolutions', in *International Encyclopedia of Unified Science*, Vol. 2, second edition. Chicago, IL: University of Chicago Press.

Lakatos, I. 1970. 'Falsification and the methodology of scientific research programmes', in I. Lakatos and A. Musgrave (eds), *Criticism and the Growth of Knowledge.* Cambridge: Cambridge University Press.

Lakoff, G. 1971. 'Foreword', in S. Andres, A. Borkin and D. Peterson (eds), *Where the Rules Fail: A student's guide: An unauthorized appendix to M.K. Burt's 'From Deep to Surface*

Structure'. Bloomington, IN: Indiana University Linguistics Club.

Lakoff, G. 1977. 'Interview', in H. Parret (ed.), *Discussing Language*. The Hague: Mouton.

Lakoff, G. 1995. 'In conversation with John Goldsmith', in J.H. Huck and J.A. Goldsmith (eds), *Ideology and Linguistic Theory: Noam Chomsky and the deep structure debates*. London: Routledge.

Lakoff, G. and M. Johnson. 1980. *Metaphors We Live By*. Chicago, IL: University of Chicago Press.

Langacker, R.W. 1988. 'An overview of cognitive grammar', in B. Rudzka-Ostyn (ed.), *Topics in Cognitive Linguistics*. Amsterdam: John Benjamins.

Latour, B. 1999. *Pandora's Hope: Essays on the reality of science studies*. Cambridge, MA: Harvard University Press.

Latour, B. and S. Woolgar. 1979. *Laboratory Life: The social construction of scientific facts*. London: Sage. Leach, E. 1983. 'Roman Jakobson and social anthropology', in *A Tribute to Roman Jakobson 1896-1982*. New York and Amsterdam: Mouton.

Lee, R.B. 1968. 'What hunters do for a living, or, how to make out on scarce esources', in R. Lee and I. DeVore (eds), *Man the Hunter*. Chicago, IL: ldine.

Lee, R.B. 1988. 'Reflections on primitive communism', in T. Ingold, D. Riches nd J. Woodburn (eds), *Hunters and Gatherers*, Vol. 1, *History, Evolution and ocial Change*. Chicago, IL: Aldine.

Lee, R.B. 1992. 'Demystifying primitive communism', in C.W. Gailey (ed.), *ialectical Anthropology: Essays in honor of Stanley Diamond*, Vol. 1, *ivilization in Crisis: Anthropological perspectives*. Gainesville, FL: niversity of Florida Press.

Leech, G. 1983. *Principles of Pragmatics*. London: Longman Linguistics Library.

Lees, R.B. 1957. 'Review of Noam Chomsky, Syntactic Structures', *Language*, 3(3): 375-408.

Leiber, J. 1975. *Noam Chomsky: A philosophic overview*. New York: St Martin's Press.

Leslie, S.W. 1993. *The Cold War and American Science: The military-industrial complex at MIT and Stanford*. New York: Columbia University Press.

Lévi-Strauss, C. 1963 [1956]. 'Structure and dialectics', in C. Lévi-Strauss, *Structural Anthropology,* Vol. 1, trans. C. Jacobson and B.G. Schoepf. Harmondsworth: Penguin.

Lévi-Strauss, C. 1973. 'From honey to ashes', *Introduction to a Science of Mythology*, Vol. 2. London: Cape.

Lévi-Strauss, C. 1991. *Conversations with Claude Lévi-Strauss*, trans. Paula Wissing. Chicago, IL: University of Chicago Press.

Lewis, J. 2008. 'Ekila: Blood, bodies and egalitarian societies', *Journal of the Royal Anthropological Institute*, NS 14: 297-315.

Lewis, J. 2009. 'As well as words: Congo Pygmy hunting, mimicry, and play', in R. Botha and C.

Knight (eds), *The Cradle of Language.* Oxford: Oxford University Press.

Lewis, J. 2014. 'BaYaka Pygmy multi-modal and mimetic communication traditions', in D. Dor, C. Knight and J. Lewis (eds), *The Social Origins of Language.* Oxford: Oxford University Press.

Lightfoot, D. 2002. 'Introduction', in Noam Chomsky, *Syntactic Structures*, second edition. Berlin: Mouton.

Locke, W.N. and A.D. Booth (eds). 1955. *Machine Translation of Languages.* Cambridge, MA: MIT Press.

Lorenz, K. 1937. 'On the formation of the concept of instinct', *Natural Sciences*, 25(19): 289-300.

Lorenz, K. 1996. *The Natural Science of the Human Species: The 'Russian Manuscript'.* Cambridge, MA: MIT Press.

Lybrand, W.A. 1962. *Proceedings of the Symposium 'The US Army's Limited-War Mission and Social Science Research'.* Washington, DC: American University, Special Operations Research Unit.

McBrearty, S. 2007. 'Down with the revolution', in P. Mellars, K. Boyle, O. BarYosef and C. Stringer (eds), *Rethinking the Human Revolution: New behavioural and biological perspectives on the origin and dispersal of modern humans.* Cambridge: McDonald Institute for Archaeological Research.

McCumber, J. 2001. *Time in the Ditch: American philosophy and the McCarthy era.* Evanston, IL: Northwestern University Press.

McDavid, R.I. 1954. 'Review of Warfel, 1952', *Studies in Linguistics*, 12: 27-32.

McGilvray, J. 1999. *Language, Mind, and Politics.* Cambridge: Polity Press.

McGilvray, J. 2009. 'Introduction to the third edition', in N. Chomsky, *Cartesian Linguistics: A chapter in the history of rationalist thought.* Cambridge: Cambridge University Press.

Maclay, H. 1971. 'Linguistics: Overview', in D. Steinberg and L. Jakobovits (eds), *Semantics.* Cambridge: Cambridge University Press.

Mailer, N. 1968. *The Armies of the Night.* New York: New American Library.

Markov, V. 2006 [1968]. *Russian Futurism: A history.* Washington, DC: New Academia Publishing.

Marx, K. 1961a [1844]. 'Economic and philosophic manuscripts', in T.B. Bottomore and M. Rubel (eds), *Karl Marx: Selected writings in sociology and social philosophy.* Harmondsworth: Penguin.

Marx, K. 1961b [1845]. 'Theses on Feuerbach', in T.B. Bottomore and M. Rubel (eds), *Karl Marx: Selected writings in sociology and social philosophy.* Harmondsworth: Penguin.

Marx, K. 1961c [1843-1844]. 'Towards a critique of Hegel's philosophy of right', in T.B.

Bottomore and M. Rubel (eds), *Karl Marx: Selected writings in sociology and social philosophy*. Harmondsworth: Penguin.

Marx, K. 2000 [1845]. 'Theses on Feuerbach', in D. McLellan (ed.), *Karl Marx: Selected writings*, second edition. Oxford: Oxford University Press.

Marx, K. and F. Engels. 1961 [1845]. 'The German ideology', in T.B. Bottomore and M. Rubel (eds), *Karl Marx: Selected writings in sociology and social philosophy*. Harmondsworth: Penguin.

Marx, K. and F. Engels. 2000 [1845]. 'The German ideology', in D. McLellan (ed.), *Karl Marx: Selected writings*, second edition. Oxford: Oxford University Press.

Matthews, P.H. 1993. *Grammatical Theory in the United States from Bloomfield to Chomsky*. Cambridge: Cambridge University Press.

Maynard Smith, J. and D. Harper. 2003. *Animal Signals*. Oxford: Oxford University Press.

Maynard Smith, J. and E. Szathmáry. 1995. *The Major Transitions in Evolution*. Oxford: W.H. Freeman.

Mehta, V. 1974. *John is Easy to Please*. Harmondsworth: Penguin.

Mellars, P. and C. Stringer (eds). 1989. *The Human Revolution: Behavioural and biological perspectives in the origins of modern humans*. Edinburgh: Edinburgh University Press.

Mellars, P., K. Boyle, O. Bar-Yosef and C. Stringer (eds). 2007. *Rethinking the Human Revolution: New behavioural and biological perspectives on the origin and dispersal of modern humans*. Cambridge: McDonald Institute for Archaeological Research.

Mey, J. 1993. *Pragmatics: An introduction*. Oxford: Blackwell.

Miller, G.A. 1979. 'A very personal history: Talk to Cognitive Science Workshop', MIT, June.

Miller, G.A., F.M. Wiener and S.S. Stevens. 1946. *Transmission and Reception of Sounds under Combat Conditions*, Summary Technical Report of Division 17, Section 3, National Defense Research Council (Washington, DC, NDRC), 2.

Milne, D. 2008. *America's Rasputin: Walt Rostow and the Vietnam War*. New York: Hill and Wang.

Milne, S. 2009. 'Noam Chomsky: US foreign policy is straight out of the mafia', *Guardian*, 7 November.

Milner, J. 1983. *Vladimir Tatlin and the Russian Avant-garde*. New Haven, CT, and London: Yale University Press.

Milner-Gulland, R. 2000. 'Khlebnikov's eye', in C. Kelly and S. Lovell (eds), *Russian Literature, Modernism and the Visual Arts*. Cambridge: Cambridge University Press.

MIT News. 1992. http://newsoffice.mit.edu/1992/citation-0415 (accessed 9 April 2016).

Morgan, L.H. 1877. *Ancient Society*. London: MacMillan.

Murray, S.O. 1980. 'Gatekeepers and the "Chomskyan revolution"', *Journal of the History of the*

Behavioral Sciences, 16: 73-88.

Nader, L. (ed.). 1996. *Naked Science: Anthropological inquiry into boundaries, power, and knowledge*. London and New York: Routledge.

Nelkin, D. 1972. *The University and Military Research: Moral politics at MIT (science, technology and society)*. New York: Cornell University Press.

Nevin, B.E. 2009. 'More concerning the roots of transformational generative grammar', *Historiographia Linguistica*, 36(2/3): 459-479.

Newmeyer, F.J. 1986a. *The Politics of Linguistics*. Chicago, IL, and London: University of Chicago Press.

Newmeyer, F.J. 1986b. *Linguistic Theory in America*, second edition. New York and London: Academic Press.

Newmeyer, F.J. 1996. *Generative Linguistics*. London: Routledge.

Newmeyer, F.J. 2003. 'Review article', *Language*, 79(3): 583-599.

Olson, G. and L, Faigley. 1991. 'Politics and composition: A conversation with Noam Chomsky', *Journal of Advanced Composition*, 11(1): 1-36.

Otero, C.P. (ed.) 1981. *Radical Priorities*. Oakland, CA: AK Press.

Otero, C.P. (ed.). 1988a. *Noam Chomsky: Language and politics*. Montreal: Black Rose Books.

Otero, C.P. 1988b. 'Introduction: The third emancipatory phase of history', in C.P. Otero (ed.), *Noam Chomsky: Language and politics*. Montreal: Black Rose Books.

Parret, H. (ed.). 1977. *Discussing Language*. The Hague: Mouton.

Piaget, J. 1929. *The Child's Conception of the World*. London: Kegan Paul, Trench, Trubner & Co.

Piatelli-Palmarini, M. (ed.). 1980. *Language and Learning: The debate between Jean Piaget and Noam Chomsky*. London: Routledge and Kegan Paul.

Pinker, S. 1994. *The Language Instinct*. London: Penguin.

Pinker, S. 1997a. 'Language as a psychological adaptation', in G.R. Bock and G. Cardew (eds), *Characterizing Human Psychological Adaptations*. Chichester: Wiley. Pinker, S. 1997b. *How the Mind Works*. London: Penguin.

Pinker, S. 1999. *Words and Rules*. London: Weidenfeld and Nicolson.

Pinker, S. 2002. *The Blank Slate*. New York: Penguin.

Pinker, S. and P. Bloom. 1990. 'Natural language and natural selection', *Behavioral and Brain Sciences*, 13: 707-784.

Pinker, S. and R. Jackendoff. 2005. 'The faculty of language: What's special about it?', *Cognition* 95(2): 201-236.

Postal, P. 1995. 'In conversation with John Goldsmith and Geoffrey Huck', in J.H. Huck and J.A. Goldsmith (eds), *Ideology and Linguistic Theory: Noam Chomsky and the deep structure debates*. London: Routledge.

Postal, P. 2004. *Skeptical Linguistic Essays*. Oxford: Oxford University Press.

Postal, P. 2009. 'The incoherence of Chomsky's "Biolinguistic" ontology', *Biolinguistics*, 3(1): 104-123.

Power, C. 2009. 'Sexual selection models for the emergence of symbolic communication: Why they should be reversed', in R. Botha and C. Knight (eds), *The Cradle of Language*. Oxford: Oxford University Press.

Power, C. 2014. 'The evolution of ritual as a process of sexual selection', in D. Dor, C. Knight and J. Lewis (eds), *The Social Origins of Language*. Oxford: Oxford University Press.

Power, C. and L.C. Aiello. 1997. 'Female proto-symbolic strategies', in L.D. Hager (ed.), *Women in Human Evolution*. New York and London: Routledge.

Price, D.H. 2011. *Weaponizing Anthropology: Social science in service of the militarized state*. Oakland, CA: AK Press.

Punin, N. 1920. *Pamyatnik III Internatsionala*. Petrograd: Izdanie Otdela Izobrazitelnykh Iskusstv.

Putnam, H. 1960. 'Minds and machines', in S. Hook (ed.), *Dimensions of Mind*. New York: New York University Press.

Putnam, H. 1988. *Representation and Reality*. Cambridge, MA: MIT Press.

Quine, W.V. 1959. *Methods of Logic*, second edition. Cambridge, MA: Harvard University Press.

Radick, G. 2016. 'The unmaking of a modern synthesis: Noam Chomsky, Charles Hockett and the politics of behaviorism, 1955-1965', *Isis*, 107(1): 49-73.

Rai, M. 1995. *Chomsky's Politics*. London and New York: Verso.

Rappaport, R.A. 1999. *Ritual and Religion in the Making of Humanity*. Cambridge: Cambridge University Press.

Rees, A. 2009. *The Infanticide Controversy: Primatology and the art of field science*. Chicago, IL, and London: University of Chicago Press.

Rohde, J. 2012. 'From expert democracy to beltway banditry: How the antiwar movement expanded the military-academic-industrial complex', in M. Solovey and H. Cravens (eds), *Cold War Social Science: Knowledge, production, liberal democracy, and human nature*. New York: Palgrave Macmillan.

Ross, J.R. 1995. 'In conversation with John Goldsmith and Geoffrey Huck', in J.H. Huck and J.A. Goldsmith (eds), *Ideology and Linguistic Theory: Noam Chomsky and the deep structure debates*. London: Routledge.

Rudy, S. 1997. 'Introduction', in Roman Jakobson, *My Futurist Years*. New York: Marsilio.

Sahlins, M. 1964 [1960]. 'The origin of society', in P.B. Hammond (ed.), *Physical Anthropology and Archaeology*. New York and London: Macmillan (originally published in *Scientific*

American).

Sahlins, M. 1972 [1959]. 'The social life of monkeys, apes and primitive man', in D.D. Quiatt (ed.), *Primates on Primates.* Minneapolis, MN: Burgess (originally published in *Human Biology*).

Sahlins, M.D. 1977. *The Use and Abuse of Biology: An anthropological critique of sociobiology.* London: Tavistock.

Sampson, G. 1975. *The Form of Language.* London: Weidenfeld & Nicolson.

Sampson, G. 2001 [1979]. 'What was transformational grammar?', in G. Sampson, *Empirical Linguistics.* London: Continuum (originally published in *Lingua*).

Sapir, E. 1929. 'A study in phonetic symbolism', *Journal of Experimental Psychology*, 12: 225-239.

Saussure, F. de. 1974 [1915]. *Course in General Linguistics*, trans. W. Baskin. London: Fontana/Collins.

Saussure, F. de. 1983 [1912]. *Course in General Linguistics*, trans. R. Harris. London: Duckworth.

Schlebusch, C.M. 2010. 'Genetic variation in Khoisan-speaking populations from southern Africa'. Dissertation, University of Witwatersrand.

Schmidt, P. 1989. 'Translator's introduction', in R. Vroon (ed.), *Collected Works of Velimir Khlebnikov*, Vol. II, *Prose, Plays and Supersagas.* Cambridge, MA: Harvard University Press.

Scruton, R. and M. Dooley. 2016. *Conversations with Roger Scruton.* London: Bloomsbury.

Searle, J. 1969. *Speech Acts: An essay in the philosophy of language.* Cambridge: Cambridge University Press.

Searle, J. 1971a. *The Campus War: A sympathetic look at the university in agony.* New York: World Publishing.

Searle, J. 1971b. *The Philosophy of Language.* Oxford: Oxford University Press.

Searle, J. 1972. 'Chomsky's revolution in linguistics', *New York Review of Books*, 29 June.

Searle, J. 1996. *The Construction of Social Reality.* London: Penguin.

Searle, J. 2003. *Conversations with John Searle*, ed. Gustavo Faigenbaum. Buenos Aires: LibrosEnRed.

Segel, J. (ed.). 2009. *Recountings: Conversations with MIT mathematicians.* Natick, MA: A.K. Peters.

Segerstråle, U. 2000. *Defenders of the Truth: The battle for science in the sociobiology debate and beyond.* Oxford: Oxford University Press.

Seuren, P.A.M. 2004. *Chomsky's Minimalism.* Oxford: Oxford University Press.

Shalom, S.R. 1997. 'Review of *Noam Chomsky: A Life of Dissent*, by Robert F. Barsky', *New Politics*, NS 6(3), available at: http://nova.wpunj.edu/newpolitics/issue23/shalom23.htm

(accessed 9 April 2016).

Shannon, C. 1948. 'A mathematical theory of communication', *Bell System Technical Journal*, 27: 379-423; 623-656.

Shelley, P.B. 1840 [1839]. *Essays, Letters from Abroad, Translations and Fragments*, ed. Mary Shelley. London: Edward Moxon.

Shklovsky, V. 1988 [1921]. 'The monument to the Third International', in L.A. Zhadova, *Tatlin*. New York: Rizzoli.

Silk, J.B. 1993. 'Primatological perspectives on gender hierarchies', in D. Miller (ed), *Sex and Gender Hierarchies*. Cambridge: Cambridge University Press.

Siodmak, C. 1971 [1942]. *Donovan's Brain*. London: Barrie and Jenkins.

Skinner, B.F. 1957. *Verbal Behavior*. New York: Appleton Century Crofts.

Skinner, B.F. 1960. 'Pigeons in a pelican', *American Psychologist*, 15: 28-37.

Skolnikoff, E.B. 2011. Video interview for MIT 150 Infinite History Project, available at: www. youtube.com/watch?v=J0cvFxzvz_c#t=22 (accessed 9 April 2016).

Small, M.F. 1993. *Female Choices: Sexual behavior of female primates*. Ithaca, NY: Cornell University Press.

Smith, A.D.M. and S. Höfler. 2014. 'The pivotal role of metaphor in the evolution of human language', in J.E. Díaz Vera (ed.), *Metaphor and Metonymy through Time and Culture*: *Perspectives on the sociohistorical linguistics of figurative language*. Amsterdam: Mouton.

Smith, A. and S. Höfler (in press, 2016). 'From metaphor to symbols and grammar: The cumulative cultural evolution of language', in C. Power, M. Finnegan and H. Callan (eds), *Human Origins: Contributions from social anthropology*. New York: Berghahn.

Smith, N. 1999. *Chomsky: Ideas and ideals*. Cambridge: Cambridge University Press.

Smuts, B. 1985. *Sex and Friendship in Baboons*. New York: Aldine.

Solway, J. (ed.). 2006. *The Politics of Egalitarianism: Theory and practice*. New York and Oxford: Berghahn Books.

Sperber, D. 1985. *On Anthropological Knowledge: Three essays*. Cambridge: Cambridge University Press.

Sperber, D. and D. Wilson. 1986. *Relevance: Communication and cognition*. Oxford: Blackwell.

Steels, L. 1998. 'Synthesizing the origins of language and meaning using coevolution, self-organization and level formation', in J. Hurford, M. StuddertKennedy and C. Knight (eds), *Approaches to the Evolution of Language*. Oxford: Oxford University Press.

Steels, L. 2007. 'The recruitment theory of language origins', in C. Lyon, C.L. Nehaniv and A. Cangelosi (eds), *Emergence of Communication and Language*. London: Springer-Verlag.

Steels, L. 2009. 'Is sociality a crucial prerequisite for the emergence of language?', in R. Botha and C. Knight (eds), *The Prehistory of Language*. Oxford: Oxford University Press.

Steels, L. 2012. Self-organization and selection in cultural language evolution. In L. Steels (ed.), *Experiments in cultural language evolution*. Advances in Interaction Studies 3. Amsterdam/ Philadelphia, PA: John Benjamins, pp. 1-37.

Steels, L. 2014. 'Breaking down false barriers to understanding', in D. Dor, C. Knight and J. Lewis (eds), *The Social Origins of Language*. Oxford: Oxford University Press.

Steels, L. 2015. *The Talking Heads Experiment: Origins of words and meanings*. Berlin: Language Science Press.

Steels, L. and F. Kaplan. 2001. 'AIBO's first words: The social learning of language and meaning', *Evolution of Communication*, 4(1): 3-32.

Strazny, P. (ed.). 2013. *Encyclopedia of Linguistics*. London: Routledge.

Stroud, J. 1949. 'The psychological moment in perception', *Cybernetics*, 6.

Strum, S.C. 1987. *Almost Human: A journey into the world of baboons*. London: Elm Tree Books.

Taube, M. 1961. *Computers and Common Sense: The myth of thinking machines*. New York: Columbia University Press.

Taylor, C. 1975. *Hegel*. Cambridge: Cambridge University Press.

Tinbergen, N. 1951. *The Study of Instinct*. New York: Oxford University Press.

Tomasello, M. 1999. *The Cultural Origins of Human Cognition*. Cambridge, MA: Harvard University Press.

Tomasello, M. 2000. 'Culture and cognitive development', *Current Directions in Psychological Science*, 9(2): 37-40.

Tomasello, M. 2006. 'Why don't apes point?', in N.J. Enfield and S.C. Levinson (eds), *Roots of Human Sociality: Culture, cognition and interaction*. Oxford and New York: Berg.

Tomasello, M., M. Carpenter, J. Call, T. Beyne and H. Moll. 2005. 'Understanding and sharing intentions: The origins of cultural cognition', *Behavioral and Brain Sciences*, 28: 675-691.

Tomasello, M. and M.J. Farrar. 1986. 'Joint attention and early language', *Child Development*, 57(6): 1454-1463.

Tomasello, M., B. Hare, H. Lehmann and J. Call. 2007. 'Reliance on head versus eyes in the gaze following of great apes and human infants: The cooperative eye hypothesis', *Journal of Human Evolution*, 52: 314-320.

Tomasello, M. and H. Rakoczy. 2003. 'What makes human cognition unique: From individual to shared to collective intentionality', *Mind and Language*, 18(2): 121-147.

Tonkin, B. 1989. 'Making a difference', *City Limits* (London), 26 January - 2 February.

Tooby, J. and L. Cosmides (eds). 1992. *The Adapted Mind: Evolutionary psychology and the generation of culture*. Oxford: Oxford University Press.

Tooby, J. and L. Cosmides. 1995. 'Foreword', in S. Baron-Cohen, *Mindblindness: An essay on autism and theory of mind*. Cambridge, MA: MIT Press.

Trask, R.L. 1999. *Key Concepts in Language and Linguistics*. London and New York: Routledge.

Trivers, R. 1985. *Social Evolution*. Menlo Park, CA: Benjamin/Cummings.

Trivers, R. 2015. *Wild Life: Adventures of an evolutionary biologist*. New Brunswick, NJ: Biosocial Research.

Trotsky, L. 1940 [1925]. 'Dialectical materialism and science: a speech on D.I. Mendeleyev', *New International*, 6(1).

Turing, A. 1950. 'Computing machinery and intelligence', *Mind*, 49: 433-460.

Uttal, W.R. 2001. *The New Phrenology: The limits of localizing cognitive processes in the brain*. Cambridge, MA: MIT Press.

Van Schaik, C.P. and C.H. Janson (eds). 2000. *Infanticide by Males and Its Implications*. Stony Brook, NY: State University of New York.

Verdu, P., N. Becker, A. Froment, M. Georges, V. Grugni, L. Quintana-Murci, J.- M. Hombert, L. Van der Veen, S. Le Bomin, S. Bahuchet, E. Heyer and F. Austerlitz. 2013. 'Sociocultural behavior, sex-biased admixture and effective population sizes in Central African Pygmies and non-Pygmies', *Molecular Biology and Evolution*, 30(4): 918-937.

Von Neumann, J. 1958. *The Computer and the Brain*. New Haven, CT: Yale University Press.

Vroon, R. 1997. 'The poet and his voices', in R. Vroon (ed.), *Collected Works of Velimir Khlebnikov*, Vol. III, *Selected Poems*, trans. P. Schmidt. Cambridge, MA: Harvard University Press.

Vygotsky, L.S. 1986 [1934]. *Thought and Language*. Cambridge, MA: MIT Press.

Wallerstein, I. and P. Starr (eds). 1972. 'Confrontation and counterattack', in I. Wallerstein and P. Starr (eds), *The University Crisis Reader*. New York: Random House.

Watson, J.D. and F.H.C. Crick. 1953. 'A structure for deoxyribose nucleic acid', *Nature*, 3(171): 737-738.

Weaver, W. 1955a. 'Foreword: The new tower', in W.N. Locke and A.D. Booth (eds), *Machine Translation of Languages*. Cambridge, MA: MIT Press.

Weaver, W. 1955b. 'Translation', in W.N. Locke and A.D. Booth (eds), *Machine Translation of Languages*. Cambridge, MA: MIT Press.

White, G.D. 2000. *Campus Inc.: Corporate power in the ivory tower*. New York: Prometheus Books.

Whiten, A. 1999. 'The evolution of deep social mind in humans', in M. Corballis and S.E.G. Lea (eds), *The Descent of Mind: Psychological perspectives on hominid evolution*. Oxford: Oxford University Press.

Wiener, N. 1948. *Cybernetics, or, Control and Communication in the Animal and the Machine*. Cambridge, MA: MIT Press.

Wiesner, J. 2003. *Jerry Wiesner: Scientist, statesman, humanist: Memories and memoirs.* Cambridge, MA: MIT Press.

Williamson, J. 2004. 'Chomsky, language, World War II, and me', in P. Collier and D. Horowitz (eds), *The Anti-Chomsky Reader.* San Francisco, CA: Encounter.

Wilson, E.O. 1975. 'Human decency is animal', *New York Times Magazine*, 12 October.

Wilson, E.O. 1995. 'Science and ideology', *Academic Questions*, 8.

Winkelman, M. 2002. 'Shamansim and cognitive evolution', *Cambridge Archaeological Journal*, 12(1): 71-101.

Wolpert, L. 2006. *Six Impossible Things before Breakfast: The evolutionary origins of belief.* London: Faber & Faber.

Wood, E.T., D.A. Stover, C. Ehret, G. Destro-Bisol, G. Spedini, H. McLeod, L. Louie, M. Bamshad, B. Strassman, H. Soodyall and M.F. Hammer. 2005. 'Contrasting patterns of Y chromosome and mtDNA variation in Africa: Evidence for sex-biased demographic processes', *European Journal of Human Genetics*, 13(7): 867-876.

Woodburn, J. 1982. 'Egalitarian societies', *Man: The Journal of the Royal Anthropological Institute*, 17(3): 431-451.

Yngve, V. 1956. 'Mechanical translation research at MIT', *Mechanical Translation*, 3: 44-45.

Yngve, V. 1964. 'Implications of mechanical translation research', *Proceedings of the American Philosophical Society*, 104(4): 275-281.

Zimmermann, H. J. 1991. 'Director's profile interview', available at: www.rle.mit.edu/henry-j-zimmermann-directors-profile-interview/(accessed May 2017).

译　后　记

　　2017 年春，一次偶然的机会，我在网上查找资料，无意中看到耶鲁大学出版社 2016 年出版的新书《解码乔姆斯基》。这个书名让我猛然想到 10 多年前读过的发表在《欧洲评论》(*European Review*) 上的一篇同名文章，作者是同一个人，伦敦大学学院的人类学家克里斯·奈特 (Chris Knight)。多年过后，一篇十几页纸的文章变成了近 300 页厚的著作，但讨论的主题没变。正如奈特在该书前言中所说的，他写这本书的目的是回答所谓的"乔姆斯基问题"，这个问题就是很难看到作为科学家的乔姆斯基和作为社会活动家的乔姆斯基之间有何联系。在《解码乔姆斯基》那篇文章中，奈特对"乔姆斯基问题"做出了一个大体的交代，向读者呈现了一个充满矛盾的乔姆斯基形象，而在《解码乔姆斯基》这本书中，乔姆斯基身上的矛盾与分裂不仅有了更多的事实证据，更重要的是，奈特从一个局外人的角度把"乔姆斯基问题"放在当事人所处的地理、历史、文化和政治语境中考察，所揭示的就远远不是乔姆斯基个人身上的诸多让人不解之处。

　　乔姆斯基是美国著名的公共知识分子，他具有语言学家、哲学家、认知科学家、历史学家、社会批评家和政治活动家等多重身份。乔姆斯基是个谜。对普通民众来说，他是 20 世纪 50 年代以来在全球范围内反对美国军国主义野心的最杰出、最勇敢的学者之一。当然，在那些钦佩他仗义执言的人当中，很少有人能真正理解他关于语言的看似晦涩的理论。他在学术界具有非凡的影响力，研究涉猎多个学科领域。尤其重要的是，其学说总是带有强烈的"革命"色彩，这不仅体现在他对一切传统学术的颠覆上，乔姆斯基甚至对自己也是毫不客气，今天革昨天的命，明天又革今天的命。乔姆斯基的学说掀起了一场语言学和心理学的认知革命，直接推动了认知科学这门学科的建立，但随着各种认知视角下语言学研究的逐步发展，目前主流认知科学界却并不认同他的观点，而近来越来越多的语言学家、心理学家和其他人士认为乔姆斯基的工作已经变得无关紧要了。可以这么说，乔姆斯基在学术界的巨大影响力并不是因为其在众多学科领域所做的事有多么科学，多么正确，而是因为其"革命"的学术行为带来的争议让学术界同仁很难回避他的存在。

对这样一个难以回避的典型西方成功知识分子进行解剖，站在哪个角度、用什么理论工具至关重要。作为一名人类学家，奈特拥有许多科学历史学家所缺乏的优势，他对文化和社会在塑造个人和群体思想方面的作用有十分深刻的理解。更为难能可贵的是，奈特在很大程度上借助了马克思唯物历史主义作为解码乔姆斯基的理论工具。他在书中以大量的篇幅提供的证据表明，乔姆斯基关于语言的学说，尤其是关于语言起源的生物语言学思想，由于未能将社会和文化因素考虑进去，只不过是一座充满迷幻色彩的智力迷宫，看似新颖别致，但缺乏实践的经验基础，在逻辑上也站不住脚。在这一点上，乔姆斯基的著作在某些方面与西格蒙德·弗洛伊德的著作十分相似。当然，这样的批评之声以前不是没有，但从马克思主义实践论的角度来看乔姆斯基语言学的西方学者，奈特即使不是第一个也是最深刻的一个。当然，仅仅将乔姆斯基对美国外交政策和语言本质的不同问题的不同方法并置，并不能证明乔姆斯基在前者中包含社会考虑而在后者中忽略它们的矛盾是错误的。但是，无论以何种标准衡量，奈特都向我们提供了一个有趣、丰富、论证充分的视角来看待乔姆斯基的发展历程和随后的智力影响。

当然，对这本书感兴趣的不仅仅限于有语言学背景的读者。《解码乔姆斯基》为我们了解西方战后尤其是美苏争霸"冷战"时期的学术生态提供了生动描述，奈特正是从这个角度回答了"乔姆斯基问题"。对于乔姆斯基的成功，学者们给出了许多看似合理的解释，尤其是他个人的才华和他语言理论的耳目一新。然而，抛开这些解释，仔细思考当时是什么时代，乔姆斯基的写作内容是什么，使得它不仅引人注目，而且具有革命性，这似乎才是合理的解释。从某种意义上说，奈特认为世界已经准备好等待这个乔姆斯基的出现，他的"语言学革命——认知革命皇冠上的宝石——满足了深层的社会需求"。这种需要使社会与知识分离，使科学与社会革命分离。乔姆斯基发起了一场"安全的"革命，没有令人担忧的社会后果，让学者们可以鱼和熊掌兼得——在重要的工作岗位上名利双收，同时还不用担心因言获罪。在此，奈特揭示了科学与政治之间一种十分微妙的关系，想极力摆脱政治的纯粹科学一不留神就可能沦为别有用心的政客们对无知群众发动"认知战争"的杀人不见血的武器。正如乔姆斯基自己所言，"如果科学家和学者今天成为'完全无组织的自觉活动家'，他们最终可能会不知不觉地掉入服务于无道强权的陷阱之中"。

总而言之，奈特对乔姆斯基的政治、语言学和思想史的探索是无与伦比的，没有其他研究能像他这样全面地展现乔姆斯基的背景。奈特不是一个乔姆斯基信徒或粉丝，而是一个批判性的诠释者。作为一个实践的马克思主义活动家和关注语言进化的生物逻辑人类学家，他对乔姆斯基这个知识巨人的解读值得我们每一位知识分子细细品味。

呈现在读者面前的这个文本是多位同事、朋友共同努力的结果。首先感谢克里斯·奈特教授。在获知我们准备把他的著作介绍给中国读者后，他欣然答应并一再强调，一定要把他对乔姆斯基的解读放到人类思想发展史的大背景下去观察，才能理解一个主义被另一个主义取代背后的历史逻辑。为此，我们在整个翻译过程中经常就一些关键问题来回讨论，以保证不误读其对乔姆斯基深刻的解读。也正因为如此，我们在中途特别邀请钟婉娟博士加入，她对西方思想史的认识有独到之处，对我们准确解读作者写作意图起到了十分关键的作用。我们一起研读原著、推敲译稿，相互启发思想、共同分享快乐。其次，我要感谢西南大学外国语学院翻译专业学位点的三位硕士研究生——郑学良、孙青、陈相如，他们参与了前期的试译工作，并在此基础上完成了学位论文。没有他们的参与，你很难体会到翻译一部有思想深度的著作有多困难又有多快乐。西南大学文学院 2020 级博士生代璐同学也参与了试译工作，她提出的关于翻译文体的建议十分中肯，让我们很大程度上减少了翻译中常见的"翻译腔"，译本读起来更有汉语的味道。感谢马军军博士，他对形式语言学的理解既专业又精辟，虽然乔姆斯基语言学思想在原著中呈现得不是那么系统那么连贯，有了他的专业知识，就保障了翻译版本对乔姆斯基语言学思想的整体把握。不得不说一下他的细致，在最后校稿阶段，他逐字逐句精打细磨。我们开玩笑说："你当编辑绝对是个好编辑！"著作中人名的翻译，要归功于几位在西南大学外国语学院就读的本科生——赵一霏（2017 级）、祁麟淞（2019 级）、徐露（2019 级）、张苏怡（2020 级）、李媛媛（2020 级），他们帮助在《世界人名翻译大辞典》上一一做了核对。2022 级翻译专业硕士研究生廖雨露同学在最后的校稿阶段对人名的英文拼写从头到尾核实了一遍，找出了几处拼写错误。最后感谢清华大学出版社编辑张维嘉博士和骆骁女士，她们热情、周到、专业、严谨、细致，令人敬佩和感动。

成军

2023 年 2 月

克里斯·奈特是伦敦大学学院人类学系高级研究员，致力于通过研究语言和符号文化的演化来探究人的本质，出版多部著作，其中之一是《血缘关系：月经与文化起源》（耶鲁大学出版社，1991）。

对《解码乔姆斯基》一书的评论：

"整本书很糟，一派胡言。"

——诺姆·乔姆斯基

"我近年阅读过很多令人耳目一新的学术书籍，该书便是其中之一，……。对20世纪50年代后知识和政治思想史感兴趣的读者都该读读《解码乔姆斯基》。"

——《计算的文化逻辑》作者大卫·格鲁比亚

"简洁、睿智。乔姆斯基的语言研究虽然受到五角大楼的资助，但其在政治上却持有异见。其他学者仅注意到这两者间的系统差异，但是本书首次从理论上对心智和身体、理论和实践之间的差异进行了翔实的分析。这已经成为后现代文化的显著特征。"

——《意识形态》作者大卫·霍克斯

"通过扣人心弦的叙事，历史得以复活，……。乔姆斯基在科学和哲学领域具有开创性贡献。历史学家奈特讲述了隐藏在这些贡献背后的个人历史，引人瞩目，令人印象深刻。"

——美国民族学家肖恩·奥尼尔

"这本优秀的著作令一些人不悦。我们在夸赞乔姆斯基反种族主义、反帝国主义，而奈特提醒我们注意乔姆斯基的另一面：世界著名的语言学家曾在五角大楼臭名昭著的实验室工作。"

——《朝圣国》作者杰基·沃克

"人人都认为语言改变了人类。但是对于语言如何塑造人类，仍有很大争议。在《解码乔姆斯基》一书中，克里斯·奈特阔步踏入这片雷区，提出的观点对理解语言演化具有重要意义，新观点直接取代了神秘的飞越论和目的论。"

——《母亲与他人：相互理解的起源》作者萨拉·赫尔迪

"这本书读起来像一部侦探小说。许多观点切中要害，但是我建议大家读书时享受奈特的英文文笔，特别是他那种轻描淡写的才华。这是一本迷人的著作，简洁、睿智，令人爱不释手。"

——《会说话的头脑：词与义的起源》作者卢克·斯蒂尔斯

"奈特对乔姆斯基政治学、语言学和思想史的研究是无与伦比的。没有一部著作能这样全面理解乔姆斯基的背景、不足、目的、矛盾和才华。"

——《语言的起源：人类最伟大发明的故事》作者丹尼尔·埃弗里特

"克里斯·奈特给一个热门争议话题写了本思想史，该书引人瞩目、富有启发，值得一读。正如他自己所观察到的，这本书引发的反响远远超越了学术界。"

——《泰晤士报·文艺副刊》书评家霍曼·巴拉卡特

"本书有趣地解释了乔姆斯基独立于政治的科学和独立于科学的政治之间的异同。奈特认为这一切根源于乔姆斯基对美国军方的恨和对军方资助语言研究的依赖之间的独立。"

——《作为文化的科学》编辑莱斯·列维多夫

"克里斯·奈特的批评是严厉的，也是优雅的。他的分析精辟，令人瞠目，……。他出色地完成了任务。"

——《演化心理学与命题态度》作者亚历克斯·沃尔特